やわらかアカデミズム・〈わかる〉シリーズ

よくわかる
情動発達

遠藤利彦・石井佑可子・佐久間路子 編著

ミネルヴァ書房

はじめに

■よくわかる情動発達

　今から遡ること，2400年前，かのプラトンは，人の内なる理性を主人に，そして情動を奴隷に擬えました。情動は，言ってみれば，心の奥底に棲む獰猛な獣のようなものであり，たえず，主人たる理性が監視の目を光らせ，それを奴隷として厳しい管理下に置かなければ，私たちの心の平穏と安寧は容易に瓦解してしまうとしたのです。しかし，16世紀初頭，エラスムスは，自らはまさに理性人たる聖職者として生きながら，『痴愚神礼賛』の中で，痴愚の女神モリアに，人にとっての真の幸福や徳が，実は聖職者が掲げるような教条主義的な理性やそれに厳正に従ったふるまいの中にではなく，むしろ，種々の情動に駆られた，一見，愚行とおぼしきものの中にこそ潜んで在るのだということを諄々と語らせることになるのです。そして，18世紀になると，今度はヒュームが，プラトンが描いた構図を見事に逆転させて，良くも悪くも人を究極的に動機づけるのは情動であるという意味で，情動が理性の奴隷ではなく，むしろ理性が情動の奴隷として位置づけられるべきことを言明するに至るのです。

　現代の情動に対する見方は，確実にプラトン的発想から，エラスムスやヒュームの思想の方に移り変わってきているような気がします。人の日常は思いの外，様々な情動の合理的な機能の恩恵を受けて成り立っているのです。しかし，それでも人はプラトンの枠から完全に抜け出て生きられる訳ではありません。やはり，情動には適切に制御・調整されなければ，私たちの心身の健康がひどく脅かされてしまうところも多々あるのです。その意味で，情動はまさに両刃の剣と言うべきものであり，アリストテレスが仮定したように，それはうまく使ってこそ，人の適応性を高度に支えるものになるのでしょう。そして，その使い方は，人が発達する中で徐々に身につけられるものと言えるかと思います。

　本書は，ある意味，その情動のうまい使い方の発達を多角的に探るものと言えるのかも知れません。本書を通して，情動とは何か，情動はいかに萌芽・発達し，また他の側面の発達や種々の人間関係などをどのように支え得るのか，さらには，情動の発達病理・障害や情動的知性といった現代的なトピックについても，博く深く知っていただければ幸いです。

2014年8月　編者を代表して　遠藤利彦

もくじ

■よくわかる情動発達

はじめに

I 情動の基礎的メカニズム

1 情動とは何か …………………… 2
2 情動観の移り変わり …………… 4
3 情動の個人「内」機能 ………… 6
4 情動の個人「間」機能 ………… 10
5 ポジティヴ情動の機能 ………… 14
6 情動の合理性・非合理性 ……… 16
7 情動と主観的情感 ……………… 18
8 情動と表出（表情） …………… 20
9 情動と身体（神経・生理） …… 22
10 情動と脳 ………………………… 24
11 情動の系統発生的起源 ………… 26
12 情動と認知：認知的評価理論 … 28
13 情動と学習・記憶 ……………… 30
14 情動の進化的基盤と文化的基盤 … 32
　コラム1　情動種類による表情知覚の差異 ………………………… 36

II 情動の発達プロセス

1 情動の発達における役割 ……… 38
2 情動発達のモデル ……………… 40
3 一次的情動の発達とそれに関わる要因 …………………………… 42
4 二次的情動の発達①：てれ・共感・羨望 ………………………… 44
5 二次的情動の発達②：恥・罪悪感・誇り ………………………… 46
6 自己の発達と情動 ……………… 48
7 乳幼児期における微笑の発達 … 50
8 身体運動の発達と情動 ………… 52
9 ダイナミック・システム・セオリーから見る情動発達 ………… 54
10 基本情動理論から見る情動発達 … 56
11 子どもの遊びと情動 …………… 58
12 幼児期における「いやいや」（negativism） …………………… 60
13 甘えの発達・日本人と甘え …… 62
14 子どもの妬みと嫉妬 …………… 64
　コラム2　情動発達における性差 … 66

III 情動的知性の発達

1 両刃の剣としての情動 ………… 68
2 情動的知性とは何か …………… 70
3 情動的知性の諸側面 …………… 72
4 情動的知性と社会的適応 ……… 74
5 情動的知性と教育 ……………… 76

コラム3　三項関係情動（妬み・共感的喜び・いい気味・共感的苦痛）のメカニズム …………… 78

IV 自己志向的情動的知性：情動制御と動機づけの発達

1 情動調整（制御）とは何か ……… 80
2 情動調整（制御）の発達プロセス … 82
3 移行対象と情動制御（調整）……… 84
4 情動に関わる言葉の発達とその適応的意味 ……………… 86
5 情動調整の発達に関わる諸要因 … 88
6 ストレスとコーピング …………… 90
7 動機づけの諸側面：外発的動機づけと内発的動機づけ ……………… 92
8 原因帰属・統制の位置・自己効力感 …………………………… 94
9 子どもにおける達成動機の発達 … 96
10 動機づけの発達に関わる諸要因 … 98
11 スチューデントアパシー・無力感 …………………………… 100

コラム4　想像と情動 …………… 102

V 他者・関係志向的情動的知性：情動理解と共感性の発達

1 赤ちゃんは，いつごろから人の情動を区別できるのか ……………… 104
2 子どもはどのように他者の情動を理解するのか ……………… 106
3 自分の気持ちと他者の気持ちの違い …………………………… 108

4 入り混じった情動の理解 ………… 110
5 共感性とは何か …………………… 112
6 共感性はどのように発達するのか …………………………… 114
7 共感性の発達を促すもの ………… 116
8 共感性と道徳性 …………………… 118
9 共感性と向社会的行動 …………… 120
10 情動表出を調整する発達プロセス …………………………… 122
11 情動理解・共感性と「心の理論」… 124

コラム5　「心の理論」とマキャベリ的知性（theory of "nasty" mind） …………………………… 126

VI 親子の情動的関係：愛着と発達・愛着の発達

1 愛着とは何か ……………………… 128
2 発達における愛着の重要性 ……… 130
3 マターナル・デプリベーションと情動発達の歪み ……………… 132
4 愛着の成り立ちを支えるもの …… 134
5 愛着の起源と発達 ………………… 136
6 愛着の個人差 ……………………… 138
7 愛着の個人差を規定する諸要因 … 140
8 愛着と内的作業モデル …………… 142
9 愛着の生涯発達と世代間伝達 …… 144

コラム6　ベビーサインと情動：親子の間をつなぐもの ……… 146

VII 関係性の中における情動

1. 妊娠期における情動的コミュニケーション …………… 148
2. 初期コミュニケーションと情動 … 150
3. 相互主観性と情動 ………… 152
4. 社会的参照行動と情動 ………… 154
5. 養育者の「マインド・マインデッドネス」と子どもの発達 ………… 156
6. 「エモーショナルアヴェイラビリティ」と子どもの発達 ………… 158
7. 養育者の育児不安と子どもの発達 …………… 160
8. 養育者の母性愛・「母性愛」信奉傾向と子どもの発達 ………… 162
9. 養育者の抑うつと子どもの発達 … 164
10. 夫婦・家族内葛藤と子どもの発達 …………… 166

コラム7　メディア接触が子どもに及ぼす情動的影響 ………… 168

VIII 情動と気質・パーソナリティ

1. 気質と情動 ………… 172
2. 気質に関する代表的理論 ………… 174
3. 気質と環境の"適合のよさ（goodness of fit）" ………… 176
4. 気質とパーソナリティ ………… 178
5. 情動とパーソナリティ ………… 180
6. パーソナリティのオーガナイザーとしての情動 ………… 182

コラム8　赤ちゃんと泣き ……… 184

IX 発達病理・障害と情動発達

1. 自閉症児における情動 ………… 186
2. ダウン症児における情動 ………… 188
3. ADHD児における情動 ………… 190
4. 自閉症スペクトラム障害児における愛着 ………… 192
5. 口唇裂・口蓋裂児における情動 … 196
6. 被虐待児における情動 ………… 198
7. 早産児・低出生体重児における情動 …………… 200
8. 子どもにおけるPTSDと情動 …… 202
9. 子どもの不安・抑うつ障害 ………… 204
10. 子どもの反社会性・攻撃性障害 … 206
11. 愛着の病理・障害 ………… 208
12. 心身症とアレキシサイミア（失感情言語化症） ………… 210

コラム9　「キレる」心のメカニズム ………… 212

人名索引 ………… 214
事項索引 ………… 216

やわらかアカデミズム・〈わかる〉シリーズ

よくわかる
情 動 発 達

I　情動の基礎的メカニズム

 情動とは何か

1　情動の定義

　本書の冒頭にあたって、まず、情動という言葉を心理学的に定義づけておきたいと思います。素朴にただ、うれしい、悲しい、怖い、いらだたしいなどのことを指して言うのであれば、感情という言葉でもいいような気がします。しかし、感情というと、私たちは、通常、自分がその内面で経験している、あるいは他者が潜在的にその内側で感じているであろう、主観的な気持ちのことを思い浮かべがちではないでしょうか。それに対して、心理学で使う情動という言葉の意味には、こうした主観的経験だけではなく、それに随伴して生じる生理的変化（たとえば身体が熱くなる、鳥肌が立つなど）や表出的変化（たとえば顔の表情や声の調子が変わるなど）も包摂されるのです。

　情動という言葉には"動"という字が含まれています。そして、これに対応する英語"emotion"も、その語源に遡って解体してみると、外とか発散とかの意味を持った"e"と動作・運動を示す"motion"から成り立っています。つまり、ただ内側で感じているだけではなく、それが外に向けて強く押し出され、結果的に何らかの動作や行為に至るという一連のプロセスが、元々、この言葉の中核的意味として想定されているのです。じつのところ、情動の定義に関してはいろいろな考え方があるのですが、少なくとも本書では、元来、この言葉が持っている、こうしたニュアンスを尊重して、人が、ある重要な出来事に遭遇したときに、主観的側面、生理的側面、表出的側面といった3つの側面が、多くの場合不可分に絡み合いながら、ある特定の行為へと強く人を駆り立てる一過性の反応であると定義づけておくことにしたいと思います。より具体的には、喜び、悲しみ、怒り、恐れ、嫌悪、驚きなどを思い浮かべていただければ、それぞれに特有の内的情感、身体的変化、顔の表情、それに行為傾向（action tendency）などが存在するということがおわかりになるかと思います。

2　認知的評価と情動

　無論、私たちは、同じ出来事に遭遇したからといって、すべての人が同じ情動を経験するわけではありません。たとえば、ある人が転ぶところを見て、瞬時にかわいそうと共感的に苦痛を覚える人がいる一方で、その様子を滑稽だとして声を上げて笑うような人もいるかも知れません。このことが示唆するのは、

▷1　この内的側面のみを表す術語として情感（feeling）がある。 I-7 も参照。

▷2　**行為傾向**（action tendency）
　それぞれの情動に結びついて、実際にどのような行為をとるか、あるいはとったかということではなく、どんな目標に向けて、いかなる行為をとろうとするか、その大ざっぱな傾向やそのための準備状態のようなことを指して言う。たとえば、恐れという情動に関して言えば、もちろん、同じ恐れでも、それに結びついて私たちがその時々にとる行動は一回一回、違うわけであるが、また場合によっては具体的な行動を何もとらないというようなこともありうるわけだが、少なくともすべての恐れに、その状況から逃げようとする心身の準備状態（逃走へと駆り立てる動機づけや迅速にそれを成し遂げるために適した身体状態）があることは確かであると言える。ちなみにフライダ（Frijda, 1986）は、この行為傾向こそが、それぞれの情動を定義づけるもっとも中核的な要素であるとしている。
　Frijda, N. H.　1986 *The emoitons*. New York：Cambridge University Press.

情動が，遭遇した出来事そのものに対する直接的な反応ではないということです。それはあくまでも，個々人に評価された出来事の意味に対して，生起してくるものなのです。私たちは，遭遇した出来事が自身の潜在的な利害関心にそもそも関係するのか，関係するとすればいい意味でか悪い意味でか，あるいは，それに対処するだけの力が自分にはあるのかといった一連のことを瞬時に評価し，その評価の質に応じて，じつに様々な情動を経験することになるのです。この認知的評価（appraisal）については Ⅰ-12 で詳しく扱いたいと思いますが，少なくともここでは，情動が事象に対する個々人の評価的な反応であることを確認しておくことにしましょう。そして，それに関連して，大概の情動には正／負（快／不快）いずれかの感情価（affective valence）が必ず伴うということも記しておきたいと思います。もっとも，驚きや興味（interest）なども一般的に情動と見なされるわけですが，これらのように感情価として正／負どちらとも決めがたいものがあることも確かです。しかし，これらにも意外性や新奇性のような評価が絡んでいることに変わりはなく，その意味で，情動が評価的な反応であるという見方は揺るがないものとしてあるような気がします。

▶3 Lazarus, R. S. 1991 *Emotion and adaptation*. Oxford：Oxford University Press.

3 情動の類似現象

通常，情動という言葉は，比較的激しいものながら，大概は短時間で終結する反応を指して言うのですが，日常的な感情経験の中には，たとえば，何となくいらいらして落ち着かないといった，程度はさほど強くはないものの，かなり長時間に亘って持続するようなものもあります。一般的にこうした感情経験は気分（mood）と言われることが多いようです。気分は，情動ほど，その原因となる出来事が明瞭ではなく，自覚できないほどの小さなストレスの蓄積とか微妙に体調がすぐれないなどのやや漠然とした理由で生じるところにも特徴があると言えます。また，情動の場合，一度それを経験すると，それは意識の中心を占め，大概，それを引き起こした事象以外のものに私たちの注意は向かなくなる傾向があるのですが，気分の場合には，どちらかというと意識の背景に位置し，私たちの様々な活動に微妙な影響を与えはしても，それらを中断させてしまうまでには至らないと言えるかも知れません。

それと，好き・嫌い，敬愛・憎悪なども，情動として扱われることが少なくはないのですが，こうした，個人がある特定の対象や他者に対して一貫してとる感情的スタンスについては，ときに，情動的態度（emotional attitude）という言葉を当てることもあります。また，抑うつや躁状態あるいは病的な不安などを情動的障害（emotional disorder）という括りで，さらに怒りっぽいとか陰鬱といった情動に絡む個人の安定した属性を情動的特性（emotional trait）という術語で考えることもあるようです。このように厳密に言えば，感情的な現象はじつに多岐にわたると言えるのです。

（遠藤利彦）

▶4 同上書
▶5 Ekman, P. 1992 An argument of basic emotions. *Cognition and Emotion*, 6, 169-220.
▶6 英語では，感情現象一般を総称して"affect"と言うことがある。

I 情動の基礎的メカニズム

情動観の移り変わり

▷1 Solomon, R. 2003 *What is an emotion : Classic and contemporary readings?*, 2nd ed. New York : Oxford Unviersity Press.
▷2 同上書
▷3 道徳性に関してスミスとほぼ同様の立場をとった哲学者にヒューム（Hume, D.）がいる。彼は，「理性は熱情の奴隷である」と言い，人のあらゆる行為の根源には情動が潜むこと，そして理性や認知はその情動が適応的な行為に至り着くための案内・調整役として重要であるという論を展開している。
▷4 スミスは経済学の祖としても名高いが，その主著『国富論』の中に「（神の）見えざる手」という有名な言葉がある。そして，それは一般的に，個人が自由に自己の利益を追求すれば，まさに神の見えざる手によって，結果的に社会全体がうまく回り，そこに大きな利益がもたらされるのだというような形で使われている。しかし，個々人の利己的な活動がなぜ，社会全体の秩序や利益をもたらすことになるのかを訝り，むしろその逆こそが真なのではないかと考える向きもあるかも知れない。たしかに一見，スミスの主張は逆説的なのであるが，要は，私たち人には，罪悪感や恥，あるいは共感や妬みなど，

1 西欧哲学における情動観

今からおよそ2400年前，古代ギリシアの哲学者，プラトン（Plato）は，人の魂が理性（reason）と熱情（passion）というまったく性質の異なる2頭の馬車馬によって引かれる様を思い描いていました。彼の考えでは，理性は魂を正しき方向へと導く端正な賢馬であり，他方，熱情は魂を悪しき方向へと導く醜悪な悍馬（暴れ馬）であったのです。この当然の帰結として，彼は，いかに悍馬を御し賢馬に従って生きるかが人のもっとも重要な課題であることを説いています。また，その後を引き継ぎ，主に古代ローマにおいて発展したストア哲学も，理性至上主義を高らかに謳い，まさにストア的＝ストイックであること，すなわち，あらゆる熱情，すなわち今で言うところの情動から解放された状態こそが，人の魂に究極の安定をもたらすものと考えていました。"passion"という言葉は，もともと"passive"と語源を同じくすると言われていますが，熱情＝情動は，突然，人に降りかかり，瞬時にして人を受け身の忘我状況に置き，無秩序で破壊的な行動に駆り立てるものと捉えられていたのです。

もちろん，たとえばアリストテレス（Aristotle）のように，中庸の美徳を説き，適度な範囲内で経験される限りにおいて，情動は，私たちの日常生活に欠かせないものであるという認識を有していた哲学者もいるにはいたのですが，その後の西欧哲学の思潮を長く支配したのは，プラトンおよびストア哲学以来の，理性（認知）と熱情（情動）の対立的構図を前提視し，前者の後者に対する優位性を説く考え方であったと言っても過誤はないように思います。

ただし，こうした思潮が優勢である中，これに異を唱え，むしろ情動の機能性や適応性を強く主張した哲学者も一部にいたということを銘記しておいてもよいのかも知れません。なぜならば，そうした論者の思想が，今，にわかに注目を集め，現在の情動理論の礎をなしているからです。ここでは18世紀の哲学者であるスミス（Smith, A.）の名前を挙げておきたいと思います。彼は『道徳感情論』という著名な書を著し，しばしば人間の精神の中のもっとも高次なものの一つとされる道徳性が，基本的に情動によって生み出されると主張しています。じつのところ，道徳性に関してはたとえばカント（Kant, E.）のように，ある意味，まさにプラトン的な伝統に従う形で，それが理性や法に従ってのみ可能になることを説いた論者も存在したわけですが，彼は情動を社会という織

2 心理学における情動観

　心理学は19世紀の後半に始まった比較的新しい学問なわけですが，それは直に西欧哲学の延長線上に築かれてきたと言えます。先に18世紀には機能的な情動観が一部の論者によって主張された旨，記したわけですが，基本的に長く心理学の底流をなしていたのは，それではなく，基本的にプラトン的発想だったようです。今でこそ情動研究の先駆者とされるダーウィン（Darwin, C. R.）でさえも，情動を，進化の過程でかつて有効に機能していた可能性はあるものの，私たち現代人の社会生活において，それはもはや無用の長物でしかなく，この先さらに進化が進めば，いつかは滅びていく運命にあるものと考えていました。

　20世紀の心理学をほぼ半世紀にもわたって支配し続けてきた行動主義に至っては，情動を科学的研究の対象として歯牙にもかけなかったと言えるでしょう。それは，一つには，情動が，元来，客観的には捉えがたいものとしてある心の最たるものとされたからということもありますが，それ以上に，情動を危険視する見方が圧倒的に優勢だったからと言えるかと思います。現に行動主義者の中には，たとえばスキナー（Skinner, B.）のように，子どもに対する抱擁や接吻といった形の親の愛情の表出が，子どもの発達に深刻な害悪をもたらしかねないとして，子どもに対する親の情動を管理・制御するための具体的な装置を作り上げたような研究者もありました。行動主義は，1960年あたりから，心理学はやはり心の中身を問う必要があるのだという批判の中で，徐々に退潮していくわけですが，それに代わったのは，思考や記憶などを中心に人の心の主に理性的な部分を問う認知心理学であり，情動はそこでもまだ必ずしも十分に心理学の表舞台に立ってはいなかったと言えるような気がします。

　しかし，近年，こうした状況は大幅に変わりつつあると言えます。それこそスミスが示したように，情動は理性あるいは認知と対立するものではなく，むしろ，それらと協調的に結びつき，人の種々の適応を支えるものと考えられるようになってきています。それは一方では生物学的機能という視点から，情動が，ヒトという生物種においても今なお，個体の生き残りや繁殖を高度に保障する役割を果たしていると考える向きが大勢を占めるようになってきたからであり，他方では社会的機能という視点からも，顔や声を通して発せられる種々の情動が人と人との間をつなぎ，調節し，また社会やその価値観および制度を維持する上で必要不可欠な働きをしているという認識が一般化してきているからにほかならないと言えるでしょう。情動は，ここに来て，生物学的にも社会的にも，じつはある緻密な法則性の内にあり，様々な場面で人を機能的かつ合理的な行動へと導きうると考えられるようになってきているのです。　（遠藤利彦）

人との関わりの中で経験する様々な情動があり，それによってときに自己利益の盲目的な追求に自ら歯止めをかけたり，他者に対して協力し利益の分配を行ったりする中で，結果的に集団全体の適応性が高まるということであると考えられる。その意味で「（神の）見えざる手」の少なくともその一部は情動が担っているのだと言えよう。ちなみに，近年，人の経済的活動の基盤にいろいろな情動の働きを据えて考えようとする，いわゆる行動経済学という領域が発展してきていることも頭の片隅に置いておいてよいかも知れない。

▶5　Skinner, B. F. 1948　*Walden two*. Englewood Cliffs, NJ : Prentice-Hall.

▶6　エアー・クリブ（air crib）と呼ばれる，ガラス面に囲まれ，空調設備の整ったベビーベッドとベビーサークルを組み合わせたような装置であり，規定のプログラムに従って育児を徹底管理できるような工夫が施されていた。

▶7　Evans, D. 2001 *Emotion : The science of sentiment*. New York : Oxford University Press. 遠藤利彦（訳）2005　一冊でわかる感情　岩波書店

▶8　遠藤利彦 1996　喜怒哀楽の起源——情動の進化論・文化論　岩波書店

　遠藤利彦 2006　感情　海保博之・楠見孝（監修）心理学総合事典　朝倉書店 pp.304-334.

　遠藤利彦 2007　感情の機能を探る　藤田和生（編）感情科学の展望　京都大学学術出版会　pp.3-34.

Ⅰ 情動の基礎的メカニズム

 情動の個人「内」機能

① 情動の応急措置的デフォルト処理機能：動機づけと身体の準備

　喜び，怒り，恐れ，悲しみといった情動を私たちが経験するとき，そこには通常，大きな個人内の変化，すなわち，それぞれに特異な主観的情感および生理的状態が随伴していると言えます。ことにネガティヴな情動に見舞われたとき，私たちの心身は多くの場合，瞬時にそれこそ「いても立ってもいられない」状態に置かれ，その状態からの脱却に強く動機づけられることになります。情動は，それまで個人がいかなることに従事していても，その進行中の思考や行動に強引に割り込み，当該の事象に優先的に意識・注意や身体のエネルギーを配分する働きをするのです[▷1]。別の言い方をすれば，情動の機能は，心身の恒常性（ホメオスタシス）を一時的に解除し，個人の利害に関わるその場その時の状況をしのぐのに適切な，ある行為を起こすための心理的な動機づけと生理的状態を瞬時に整えることだと言えるような気がします[▷2]。

　たとえば，山中で突然大きなクマに遭遇した際に，おそらく私たちは強い恐れを覚えるわけですが，それは，その場から迅速に逃げるための動機づけと身体状態とをもたらしてくれていると解釈できるかと思います。その中で，私たちは，すばやく走り動くために内臓や心臓血管系および筋組織等の体制を整え，また，クマの位置や動きに全神経を傾け，自らが置かれた状況を知覚した上で，逃げのびるにはどの方向と道筋が適切かを判断し，どのタイミングでいかなる動きを起こすかの意思決定を難なくやりこなしていると考えられるのです。

　しかし，そもそも，そうした意識やエネルギーの優先的投入の対象となる事態とはいかなるものなのでしょうか。近年，ある一群の研究者は，それを元来，生物学的な意味で重要な事項であると見ています[▷3]。彼らによれば，人間における種々の情動は，少なくとも人類がまだ狩猟採集民としての生活を送っていたころの生態学的環境に，うまく合致するよう自然選択されてきたのだと言います[▷4]。すなわち，各種の情動は，かつて私たちの祖先が繰り返し遭遇していたであろう適応上の難題に対して迅速で合理的な対処を可能にすべく，一種のデフォルト処理機構（あらかじめ初期設定として組み込まれているもっとも汎用性の高い適応機序）として進化してきたのだと言うのです[▷5]。

　このようなことからすると，せっぱ詰まっているときにジャスト・フィットではなくとも，とりあえずそれをしておけば急場をしのげるという応急措置シ

▷1　Oatley, K. 1992 *Best laid schemes: The psychology of emotions.* Cambridge: Cambridge University Press.

▷2　Levenson, R. W. 1999 The intrapersonal functions of emotion. *Cognition and Emotion*, **13**, 481-504.

▷3　この立場では，種々の社会的適応に絡む事柄も，究極的には個人の生存や繁殖上の成功に関わるということで重視されている。

▷4　Cosmides, L., & Tooby, J. 2000 Evolutionary psychology and the emotions. In M. Lewis & J. M. Haviland-Jones (Eds.), *Handbook of emotions.* New York: Guilford. pp.91-115.

▷5　たとえば捕食者からの逃走，未知なるものとの遭遇，攻撃や脅威からの防衛，子どもの養育，配偶関係の確立など。

ステムのようなものが情動の本性であると言っても過言ではないような気がします。それは，ある意味，その場で「何もしないよりはまし」「何をしようか長く物思いにふけって手遅れになるよりはまし」，そして「ただでたらめに何かをするよりはまし」といった原理に支えられていると言ってもいいように思います。長い進化の過程は，様々な難題に対してもっとも成功確率の高いプランや方略を，喜び，悲しみ，怒り，恐れといった各種情動というかたちで，あらかじめ私たち，生物としてのヒトに（明確な遺伝的基盤をもって）備えさせたと言えるのかも知れません。

❷ 情動の学習促進機能

上述したように，私たちは，自分の利害に絡む出来事に対して，様々な情動をもって迅速かつ適切に対処しうるよう仕組まれていると言えるわけですが，それが私たちの今ここでの適応に深く関わるものであるのに対し，それに並行して，もう一つ，今度は，私たちのその後の適応に関わるきわめて重要な事柄が生じているということも忘れてはならないでしょう。それは，情動が，その原因となった出来事やそこでとった行動やその結果等について，効率的な記憶形成あるいは学習を促すということです。ジョンストン（Johnston, V. S.）という研究者は，情動に伴う主観的情感（feeling）は，情動そのものが消失した後も一定時間残り，そこで経験された出来事の意味を増幅したかたちで，記憶の中にすばやく根づかせる働きをしていると仮定しています。

たとえば，私たちは，ごく幼いときに，自動車が頻繁に通る道や熱いアイロンなどが危険であることを学習すると言えるわけですが，こうした学習に情動が深く関与していることは確かであるように思われます。言うまでもないことですが，現実に車にぶつかったりアイロンにさわってしまったりした場合には，当然，怖い思いやら痛い思いやら，様々に情動を経験し，よもや，そこでのことを忘れるはずはないと言えるでしょう。また，実際にそうした経験を持たないにしても，私たちは子どものころに，おそらく多くの場合，危険を予見した周囲の大人の叱責や怒声，そしてそれを通して自らが経験した驚きや恐れなどの情動によって，その生死に関わる状況の潜在的意味を迅速に知ることになるのだと考えられます。漢字やら数式やら歴史の年号やらの学習は，何十回と諳んじたり，書いて覚えようとしたりしても，なかなか長く確かには記憶に残らないものです。それに対し，情動が絡む出来事の記憶は，たとえ，たった1回きりの経験だとしても，大概は長く確実に，頭の中に刻み込まれるのです。

そして，当たり前のことですが，ひとたび，そうした記憶をもった個人は，車やアイロンに対してとても敏感になり，それらに伴う危険を効率的に回避するようになると言えるでしょう。たしかに，情動に絡む記憶の中には，いわゆるトラウマと呼ばれるようなものもあり，ときに私たちの精神生活を脅かすよ

▷6 遠藤利彦 1996 喜怒哀楽の起源——情動の進化論・文化論 岩波書店
遠藤利彦 2013 「情の理」論——情動の合理性をめぐる心理学的考究 東京大学出版会

▷7 Ekman, P. 1999 Basic emotions. In T. Dalgleish & T. Power (Eds.), *The handbook of cognition and emotion*. New York: Wiley. pp.45-60.

▷8 I-7 参照。

▷9 Johnston, V. S. 1999 *Why we feel*. New York: Perseus Books.（長谷川真理子（訳）2001 人はなぜ感じるのか？ 日経BP社）

▷10 Lazarus, R. S. 1991 *Emotion and adaptation*. Oxford: Oxford University Press.

3 フィニアス・ゲージが失ったもの

　近年，上述したような情動の機能との関わりで，今から160年ほど前の，ある脳損傷の事例が再び脚光を浴びています。その男，フィニアス・ゲージ (Pheneas Gage) は鉄道敷設作業中のダイナマイトの誤爆発によって吹き飛んできた鉄の棒が，頬から突き刺さり，前頭前野を貫通するという惨事に見舞われました[11]。しかし彼は，奇跡的にも一命をとりとめ，驚くべきことに，事故の直後から意識をしっかりと持ち続け自分に何が生じたかを理路整然と説明することができたと言います。そして，1年後には主治医から「ゲージは完全に快復した」というお墨付きまでもらうことになります[12]。

　たしかに，言語や記憶や思考など，いわゆる知性に関わる機能および感覚や運動の機能にとくに大きな落ち込みは認められなかったようです。しかし，それにもかかわらずゲージは，その後，転落の一途を辿ったということが報告されています。一変したのは，元来は周囲によく気を配り，穏和で思慮深く几帳面だった，その人格でした。何よりも際立っていたのは，気分が極端に変わりやすく，場当たり的，衝動的に振る舞い，そして，社会生活の中でのごく日常的な計画や決定にも支障を来すようになったということです。

　このゲージの症例については，近年，脳神経学者のダマシオ (Damasio, A. R.) が，現代のゲージともいうべき，ほぼ同じ前頭葉の特定部位に損傷を受けた複数患者の症例とともに再検討しているのですが，ダマシオがとくに注目しているのは，こうした脳損傷が，多くの症例において，情動面での障害とともに意思決定やプランニングの障害にも結びついているということでした。そして，情動の本質的な機能の一部が，私たちの一連の行動のプランニングを，淀みなく整合的に可能ならしめることにあり，そうした情動の支えを失った純然たる知性はほとんど役に立たないのではないかと仮定するに至っているのです[13]。

　ダマシオが診た症例の中にはきわめて高い IQ を脳損傷後も変わらず保持しているような者も少なからず存在していたのですが，彼らはゲージ同様，ただ仕事に必要なファイルを揃えるだけといった，ごく日常の当たり前のことがことごとくできなくなってしまいました。また，たとえばある問題を提示されたときに，それについて，いろいろな解決策を考えることができても，その中から一つを選び，それを確実に実行に移すということができなくなってしまったのです。私たちの日常は，ある意味，無数の選択や意思決定の連続と言えるような気がします。今ここで直面している事象に関連する情報に意識を集中し，それを基に適切な判断を瞬時に行わなければ，私たちは日常の何げない行動にも難を来たしてしまうことになるようです。そして，その特定情報への選択的

▷11　ゲージが損傷を被ったのは，より正確には前頭前腹内側部と呼ばれるところで，主に，前頭葉と中脳・間脳との間をつなぐような部位であったと言われている。これは，ゲージに，中脳・間脳にあるとくに情動の発動に密接に関わる大脳辺縁系などの低次の脳構造が，前頭葉にあるいわゆる理性脳と呼ばれる大脳皮質の抑制から解かれ，まさに情動の暴発を招いたという側面と，逆に，大脳皮質の論理的思考が低次脳の情動機能から切り離されたために，個体自らの利害を勘定に入れ意思決定をする適当なさじ加減ができなくなってしまったという側面の両方が降りかかったということを意味している。

▷12　Macmillan, M.　2000　*An odd kind of fame : Stories of Phineas Gage.* Cambridge : MIT Press.

▷13　Damasio, A. R.　1994　*Descartes' error : Emotion, reason, and the human brain.* New York : Putnam. （田中光彦（訳）2000　生存する脳　講談社）

注意と瞬時の意思決定および一貫した行動のプランニングを司っているのが，ほかならぬ情動ではないかとダマシオは言うのです。これはじつのところ，デフォルト処理機構として最初に挙げた情動の機能にほぼ全面的に重なるところです。先にも述べたように，情動は，とにかく今もっとも重要そうなある特定の事柄に私たちの注意を集中させ（当面必要のない無関係な情報を意識から排除し），私たちにそれに適した一連の行為を確実にとらせようとするのです。

▷14 同上書

4 ソマティック・マーカー仮説

フィニアス・ゲージやダマシオの症例は，情動の記憶や学習の促進機能からしてもじつに示唆に富むものです。なぜならば，そうした症例の多くは，たとえば詐欺に遭うなど，どんなにひどい失敗をしても，それを再び繰り返してしまう傾向を有していたからです。

ダマシオは，ローリスク・ローリターンのカードの山とハイリスク・ハイリターンのカードの山とがある状況で，前者からカードを引き続ける方が最終的にトータルで高い利益を得られる構造を持った模擬ギャンブルゲーム（アイオア・ギャンブル課題）を考案し，それを前頭葉損傷の患者群と比較対照群とに行わせています。もちろん，実験参加者には，そうした利害構造は，あらかじめ知らされていないわけですが，対照群は回を重ねるうちに徐々にローリスク・ローリターンのカードの山から一貫してカードを引くようになったのに対し，患者群は，どんなに損害をこうむっても一貫してハイリスク・ハイリターンのカードの山からカードを引き続ける傾向がありました。つまりは，何度も「痛い目」に遭いながら，性懲りもなく同じ過ちを繰り返したということです。

▷15 詳しい解説として，以下の文献を参照。村井俊哉　2007　社会化した脳　エクスナレッジ

ダマシオによれば，本来，個人の利害・適応に関係する情動的な経験は，その際の特異な身体状態の感覚＝ソマティック・マーカー（somatic marker）を伴って記憶の中にしっかりと刻み込まれるのだと言います。そして，個人がそうした過去の事象に類似した状況に再び接した際には，それが直感として蘇り（これ自体がまさに情動的経験そのものでもあるわけですが），瞬時に，私たちの当該の出来事に対する情報処理や判断にバイアスを及ぼすのだそうです。こうした点からすれば，ゲージやダマシオの症例は，まさにこのソマティック・マーカーの形成や活用に難を抱えてしまった人たちであると考えることもできます。結局のところ，情動は私たちが日常味わう様々な「甘い汁」や「苦い汁」にまつわる心身の経験を，確実に次なる行動に活かしうるよう導いてくれるものと言えるのかも知れません。そして，情動が意思決定やプランニングに寄与するというのも，多くの場合，そこに，先行する情動経験の記憶，すなわちソマティック・マーカーが深く関与しているからなのでしょう。

▷16 Damasio　前掲書

▷17 Ⅰ-13 も参照。

（遠藤利彦）

Ⅰ 情動の基礎的メカニズム

 情動の個人「間」機能

① 情動のコミュニケーション機能：共通言語としての働き

Ⅰ-3 では，情動がそれを経験している当の本人にとって，どのような機能を有しているか，また情動を経験しているときにその個人の中でいかなることが生じているかということについて考察を行いました。しかし，私たちの日常生活における情動の意味は決してこれだけに止まるものではありません。なぜならば，情動は，多くの場合，顔の表情や声の調子を介して他者に伝わり，自分と他者との「間」，すなわち関係性に様々な影響を及ぼすからです。

人と人との間を結ぶものとして私たちがまず第一に思い浮かべるものは，おそらく言葉でしょう。しかし，純粋に言葉だけで伝わるものは思いの外，少ないのかも知れません。もちろん場面によって差はあるわけですが，私たちは，多かれ少なかれ，顔や声を介して情動的な要素を付加することを通して，言葉だけでは伝わらない何かを補っているはずです。また，たんに補うどころか，情動表出はそれ単独でも十分に，コミュニケーション・ツールとしての役割を，すなわち他者との関係を確立したり，維持したり，または突き崩したりする機能を果たしていると考えられるのです。

こうした情動の働きにいち早く着目した研究者にダーウィン（Darwin, C. R.）がいます。彼は，ヒトと他生物種の表情に近似性を見て取り，表情および情動が長い進化の産物であることを仮定しています。彼によれば，①内的な情動状態と情動との間には特異な結びつきがあり，かつ②同じ表情に接した場合，人は誰でも等しく，その背後にある特定の情動状態を認識することができると言います。すなわち，人の情動および表情には学習経験によらない共通の生得的基盤があり，どんな地域・文化の人でも，基本的には同じ法則性に従ってお互いに情動を伝え合い，また読み合うことができるというのです。

そして，現にこれまでに，様々な文化圏で，こうした考えの妥当性を問う表情認識実験が行われ，その多くで，それを支持するような結果が得られています。極めつけは，エクマン（Ekman, P.）らによる研究で，彼らは，当時，発見されてからまだ10年ほどしか経っていなかったニューギニアのフォレ（Fore）族を対象に実験を行っています。フォレ族の人たちは新石器時代とほぼ同じような生活を営んでおり，異文化との接触経験をほとんど持っていませんでした。つまり，そこでは，他の文化圏の人の表情に直にあるいは各種メディア等を通

▷1 Niedenthal, P. M., Krauth-Gruber, S., & François, R. 2006 *Psychology of emotion : Interpersonal, experiential, and cognitive approach.* New York : Psychology Press.

▷2 Buck, R. 1984 *The communication of emotion.* New York : Guilford Press.

▷3 Darwin, C. 1872 *The expression of the emotions in man and animals.* Chicago : University of Chicago Press.
（浜中浜太郎（訳）1931 人及び動物の表情について 岩波書店）

▷4 Ekman, P., & Friesen, W. V. 1971 Constants across cultures in the face and emotion. *Journal of Personality and Social Psychology,* **17**, 124-129.

して実際に接する中で、それぞれの表情が意味するものを経験的に学習するという可能性を一切，排除して考えることができたのです。

エクマンらは、フォレ族の大人と子どもに対して、特定の情動を引き起こしそうな短い例話を提示し、それにふさわしい（米国人の）表情写真を選択するよう求めました。結果は、ほぼ予測された通りで、大人でも子どもでも、驚きと恐れについてはやや低かったものの、喜び、怒り、嫌悪、悲しみに関しては、とても高い確率で正確な解答を示すことができたのです。エクマンらは、また、フォレ族の人々の表情写真を今度は米国の大学生に提示し、その認識の正確さを問うような研究も行っているのですが、それもある程度、その正確さを証明するようなものでした。そして、エクマンは、こうした一連の結果から、少なくとも喜び、怒り、悲しみ、恐れ、嫌悪、驚きの6つの情動に関しては、それらがヒトという生物種に生得的に備わったものであり、それぞれに対応した表情は、一種の共通言語としての機能を有していると結論しています（基本情動理論）。

2 効率的な学習ツールとしての表情

上では表情が一種の共通言語として、人と人との意思疎通にきわめて重要な働きをなしていることについてふれたわけですが、表情が教えてくれるのは、たんに狭く、その表情を発した人の内的状態についてだけではなさそうです。それは、ときに、私たちが様々なものの意味を学習する際にも、きわめて重要な役割を果たしている可能性があるのです。そして、それは、とくに視線の理解と組み合わさったときに、その真価を発揮すると言えます。

通常、私たちは他者の視線の行方を見れば、その他者の関心が今、何について注がれているのかを容易に知ることができます。そして、その視線に何かの表情が伴っているとすれば、私たちはそこから、他者が「何について」ということのみならず、それに加えて、「どんな気持ち」を持っているかを知ることができるのです。たとえば、自分では何かわけのわからないものに遭遇した状況で、ある人がそのものを注視しながら、にっこりしているのを目にすれば、私たちは自分が出会ったものが、少なくともあまり警戒する必要のない、どちらかというと安全なものだということを知ることができるはずです。

専門的には、こうした視線と表情を活用した情報収集のあり方を、社会的参照（social referencing）という言葉で表します。そして、発達的に見ると、この社会的参照は一般的に、生後1年目の少なくとも終わりころには、すでに認められるということが知られています。子どもは、自分の知らない人が、自分の方に近づいてきたりすると、すぐさま母親などの顔を見ようとするものです。そして、その視線と表情を通して、その見知らぬ人がどういう人なのか（怖い人なのか、抱っこされても大丈夫なのか）ということを瞬時に判断するのです。こ

▶5 Ekman, P. 1973 *Darwin and facial expression: A century of research in review.* New York: Academic Press.

▶6 Ekman, P. 1992 An argument of basic emotions. *Cognition and Emotion*, 6, 169-220.

▶7 Ⅰ-8, Ⅰ-14, Ⅱ-2, Ⅱ-10 も参照。

れは，ある意味，周りの人の視線と表情に着目しさえすればいいわけですから，自分では一切，試行錯誤するというリスクやコストを負うことなく，きわめて容易に，様々な事柄についてその意味を学習することができるということを含意しています。じつのところ，ヒトに近しい霊長類でも，こうした社会的参照の力は，仮にあったとしてもとても乏しいということが知られており，研究者の中には，ヒトがかくも高度な文化を有するに至った背景には，この社会的参照が一役買っているのではないかと考える向きもあるようです。

> 8 遠藤利彦・小沢哲史 2000 乳幼児期における社会的参照の発達の意味およびその発達プロセスに関する理論的検討 心理学研究, **71**, 498-514.

> 9 Tomasello, M., Kruger, A. C., & Ratner, H. H. 1993 Cultural learning. *Behavioral and Brain Sciences*, **16**, 495-552.

> 10 Evans, D. 2001 *Emotion : The science of sentiment.* New York : Oxford University Press. (遠藤利彦（訳） 2005 一冊でわかる感情 岩波書店)

3 今ここでの損得に左右されない情動

　上述したような情動の機能は，情動が発動されたその場そのときに，それを感知した他者に，いかなる情報が伝達され，どのような効果が及ぶかを問題にしたものと言えます。しかし，少なくとも，ある特定の情動に関して言えば，今ここでの短期的な利益よりはむしろ，未来における社会的な利益，あるいは生涯に亘る究極的な生物学的適応に深く関係している可能性があるようです。

　たとえば，私たちは集団の中で，自分だけが莫大な利益を得ている状況で，何か他の人たちにすまないといった罪悪感を覚え，それ以上の利益追求を自らやめてしまうようなことがあります。それどころか，そうした利益を自分にもたらしてくれた誰かがいたとすれば，その人に対して強い感謝という情動をもって，せっかく得た自分の利益をすり減らしてでも相応のお返しをしようとしたりします。この場合の罪悪感にしても感謝にしても，個人の短期的利益という点からすれば，それを減じているわけですから，少なくともただの損得で言えば，非合理的な振る舞いということになるのではないでしょうか。

　人がただの損得で動かないことは，一般的に最後通牒ゲームと呼ばれる実験からも窺い知ることができます。それはまず，2人の人間のどちらかに提案者の役割を，他方に回答者の役割を割り当てるところから始まります。そして，2人に，たとえば合わせて10万円のお金を与えるという設定で，提案者には，2人の間での分配をどうするかを提案するように，回答者にはその提案を受け入れるか否かを決定するよう求めます。重要なことは，もし回答者がその提案を受け入れれば，提案通りに2人ともお金を手にすることができるのですが，逆にその提案を拒否すれば2人ともまったくお金を手にできないということです。さて，こうした実験条件で，もし提案者の役割を負わされたときに，私たちはどんな提案をする傾向があるのでしょうか。

　人を，期待される利潤の追求を最大限に行おうとする，いわゆる経済人（Homo Economicus）という視点から見たときの，もっとも合理的な提案は，自分の取り分を99,999円とし，相手の回答者には1円しか与えないという選択になるかも知れません。相手に1円だけというところに引っかかりを覚える向きもありましょうが，純粋に損得の原理だけから言えば，まったくもらえないよ

りは1円でももらえた方がたしかに得は得なので，この提案は，回答者にとっても現実的に利益の出る提案だということに注意しましょう。

しかし，じつのところ，このような提案をする人はほとんどいないということが複数の実験結果から明らかになっています。多くの人が行う提案は，総額の半分近くを相手側に分配するというものなのです。こうした振る舞いは，まさに人を感情人（Homo Emoticus）と見なすとよく理解できるような気がします。つまり，私たちは，自分だけが不当に多くの利益に与っているような状況を不快に感じ，他の人にすまないように思ってしまうのです。また，逆の立場で言えば，不当に自分が少ない分配にしか与れないような状況に対しては，強い憤りを感じると言えるでしょう。提案者は，自分自身の何かすまないという情動に従って，あるいはまた，回答者側の強い不公平感や怒りを予期して，だいたい五分五分の提案をしてしまうことになるのでしょう。

4　情動の長期的な利害バランス調整機能

上で述べたような情動の性質は，私たち人間が高度に社会的であることを物語っています。ヒトという生き物は，関係や集団の中での適応が，結果的に生物的適応にも通じる確率が際立って高い種と言えるのです。進化論者が一様に強調するのは，ヒトにおいては，たとえば狩猟採集にしても捕食者への対抗にしても子育てにしても，集団生活が単独生活よりもはるかに多くの利点を有していたということであり，また，それを維持するために必然的に集団成員間における関係性や利害バランスの調整のメカニズムが必要になったということです。そして，そこにもっとも密接に絡むものとして互恵性の原理，すなわち相互に助けられたり助けたりするという形で，集団内における協力体制を確立・維持するために必要となる一群のルールがあります。

しかし，この互恵性原理の危うさは，自己犠牲を個人に強いることであり，個人は，自らの生存や成長のために自己利益を追求しなくてはならない一方で，それに歯止めをかけ，他者に利益を分与しなくてはならず，そのバランスをどこでとるかが究極の難題となります。さらに互恵性原理が長期的に個人の適応に適うものであるためには，それを脅かす，他者および自己の裏切りを注意深くモニターし，検知する必要があるとも言えるでしょう。ある進化心理学者は，これらの複雑な処理を可能にするものとして，罪悪感，感謝，抑うつ，悲嘆，嫉妬，義憤，公正感などの情動が進化してきた可能性があると言います。

たしかにただ経済人の視点から見れば情動は非合理きわまりないものかも知れません。しかし，私たちがもし経済人の原理だけで動けば，おそらくは確実に集団から排除されることになるでしょう。その意味で，少なくともある種の情動は短期的な利益の誘惑に打ち克ち，より長期的な社会的適応に私たちの関心を括りつけるような働きをしている気がします。

（遠藤利彦）

▶11　シグムント，K.・フェール，E.・ノワック，M. A.　2002　フェアプレーの経済学　日経サイエンス，2002年4月号，78-85.

▶12　Ridley, M.　1996　*The origins of virtue*. Oxford：Felicity Bryan.（岸由二（監修）古川奈々子（訳）2000　徳の起源　翔泳社）

▶13　Tooby, J., & Cosmides, L.　1990　The past explains the present：Emotional adaptations and the structure of anscestral environments. *Ethology and Sociobiology*, 11, 375-424.

▶14　Cosmides, L., & Tooby, J.　2000　Evolutionary psychology and the emotions. In M. Lewis & J. M. Haviland-Jones (Eds.), *Handbook of emotions*. New York：Guilford. pp.91-115.

▶15　Frank, R. H.　1988　*Passions within reason*. New York：Norton.（山岸俊男（監訳）1995　オデッセウスの鎖——適応プログラムとしての感情　サイエンス社）

Ⅰ 情動の基礎的メカニズム

 ポジティヴ情動の機能

1 ポジティヴな情動への関心の高まり

Ⅰ-4までの記述は，相対的に多くネガティヴな情動を想定したものでした。それは，ある意味，心理学における情動研究が，圧倒的にネガティヴな情動を中心に展開されてきたことと無関係ではありません。ネガティヴな情動が，たとえば悲しみならば引きこもりや抑うつ，怒りならば攻撃性や心臓血管系の病のように，種々の問題と結びつきやすいのに対し，ポジティヴな情動においてはその度合いが弱いため，一般的に注意を引くことが少なく，また，ポジティヴな情動にはいかなるものが存在するのか，それをリストアップするような作業さえも立ち後れてきたと言わざるを得ないのです。

しかし，近年，いわゆるポジティヴ心理学への注目が高まってきていることもあり，こうした現状は徐々に改まりつつあるようです。喜び，満足，興味，愛といったポジティヴな情動のそれぞれについて，その性質と機能を精細に問おうとする動きが着実に生じてきているのです。

▷1 Niedenthal, P. M., Krauth-Gruber, S., & François, R. 2006 *Psychology of emotion : Interpersonal, experiential, and cognitive approach.* New York : Psychology Press.

▷2 Fredrickson, B. L. 1998 What good are positive emotions? *Review of General Psychology*, **2**, 300–319.

▷3 Levenson, R. W. 1999 The intrapersonal functions of emotion. *Cognition and Emotion*, **13**, 481–504.

2 ポジティヴ情動の復旧・回復機能

上述したような流れの中で，ポジティヴな情動の多くに通底する機能として着目されているのが"undoer"としての働きです。ネガティヴな情動が，ある行為を迅速に準備すべく生体のホメオスタシス（恒常性）を崩すのに対して，ポジティヴな情動は，その一旦崩れたホメオスタシスを効率的に復旧・回復させる（undo）ことに寄与しているのではないかというのです。ネガティヴな情動によって生じたホメオスタシスの崩れは，内臓や心臓血管系をはじめ，身体各所に大きな負荷をかけることになります。それがあまりにもひどく長期化すれば，また頻回にわたるようなことがあれば，当然，生体に様々な負の影響が及ぶことになるでしょう。ポジティヴな情動はホメオスタシスの回復に寄与し，その有害な影響を弱めることを通して，個体の身体的健康を長期的に維持する役割を果たしていると考えることができるかも知れません。

現にある研究は，映像刺激を通して研究協力者に不安を喚起し，心臓血管系の活動を高めた後に，再び，充足（contentment），マイルドな愉悦（amusement），悲しみ，ニュートラルな状態のいずれかを誘導する映像を呈示したところ，前2者のポジティヴな情動の場合で，活性化された心臓血管系の活動が

もっともすばやくベースラインに戻ったということを報告しています。[14]

❸ ポジティヴ情動の拡張・構築機能

上述したようなポジティヴ情動の機能は前提としてネガティヴ情動が生起した状況ではじめて問題になるわけですが，それ以外に，ポジティヴな情動の生起にはとりたてて特別な意味はないのでしょうか。これについて，フレドリクソン（Fredrickson, B. L.）という研究者は，「拡張・構築（Broaden and Build）」モデルという仮説を提唱しています。[15]それによれば，ポジティヴな情動は，私たちの注意の焦点を広げ，私たちに，環境からより広くまた多く情報や意味を取り込ませた上で，思考や行動のレパートリーを拡張させる働きをしているというのです。より具体的には，ポジティヴな情動状態にあるとき，人は，記憶の中の通常は意味的にかけ離れているような複数のことがらに対して積極的にアクセスし，それらを結びつけることができるようになり，また，より広く一般的な知識構造を活用し，より包括的に物事を考えるようになるため，全般的に創造性が増大する傾向があるらしいのです。その上，物理的および社会的な環境と，ふだんはあまりしないような関わり方をし，行為の選択肢や問題解決の方法の幅を飛躍的に広げうるのだと言います。

そして，フレドリクソンは，こうした一連の「拡張」の重要な帰結として，個人が，将来，長期的に活用しうるようになる身体的および心理的なリソースを，着実に「構築」することができるようになると考えています。たとえば，多くの生物種で認められる，年少個体間の，おそらくは多分に喜びや愉悦を伴ったじゃれ合い，すなわち少々荒っぽい身体的遊び（rough and tumble play）は，筋組織や心臓血管系の健全な発達を促し，また，生涯，種々の危機的状況や社会的衝突等への対処において必要となる多くのスキルの練習機会を提供する可能性があるといったことです。喜びや幸福感は，一般的に，様々な課題の学習を動機づけ，それに関わる能力や技術の向上を導くことになるのでしょう。また，興味や好奇感情は，より直接的に，将来，役立つことになる知識のレパートリーを増大させることにつながるものと言えるかと思います。

さらに，ある個人によるポジティヴな情動の表出は，それを感知した他者に一種の社会的報酬として働き，愉悦をもたらすと同時に，その他者との関係性の構築や維持に関心があることを表示しうるものと考えられます。[16]たとえば，それは，幼い子どもの微笑や喜びを想定してみれば自明かも知れません。養育者は，それらに自らポジティヴな情動を覚え，その子どもに対する養育へと強く動機づけられることになるでしょう。他方，養育者のポジティヴな情動は，子どもに自分の行為や自分自身が深く受容されていることを知らせることになると言えます。ポジティヴな情動は，複数の人間の間でやりとりされることを通して，強い信頼感と互恵性を生み出すのです。

（遠藤利彦）

▶4 Fredrickson, B. L., & Levenson, R. W. 1998 Positive emotions speed recovery from the cardiovascular sequelae of negative emotions. *Cognition & Emotion*, 12, 191-220.

▶5 Fredrickson, B. L. 2001 The role of positive emotions in positive psychology : The broaden-and-build theory of positive emotions. *American Psychologist*, 56, 218-226.

▶6 Gonzaga, G. C., Keltner, D., Londahl, E. A., & Smith, M. D. 2001 Love and the commitment problem in romantic relations and friendship. *Journal of Personality and Social Psychology*, 81, 247-262.

I 情動の基礎的メカニズム

 情動の合理性・非合理性

I-5 までで見てきたように，現在，情動には様々な機能が潜在していることが確かめられてきています。しかし，それは無論，情動が全的に機能的あるいは合理的であるということではありません。当然，情動には，合理的なところもあれば，非合理的なところもあると考えられます。ここでは，プラス・マイナス両面を併せ持つ両刃の剣としての情動について考えてみましょう。

1 先行事象から見る非合理性・当該事象から見る合理性

電話で突然信頼していた友人に罵詈雑言を浴びせられ，悲しいやら悔しいやらで，明日が締め切りの卒業論文がまったく書けなくなったとしたら，私たちは，人に情動がなければどんなによかったかと一瞬，思うかも知れません。しかし，情動の原因を作った当該事象との関係で見た場合にはどうでしょうか。情動には，それに対して十分に合理的に機能しているところもあると言えるのではないでしょうか。電話での会話から生じた悲しみや悔しさあるいは怒りといった情動は，友人との関係の再調整に関わる種々の行動に否応なく私たちを駆り立て，結果的に誤解を解き友人との関係を元通りに回復させてくれるかも知れないのです。あるいは山を散策している最中に，突然クマが現れるという状況を想像してみましょう。そこで生じる恐れおよびそれに連動した一目散に逃げるという行為は，たしかにせっかくのハイキングの機会を台無しにはするでしょうが，私たちの命をかなりの確率で救ってくれると言えるでしょう。

つまり，こうした例からもわかるように情動を非合理的と形容する場合，私たちは，情動の直接的な原因をなした当該事象よりも，先行事象（あるいはときに後続事象）との関わりにおいてそう言っていることが圧倒的に多いようです。情動は，それに先行する思考や行動の視点からすれば，たしかにそれらをかき乱すものなのかも知れませんが，当該事象との関わりからすれば，それに対する適切な対処を促すむしろ合理的な働きをなしていると考えられるのです。[1]

2 大げさであることの非合理性・堅実であることの合理性

しかし，仮に当該事象との関係だけで情動を捉えても，やはりそれをとても合理的・機能的とは言えない場合もあるような気がします。実際に人間の情動はあまりに過敏でかつ大げさで，本来，起きなくてもいいところで起きてしまうことがきわめて多いと言われています。[2] 先のハイキングの例で言えば，本当

▷1 Lazarus, R. S. 1991 *Emotion and adaptation.* Oxford：Oxford University Press.
▷2 Ohman, A. 2000 Fear and anxiety：Evolutionary, cognitive, and clinical perspectives. In M. Lewis & J. M. Haviland (Eds.), *Handbook of emotions*, 2nd ed. New York：Guilford. pp.573-593.

のところはクマそのものの姿は見えず,ただ草むらのざわめきが耳に入っただけだとしたら,そしてそれが実際は風のそよぎによるものだとすれば,そこで生じた恐れは無駄以外の何ものでもなく,まさに非合理性ということになるのかも知れません。ハイキングの機会を逸するばかりか,必死に走り,疲労困憊してしまうのですから,そのコストは相当のものです。

　しかし,最近の情動の心理学は,これに関して少し違った見方をします。それは,一般的に「適応的堅実性仮説」と呼ばれていますが,確率的にはどんなに小さくとも,人の生死などの重要な事柄に絡みそうなことには,それこそ1回のミスが命取りになってしまいかねないので,多少とも大げさに,別の見方をすれば堅実に反応しておく方が,長期的に見ると,その個人の適応性を高度に保証するのではないかという考え方です。つまり,今ここという短期的視点をとって,その情動を見ればたしかに無駄・誤り(非合理・反機能)であっても,いろいろな場面でそうした無駄な情動を発動する傾向がやや強い方が,ミスを冒す確率が低くなる分,人の長期的あるいは究極的な生き延びおよび繁殖における成功(合理・機能)を招来しやすくなるということです。

❸ 理想的環境における非合理性・せっぱ詰まった中での合理性

　情動の合理性・機能性は,時間や情報などの資源が十分にある場合とそうではない場合で,その見え方はがらりと変わるのかも知れません。情動は,大概,せっぱ詰まったとき,とっさに何かをしなくてはならないときに生じるものです。たしかに,私たちはよく,ある強い情動が絡む事柄を思い出すときに,あのとき,もし別の逃げ方をしていればよかったとか,もう少し効果的な抗議をしておけば今,困ることはなかっただろうになどということを考えるものです。それはひとえに,情動に駆られた思考や行動が最適のものあるいは合理的なものではけっしてなかったという判断がそこに働くからにほかなりません。

　しかし,これはよくよく考えると,じつにおかしな話です。それというのは,情動は,ある問題を解くのに十分な時間と情報が与えられ,余裕があるような場合には本来あまり生起しない訳ですので,その視点から情動的行動の機能性や合理性を考えても,ほとんど意味をなさないからです。従来,情動に絡む議論は,概して理想的な状況においてできたであろうこととの対比において,情動を非合理・反機能的と決めつけることが多かった訳ですが,情動が現に生起するそれぞれの状況との関連で,そこでの思考なり行動なりを見ると,それらは大概,その限られた中でもっとも高い機能性や合理性を具現しているのだと考えられるのです。ちなみに,エヴァンズ(Evans, D.)という研究者は,時間的に見ても情報的に見ても非常に資源が少ない中で,各種の情動が,そこでの問題解決に関わる記憶や方略のきわめて効率的な探索と最終的な意思決定とを可能にしているという仮説を提唱しています。

(遠藤利彦)

▶3　Cartwright, J. 2001　*Evolutionary explanations of human behaviour.* London : Routledge. (鈴木光太郎・河野和明(訳) 2005　進化心理学入門　新曜社)

▶4　遠藤利彦　2013　「情の理」論——情動の合理性をめぐる心理学的考究　東京大学出版会

▶5　Evans, D. 2004 The search hypothesis. In D. Evans & P. Cruse (Eds.), *Emotion, evolution and rationality.* Oxford : Oxford University Press. pp.179-192.

Ⅰ 情動の基礎的メカニズム

情動と主観的情感

1 主観的情感の重要な機能

「主観的情感」は，私たちにとってもっとも身近に体験する情動の一側面です。主観的情感とは，何らかの出来事に対し「悲しい気持ち」になったり，「嬉しい気持ち」になったり，「恐ろしい感じ」がしたりするといった，「私たちの内面で生じる感情経験」を指すと言えます。一般に情動とは何かを考えたとき，私たちはこの主観的情感の側面のみを情動であると考えていると言ってもよいでしょう。ときに，怒りや苛立ちのような気持ちを感じずに済むならばその方が自分の心やそのとき従事している行為を搔き乱されることもなく，楽で思うとおりに生活できるのに，と思ったことはないでしょうか。たしかに，このような気持ちは日常を普段どおりに過ごす場合には厄介なものと言えそうです。ではなぜ，私たちはこのような情動を経験する必要があるのでしょうか。情動，とくに私たち個人の中で起こる主観的情感には，一見無駄なようでいて非常に重要な機能があるのです。ここでは，私たちが感じる主観的情感にはどのような機能があると考えられているのかを，怒りや恐れといった不快（ネガティヴ）情動と，喜びや安らぎといった快（ポジティヴ）情動とに分けてそれぞれ紹介します。

▷1　Ⅰ-5 も参照。

2 ネガティヴ情動：状況に対する動機づけ機能

突然，予期せぬ危険な事態が自分に降りかかってきたとき，私たちは通常行うはずの行動を変更して即座に状況の変化に対応しなければ危機を脱することはできません。ネガティヴな情動（怒り，恐れ等）は，私たちを瞬時に「いても立ってもいられない」状態へと導き，その状態から脱却するよう強く動機づける役割を果たしています。危険に満ちた野生環境で暮らす動物を考えてみてください。空腹時に木の上にたわわに実る美味しい果実をやっと見つけた動物がその木に昇ろうと近づくと，その木の陰からトラやクマといった天敵が突然姿を現したとします。この場合，私たちはいくら空腹であっても，死の危険を冒してまでその木に近づき果実を手に入れようとはしないでしょう。むしろ天敵に対峙した驚きと恐れとが意識を占め，そこから逃げ出すことに全エネルギーを傾けるでしょう。このような状況は現代に暮らす私たちにも当てはまります。たとえばあなたが一人で暗い夜道を歩いているとき，気がつくと後ろか

らずっとあなたについて来る足音が聞こえる状況を考えてみてください。あなたは「襲われるかも知れない」といった強い恐怖感，危機感を感じるでしょう。そしてその気持ちに駆り立てられ，人のいそうな明るい道，あるいは近くの店などに向かって足早に走り出すかもしれません。

このように，ネガティヴ情動はそれまで個人がどのようなことに従事していても，その進行中の思考や行動に強引に割り込み，現在直面している緊急の出来事に優先的に意識，注意，あるいは身体のエネルギーを配分する働きをしていると考えられています。情動の機能の一つは，心身の恒常性（ホメオスタシス）を一時的に解除し，個体の利害に関わる緊急の状況をしのぐのに適切な心理的動機づけを行わせることであると言えます。このような動機づけ機能は主観的情感のみで成立するものではなく，それに随伴した身体の生理的変化も同時に伴っています。「主観的情感」とは，情動がもつ"ある行動への動機づけ機能"の一側面なのです。

▷2 I-9 も参照。
▷3 I-3 も参照。

❸ ポジティヴ情動：身体状態の回復と社会的絆の維持機能

上記のような情動の働きは，必ずしも「喜び」や「幸福感」といったポジティヴな情動には当てはまらないと考える方もいるかも知れません。これに対しレヴェンソン（Levenson, R.）は，ネガティヴ情動が主に心身の恒常性の解除に関わるとすれば，ポジティヴな情動はそれとは相補的に恒常性の復旧，回復に関わると述べています。怒りにまかせて暴れたり，恐怖に駆られて逃走したりする行為は，それだけで非常に体力を消耗します。会社や外出先で気を張り詰めてストレスを溜めた状態でも，家に戻り家族と団欒をすることによって，幸福感に満たされ，自然と心が安らぐこともあるでしょう。ネガティヴな情動によって生じる恒常性の解除は緊急の状態に対する準備行動であるため，身体に大変な負荷がかかると考えられます。その状態が長期化すると，私たちの身体に悪影響が生じることは容易に想像がつきます。そのためポジティヴ情動はネガティヴ情動によって生じた身体に対する負担を軽減し，生体の恒常性を回復させる働きを担っていると言えます。また，ポジティヴ情動はネガティヴ情動のようにある特定の行動と結びつくのではなく，ポジティヴ情動を経験することが創造的な思考活動や学習機会を増加させるといったように，人々の思考と行動のレパートリーを広げ，さまざまな対処を可能にする可能性が指摘されています。このほか，ポジティヴ情動については，恒常性の回復機能以外にも快い主観的情感が伝達されることにより他者との社会的関係を良好に保つという働きもあると考えられます。

▷4 Levenson, R. W. 1999 The intrapersonal functions of emotion. *Cognition and Emotion*, **13**, 481-504.

▷5 Fredrickson, B. L. 2001 The role of positive emotions in positive psychology : The broaden-and-build theory of positive emotions. *American Psychologist*, **56**, 218-226.

▷6 Malatesta, C. Z., & Wilson, A. 1988 Emotion cognition interaction in personality development : A discrete emotions, functionalist analysis. *British Journal of Social Psychology*, **27**, 91-112.

（光藤崇子）

I 情動の基礎的メカニズム

8 情動と表出(表情)

1 コミュニケーション機能としての情動

　情動は私たちの身体に，3つの変化をもたらします。そのうちの一つが I-7 で紹介した自分の内面の主観的状態。2つ目がこの「表出」の側面です。(3つ目の「身体状態」については I-9 で解説します。)情動は表出という側面を通して個人と他者とをつなぎ，コミュニケーションを生み出す機能を持っています。

　表出は他者に自己の状態を伝達する役割を果たしています。情動は，多くの場合，特異な顔の表情や声の調子を伴います。これによって，情動は即座に他者に伝わり，周囲の他者との関係を確立したり維持したり，ときに壊したりする原因となります。情動は，身振りや声，表情などの表出手段を用いて伝達されますが，圧倒的に表情を媒体とする場合が多いようです。つまり，私たちは他者が何を感じているかをその人の表情から読み取ろうとし，また，自分が何を感じているかを表情を通して伝えようとします。

　もちろん，他者への伝達だけでなく，自発的に生じる表出もあるでしょう。たとえば一人でテレビや本を見ていて思わず笑ったり，苦いものを食べたときに顔をしかめたりするように，誰かに伝えるわけではなく，自分の主観的状態が自然と漏れ出すような状況もたしかにありえます。しかし，これらの表出は誰かとともにいるときと比較すると各段に微弱で回数も少ないことが報告されています（聴衆効果：audience effect）。このことからも，基本的に表出は「伝達」を主な機能とすると考えてよさそうです。

　ここでは，情動表出の中でも主に表情に焦点を当て，表情にどのような種類があるかを紹介し，併せて表情の表出および認知を説明する2つの理論（カテゴリ知覚説と意味次元説）を紹介します。

▷1　Woodworth, R. S. 1938 *Experimental psychology*. New York : Holt.
▷2　Ekman, P. 1992 An argument of basic emotions. *Cognition and Emotion*, **6**, 169-220.
▷3　 I-4 , I-14 , II-2 , II-10 も参照。

2 基本表情

次の絵を見てください。
　(˄▽˄)　　(ｊ □ ｊ)　　(｀∩´)
みなさんはこれらの絵を見て，それぞれは次5つのうちのどの表情だと考えますか。
　①驚き　②恐怖　③怒り　④悲しみ　⑤嫌悪　⑥喜び

おそらく，みなさんの誰もがこの問いに容易に答えることができたでしょう。私たちは自分あるいは他者の表情（あるいは上記のようなシンボルとしての表情）を見るとき，何の困難を感じることもなくその表出をいくつかの種類に分類しています。

現在，多くの研究者が表情にはいくつかの基本的なパターンがあると考えており，その考えの基礎はウッドワース（Woodworth, R. S.）やエクマン（Ekman, P.）をはじめとする研究者らによって確立されました。エクマンは自身の理論の中で，「怒り」，「嫌悪」，「恐れ」，「喜び」，「悲しみ」，「驚き」の6つの情動は，それぞれ情動の個別の最小単位として生得的にヒトに備わっていると述べました（基本情動理論）。情動は，先に述べた3つの側面（主観的情感，表出，身体状態）がそろって成立するものと考えられているため，当然各基本情動にはそれに対応する「基本表情」が存在するということになります。この考え方は表情の「カテゴリ知覚説」と言われ，各基本表情に対する独立した処理システムが存在するということについて心理学的，脳科学的に検討され，その証拠が示されています。

3 表情の意味次元

先ほどの絵をもう一度見てみてください。

みなさんはこれらの絵を見て，今度は次の5つのうちのどの状態にもっとも近い表情だと考えますか。

①わくわく　②満足　③落胆　④逆上　⑤悲嘆　⑥高揚

今回も，上記3つの絵を一つあるいは2つの選択肢に当てはめることができたのではないでしょうか。表情表出について考える場合，基本表情（カテゴリ説）に対して，もう一つ「意味次元説」という考え方があります。この考え方は，表情は個々に独立した離散的なものではなく，いくつかの次元を持ち，各次元で持つ値の組み合わせによって決定される連続的なものであるというものです（円環モデル）。私たちは，他者の表情からその人の情動状態を推測するとき，相手が「どのくらい」喜んでいるのか，怒っているのかを推測します。このような判断の基準になるものが「次元」です。たとえば，「①わくわく，②満足」と「③落胆，④逆上」をみると，これらの表出は「快い―嫌な」状態を示すとわかるでしょう。一方，「②満足，③落胆」と「④逆上，⑥高揚」をみると，これらの表出は「穏やかな―力強い」状態を示すとわかると思います。次元説においてはこれら2つの意味次元によって私たちの情動状態を位置づけることができると考え，前者を「快―不快次元」，後者を「覚醒―睡眠次元」と呼んでいます。また，次元説についても，これを支持するような心理学的，神経生理学的知見は得られており，現在もこれら2つの説は表情の表出や認知を説明するための有力な理論と考えられています。

（光藤崇子）

▷4　すべての情動研究者が基本情動として上記6つのみを仮定しているわけではない。何を基本情動として仮定するかは，研究者間で一致しないのも事実である。
遠藤利彦　1996　喜怒哀楽の起源　岩波書店　表3
▷5　Etcoff, N. L., & Magee, J. J. 1992 Categorical perception of facial expression. *Cognition*, **44**, 227-240.
Calder A., Young, A. W., Perret, D. I., Etcoff, N. L., & Rowland, D. 1996 Categorical perception of morphed facial expressions. *Visual Cognition*, **3**, 81-117.
▷6　レビューとして，Adolphs, R. 2002 Neural systems for recognizing emotion. *Current Opinion in Neurobiology*, **12**, 169-177.
▷7　Schlosberg, H. 1941 A scale for judgment of facial expressions. *Journal of Experimental Psychology*, **29**, 497-510.
Russell, J. A. 1980 A circumplex model of affect. *Journal of Personality and Social Psychology*, **39**, 1161-1178.
▷8　Schlosberg, H. 1952 The description of facial expressions in terms of two dimensions. *Journal of Experimental Psychology*, **44**, 229-237.
▷9　Rolls, E. T. 1990 A theory of emotion, and its application to understanding the neural basis of emotion. *Cognition and Emotion*, **4**, 161-190.

Ⅰ　情動の基礎的メカニズム

情動と身体（神経・生理）

1　主観的情感と身体状態の因果関係

　情動によって私たちに起こる変化の3つ目は「身体状態」です。恥ずかしいときには顔が赤くなり，恐ろしいときは身の毛がよだつ，といったように何らかの情動には必ずそれに対応した身体の生理的変化が伴います。このような身体状態の変化は「主観的情感」と相まって私たちの個人内に危機的状況からの脱却を促す準備状態を作るという重要な機能を持っています。

　ここでは，情動が生じるときに起こる「主観的情感」と「身体状態」との関係について考えてみましょう。日常経験からもわかるとおり，情動生起のためにはこれら2つの情動の側面は不可分で，どちらか一方のみが生じることはありません。それでは，この2つを引き起こす処理はどのような因果関係を持つのでしょうか。私たちは，「悲しいから泣く」のでしょうか，それとも，「泣くから悲しい」のでしょうか。さらに，私たちの体内には情動情報を伝達するための神経回路が整えられており，それには複数の神経伝達物質が関与しています。悲しみや喜びを経験するとき，それらの情動に関連したホルモンや神経伝達物質が大量に放出され，私たちの体内の恒常性を変化させています。では，どの伝達物質が何の情動を生み出すのでしょうか。神経伝達物質によって情動を操作することはできるのでしょうか。

2　ジェームズ・ランゲ説（末梢説）とキャノン・バード説（中枢説）

　情動と身体状態の変化の関連についての研究は，古くは19世紀からなされてきました。ジェームズ（James, W.）は，「我々は恐ろしいと感じた（F）から脅威の対象（S）から逃げ出すというよりは，むしろ逃げ出す（R）ことによって脅威の対象（S）を恐ろしいと感じる（F）のである」と述べ，刺激対象によって情動的な喚起を受けた直後に運動系や内臓器官の賦活が起こり（身体状態の変化），その後にそれが脳（大脳皮質）に伝えられることで主観的情感が生じると提唱しました（図1.9.1(a)）。この説は，ジェームズと同時期に同様の説を唱えたランゲ（Lange, C.）の名を取ってジェームズ・ランゲ説，または，末梢器官の変化が情動経験に先んじる，ということから末梢説とも呼ばれています。

　この考えに対し，キャノン（Cannon, W.）らは刺激対象（S）による情動喚起は直後に脳の視床を経て大脳皮質に伝えられ，まず主観的情感（F）が生じ，

▷1　Ⅰ-3 参照。

▷2　James, W. 1884 What is an emotion? *Mind*, 9, 188-205.
▷3　F は feeling（主観的情感）を，S は stimulus（刺激）を，R は response（反応）を意味する。

その後皮質からの情報が運動系や内臓に伝えられ身体的変化（R）が生じるという，逆の経路を提唱しました（図1.9.1(b)）。この説は同様の説を唱えたバード（Bard, P.）の名とともにキャノン・バード説あるいは，中枢である脳からの情報が末梢を賦活させる，ということから中枢説と呼ばれています。

3 神経伝達物質

○抑うつや不安とセロトニン

私たちの情動や気分の変化は，情報の伝達のために脳内で放出される神経伝達物質と深い関連があります。それらは，神経細胞の終末部にあるシナプス小胞から細胞同士の隙間に放出され，隣接細胞に存在する受容体（レセプター）に取り込まれます。これによって起こる電位変化により，電気信号として情報が伝達されていきます。セロトニンと呼ばれる神経伝達物質は，抑うつや不安といった心の状態と関連するとされています。この物質は興奮を沈静させる効果を持ち，これが神経に作用することにより，落ち着く，よく眠れるといった生理変化をもたらします。うつ病や不安障害の患者はセロトニン放出量が少なく，脳内のセロトニン濃度が慢性的に低下するために，不安が高まったり，睡眠障害を起こしたりといった症状が現れることがわかっています。

○興奮とアドレナリン

1960年代にシャクターとシンガー（Schachter, S., & Singer, J.）は情動と身体状態について以下のような実験を行いました。彼らは参加者にビタミン剤と称して興奮作用のあるアドレナリンを注射しました。参加者は胸がドキドキする，顔が火照ったような感じがするなどの状態を経験しますが，それがアドレナリンのせいであるとは知らされません。その後これらの参加者は，陽気に振る舞うサクラか，不機嫌で怒っているサクラのいずれかが居る部屋に通されました。すると陽気に振る舞っているサクラを見た参加者はより楽しい気分になり，逆に怒ったサクラを見た参加者は不愉快な気分になったと報告しました。このことは，同じ生理的な興奮が周りの状況によって異なるものに感じられていたことを示しています。たしかにアドレナリンという神経伝達物質は情動に影響を与えますが，それが特定の情動を生み出すわけではありませんでした。シャクターらは，情動は，身体状態の変化と周囲の状況に対する認知的要因が組み合わさった結果生まれると述べています（情動二要因説）。

現在，主観的感情と身体状態の変化の因果関係についての研究は神経伝達物質や遺伝子研究へと発展しています。しかし，やはりこれら2つの側面が相互に影響しあっていること（相関）は明らかでも，どちらが原因でどちらが結果かは依然として未解決の問題と言えます。

（光藤崇子）

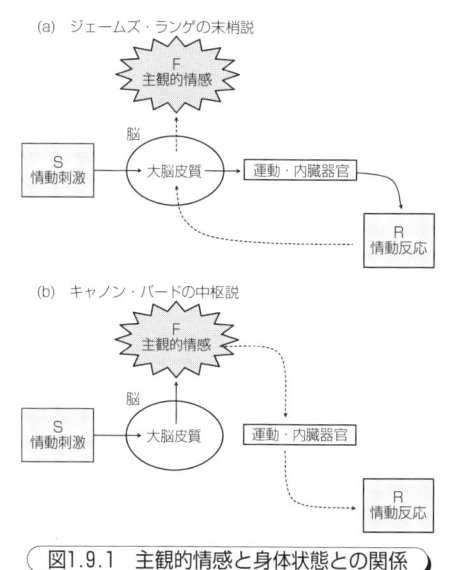

図1.9.1 主観的情感と身体状態との関係

出所：Morris, J. S. 2002 How do you feel? *Trends in Cognitive Sciences*, **6**(8), 317-319. を改変

▶ 4 Schachter, S., & Singer, J. 1962 Cognitive, social, and physiological determinants of emotional state. *Psychological Review*, **69**, 379-399.

参考文献

石浦章一（編） 1999 イラスト医学＆サイエンスシリーズ わかる脳と神経 羊土社

I 情動の基礎的メカニズム

情動と脳

1 情動の生まれる場所―脳

　情動はどこで生起するのでしょうか。私たちの中のどこを見れば，その人の情動が生じている様子がわかるのでしょうか。情動ほど「心」に密接に結びつくと思われるものはありません。現代の最先端の科学は，その心あるいは情動は私たちの「脳」で作られていることを示しています。脳の中の様々な部位がそれぞれ情動に関連する複数の機能を担い，巧みに連携しながら効率的な情動処理を可能にしています。ここでは，脳の中の情動に関連する部位と，近年の脳科学的知見を紹介します。

2 表情・情動処理に関わる脳部位

○扁桃体

　扁桃体は，情動―とくに恐怖などのネガティヴ情動―の発生に深く関わっているとされる脳部位で，脳の大脳辺縁系と呼ばれる部分に含まれるアーモンド（扁桃）のような形をした器官です（図1.10.1右）。この部位は視覚，触覚，聴覚などあらゆる感覚器官からの情報を受け取り，「対象の情動的意味を評価し，それに応じた快・不快情動を発現させる」という私たちの生存に関わるもっとも重要な機能を担っています。I-7で述べたように「恐れ」は私たちを脅威状態から脱却するよう強く動機づける役割を持ちます。私たちが恐怖を感じ，それに対処するために身体・生理反応を生じさせるとき，扁桃体が活発に働いています。さらに，この部位を含む周辺の脳部位が傷害されると，対象の情動評価に関わる行動に異常が生じます（クルーバー・ビュシー（Klüver-Bucy）症候群）。たとえば，通常であれば恐怖を感じるはずの外敵に対して恐怖反応を示すことがなくなり，接近し，攻撃されて傷ついたり（情動反応の低下），食物・非食物の区別など，事物の価値評価と意味認知ができなくなる（精神盲）などの症状が起こります。

○上側頭溝

　I-8で，私たちは他者の情動状態を主に顔に現れる表情から読み取ると述べました。人にとって顔は他個体の状態を認識するために大変重要な情報源であるため，脳の中には顔，またその表情を専門的に処理する場所が存在します。そのうちの一つは，私たちの大脳新皮質にある上側頭溝と呼ばれる場所

▶1　永福智志・小野武年　1999　情動を発現するニューロン機構――感情と行動の仕組み　久野宗（監修）細胞工学別冊「脳を知る」秀潤社　pp.117-128.

▶2　表情を認知する脳部位に関しては，各基本表情に対応した個別の脳部位があると言われている（e. g. Blair et al., 1999）。
・恐れ…左扁桃体
・悲しみ…左扁桃体と右側頭葉
・怒り…眼窩前頭皮質，前帯状皮質
・嫌悪…基底核，島
　Blair, R. J. R., Morris, J. S., Frith, C. D., Perrett, D. I., & Dolan, R. J. 1999 Dissociable neural responses to facial expressions of sadness and anger. *Brain*, **122**, 883-893.

I-10 情動と脳

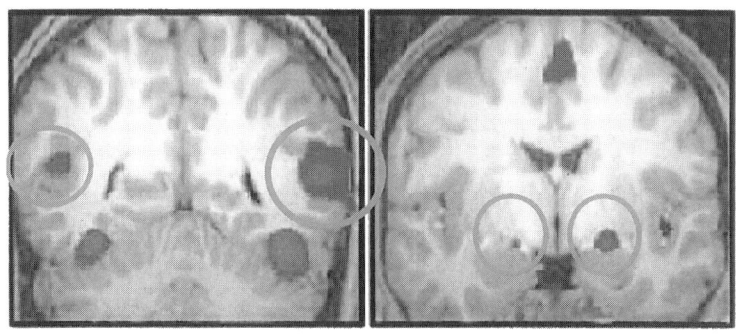

©2004 by National Academy of Sciences

図1.10.1 上側頭溝（左図の円で囲んだ部位）と扁桃体（右図の円で囲んだ部位）

出所：Davidson, R. J., Shackman, A. J., & Maxwell, J. S. 2004 The privileged status of emotion in the brain. *Proceeding of the National Academy of Sciences*, **101**, 11915-11916. を改変

で，ちょうど耳の後ろ辺りにある脳の皺の間に隠れています（図1.10.1左）。この部位は左右どちらの半球にも存在しますが，とくに右の上側頭溝が顔のような配置に大きな反応を示します。図1.10.2は，中立（a）あるいは恐れ表情（b）を300ms参加者に呈示し，頭皮上右後側頭部に装着した電極（T6）から得た脳波で

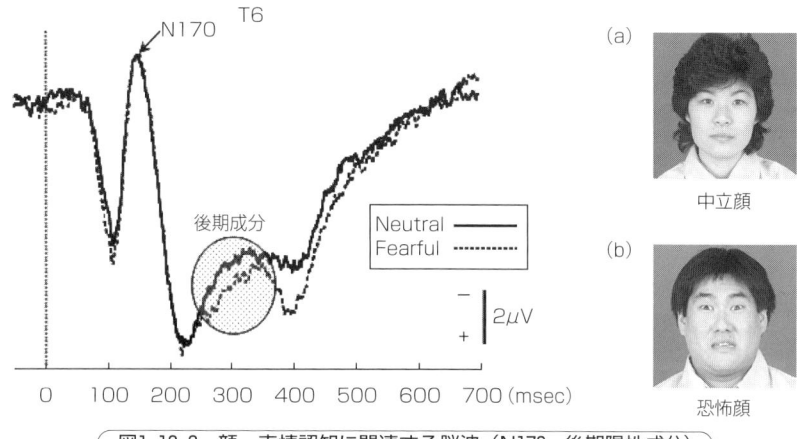

図1.10.2 顔・表情認知に関連する脳波（N170，後期陽性成分）

出所：資料データ提供：九州大学医学研究院中島太輔研究員

す（10名の加算波形）。顔刺激呈示後150〜200ms付近に顔を認知する際に生じる陰性脳波成分（N170）が認められます。これは表情の違いにかかわらずどのような顔に対しても生じる反応です。さらに，潜時250〜300ms付近から中立顔と恐怖顔との間で波形の振幅に差が生じているのがわかります。この成分は脳の広い範囲で生じ，私たちの脳が顔の処理を経た後にその顔に現れた情動を処理している際の持続的な注意反応を示すとされています。[3]

現代の脳科学では情動の「認知：私たちが情動を喚起されるような事象に直面した場合にどのような脳の活動が起こるのか」ということについての理解は深まってきていますが，「生成：どのような過程で特定の情動が生じるのか」に関連する研究は依然わからないことがたくさん残っているのが現状です。これに関する今後の研究の発展が待たれるところです。

（光藤崇子）

▶3 Eimer, M., & Holmes, A. 2002 An ERP study on the time course of emotional face processing. *Neuroreport*, **13**(4), 427-431.

I　情動の基礎的メカニズム

情動の系統発生的起源

▷1　I-4, I-8,
II-10 参照。

1　動物からヒトへ：すべての動物に情動はある

基本情動のうち比較的ヒト特有な情動（悲しみ）を除く他の情動（驚き，恐れ，喜び，怒り，嫌悪）は，その起源を系統発生的に非常に古くにまで遡ることができます。たとえば恐れは情動の進化プロセスにおいてもっとも早くに進化してきたものだと言われており，約5億年以上昔に現れた初期の脊椎動物にも存在したであろうと考えられます。

これに関する解剖学的証拠は，まさに私たちの脳に示されています。異なる種の動物の脳を解剖してみるとそれらは非常によく似た構造をしていることがわかります。脊椎動物の脳はすべて前脳，中脳，後脳として知られる3つの部分に分けられ，各脳のそれぞれは同様の基本構造と神経経路を有しています。前脳はさらに間脳，終脳とに分かれ，間脳が系統発生的に「古い脳」，脊椎動物からの機能を保持しており，大脳辺縁系と呼ばれます。終脳が「新しい脳」，つまりヒトにおいてもっとも発達している大脳皮質（とくに新皮質）となります（図1.11.1）。初期の脊椎動物に由来したあらゆる生き物，すなわち両生類，爬虫類，鳥類，哺乳類は，情動を経験するための能力を遺伝的に引き継いでいます。このように，ヒト以外の動物がヒトと同様の情動を経験しているであろうということには科学的な根拠があると言えます。

2　古い脳と新しい脳（辺縁系と新皮質）

人の脳の中で情動に関連する部分は，大雑把に2つに分けることができます。I-10 で紹介した「扁桃体」を含む大脳辺縁系（古い脳）と，「上側頭溝」を含む大脳新皮質（新しい脳）です。各脳部位は情動発現において異なる役割を果たしており，両者が拮抗しながら情動行動を調節しています。

○大脳辺縁系

大脳辺縁系には海馬・帯状回・扁桃体といった部位が含まれます（図1.11.1）。これらの組織はすべて新皮質の下の中心部に位置しています。辺縁系が調節するものは性，情動などの生得的な本能行動で，意思にかかわらず自動的で，学習の影響を受けることがありません。そのため，緊急の事態でのとっさの判断（脅威対象からの回避など）は辺縁系の機能に頼るところが大きいようです。

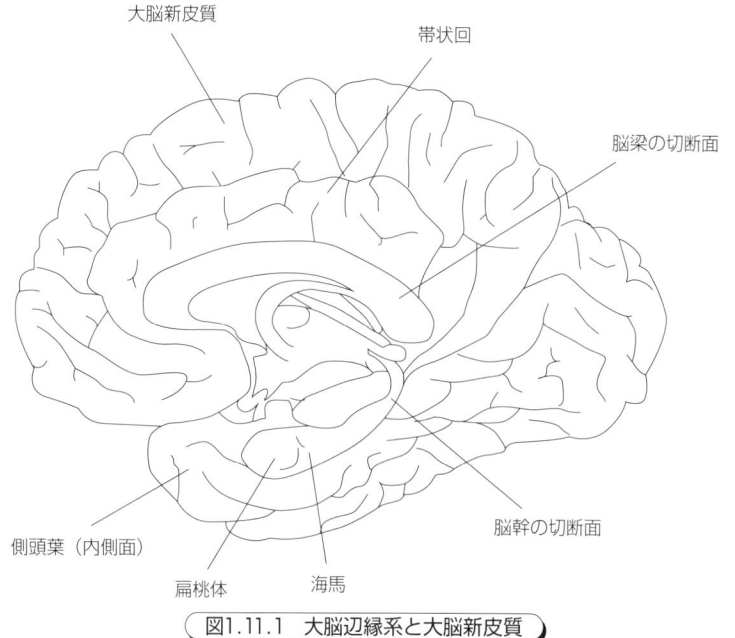

図1.11.1 大脳辺縁系と大脳新皮質

出所：ベアー，M. F.・コノーズ，B. W.・バラディーソ，M. A. 加藤宏司・後藤薫・藤井聡・山崎良彦（訳）2007 神経科学——脳の探求 西村書店，p.441, 図18-4を改変

◯大脳新皮質

　大脳新皮質は系統発生的にきわめて最近になって現れ，哺乳類においては辺縁系を完全に包み込む大きさです。前頭葉，側頭葉，後頭葉，頭頂葉などの部分に分かれています。新皮質は，辺縁系とは対照的に意思や判断などに基づく学習行動を調節し，じっくりと冷静に状況を判断するような場合（情動的な記憶に基づく意思決定など）に主役を果たします。

◯2つの情動処理経路

　上述の2つの脳に独立した情動処理の神経経路が存在していることをアメリカの神経科学者ルドゥー（LeDoux, J.）が明らかにしました。[2]

　第一の経路は感覚器官から大脳辺縁系の扁桃体へと至る経路で，粗く大雑把ではありますがきわめて迅速な情報伝達がなされます（低次経路）。これによりとっさの本能的な情動判断が可能となっています。

　第二の経路は感覚器官から大脳皮質を経て扁桃体へ至る経路（高次経路）で，間接的なため時間を要しますが，注意深く状況を分析し，冷静な情動判断が可能となります。[3]

（光藤崇子）

[2] LeDoux, J. 1998 *The emotional brain.* London: Weidenfeld & Nicolson.

[3] これら2つの経路はすべての情動に当てはまるわけではなく，「恐れ」に関して得られている知見である。

Ⅰ 情動の基礎的メカニズム

情動と認知：認知的評価理論

● 認知的評価理論：ストレス対処に起源を置いた情動理論

「認知的評価理論」とは，ラザラス（Lazarus, R. S.）によって構築された，様々な情動が，どのような状況への対処の結果として生起するのかを体系化した理論です。この理論の特徴は，「ストレス対処に基づく研究に端を発している」点，さらに「情動の生起にはそれを生じさせる状況に対し何らかの認識（評価）が必要である」と定義している点です。ラザラスはストレスがどのようなメカニズムで生じるのか，ストレスに対してどういった対処方略が有効かを知るために研究を進めてきました。その中で，ストレスの研究をすることは，より広義に情動とそのプロセスを知ることであると考えるに至りました。ラザラスは，情動を複数の構造を持つ流動的なシステムと見なし，動機（個人の目的や状況），評価，対処，情動，ストレスをそのシステムの構造の一部と位置づけました（図1.12.1）。つまり，情動が生じたからそれに対処するのではなく，対処自体が情動プロセスに含まれると考えたのです。ここでは，認知的評価理論に含まれる構成概念と，それに基づいた情動プロセスを説明します。

○ 先行する状況

ストレスおよび情動に影響を与える動機となる要因として，ラザラスは4つの環境変数と3つの人的変数があると述べています。これらの要因が引き金となり，情動システムが発動すると考えられます。

①環境変数（外的要因）

要求：社会的に「正しい」行動を行わせようとする暗黙かつ明白な圧力
抑制：人がとるべきではない行動に罪が与えられることによって強化される。
機会：事態を活性化させるタイミング
文化：社会的環境，相互依存的あるいは相互独立的社会志向性

②人的変数（個人内要因）

目標と目標の階層：達成したい事柄
自己と世界についての信念：私たちが自己の立場をどう考えているか
個人的資源：知的能力，財産，教育，家族や友人，身体的魅力，快活さなど

○ 評価（appraisal）

評価は，直面した状況に対して人が意識的・無意識的に実行する認知的行動で，一次・二次の2段階で定義されています。「一次的評価」は現在の状況が目

▶1 ラザラス, R. S. 本明寛（監訳）2004 ストレスと情動の心理学——ナラティブ研究の視点から 実務教育出版

▶2 相互依存的社会志向性，相互独立的社会志向性
ストレス対処や情動に影響する文化要因に関する概念。相互独立的社会志向性は個人主義を強調する文化（アメリカや西ヨーロッパ）で優勢であり，相互依存的社会志向性は集団主義を強調する文化（アジアや南アメリカ）で優勢であるとされる。こういった文化差もストレス対処に先行する外的要因と考えられた。

標や意図に関連しているか否か，有害か否かを判断する過程です。この過程は即時的，無意識的です。「二次的評価」は，情動やストレスを生じさせる状況への対処方法を選択する過程です。状況に対処するためどのような行動ができるかを判断します。即時的な一次的評価に対して認知的，分析的であるとされます。

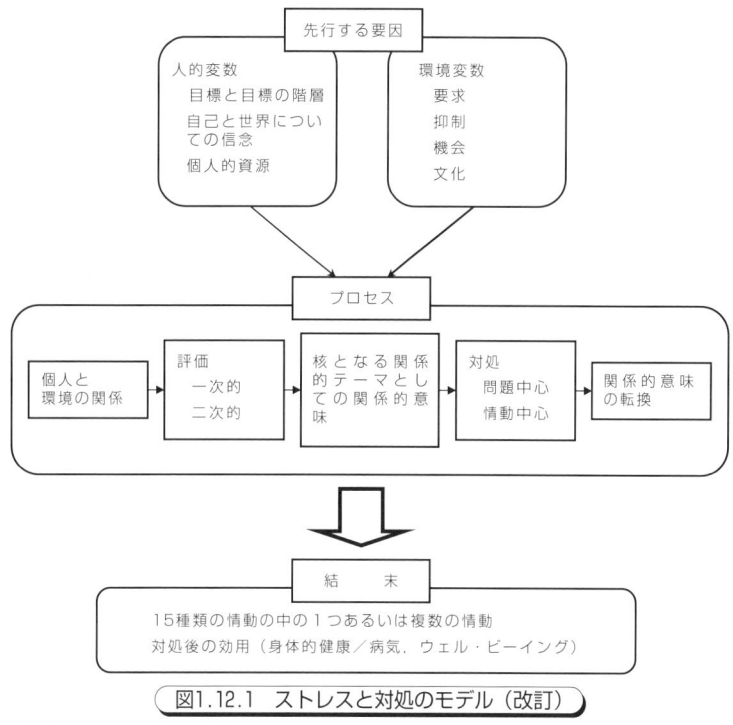

◯対処（coping）

対処は，現在の事態を変え，身に降りかかるストレスを処理しようとする行動を指します。対処には8つの対処行動があり，それぞれは問題中心，あるいは情動中心のいずれかに分類されます。問題中心の対処行動とは，現在の困難な事態を外的環境から変える目的で行われます。事態を変えるために何をすべきかといった情報を獲得し，それに向かうべく行動することです。情動中心の対処行動とは，状況の現状を変えることが困難な場合に，現在の自己の情動を統制しようとする目的で行われます。私たちは自分がストレスフルな状況にある場合，あらゆる手段を講じてそれを解決しようとしますが，現状を環境から変えることができると判断すれば問題中心で対処を行い，それが不可能な場合に情動中心の対処方略をとると言えます。適切な対処がなされれば，適切な情動が生起し，主観的ウェル・ビーイング，社会的機能，身体的健康などに効用がもたらされます。

◯情動とストレス

認知的評価理論によれば，情動は上述の評価プロセスを繰り返すことによって形成されます。そして，各情動には個人と状況との関係によって害あるいは益を生じさせる中心的テーマがあると考えられます。私たちが経験する情動の違いは評価パターンと中心的テーマの違いであると言えます。

ストレスは情動プロセスの中の下位概念と位置づけられます。情動プロセスが適切な評価に基づく対処によって適切に駆動する際にはストレス水準が低く，そのプロセスがうまく駆動しない場合にストレス水準が高まります。現在の自分の心の状態がどのようにして引き起こされ（先行する状況），対処され，どのように精神的，身体的健康に影響するか（効用）という部分は情動の一般的な生起とストレス生起で共通しています。

（光藤崇子）

図1.12.1　ストレスと対処のモデル（改訂）
出所：ラザラス／本明（監訳），2004，p.240.

▶3　対決的対処，距離を置く，自己コントロール，ソーシャルサポートを求める，責任の受容，逃避・回避，計画的問題解決，ポジティヴな再評価。

▶4　怒り，不安，恐怖，罪悪感，恥，悲哀，羨望，嫉妬，嫌気，幸福，プライド，安堵，希望，愛，同情の15個。詳しくはラザラス（2004）を参照のこと。

I 情動の基礎的メカニズム

13 情動と学習・記憶

1 プランニングと意思決定の機能としての情動

　情動は私たちの日常的な行動に様々な影響を与えます。これまでに，私たちが何気なく行っている日常生活は，じつは情動の役割に多く支えられているということが明らかとなってきました。自転車に乗って怪我をした後，しばらくは自転車に乗るのが怖かったり，とても好きだった食べ物を食べて体調を崩してしまった場合，以前どれだけ好きだったとしてもその後その食べ物を見ただけで不快感を覚え，一切口にできなくなったりするといった経験はよくあると思います。これらは，情動が私たちの記憶や行動の学習に深く関わっていることを示しています。

　私たちが主観的に経験する情動は，私たちを現在直面する状況において次に行うべき行動へと強く駆り立て（動機づけ），それを通して新たな情報を効率的に学習，体系化させる役割を果たします。さらに，その情動経験はそれを引き起こす出来事に関連する種々の記憶（かつて遭遇した苦い経験や痛い思い）に関して私たちがすでに有している情報を意識的，無意識的に呼び起こします。これらを利用して，私たちは状況を解決するための合理的なプランニングを行い，それに基づいて意思決定を行うことが可能となります。ここでは，情動と学習・記憶との関係を示すいくつかの例を紹介します。

2 ソマティック・マーカー仮説

　脳神経科学者ダマシオ（Damasio, A. R.）は，情動に関連する脳の一部に障害を負った患者の行動を観察することによって，情動システムが欠落した場合に認知機能に何が起こるかを考察しました。彼の患者の中には言語や記憶などの知性は損傷前と変わらないにもかかわらず，ごく日常の行動が営めなくなった例が数多く見受けられました。ダマシオはこれらの例を通じて「情動は身体に刻み付けられた記憶の一つ」であるとする「ソマティック・マーカー仮説」を提唱し，個体の利害や適応に関係する情動を伴う経験は，特別な身体状態のイメージを伴って記憶に刻み付けられると述べました。私たちが，過去に体験したものと類似した出来事や刺激に再び接したとき，刻まれた記憶はその身体イメージとともに意識的・無意識的に思い起こされ，即座に現在直面している状況に対する判断（意思決定）過程に影響を与えるとされます。この情動の働き

▷1　より詳しい情報については，ダマシオ, A. R.『生存する脳——心と脳と身体の神秘』（田中三彦（訳），講談社，2000年）等の本を参照のこと。

によって，私たちは一度経験した危機や害悪を再び被ることの無いよう行動することができると考えられるのです。

▷2 Ⅰ-3 も参照。

③ 恐怖条件づけ

「一度犬にかまれた経験がある人が，その後犬全般が苦手になってしまう」というように一度経験した不快な経験によってその後の行動が規制される現象は，「恐怖条件づけ」という学習過程によって説明することができます。これはアメリカの行動主義心理学者ジョン・ワトソン（Watson, J. B.）が実験によって示しました。彼は生後9ヶ月の乳児（アルバート坊や）に白ネズミ（条件刺激）を見るときは必ず大きな金属音（無条件刺激）を聞かせる作業を繰り返しました（条件づけ）。すると白ネズミを見ることと連合して金属音への恐怖が条件づけられ，乳児は金属音がしない場合でも白ネズミを見ると逃げ惑い，さらに白ウサギ，白いお面等の異なる対象に対しても恐怖反応を示すようになったのです。これらの恐怖反応は同様な行為を快刺激と連合させて繰り返すことによって（たとえば白いねずみを見るときに必ず褒めておもちゃを与えるなど）消去することができると言われています。

④ PTSD（心的外傷後ストレス障害）

長期的に不快な情動状態に晒された場合，その記憶が精神や身体の健康を損なうまでに進行することがあります。その臨床症状として知られるのが「Post Traumatic Stress Disorder（PTSD：心的外傷後ストレス障害）」です。戦闘体験，自然災害，暴力，交通事故といった死の恐怖に直面するような強い情動的ストレスを体験した後に，その記憶が覚醒時または夢などによって再体験されるようになります（フラッシュバック）。このような状況に陥った場合，私たちは外傷と関連した刺激を持続的に避けたり，そのような刺激に対する麻痺が起こったりするようになります。このような症状が1ヶ月以上持続する場合にPTSDと診断されます（DSM-5）。PTSDと記憶との関係を示す脳科学的証左は現在まだよくわかってはいませんが，ストレスを感じやすい人（ストレス脆弱性が高い人）ほど，大脳辺縁系にある海馬と呼ばれる記憶に関連する脳部位の体積が小さく，このことがPTSDを誘発する要因の一つとなっていることが示されています。

▷3 Ⅸ-1 参照。

▷4 Ⅰ-11 参照。

情動を経験できなくなった場合，通常行っているごく簡単な意思決定さえ困難になってしまいます。また情動が過剰に身に降りかかってきた場合，精神や身体を病むこともありうるのです。

（光藤崇子）

I　情動の基礎的メカニズム

14　情動の進化的基盤と文化的基盤

1　情動の進化論

　本書でもすでに I-4 においてふれてきたところですが，進化論の祖であるダーウィン（Darwin, C. R.）は，ヒトと他の生物種の表情に近似性が認められること，およびヒトが文化によらず同様の表情を見せ，また理解し合えることから，情動を進化の産物であると見なしていました．じつのところ， I-2 でも記したように，彼自身は，高度な認知機能を備えたヒトにおいて，情動はすでに無用の長物となりかけているという認識を有していました．しかし，現代の進化論者の多くは，狩猟採集民として在ったヒトの祖先の進化的適応環境（EEA）において生み出された各種情動が，今なお，私たちの種々の適応に絡む原型的な出来事に特化した超高速の情報処理装置および対処行動発動のための一種のパッケージ・プログラム，すなわち一種の心的モジュールとして機能していると仮定するに至っています．

2　進化的適応装置としての基本情動

　現代の情動理論の中で，情動の進化的基盤をもっとも重視するのが基本情動理論です．基本情動理論の骨子としては，まず第一に，喜び，悲しみ，怒り，恐れなどのいわゆる基本情動と呼ばれるいくつかの情動については，それらがそれぞれ相互に分離独立した機能単位であるという仮定を挙げることができます（分離独立性あるいはモジュール性の仮定）．これは各種情動が，元来，生体内外からのある特定入力に対して発動するようあらかじめ仕組まれた，主観的経験，神経生理，行動表出などの諸側面からなる特異的な出力（反応）セットとしてあるということを意味します．

　理論的骨子の第二は，こうした機能単位としての各種情動が，それぞれ別個の適応上の難題に対して迅速で合理的な対処を可能にすべく，一種のデフォルト処理機構として進化してきたということであり，またそれゆえに，明確な遺伝的基盤をもってヒトという種に普遍的に組み込まれているということです（進化論的起源および生得普遍性の仮定）．

　論者によっては加えてもう一つ，第三の理論的骨子として，基本情動の最小単位性および融合的性質を仮定する向きがあります．これは基本情動がそれ以上解体不可能な最小のビルディング・ブロックであり，混色の機序さながらに，

▷1　Cosmides, L., & Tooby, J. 2000 Evolutionary psychology and the emotions. In M. Lewis & J. M. Haviland-Jones (Eds.), *Handbook of emotions.* New York : Guilford. pp. 91-115.
▷2　戸田のアージ理論も私たちの情動の多くが，ヒトの古環境において生命維持や繁殖，緊急事態対処，社会関係構築などの枢要なゴールに向けて，多様な認知処理を整合的に調整し，迅速で的確な意思決定や行為選択をなし得るよう，強く私たち人を駆り立てる(urge)べく進化してきたと主張するものである．
　戸田正直　1992　感情——人を動かしている適応メカニズム　東京大学出版会
▷3　Ackerman, B. F., Abe, J. A. A., & Izard, C. E. 1998 Differential emotions theory and emotional development : Mindful of modularity. In M. F. Mascolo & M. F. Griffin (Eds.), *What develops in emotional development?.* Plenum Press. pp. 85-106.
▷4　 I-4 ， I-8 ， II-10 も参照．

それらを基礎にして，他のあらゆる情動が構成されるという考え方です。

　ちなみに，基本情動を具体的に何とするかについては，論者によって見解に相違があります。たとえば，初期のエクマン（Ekman, P.）は，各種情動に結びついた表情認識や生理的変化などに関わる通文化的共通性の証左を挙げて喜び，悲しみ，怒り，恐れ，嫌悪，驚きの6つを基本情動としましたが，その後，それを15種類にまで広げて考えるに至っています。イザード（Izard, C.）も表情の通文化的普遍性を重視する論者ですが，彼は加えて各種情動の個体発生の過程を重く見，発達の早期段階から各種情動が明確な表情を伴って現出するという証左を自ら示した上で，初期のエクマンの6つに加えて興味，軽蔑，罪，恥も基本感情（個別感情）としてリストアップしています。

③ 個体発生から見る情動の生得普遍性

　ここまでの記述から，情動およびその生起メカニズムなどをヒトに予め組み込まれた生得・普遍のものと理解された方も少なくはないでしょう。どの情動がだいたいどれくらいの時期に生じ始めるかといった情動の発達に関しても一定の法則性があることが知られており，少なくとも，ある特定の情動，とくに基本情動と呼ばれるものは，発達過程の中で，ある遺伝的なプログラムに従って自然に経験されるようになるのかも知れません。ある研究者は，生まれつき目と耳が不自由な子どもたちの観察を行っていますが，それによれば，そうした子どもたちでも，少しの遅れはあるものの，他の子どもとほぼ変わりない情動のレパートリーを示すに至ったと言います。

　これは，種々の情動に特異的に伴う顔の形態および声の調子，あるいはそれらと特定の状況との結びつきなどについて特別な学習機会がなくとも，情動が自然に生起するようになったことを示唆しているかに見えます。

④ 情動の文化的差異

　しかし，上述したことは，情動のあらゆる側面が，生まれつきで，なおかつすべての人間において皆同じであるということを意味するものでは当然ありません。情動には，個々人がそれぞれ生まれ育った社会文化の影響を受けて，確実に学び取られる側面もあるようです。情動の進化的見方に対して，情動の文化的基盤を強調する考え方も根強く存在しているのです。それは，当然のことながら，情動のさまざまな側面に現れる文化的差異を強調することになります。

　たとえばマーカス（Markus, H.）と北山忍は，米国人と日本人で，ある特定種類の情動の経験のしやすさに違いがあることを示しています。これによれば，米国人は，怒りや誇りを比較的多く経験しやすいのに対し，日本人はこうした情動の経験が比較的少なく，むしろ罪や恥や尊敬などを米国人よりも多く経験しやすい可能性があるのだと言います。マーカスらは，米国を個人のアイデン

▶5 Plutchik, R. 2002 *Emotions and life : Perspectives from psychology, biology, and evolution.* Washington, DC : American Psychological Association.

▶6 Ekman, P., & Friesen, W. V. 1971 Constants across cultures in the face and emotion. *Journal of Personality and Social Psychology,* **17**, 124-129.

▶7 Ⅰ-4 参照。

▶8 Ekman, P. 1999 Basic emotions. In T. Dalgleish & M. Power (Eds.), *Handbook of cognition and emotion.* John Wiley & Sons. pp. 45-60.

▶9 Izard, C. E. 1991 *The psychology of emotions.* Plenum Press.

▶10 Ⅱ-2, Ⅱ-10 参照。

▶11 Eibl-Eibesfeldt, I. 1973 The expressive behaviour of the deaf-and-blind-born. In M. von Cranach & I. Vine (Eds.), *Social communication and movement.* London : Academic Press. pp. 163-194.

▶12 Markus, H. R., & Kitayama, S. 1991 Culture and the self : Implications for cognition, emotion, and motivation. *Psychological Review,* **98**, 224-253.

ティティやその利害などを重視する「相互独立的自己の文化」であると，一方，日本を個人よりも他者との関係の確立や維持などを重視する「相互協調的自己の文化」であると特徴づけた上で，こうした自己に関わる文化的枠組みの違いによって，どのような事柄に強く反応し，また結果的にいかなる情動を経験しやすくなるかということに文化差が生じることになると説明しています。

また，日米の情動表出の違いに焦点を当てた研究も複数存在しています。これについて最初に体系的な研究を行ったのは，基本情動理論の代表的論者であるエクマンであり，彼は，日本人が他者と同席すると米国人に比して表情が乏しくなることなどを見出しています。また，たとえばマツモト（Matsumoto, D.）は，どのような状況でいかなる情動を表すことがふさわしいかということを日米両国の調査参加者に問い，一人でいるときにはその答に違いがないのに，誰と一緒かということによって，適切とされる情動に文化差が生じることを見出しています。たとえば，米国人は，家族や親しい友人に対して悲しみや嫌悪を表してもいいと考える傾向が強いのに対し，日本人ではこうした傾向が弱く，むしろ，自分のあまり知らない人の前では怒りや恐れを表してもいいと考える傾向が強かったのです。

こうした知見から示唆されるのは，文化による違いが，とくに情動の始発点（いかなる出来事をどういう評価に結びつけ結果的にどのような情動を発動させるか）と終止点（経験された情動をどう制御し表すか）に現れやすいということです。エクマンが提唱する神経・文化モデルによれば，各文化には特異な社会的経験規則と社会的表示規則とがあり，それらが，元来，ヒトに共通普遍のものとしてある情動に微妙な文化差をもたらすのだと言います。

5 情動の社会的構成主義

上述したエクマンのような立場は，いわば情動の進化的基盤と文化による調整作用の両者を整合的に説明しようとする，いわば折衷主義的立場と言えるものです。しかし，研究者の中には各種の情動それ自体が社会文化を通して構成されるという強い立場（情動の社会的構成主義）をとる者もいます。こうした論者は，近年，基本情動理論に批判的なラッセル（Russell, J.）などに拠りながら，情動そのものは基本的に快―不快と生理的覚醒度の強弱によってのみ規定されるもの（コア・アフェクト）に過ぎず，そこに元来，文化特異なものとしてある情動概念や情動語が貼り付けられることで，独特の意識的表象と主観的情感が生み出されるのだと主張するに至っています。

現に，何らかの形で情動に関わる語彙は英語圏での約600語から，マレーシアのチェオン（Chewong）族の7語までときわめて文化的分散が大きいことが指摘されています。たとえば，タヒチ人は，悲しみや罪に相当する語彙を持たず，それらを疲労や身体的苦痛などと区別しないということが知られています。

▷13 Ekman, P. 1972 Universals and cultural differences in facial expressions of emotion. In J. Cole（Ed.）, *Nebraska symposium on motivation, 1971.* Lincoln, NE : University of Nebraska Press. pp. 207–283.

▷14 Matsumoto, D. 1991 Cultural influences on facial expressions of emotions. *Southern Communication Journal*, **56**, 128–137.

▷15 Ekman 1972 前掲書

▷16 Averill, J. K. 1980 A constructivist view of emotion. In R. Plutchik & H. Kellerman（Eds.）, *Emotion : Theory, research, and experience, Vol. 1.* New York : Academic Press. pp. 305–339.

Harré, R. 1986 *The social construction of emotions.* Oxford : Basil Blackwell.

▷17 Russell, J. A. 2003 Core affect and the psychological construction of emotion. *Psychological Review*, **110**, 145–172.

▷18 Ⅰ-8 の「意味次元説」の解説も参照。

▷19 Shiota, M. N., & Kalat, J. W. 2011 *Emotion*（2nd edition）. New York : Wadworth.

また，あるアフリカの部族は怒りと悲しみそれぞれに対応する語を持たず，それらを区別して経験している形跡があまりないのだと言います。

こうしたことから，ラッセルは，北斗七星の7つの星自体には，それらを相互に結びつける必然的関連性がなく，あくまで人が主観的にそれらを特別な関連性があるものと見なしているに過ぎないのと同様，各種情動カテゴリも進化に由来した生物学的実体の反映などではなく，個々人の発達過程の中で，文化的意味を高度に負わされた認知の産物に過ぎないと主張するのです。[20]

▷20 Russell 前掲書

6 進化と文化の二項対立を超えて

しかし，情動概念や情動語が欠けていることは，本来それらに相当するはずの生理的な情動反応そのものが欠けているということを必ずしも意味しません。たとえば，日本人には西欧人には見られない甘えという一種独特の情動体験が存在することが土居によって指摘されていますが[21]，これについても，それに相当する生理的な情動反応が他の文化圏の人には完全に欠落しているということを必ずしも意味しないのかも知れません。

▷21 土居健郎 1971 甘えの構造 弘文堂

むしろ，こうしたことの妥当な捉え方は，たとえある同一事象に遭遇し，また潜在的に同様の生理的な情動反応を示し得ても，それを解釈する枠組みの違いに起因して，主観的に経験される情感（feeling）に大きな差異が生じる可能性があるということなのではないでしょうか[22]。情動に伴う意識体験が純粋に生理的状態の反映であるのではなく，それにさまざまな状況や自らの状態についての解釈が混入したものだとすれば，当然，それは情動に関する文化特異な知識（言葉や概念等）によって強く規定されるということになるでしょう。たとえば，悲しみや罪という言葉や概念を発達過程の中で学習していなければ，その人は当然，「今自分は大切なものをなくして悲しい」とか「あの人に罪なことをしてすまない」とかいったことを，明確に区別して感じようがなく，また結果的に，その後にとるであろう行動もおそらく，それらの言葉や概念を持つ文化の人とは大きく違ってくることが想定されるのです。

▷22 I-1 の「情動の定義」の説明，I-7 を参照。

客観的に測定できる表情や生理的反応などに焦点化すれば，たしかに情動の進化的基盤は明確に存在すると言えるでしょう。しかし，主観的な意識体験や情感に焦点化して情動を捉えるのであれば，そこに強力な文化的基盤を見ない訳にはいかないのです。いずれにしても，進化か文化かという二分法的な問いはすでに過去のものと言えるでしょう。それらを整合的に理解するための情動の総合理論の構築が現在，強く求められているのです。[23]

（遠藤利彦）

▷23 遠藤利彦 2013 「情の理」論——情動の合理性をめぐる心理学的考究 東京大学出版会

コラム 1

情動種類による表情知覚の差異

1 怒り表情の検知，幸福表情の認識

I-4 や I-14 で紹介したエクマン（Ekman, P.）らの実験は，表情認識には文化を越えた共通性が認められることを強力に示すものではありましたが，様々な表情全ての知覚や認識に対する正確さや素速さまでもが一様であることを意味するものではありません。実際には，表出される感情の種類によって，知覚反応の速度や精度が異なることが明らかになっています。

それを示した代表的な実験にハンセン（Hansen, C. H.）とハンセン（Hansen, R. D.）の，「集団の中の顔」パラダイム（Face in the crowd paradigm）という課題があります。そこでは怒り表情の検知が他の表情よりも速く，かつ正確になされることが示されています。彼女らは実験参加者に，表情写真が 3×3 や，2×2 など縦横同数に並んだマトリクスを提示し，9つ，または4つの写真が全て同じ表情か，一つだけ別の表情が混ざっているかを答えるよう求めました。刺激写真の表情は怒り，幸福，中立でしたが，実験の結果，幸福や中立の表情集団の中に一つだけ怒り表情が埋め込まれていた条件は，他の条件（怒り表情集団中の幸福表情など）と比べ検知の正確さが有意に高く，判断にかかった時間も短かったことが示されました。

さらにオーマン（Öhman, A.）らは，表情写真ではなく表情図を用いて刺激の抽象度や馴染みの度合い，物理的な特徴を厳密に統制し，同様の実験を行いました。それぞれの表情図は，感情の種類が異なるだけで，構成しているパーツは同一のものでした（図C1.1参照）

が，この実験でも怒り表情図への知覚の速さや正確さが一貫してみられたことが報告されています。

さて，こうした怒り顔に対する敏感性はなぜ起こるのでしょうか。解釈の一つとして，進化心理学の観点からの考察が挙げられます。進化心理学では恐れ感情は生存に重要な防御システムに固定されていて，認知的評価に影響されずに自動的に活性化すると考えられており，我々には脅威刺激に対してのみ特異な敏感さを持つ「恐れモジュール」が備わっていると仮定されています。「集団の中の顔」課題では，怒りの表情が威嚇を表し，観察者にとって脅威となるため，この「恐れモジュール」が働いて怒り表情が敏感に察知されると考えられます。

ただし表情の探索という，表情への「注意」を扱っていた「集団の中の顔」パラダイムに対して，表出情動の「認知判断」を課した実験では，幸福表情への反応時間の方が短いと報告されています。レッパネン（Leppänen, J. M.）らは表情写真を一枚提示し，その表情が幸福感情と怒り感情のどちらを呈しているか判断させる課題を行いました。この実験では幸福感情の判断に要する時間の方が怒り感情の判断よりも有意に短く，幸福表情認識の優位性が認められました。

2 「その時々の」個人の適応に深く絡む他者表情

ただし，「集団の中の顔」課題の実験にせよ，情動表出に対する認知判断の実験にせよ，得られた結果は，あくまでも一般的な表情知覚及び認識の傾向を示すものであって，それがいつも確実に生じることを意味す

図C1.1 オーマンらの表情図による「集団の中の顔」刺激

出所：Öhman et al., 2001

るものではないようです。表情の知覚認識者側がどのような心的状態にあるか，あるいはどのような文脈状況におかれているかによって，知覚や認識の傾向が大きく左右される可能性もまた強力に示唆されているのです。たとえば，社会的疎外への恐れは，怒り表情ではなく笑顔への注意を促進すると報告されています。除け者にされるかもしれない，という恐れを抱くと，受容のサインである笑顔に対して敏感になり，怒り表情よりも早く注意を向けてしまうのでしょう。一方，幸福表情への認知のしやすさについても，香りを用いて観察者の気分を快状態と不快状態と中立状態に操作した実験では，不快気分の参加者には幸福表情認識の優位性が認められませんでした。また，白人の参加者に対する実験では，彼らにとって外集団メンバーとなる黒人の表情刺激については幸福表情ではなく，怒りや悲しみ表情認知の優位性が認められました。

どうやら私たち人は様々な感情の表出である表情に対してある程度共通の知覚や認識の枠組みを有しながらも，「その時々の」個人の適応に深く絡む他者表情のシグナルにより迅速に，また的確に反応する傾向を有しているようです。もっとも現段階においてこうした傾向の詳細が全て明らかにされている訳ではなく，今後更なる研究の発展が望まれるところです。

（石井佑可子）

▶1 Hansen, C. H., & Hansen, R. D. 1988 Finding the face in the crowd : An anger superiority effect. *Journal of Personality and Social Psychology*, **54**, 917-924.

▶2 この検知速度の速さについてハンセンらは，怒り表情知覚はその他の表情とは違って前注意的処理で行われ，怒り表情のみがポップアウト（pop out：飛び出す）するためではないかと考えた。この仮説を検証するため，彼女らは先の研究の中でマトリクスの規模を変化させて同様の実験を行い，怒り顔の検出時間はマトリクスの規模に左右されない一方で，幸福の表情はマトリクスの規模が大きくなると，検出に要する時間が増えることを明らかにした。

▶3 Öhman, A., Lundqvist, D., & Esteves, F. 2001 The face in the crowd revisited : A threat advantage with schematic stimuli. *Journal of Personality and Social Psychology*, **80**, 381-396.

▶4 Öhman, A., & Mineka, S. 2001 Fears, phobias, and preparedness : Toward an evolved module of fear and fear learning. *Psychological Review*, **108**, 483-522. など。

▶5 オーマンらは前に挙げた表情図の研究で，悲しみの表情や，腹黒い表情を用いた実験も行ったが，同じくネガティヴな評価値を持った表情であるにも関わらず，これらの表情の検知には優位性が認められなかった。このことから，怒り顔の検知には「恐れモジュール」が働いていることが伺える。

▶6 Leppänen, J. M., Tenhunen, M., & Hietanen, J. K. 2003 Faster choice-reaction times to positive than negative facial expressions : The role of cognitive and motor processes. *Journal of Psychophysiology*, **17**, 113-123.

▶7 レッパネンらは「集団の中の顔」課題が周囲に自分にとって脅威となる対人的刺激が「あるかどうか」の判断を問題にしている一方で，彼らの実験は，すでに対面状況で一対一の関係性が成り立っている中で，他者の自分に注がれている感情が「どのようなものであるか」の判断を問題にしており，そのために自分にとって好意的なメッセージを含んだ幸福表情の方が読み取られやすかったと解釈している。

▶8 DeWall, C. N., Maner, J. K., & Rouby, A. 2009 Social exclusion and early-stage interpersonal perception : Selective attention to signs of acceptance. *Journal of Personality and Social Psychology*, **96**, 729-741.

▶9 ただし，自分に対して社会的拒絶をした当の相手に対しては怒り感情をより多く知覚する（Maner et al., 2007）ことから，笑顔への敏感さは拒絶された後の新たな受容先の探索として機能していると考えられる。

Maner, J. K., DeWall, C. N., Baumeister, R. F., & Schaller, M. 2007 Does social exclusion motivate interpersonal reconnection? Resolving the "porcupine problem". *Journal of Personality and Social Psychology*, **92**, 42-55.

▶10 Leppänen, J. M., & Hietanen, J. K. 2003 Affect and face perception : Odors modulate the recognition advantage of happy faces. *Emotion*, **4**, 315-326.

▶11 Hugenberg, K. 2005 Social categorization and the perception of facial affect : Target race moderates the response latency advantage for happy faces. *Emotion*, **5**, 267-276.

Ⅱ 情動の発達プロセス

1 情動の発達における役割

① 何のために情動は生じるのか

　喜びや恐れなどの情動は，人が生まれてから死ぬまでの一生の中で，数え切れないほど多く生じ，消えていきます。日常生活の中で，頻繁に，人に経験されている情動。では一体，情動は何のために生じるのでしょうか。ここでは，人の発達において，情動がどのような役割を持つのかについて取り上げます。

◯コミュニケーションに役立つ

　情動が発達において果たす役割のまず一つ目として，情動がコミュニケーションの道具になることが挙げられます。情動は，顔や声，態度そして行為などを通して表出されることが多いのが特徴です。とくに，発達初期の乳児は，泣くという行為を通して，空腹や排泄の不快感を周囲の大人に訴えることができ，また同時に，お腹や自分の必要が満たされているときには，微笑んだり，声を上げて笑ったりすることにより，"嬉しい""満足"といった快感情を伝えることもできます。さらに，乳児が，自分の情動を他者に伝えるだけでなく，周りにいる養育者の情動状態を読みとることもできるということも研究によって明らかにされています。情動がコミュニケーションの道具として使われるのは，当然，発達初期だけに限りません。人は成長に従って，より多くの，より複雑な情動を経験することができるようになり，情動を表出すること以外にも，情動を隠したり，また，実際経験しているものとは異なった情動を経験しているかのように振る舞ったりすることができるようになります[*1]。こういった高度な情動表出をうまく使い分けることによって，様々な他者との間に適当な関係性が築かれ，社会にうまく適応することができるのです。

◯次の行為の準備を整える

　情動の発達における役割の2つ目として，情動が，次にとるべき適切な行為の準備を可能にすることが挙げられます。情動は，人がそれまでどんなことをしていても，つねに"強引な割り込み"をかけてくるという特徴を持ちます。たとえば，あなたが，レストランで大好物の食べ物を前にして，今まさしく食べようとしているところだったとしましょう。いただきます，と箸をとり口に運ぼうとした瞬間，ジリリリリとけたたましい非常ベルの音がレストラン中に響き渡りました。厨房の方を目にすると，黒い煙の奥に燃えたぎる大きな赤い炎が見えます。火事です。そのとき，あなたはどうするでしょうか。そのまま

▷1　実験によって，3歳ごろになるとこのような情動表出ができることが示されている。

煙と炎に巻かれながら食事をすることはないでしょう。いかに空腹であろうと，いかに好物な食べ物であろうと，火事現場に居合わせて自分の命が危険にさらされているという，その状況に"恐怖"を覚え，とにかくまずはそこから逃げようとするのではないでしょうか。情動の"強引な割り込み"とはこのことです。つまり，普段，危険が迫らないときに，人が頭でとても重要なことと考えたことだとしても（この場合，目の前の食べ物が大好物ということ），自分自身に危険が迫ったとき，"驚き""恐怖"といった情動が経験されることによって，それまで心奪われていたことなどは頭の中から消え去り，とにかく目前の危険から，"逃げる"なり"立ち向かう"なり，自分の身を守るための行動を起こす準備を，人に，一瞬のうちに整えさせるという働きをするのです。

◯ **効率的な学習をうながす**

情動の発達における役割の3つ目として，情動が，生きていくために重要なことがらについての迅速で効率的な学習を可能にすることが挙げられます。人は情動を経験することによって，ある種のフィードバック効果を得ることになります。たとえば，乳児は，誕生後しばらくすると，ハイハイを始め，その後，つかまり立ち，伝い歩き，そして歩けるようになりますが，このように発達に沿って，子どもの移動能力が高まってくることは，行動範囲が広がることを意味し，その分，これまでよりも，子どもにとって危険なことが増えることになります。その結果，ベビーベッドに寝ているだけだったころに比べて，養育者などの周囲の大人は，子どもが危険物に近づきそうになると，注意などのネガティヴな情動を多く表すことになります。たとえば，子どもが熱いストーブに触れようとしたとき，大人は，"危ない！""だめ！"などの切迫した言葉や声，表情などとともに，"怒り"の情動を発するでしょう。このとき子どもは，その大人の言動に，"恐れ"を感じることとなり，この"恐れ"の経験により，熱いストーブは"自分にとって恐ろしいもの"という認識を持つことになるのです。つまり，情動は，ある状況に対して表された心や身体の状態を，増幅・強調してフィードバックすることによって，そうした状況の重要性やそれに対する適切な準備体制，対処方略などを記憶させると考えられています。

❷ 人間の進化にとって重要な情動

これら情動の発達における3つの役割は，人間が現代に至るまで絶えることなく存続するために重要な役割を果たしてきたと言えます。私たちの祖先がそうであったように，現代に生きる私たちもまた，とくに意識することはないですが，日々の生活の中で様々な情動を経験することにより，これらの役割をうまく使い分けていると考えられます。これだけの重要な機能を備えた情動は，私たち人間が生き，子孫を絶やすことなく存続させるために必要不可欠なものであると言えます。

（山本良子）

▶2 遠藤利彦 2002 発達早期における情動の役割——その"両刃の剣"的性質 教育と医学，**50**（10），29-37．

▶3 **フィードバック効果**
結果に含まれる情報を原因に反映させること。例の場合，大人に叱られることによって，ある対象が自分自身にとって危険であると認識できるようになるという効果がある。

▶4 Ⅰ-14 も参照。

II 情動の発達プロセス

2 情動発達のモデル

1 情動発達モデルの源流

はじめて，乳幼児の情動の科学的考察を行ったのは，進化論で著名なダーウィン（Darwin, C. R.）でした[1]。彼は幼い子どもの複雑かつ微妙な情動表出には進化論的起源があるとし，乳幼児や動物の情動表出，とくに表情を詳細に調べ，ヒトとそれ以外の動物との連続性を情動表出の中にも見出せると考えました。また，行動主義を創始したワトソン（Watson, J. B.）[2]は，基本的な情動反応として，愛，怒り，恐れの3つがあり，それらは生得的に存在すると仮定しました。そして，さまざまな情動はその3つの情動を基に条件づけによって発達すると考えました。

それに対して，ブリッジズ（Bridges, K. M. B.）[3]は，生まれて間もないころの乳児の情動反応は未分化な興奮状態で，それが発達とともに徐々に分化することで種々の情動が構成されると考えました（図2.2.1を参照）。

2 構成主義的理論 vs. 基本情動理論

ブリッジズの考え方は大勢の研究者に引き継がれていきました。ブリッジズはとくに情動分化の要因について述べていませんが，近年，この考え（構成主義的理論）[4]を採る研究者は，生物学的成熟や他者との相互作用などが情動の分化を推し進めていくと論じています。たとえばスルーフ（Sroufe, A.）[5]は，生後

> 1 Darwin, C. R. 1965 *The expression of the emotions in man and animals.* Chicago：University of Chicago Press.（Original work published 1872）
> 2 Watson, J. B. 1930 *Behaviorism*（revised ed.）. Chicago：University of Chicago Press.（安田一郎（訳）1968 行動主義の心理学 河出書房新社）
> 3 Bridges, K. M. B. 1932 Emotional development in early infancy. *Child Development*, **3**, 324-341.
> 4 構成主義的理論では基本的に，情動における神経的・経験的・表出的要素の3つがセットになって生得的に準備されているわけでなく，そのセットは各種情動ごとに経験や学習によって構成されていくと考えられている。
> 5 Sroufe, A. 1996 *Emotional development：The organization of emotional life in the early years.* New York：Cambridge University Press.
> 6 基本情動理論では，生得的に準備されている有限個の基本情動が，ある遺伝的なプログラムのもとに出現し，それらが幾つか結合することでその他の多種多様な情動が生まれていくと考えられている。 I-4, I-8, I-14, II-10 も参照。

```
                    未分化な興奮              (誕生時)
                   (excitement)
                    ／      ＼
              苦痛           うれしさ         (3ヶ月)
            (distress)       (delight)
          ／   ｜   ＼
       恐れ  嫌悪  怒り                       (6ヶ月)
      (fear)(disgust)(anger)
                                得意   愛情    (12ヶ月)
                              (elation)(affection)
              嫉妬                ｜      ／＼
            (jealousy)          大人へ 子どもへ (18ヶ月)
                                の愛情  の愛情
                 喜び
                 (joy)                         (24ヶ月)
```

図2.2.1 ブリッジズの情動発達図式

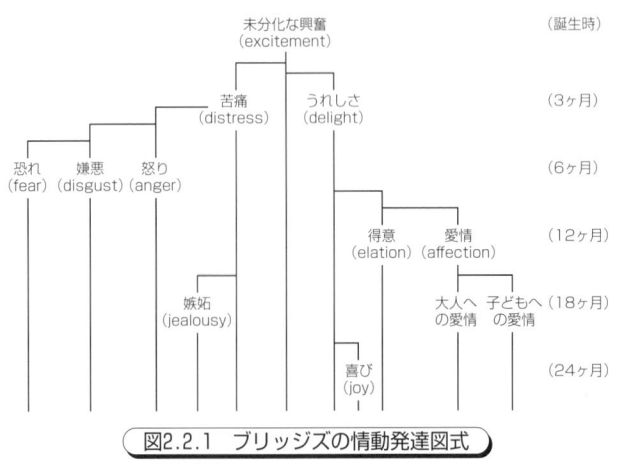

出所：Bridges, 1932

間もない乳児の反応は生理学的興奮・緊張の表出であったのが，身体的成熟，認知発達，親との相互作用によって，環境にある出来事の意味を理解し，反応が特定の出来事に分化し制御されていくことで，個別の情動構造が構成されていくと考えました。この考えは，情動を発達上の生成物と見ているようです。

　上記の考え方と対立するのが，基本情動理論です。ある研究は，各種情動を表すとされる表情を把握する尺度を用いて，生後間もないころから乳児は個々の情動を表現した表情を表出することを明らかにしています。こうした研究成果を踏まえ，イザードとマラテスタ（Izard, C. E., & Malatesta, C. Z.）は，基本情動が，神経的要素・主観的経験・表出行動の一連のセットとして生得的に組み込まれていると考えました。この考えは情動発達の生物学的基盤を重視し，ダーウィンやワトソンの考え方を一部受け継いでいると言えます。

❸ 近年の情動発達モデル

　先で見た情動発達に対する見解の対立にはじつは，情動をどのように捉えるかということが関係しています。構成主義的見方のマンドラー（Mandler, G.）やルイス（Lewis, M.）は特定の出来事に対する認知的な評価によって情動が生起すると見ていますが，基本情動理論を構えるイザードなどは情動の生起に必ずしも認知は必要ないと考えています。しかし，情動発達と認知発達の連動を示唆するこれまでの研究成果を考えると，情動発達における認知の役割を無視することはできません。そこで最後に，新たな認知能力が発達することによって各種情動が分化・構成されていくと考えるルイスの情動発達モデルを図2.2.2に示します。彼は，誕生時の興味，充足，苦痛が生後1年目後半までに新たな認知能力の出現に伴って喜び，驚き，怒りといった一次的情動に分化すると考えています。そして，1歳後半ごろに自己意識が成立すると羨望やてれ，2歳後半ごろに基準やルールを獲得・保持することが可能になって恥や罪悪感など，二次的情動が出現すると見ています。

（久崎孝浩）

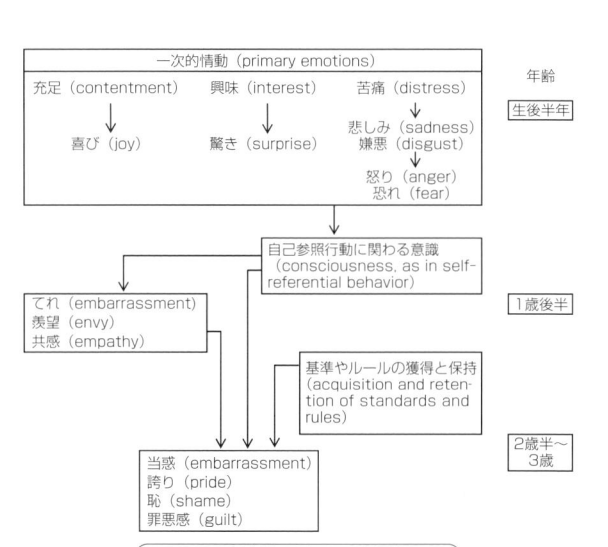

図2.2.2　生後3年間の情動発達

出所：Lewis, 2000

▷7　Malatesta, C. Z., Culver, C., Tesman, J. R., & Shepard, B. 1989 The development of emotion expression during the first two years of life. *Monograph of the Society for Research in Child Development*, No. 219, Vol. 54. Nos. 1-2. Chicago：University of Chicago Press. pp.1-104.

▷8　Izard, C. E., & Malatesta, C. Z. 1987 Perspectives on emotional development, I：Differential emotions theory of early emotional development. In J. D. Osofsky (Ed.), *Handbook of infant development*, 2nd ed. New York：John Wiley & Sons. pp.495-554.

▷9　Mandler, G. 1985 *Cognitive psychology : An essay in cognitive science*. Mahwah, N. J.：Erlbaum.（大村彰道・秋田喜代美・馬場久志（訳）1991　認知心理学の展望　紀伊國屋書店）

▷10　Lewis, M. 2000 The emergence of human emotions. In M. Lewis & J. M. Haviland-Jones (Eds.), *Handbook of emotions*, 2nd ed. New York：Guilford Press. pp.265-280.

▷11　ルイスは各種情動のうち，出生後間もなく出現し，自己意識が関与せず，表情表出として観察可能な情動を，一次的情動としている。一方，自己意識が関与する情動を，二次的情動（自己意識的情動）と呼んでいる。

II 情動の発達プロセス

3 一次的情動の発達とそれに関わる要因

▷1 Lewis, M. 2000 The emergence of human emotions. In M. Lewis & J. M. Haviland-Jones (Eds.), *Handbook of emotions*, 2nd ed. New York : Guilford Press. pp.265-280.

▷2 Ⅱ-2 参照。

▷3 **生理的微笑**
出生間もないころ，REM睡眠時に目を閉じた状態で観察される微笑で，神経系の未成熟に起因していると言われている。それは，生後3ヶ月ごろまでにかなり減少する。

▷4 Stenberg, C. R., Campos, J. J., & Emde, R. N. 1983 The facial expression of anger in seven-month-old infants. *Child Development*, **54**, 178-184.

▷5 恐れは生後7～8ヶ月ごろに，いわゆる人見知り不安として出現すると考えるのが一般的であるが，とくに早熟の子どもの場合，それよりも早く（生後6ヶ月ごろ）に出現するとの報告もある。

▷6 Brooks, J., & Lewis, M. 1976 Infants' responses to strangers : Midget, adult and child. *Child Development*, **47**, 323-332.

▷7 Campos, J. J., Mumme, D. L., Kermoian, R., & Campos, R. G. 1994 A functionalist perspective on the nature of emotion. In N. Fox (Ed.), The development of emotion regula-

① 新たな認知能力の出現に伴う一次的情動の発達

子どもはごく初期から様々な情動を表現します（図2.3.1参照）が，それは無意味なものではなく，どうも，特定の出来事の意味を認めて経験・表出されるようです。それを考える上で，出来事—認知的評価—表出という観点で情動の出現を把握しようとするルイス（Lewis, M.）の情動発達モデルは示唆に富むものです。このモデルに沿って，各種一次的情動と認知能力の関係を見てみましょう。

まず生後3ヶ月ごろになると，喜び（joy）が出現します。たしかに誕生時から微笑を示すことが知られていますが，それはほとんどの場合，生理的微笑と呼ばれるものです。しかし，生後3ヶ月を過ぎると，乳児はそれまでとは異質な，親近性の高い対象（たとえば，人の顔など）に対する微笑やポジティヴな興奮状態を示すことがわかっています。また，このころには，親とのやりとりが中断したり，好みの対象が消えたりしてしまうと，悲しみ（sadness）が表出されるようになると言われています。さらに，嫌悪（disgust）が，口の中に入った味の好ましくない物を吐き出したり排出したりする原始的な形で出現すると言われます。まとめると，生後3ヶ月ごろまでには，喜び，悲しみ，嫌悪がそれぞれ適切な状況と結びついて出現するようです。

続いて，生後4～6ヶ月ごろになると，怒り（anger）が，手や腕を押さえて動くことができないようなフラストレーションの事態で出現すると言われて

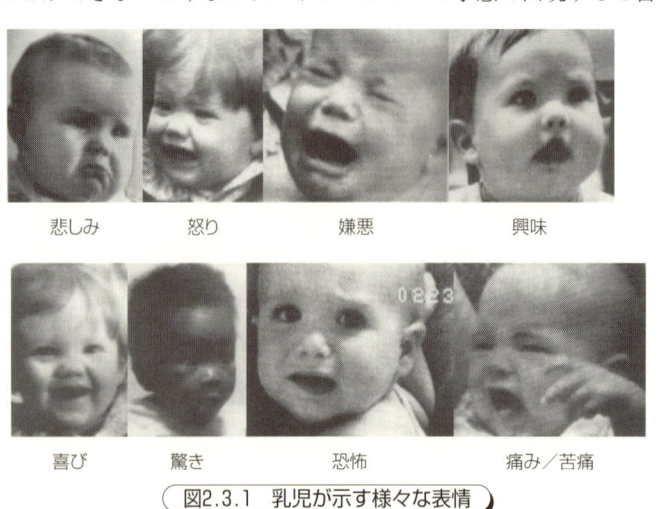

| 悲しみ | 怒り | 嫌悪 | 興味 |
| 喜び | 驚き | 恐怖 | 痛み／苦痛 |

図2.3.1 乳児が示す様々な表情

出所：Izard, C. E. 荘厳舜哉・比較発達研究会（訳）1996 感情心理学 ナカニシヤ出版

います。怒りという情動は何らかの障害を克服しようとする際に形成される反応で，それにはある特定の目的とそれを達成するための行動を理解していないといけません。そのことからすると，怒りの出現には，目的と手段の関係についての知識が関与しているのかも知れません。

恐れ（fear）は，怒りより少し遅れて出現するようです。見知らぬ人に対する恐れ反応を例にとると，それは，その人の顔と，これまでに記憶し，内的表象として保持しているその人以外の種々の顔とが異質であることを認めてはじめて生じると考えられます。つまり，それまでに様々な事象・対象を記憶し，その記憶内容と現前の事象・対象を比較する能力が生じることで，恐れは出現するようです。また，驚き（surprise）も生後6ヶ月ごろに出現するようです。たとえば，自分自身に向かって歩いてくるきわめて背の低い大人を見たとき（おそらく，子どもという期待を裏切られて），乳児は恐れや喜びよりも興味や驚きを示すという報告があります。驚きは，ある特定の出来事を目の前にして，それまでの期待が裏切られることで喚起されると言われています。そう考えると，驚きも，恐れと同じように，記憶・比較能力の発達に伴って出現すると考えられます。

2 移動運動の発現が絡む一次的情動の発達

先では情動発達における認知との関係について述べましたが，情動の生起を事象に対する認知的評価とするならば，乳児の認知発達だけでなく，事象と個体の関係性にも注目する必要があります。なぜなら，ある出来事に対する知覚・評価のあり方は，その出来事に向き合っている乳児がそこで採りうる運動・行為によって異なってくるからです。ハイハイや歩行などの移動運動能力が発達すると，それまで受身的に環境を知覚していた乳児は能動的に環境を移動・探索することが可能になり，様々な事象・対象に対して興味や喜びを経験・表出するようになることが考えられます。また同時に，転ぶなどの失敗，様々な未知の対象や障壁に多く遭遇することで，恐れや怒りといったネガティヴな情動を経験・表出するようになることも考えられます。

その証拠を，たとえばキャンポス（Campos, J. J.）らの研究に見ることができます。彼らは，深い段差にガラス製の透明なテーブルを渡して作られた視覚的断崖に対する乳児の反応や心拍数を調べました。その結果，生後6ヶ月ごろまでの乳児は視覚的断崖を覗き込んで心拍数が低下するのに対して，生後9ヶ月ごろの乳児は同じように覗き込むが心拍数が上昇することがわかりました。彼らは，生後9ヶ月児の心拍数が上昇し，そしておそらく強い恐れを経験したのは，9ヶ月児のほうがハイハイによる移動経験，ひいては転ぶなどの失敗経験が豊富だからだと考えました。このように移動運動の発達は，情動が分化・構成していく基盤だと考えられます。

（久崎孝浩）

tion : Biological and behavioral considerations. *Monographs of the Society for Research in Child Development*, 59 (2-3, Serial No. 240). pp.273-314.
▷8 Campos, J. J., Hiatt, S., Ramsay, D., Henderson, C., & Svejda, M. 1978 The emergence of fear on the visual cliff. In M. Lewis & L. Rosenblum (Eds.), *The development of affect*. New York : Plenum Press. pp.149-182.
▷9 Ⅱ-10 参照。
▷10 心拍数の低下は興味と関連があり，一方，心拍数の上昇はネガティヴな情動と関連があると考えられている。ここでは段差や床を見てそれに興味をもったと考えられる。
▷11 しかし近年の研究成果からすると，移動中に転ぶなどの失敗とその学習がもとで高さへの恐れが生ずるとは一概に言い切れないようである。たとえばある研究（Campos et al., 1981）で，歩行器のみでの移動経験のある子はハイハイでの移動経験のある子と同じように心拍数が上昇することが明らかにされており，この結果から，手段を問わず移動経験によって高さへの恐れが生じることが示唆されている。
Campos, J. J., Svejda, M. J., Bertenthal, B., Benson, N., & Schmid, D. 1981 Self-produced locomotion and wariness of heights : New evidence from training studies. Paper presented at the meeting of the Society for Research in Child Development. Boston : Mass.

Ⅱ　情動の発達プロセス

4　二次的情動の発達①：てれ・共感・羨望

▷1 Lewis, M. 2000 The emergence of human emotions. In M. Lewis & J. M. Haviland-Jones (Eds.), *Handbook of emotions*, 2nd ed. New York : Guilford Press. pp.265-280.

▷2　ある研究者（Reddy, 2005）は，ごく初期から自己意識が存在し，それに伴う形で二次的情動も発達すると仮定している。ルイスなどは鏡に映っている自分を自分だと認識したり，自分について言及したりすることが自己意識の表れだとしているのに対し，その研究者は他者が自分に注意を向けていることに気づくといった反応を自己意識の表れとしている。
　Reddy, V. 2005 Feeling shy and showing-off : Self-conscious emotions must regulate self-awareness. In J. Nadel & D. Muir (Eds.), *Emotional development.* Oxford : Oxford University Press. pp. 183-204.

▷3　Kagan, J. 1998　Is there a self in infancy? In M. Ferrari & R. J. Sternberg (Eds.), *Self-awareness : Its nature and development.* New York : Guilford Press. pp.137-147.

▷4　ルイス（Lewis, 2000）は，2種類の embarrassment があると仮定している。一つは自己意識の成立をまってすぐに出現する

1　二次的情動とは

　ルイス（Lewis, M.）の情動発達モデルによれば，1歳半ば以降になると，Ⅱ-3 で述べた一次的情動とは異質の，複雑な認知的活動が関与する二次的情動が現れると言います。二次的情動とは，客観的に自分を見つめるといった自己意識や，自分の行いに対する善悪の判断のような自己評価が関与する情動のことです。したがって，この二次的情動の発達は自己の発達と切り離して語ることができません。そのため，自己の発達に関する見方によって二次的情動の発達に対する考え方も異なってきますが，ここでは，1歳半ばごろに自己意識が成立するというケーガン（Kagan, J.）やルイスといった研究者の見解にしたがって，二次的情動，とくにてれ，共感，羨望の発達を見ていきます。

2　自己意識の成立とてれの出現

　1歳半ばごろになると自己意識が芽生えるとともに，自分が他者に見られていることを認めることで生じるてれ（embarrassment）という情動が出現します。1歳半ばごろの自己意識は一般的に，図2.4.1に示すような，鏡に映っている自分の姿を自分だと認識しているかのような反応として知られています。そこでルイスらは，生後22ヶ月児を対象に，ルージュ課題を用いて自己意識とてれの関係を調べました。その結果，表2.4.1に示すように，見知らぬ人との対面以外の場面では恐れではなくてれ反応を示し，しかもその人数は，鏡像認知が不可能な子よりも鏡像認知の可能な子のほうが多いことがわかりました。これは，自己意識の成立によっててれが出現してくることを示唆しています。

3　自己意識の成立と共感の出現

　また，共感（empathy）も1歳半ばごろから自己意識の成立に伴って出現してくると言われています。一

図2.4.1　子どもが鏡を通して自分の顔についたルージュを触っている様子

出所：Rochat, P. 2004 *The infant's world.* Cambridge : Harvard university press.

表2.4.1 全体，ルージュ課題成功・失敗，それぞれのグループにおいて恐れあるいはてれを表出した子どもの人数比率（％）

	見知らぬ人と対面する		鏡を見る		ほめられる		実験者からダンスを要求される		母親からダンスを要求される	
	恐れ	てれ	恐れ	てれ	恐れ	てれ	恐れ	てれ	恐れ	てれ
全体	55	5	5	25	10	32	5	32	0	23
ルージュ課題で鼻を触る	54	8	4	31	4	42	8	44	0	27
ルージュ課題で鼻を触らない	56	0	6	17	18	18	0	13	0	18

出所：Lewis et al., 1989

一般に共感は，他者の悲しみや苦痛に接した際に引き起こされ，その他者に対して慰めたり援助したりする行動として表出されると考えられます。この共感反応はたしかに生後13〜25ヶ月の間に急増していくことが観察されていますが[8]，共感の出現は自己意識の成立と実際に結びつくものなのでしょうか。これを明らかにしようとする研究は幾つかあり，たとえば，ビショフ-ケーラー（Bischof-Köhler, D.）[9]は，生後16〜24ヶ月の子の，鏡像認知課題における反応と，実験者が悲しみを演じているときの反応を観察し，両反応の関係を調べました。その結果，月齢に関係なく，鏡像認知の可能な子ほど共感反応を示しやすいことがわかりました。この結果からすると，自己意識の成立をまって共感が出現することが言えそうです。しかし，他者への反応である共感は客観的に自分自身に注意を向けるという自己意識とどのように結びつくのでしょうか。ルイスはその点について，他者の苦痛に対する共感には，その苦痛と類似した自分自身の過去の経験に注意を向けて，自分自身を他者の立場におく能力が必要であり，その能力には自己意識の成立が不可欠なのだと言っています。

4 自己意識の成立と羨望の出現

ルイスはさらに，自己意識の成立とともに，特定の物や性質が他者にはあって自分にはないことを意識することが可能になって羨望（envy）という情動が出現すると考えています。2歳ごろの子どもの日常の様子を見ると，たしかに，他者の玩具や持ち物を欲しがるような，羨望と思わせる行動を目にすることがよくあります。また2歳ごろになると，どれが自分の物で，どれが他者の物かという知識をもっているかのような振る舞いもよく見受けます（ある研究者は，この知識を自己意識の指標の一つにしています[10]）。このように，日常の子どもの姿からすれば，自己意識の成立と羨望の出現は関係しているように思えますが，残念ながらまだ，それに関する確たる証拠はありません。

（久崎孝浩）

れで，もう一つは自己意識の成立後しばらくして出現する，マイルドな恥としての自己評価的なてれ（Ⅱ-2の図では区別のため当惑と記載）である。

▷5 Lewis, M., Sullivan, M. W., Stanger, C., & Weiss, M. 1989 Self-development and self-conscious emotions. *Child Development*, 60, 146-156.

▷6 ルージュ課題
子どもの鼻の頭にルージュをこっそりつけておき，子どもが鏡に映る自分を見て自分の鼻を触るか否かを見るもので，鼻を触る反応は自己意識の証拠とされる。しかし，この反応を，たんに，鏡の性質の理解や視覚と運動の照合の反映と見る研究者もいる。

▷7 共感が本質的に情動なのかについて研究者間で見解が一致しないが，ルイス（Lewis, 1992）は，他者の内的状態を実際に感じるという側面を強調し，情動の一種と捉えている。

Lewis, M. 1992 *Shame : The exposed self.* New York：Free Press.

▷8 Zahn-Waxler, C., Radke-Yarrow, M., Wagner, E., & Chapman, M. 1992 Development of concern for others. *Developmental Psychology*, 28, 126-136.

▷9 Bischof-Köhler, D. 1988 Über de Zusammenhang von Empathie und der Fähigkeit, Sic him Spiegel zu erkennen. *Schweizerische Zeitschrift für Psychologie*, 47, 147-159.

▷10 Kagan, J. 1981 *The second year.* Cambridge：Harvard University Press.

II 情動の発達プロセス

5 二次的情動の発達②：恥・罪悪感・誇り

生後1歳半ごろからてれ，共感，羨望が出現しますが，さらに2歳を過ぎてから，それらとは異なる二次的情動が出現すると言われています。親など他者から叱責や賞賛を受けて，あるいは自ら取り込んだ基準やルールに基づいて，自分の行動の善し悪しを評価する能力が2歳過ぎから発達し，それに伴って恥，罪悪感，誇りといった情動が出現してくるというのです。たしかに2歳以降ともなれば，親の叱責に敏感になったり，賞賛を期待するような行動をとったり，頑なに自分なりの決まりやルールを守ろうとするような行動をとったりすることがしばしば見受けられます。それでは，恥，罪悪感，誇りといった情動がどのように出現してくるのかを次に見てみましょう。

1 恥の出現

2歳を過ぎて自己評価が可能になると，ある失敗や過失に対して自己全体（自分自身の特性や能力など）をネガティヴに評価することで生じるとされる恥（shame）が出現します。たとえば，ルイス（Lewis, M.）らは，3歳児が発達レベルからするとかなり難しい課題ととても簡単な課題に失敗したときに，悲しみとは異なる恥の反応が難しい課題よりも簡単な課題で多く表出されることを観察しています（図2.5.1参照）。簡単な課題のほうで恥反応を示したのは，簡単な課題ならば自分はできると思っていたのに，その思いとは裏腹に失敗してしまった自分の能力をネガティヴに評価したからだと考えられます。またスティペック（Stipek, D. J.）らの研究では，図2.5.2，2.5.3に示すように，3歳ごろから，課題に失敗したときに，恥を思わせるような，顔をしかめる反応や，

▷1 ルイス（Lewis, 1992）は，自己意識があってはじめて，子どもは基準やルールを取り入れることが可能になると考えている。自己意識が成立していない時期には他者の基準やルールに従って行動するだけであったのが，自己意識の成立によって，何が自分自身を楽しませたり悲しませたりするのかを客観的に理解することができるようになり，自ら基準やルールを作り上げて取り込んでいくというのである。

Lewis, M. 1992 *Shame : The exposed self.* New York : Free Press.

▷2 Lewis, M., Alssandri, S. M., & Sullivan, M. W. 1992 Differences in shame and pride as a function of children's gender and task difficulty. *Child Development,* **63**, 630-638.

▷3 恥の反応は，相手から視線をそらす，顔を手で覆い隠す，その場から後ずさりするといった行為のことで，悲しんでいるときには見られないと考えられている。一般に，恥などの二次的情動の反応はそれぞれに固有の表情として表れないようである。

▷4 Stipek, D., Recchia, S., McClintic, S. 1992 Self-evaluation in young children. *Monographs of the Society for Research*

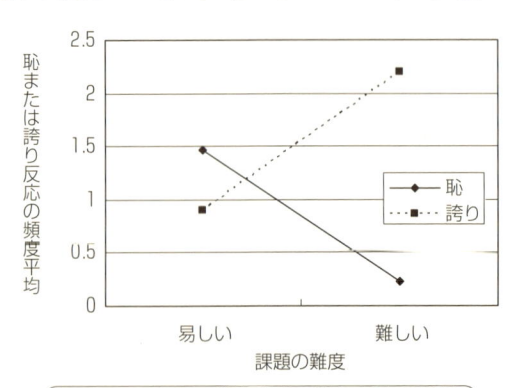

図2.5.1 課題の難度と恥・誇り反応の関係

出所：Lewis et al., 1992

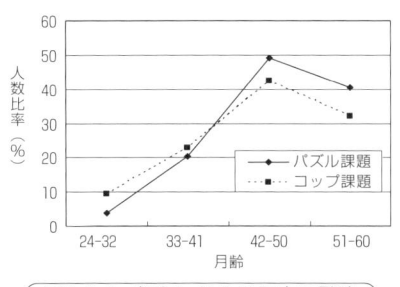

| 図2.5.2　顔をしかめる反応の発達 | 図2.5.3　周囲から閉ざした反応の発達 |

出所：Stipek et al., 1992　　　　　　　出所：Stipek et al., 1992

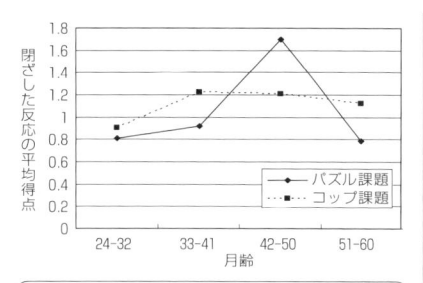

周囲から自分を閉ざしたような反応が増えてくることもわかっています。

2　罪悪感の出現

　また，罪悪感（guilt）も恥と同時に，自己評価の出現に伴って発達すると言われます。しかし罪悪感は，自己のどのような面をネガティヴに評価するかという点で恥とは異なるとされています。罪悪感の場合，自己全体でなく，自己のそのときその場の行動をネガティヴに評価するときに生じるというのです。しかし本当に，2歳を過ぎると恥とは異なる様式の自己評価と結びついて罪悪感は出現するのでしょうか。その確たる証拠は今のところありませんが，罪悪感とおぼしき反応が2歳過ぎから現れてくるとする報告はあります。罪悪感の反応は自ら過失を取り繕ったり，迷惑をかけた相手に謝罪したりする行為と見なされますが，2歳児に，そうした反応が自分が原因で母親が悲しんだり痛がったりする場面や人の人形を壊してしまう場面で観察されています。

3　誇りの出現

　さらに，2歳過ぎから自己評価が可能になると，ある種の達成や成功において自己へのポジティヴな評価によって生じる誇り（pride）という情動が出現すると言われています。たしかに，2，3歳ぐらいの子どもが何かを成し遂げたときに喜ぶ姿をよく見ますが，それは喜びではなく誇りと呼べるものなのでしょうか。先で述べたルイスらの研究では，3歳児が難しい課題と簡単な課題に成功したとき，喜びとは異なる誇りの反応が簡単な課題よりも難しい課題で多く観察されています（図2.5.1参照）。これは，難しい課題は無理だという思いに反して成功して，自分の能力をポジティヴに評価したからだと考えられます。また，先のスティペックらの研究では，2歳過ぎからすでに，課題に成功したときに，誇りを思わせるような，相手を見たり，相手の注意を引こうとしたりする行為が多く観察されています。どうも，2歳過ぎには自己評価の発達とともに誇りも出現してくるようです。

（久崎孝浩）

---

in Child Development, **57** (1, Serial No.226).

▶5　Zahn-Waxler, C., Radke-Yarrow, M., Wagner, E., & Chapman, M. 1992 Development of concern for others. *Developmental Psychology,* **28**, 126-136.

▶6　Barrett, K. C., Zahn-Waxler, C., & Cole, P. M. 1993 Avoiders versus amenders : Inplications for the investigation of guilt and shame during toddlerhood? *Cognition and Emotion,* **7**, 481-505.

▶7　ルイス（Lewis, 1992, 2000）は，ポジティヴな自己評価によって誇りだけでなく傲慢（hublis）という情動も生じうると仮定する。誇りが自己のそのときその場の行いに対するポジティヴな評価によって生じるのに対し，傲慢は自己全体に対するポジティヴな自己評価で生じるとしている。

　Lewis, M. 1992 *Shame : The exposed self.* New York : Free Press.

　Lewis, M. 2000 The emergerce of human emotions. In M. Lewis & J. M. Haviland-Janes （Eds.）, *Handbook of emotions,* 2nd ed. New York : Guilford Press. pp. 265-280.

▶8　誇りの反応は，頭を上げて胸を張る，相手の顔を見る，自分の成し遂げた成果に相手の注意を向けさせようとするなどの行為のことで，たんに喜んでいるときの反応とは異なるとされている。

II 情動の発達プロセス

6 自己の発達と情動

▷1 たとえば，乳児が自分の目の前を横切った物体を見ようと視線や頭の向きを変えると同時に，目や頭の動きに関わる内部感覚が自己に経験されることなど。

▷2 Neisser, U. 1988 Five kinds of self-knowledge. *Philosophical Psychology*, 1, 35-59.

▷3 生態学的自己とは，自分自身の行為によって生じる物理的環境の知覚とその行為に伴う内部感覚を照合することによって成り立つものと言える。また，対人的自己は，人との相互交渉を通して，やりとりする主体として自己を経験することと言ってよい。

▷4 Rochat, P., & Morgan, R. 1995 Spatial determinants in the self-produced leg movements in

1 自己の発達

そもそも"自己"をどう捉えるかによって，自己の発達の見方も変わってきます。たとえば，環境知覚と同時に自己知覚も生じるとするナイサー（Neisser, U.）の見方によれば，初期から生態学的自己（ecological self）と対人的自己（interpersonal self）があるといいます。その証拠にたとえば，図2.6.1の装置を使った実験では，3ヶ月児がAやBの右側にある見慣れた足の映像よりも左側の見慣れない足の画像を頻繁に見ることがわかっています。また，新生児でも，自分の口元を触ったときよりも大人が何かで口元に刺激を与えたときのほうが，ルーティング反射（口をひらいて，あたかも乳房を求めるように刺激のある方向に向く）を多く示します。これらの現象は自分と自分以外の区別を示しており，新生児段階から生態学的自己はあると言えます。

また，生後4ヶ月になると，大人とのやりとりにおいて，決められたパターンのやりとりよりもでたらめなやりとりでその大人を頻繁に見たり笑わなくなったりします。これは，この時期の乳児が人とのやりとりに何か期待をもち，やりとりの主体として自己を経験することを示しており，かなり早い段階から対人的自己もあるようです。

しかし1歳後半になって内省的意識が生じると，先で述べた自己とは異質の，自己意識・評価や言語発達の関わる概念的自己（conceptual self）が芽生えると言えます。自己意識・評価については II-5 でも述べましたが，言語との絡みで言うと，2歳前後に，自分や他者との関係を言及したり（表2.6.1参照），欲しい，悲しい，知るといった自己の内的状態を言語化したりします。このことからも，1歳後半から概念的自己が発達すると言えるでしょう。

2 自己の発達から見る情動的コミュニケーション

まず，驚くことに，新生児は大人が表わす表情を模倣します。この現象は環境知覚と自分の動きの照

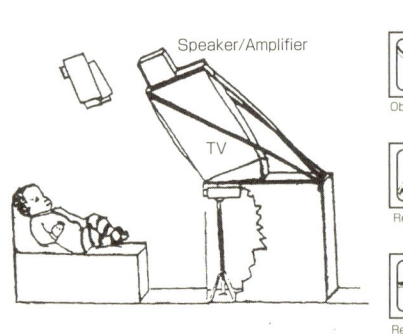

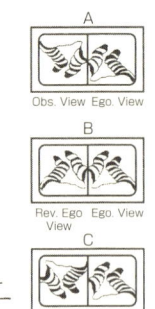

図2.6.1 自分の足の動きが随時映し出された2つの異なるテレビ画像を乳児が見ている様子

（注）(A)左は観察者視点，右は自己視点。(B)左は自己視点を反転させたもの，右は自己視点。(C)左は観察者視点を反転させたもの，右は自己視点。

出所：Rochat, P. 2001 *The infant's world*. Cambridge, MA : Oxford University Press. を改変

表2.6.1 自分や他者との関係についての言語化

約1歳9ヶ月～自他の関係の言語化の開始	「ユー（自分の名前（1：9：27）」「ユー ノ チィー（姉の名前）ノ（1：10：10）」「ユー モ（1：10：21）」「チィー ガ（1：11：16）」「ユー ガ（2：00：02）」「チィー ハ？（2：00：03）」「チィー ト（2：00：05）」「ユー ハ？（2：00：16）」
約2歳1ヶ月～自他の関係の言語化	「オ・トウチャン チンキチ ト ダンダ アイル（2：01：15）」「オ・カアチャン ト ジャージャ ノンデ ネンネ カワイイ オ・カアチャン（2：01：15）」（おとうさん、真吉と風呂に入る。おかあさんと牛乳飲んで寝る。かわいいおかあさん）「チィー チィチャイノ ユー オオキイノ イイノ（2：01：29）」（チィーは小さいの、ユーは大きいのが欲しい）「チィー チュキ ダケド チュコチ イジワルスル（2：04：05）」（チィーは好きだけど少しいじわるする）
約2歳3ヶ月～他者からみた自己の意識化	公園で「イタル クント ナオチャン オウチ デ ケンカチテルカモ チレン。ユークン イナイイナイッテ（2：03：28）」（いとこの到君と直ちゃんがお家で、自分がいないのでけんかをしているかもしれない）「キチャ ユー チュキダカラ マチマチ チテテクレルノ？（2：03：26）」（汽車はユーが好きだから待っていてくれるの？）

（注）カッコ内は年齢を表す（年：月：日）
出所）山田洋子 1982 0〜2歳における要求——拒否と自己の発達 教育心理学研究，30，128-138．

らし合わせと見れば，きわめて初期の生態学的自己を示すよい証拠です。もし，ある特定の表情がフィードバックされてそれに対応した情動を経験しているなら，新生児は大人の表情の裏にある情動をも経験・共有しているのかも知れません。

また，対人的自己が発達すると，人とやりとりする感覚が突如もてなくなるような，たとえば大人とのやりとりの最中にその大人が突然無表情になる事態に対して，明確な形でネガティヴな情動を表出・経験するようになります[9]。しかしその反対に，大人と相互によいタイミングでやりとりが続く場合には，結果として互いに大きな喜びが経験・共有されます。その繰り返しによって乳児は情動を共有しようという期待をいっそう強め，さらに情動を密に交わすようになるでしょう。たとえば，乳児の腕を押さえて自由がきかないような事態で，4ヶ月児ならば自分の腕か腕を押さえている人を見ながら怒りの表情を示しますが，7ヶ月児は怒りの表情を表出しながらその視線を側にいる母親に向けることが明らかになっています[10]。また，1歳間近の乳児は，新奇な玩具に遭遇したときに，側にいる母親が恐がっていればその玩具を触ろうとしませんが，笑っていればその玩具を触ります[11]（社会的参照（Ⅶ-4 参照））。このように0歳後半には，情動の共有を期待して大人に情動を表出したり，自分の行動や情動を調整するために大人の情動表出を利用したりするような情動的コミュニケーションが発達します。

しかし，概念的自己が現れる1歳後半ごろになると，二次的情動の出現とともに，それまでとは異なる情動的コミュニケーションが発達してきます。自己意識が強まれば，自分は何ができるのかを確かめようとして，自分でやりたいという欲求が高まってきます。しかしそれは親の思いや行動とぶつかることになり，怒りなどの不快な情動を表出しながら抵抗・攻撃することが見られるようになるのです。また，情動経験を言語で表現するようになると，過去の情動経験を人との間でやりとりすることもできてきます。そうしたやりとりによって情動経験は整理されたり他人の情動経験と比較されたりして確として自己のものとなるものと思われます。

（久崎孝浩）

the three- to five-month-old infants. *Developmental Psychology*, 31, 626-636.

▶5 Rochat, P., & Hespos, S. J. 1997 Differential rooting response by neonate : Evidence for an early sense of self. *Early Development and Parenting*, 6, 105-112.

▶6 Rochat, P., Querido, J. G., & Striano, T. 1999 Emerging sensitivity to the timing and structure of protoconversation in early infancy. *Developmental Psychology*, 35, 950-957.

▶7 Bretherton, I., & Beehly, M. 1982 Talking about internal states : The acquisition of an explicit theory of mind. *Developmental Psychology*, 18, 906-921.

▶8 Meltzoff, A. N., & Moore, M. K. 1977 Imitation of facial and manual gestures by human neonates. *Science*, 198, 75-78.

▶9 Toda, S., & Fogel, A. 1993 Infant response to the still-face situation at 3 and 6 months. *Developmental Psychology*, 29, 532-538.

▶10 Stenberg, C. R., & Campos, J. J. 1990 The development of anger expressions in infancy. In N. L. Stein, B. Leventhal & T. Trabasso (Eds.), *Psychological and biological approaches to emotion*. Hillsdale, NJ : Erlbaum. pp. 297-310.

▶11 Gunner, M. R., & Stone, C. 1984 The effects of positive maternal affect on infant responses to pleasant, ambiguous, and fear-provoking toys. *Child Development*, 55, 1231-1236.

Ⅱ　情動の発達プロセス

7　乳幼児期における微笑の発達

1　はじめての微笑

　微笑みは、私たちの円滑な日常生活に欠かすことのできない大切なものです。自分が快適な状態であることを相手に伝える信号、挨拶を兼ねた微笑みなど、社会的なやりとりの道具として機能しています。では私たちは、いつごろから、微笑みを始めるのでしょうか？

　最初の微笑みは、出生直後の段階で見られます。この微笑は、外的刺激とは無関係に生じるものであり、自発的微笑（図2.7.1参照）と呼ばれ、主に神経のひきつりや睡眠中の素早い眼球運動に伴い生じるものとされています。さらに在胎40週よりもはるかに早く出生した早産児においても自発的微笑が観察されていることから、私たちのはじめての微笑は胎内において生じていると推定されています。

2　微笑の解釈を巡って：人への関心 vs 人らしき特徴への関心

　乳児は、生後1ヶ月ごろから、目を覚ましているときに大人の声かけなどに合わせて微笑が観察されるようになります。これは外発的微笑と呼ばれ、上述した自発的微笑の緩やかな減少に伴い、この時期から、多く観察されるようになります。生後2ヶ月を過ぎたあたりから、大人の目を見て微笑むことが見られます。このような発達経過を眺めると、乳児は「人」に対する社会的信号としての微笑を確実に身につけている感があります。一方で、生後数ヶ月までに生じる乳児の微笑は「人」に対する興味から生じている訳ではないかも知れないという証拠も出されています。この時期の乳児は二次元的に描かれた顔、さらには目以外の特徴を除去した顔に対しても微笑が生じることがわかっています。つまり、自分に向けられた「目」（または目らしき要素を持った物体）に対する関心から微笑が生じている可能性があるということです。

　重要なことは、乳児期の初期に生じる微笑は、乳児の快適な感情状態を映し出す"鏡"であり、周囲の人間が、社会的なやりとりを展開させる潤滑油として機能しているという点です。このことが、後の明確な社会的微笑の使用へとつながっていくことになります。

▷1　高橋（1995）による縦断的観察から、自発的微笑は受胎後26週で生起し、32週〜35週で生起率のピークを迎え、その後、出生に向けて、減少するという傾向が指摘されている。このような発達過程から、自発的微笑は中枢神経系機能の成熟と関連すると考えられている。
　高橋道子　1995　微笑の発生と出生後の発達　風間書房

▷2　スピッツ（Spitz, 1965）は「目」という物体が微笑みの解発因（特定の行動パターンを誘発する一つの特別な刺激）として機能していることを示唆している。このような「目」や視線に関する議論は、現在でも進化論や発達心理学の中心的トピックである。興味のある方は、遠藤（2005）を参照されたい。
　Spitz, R. A.　1965　*The first year of life.* Internation-

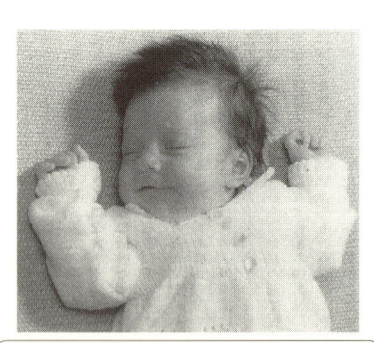

図2.7.1　睡眠中に見られる自発的微笑
出所：マウラ、D.・マウラ、C.　吉田利子（訳）　1992　赤ちゃんには世界がどう見えるか　草思社

3 社会的微笑の芽生え

　生後3ヶ月ごろからは，人の顔に対して微笑が多く生じるようになり，生後5ヶ月ごろまでには養育者など特定の人物に対して選択的により強く微笑むようになります。養育者との遊び（イナイイナイバーやタカイタカイなど）の中でははっきりとした微笑や笑いが頻繁に見られるようになり，他方，見知らぬ人に対しては相手をじっと見つめた後に微笑を浮かべるが，親に対するものよりも穏やかな微笑を表出することが報告されています。このような人に対して向けられた微笑，とりわけ，赤ちゃん自身が社会的なやりとりのために用い始めることが，社会的微笑の始まりと考えられています。赤ちゃんは，他者に対して示した微笑が，他者からの関わり（言葉かけや微笑など）を引き出し，そのことが自分に喜びをもたらすことを学び始めると考えられます。

4 微笑を用いて他者とつながること

　お座りやハイハイの獲得といった身体運動発達に伴い，赤ちゃんは，自分を取り囲む世界への関心をより一層，深めていきます。玩具で遊ぶ等の活動を通して，自分の行為とそれに伴う結果の関係を学び，あたかも満足したかのように微笑むことも増加してきます。また，物体や現象に対して向けられた微笑と人に対して向けられた微笑を区別して用いることが乳児期の後半から見られるようになります。生後8ヶ月を迎えるころには，赤ちゃんは微笑を玩具などのモノに対してよりも母親や自分に対して応答的な振る舞いをする大人に対して向けるようになり，母親や大人が応答的でないときには微笑が減少することが指摘されています。また，ハイハイや歩行を獲得することで，養育者との間に空間的隔たりが生じることに伴い，養育者のいる方に振り向いて微笑むといった行動も見られるようになります。このような場面では，「居場所を確認して安心する」「自分が楽しい状態であることを伝える」など様々な意味を表現する手段としての微笑みが観察されるようになり，社会的信号としての機能を高めていくことになります。

　微笑の発達については，「それが本当に（社会的やりとりの道具として）意図的に用いられるのはいつごろか」という議論が中心的に行われてきました。一方で，微笑の発達を支えるものは何かということについては，あまり議論がなされていないと言えます。

　赤ちゃんの微笑を引き出す上で，養育者の存在は必要不可欠です。赤ちゃんの能力，どんな遊びを好むのか，今は遊んで欲しいのか，休憩したいのか，微笑みを引き出すためのノウハウを心得たパートナーとしての養育者は，神経のひきつりから始まった微笑を社会的な信号へと発達させる役割を担っているという視点からの議論も必要であると思われます。

（船橋篤彦）

al Universities Press.
　遠藤利彦（編）2005　読む目・読まれる目——視線理解の進化と発達の心理学　東京大学出版会

▷3　高橋道子　1996　ほほえみの発達——微笑の内的制御から外的制御への転換をめぐって　正高信男（編）赤ちゃんウォッチングのすすめ　ミネルヴァ書房　pp. 17-38.

▷4　Jones, S. S., & Raag, T. 1989 Smile production in older infants: The importance of a social recipient for the facial signal. *Child Development*, 60, 811-818.

▷5　参考となる書籍として以下がある。
川上清文・高井清子・川上文人　2012　ヒトはなぜほほえむのか——進化と発達にさぐる微笑の起源　新曜社

Ⅱ　情動の発達プロセス

8　身体運動の発達と情動

▶1　身体運動発達は，成熟論（正常な環境下では，発達現象は時間的経過に伴い，必然的に生じるとする考え）の影響を強く受けてきた。そこでは，脳機能の成熟に伴い，運動が発達するということが前提にされていた。

▶2　一例を挙げれば，一般的な身体運動発達では，生後8ヶ月ごろにハイハイを獲得し，その後，つかまり立ち・伝い歩きを経て，独り立ちに至ることが想定されているが，ハイハイを行わずお尻を擦るようにして移動する子やハイハイをせずに突然，つかまり立ちを行う子も相当数，存在する。成熟論では，このような個人差を生み出す原因を

① 身体運動発達研究の歴史

「手を伸ばす」・「座る」・「這う」・「立つ」・「歩く」，生物学的にきわめて未熟な状態で誕生しながらも，私たちは，生後1年の間に次々と上記のものを含めた身体運動を獲得していきます。この一連の身体運動発達は，神経生理学的な成熟を基盤とした一定の順序性に従って出現するもの，つまり，プログラムとして私たちに組み込まれているものであると考えられてきました。それゆえに，初期の発達心理学の中では，その出現順序を記述し，"身体運動発達の地図"（表2.8.1参照）を作成する試みが中心であったと言えます。

その後，研究知見が積み重ねられる中で，身体運動発達は，当初考えられていたよりも絶対的なプログラムではないことがわかりました。加えて，身体運動発達は，単純に体が動かせるようになるというものではなく，他の発達的現象（空間や対象を認識すること，情動を表出すること等）を後押しする重要な役割を担っている可能性が指摘され始めました。

② 身体運動発達に伴う赤ちゃんの変化

姿勢の制御を含めた多様な身体運動の獲得により，乳児は自分自身の身体を因果関係に関する手段として用いることを学び始めます。たとえば，「自分の目の前にあるおもちゃで遊ぶ」ことを目的としたとき，「手を伸ばして取る」という手段を用いるわけです。このような経験を繰り返していく中で，上手く取ることができれば，"喜び"を，取ることができなければ"怒り"や"悲しみ"を，といったように結果に伴った情動表出が見られるようになります。

近年では，情動発達と密接に絡むものとして身体運動発達を重要視する研究者たちが増えています。とくに，生後8ヶ月ごろに獲得されるハイハイは，個体内で生じる情動のみならず，個体間（赤ちゃんと養育者）を通した情動発達に

表2.8.1　誕生から2歳ごろまでの運動発達の様子

月齢	行　　動
1	腹臥位で顎をあげる，頭を直立に数秒維持する
2	腹臥位で頭をあげる
3	側方から背中に寝返りする
4	腹臥位で頭と胸をあげる，頭を直立にする
5	左右に寝返りする
6	軽く支えると座る
7	背中から腹臥位に寝返りする，歩行反応
8	活発に這おうとする，短い間なら座っていられる
9	床の上で方向転換できる，ハイハイに進歩がみられる
10	支持されて立つ
11	家具につかまって立ちあがろうとする
12	手と膝をついて這う，家具の周りをつかまり立ち歩きする
13	ひとりで立つ
14	ひとりで歩く
15	階段を登る
16	よく小走りする
17	低い椅子に登る，かがむ
18	後ずさりできる
19	階段を登ったり，降りたりする
20	跳ぶ，走る

出所：Griffith, R. 1954 *The abilities of babies*. University of London Press.

も影響を及ぼすものとして考えられています。

3 移動運動（ハイハイ）の開始に伴う情動発達

　キャンポス（Campos, J. J.）ら[3]は，移動運動の開始から一定期間を経た乳児において，怒りの情動表出やその強度の増加，養育者の後追い，興味・関心の増大といった社会情動的側面に関連した変化が見られることを明らかにしました。じつは，このような変化の背景にもう一つ興味深い事実が隠されています。それは，養育者の変化です。同じ研究の中でキャンポスらは養育者へのインタビューや行動観察を通して，乳児の移動獲得に伴い，養育者の側も危険なものへの接近防止や自らの持つ期待，ルールに従うことを望むことが生じ，より強い情動的反応（たとえば"そっちに行ったらダメ"といった否定的な発語）や身体的な抑制を用いるようになることがわかりました。その一方で，「抱きしめる」等の愛情行動も増加することも明らかになりました。このことは，乳児が移動を獲得することに伴い，能動的に動き回り，ときには養育者の統制を拒否しながら環境世界を探索することを通して，情動発達を遂げることを意味していると考えられます。

　また，移動運動を獲得することだけでなく，移動"体験"を得ることが情動発達に影響を及ぼす可能性も指摘されています。グスタフソン（Gustafson, G. E.）[4]は生後6ヶ月半から10ヶ月の乳児を対象として「すでにいくらか移動できるグループ」と「まだ移動できないグループ」に分類し，歩行器[5]を与えた際の乳児の行動観察を行いました。その結果，実験前に一人で移動できなかった乳児は，身振りや微笑，発声などの社会情緒的行動が増加したが，実験前から一人で移動できた子どもには，そのような変化が見られなかったというものでした。

　以上のような研究知見から，赤ちゃんは自らの意図に基づいて身体を動かすことが可能になると，情動発達に大きな変化が見られるようになると考えることができます。とくに移動に関しては，赤ちゃんは，自分で動けるようになる遥か以前から，養育者に抱かれることや，ベビーカーに乗ることを通して，移動体験をしていますが，これらは，自分の意図によって移動を体験するものではなく，「誰かに動かされる」といった受身的なものです。自らの意図によって能動的に動くこと，このことが，情動発達にきわめて大きな影響を及ぼすものであり，ひいては，赤ちゃんが自分自身や他者の心を理解することへとつながっていくと考えられます。[6]

　冒頭でも触れたように，身体運動発達は長い間，時間軸に伴う発達過程にのみ注目され，発達の中で「どのような意味・機能を有するのか」ということが問われてきませんでした。その一つの答えは，身体運動発達が能動性の獲得を意味し，情動を含めた様々な発達能力を推進する機能を持つかも知れないということになります。

（船橋篤彦）

上手く説明することができない。

▶3　Campos, J. J., Kermoian, R., & Zumbahlen, M. R. 1992 Socioemotional transformations in the family system following infant crawling onset. In N. Eisenberg & R. A. Fabes (Eds.), *Emotion and its regulation in early development.* (*New directions for child development.*) Jossey-Bass.

▶4　Gustafson, G. E. 1984 Effects of the ability to locomote on infants' social and exploratory behaviors : An experimental study. *Developmental Psychology, 20,* 397-405.

▶5　**歩行器**
車輪のついた移動用具。赤ちゃんは，体を起こした状態で（つかまり立ちをしている姿勢），転倒しないようなサポートを得て，自らの脚と車輪を用いて自力で移動することが可能である。これは，誰かによって与えられる移動体験（受動的移動体験）ではなく，自らが運動を生起させることにより生じるもの（能動的移動体験）である。欧米に比べて，日本では歩行器の使用率は低いとされている。

▶6　キャンポスら（2000）は移動運動の獲得は後に生じる共同注意（Ⅶ-3参照）や社会的参照（Ⅶ-4参照）といった社会的認知に影響を及ぼすと指摘している。

Campos, J. J., Anderson, D. I., Barbu-Roth, M. A., Hubbard, E. M., Hertenstein, M. J., & Witherington, D. C. 2000 Travel broadens the mind. *Infancy, 1,* 149-219.

Ⅱ 情動の発達プロセス

9 ダイナミック・システム・セオリーから見る情動発達

1 ダイナミック・システム・セオリー（DST）とは何か

今，あなたの目の前を1匹の蝶が羽ばたきながら横切っています。誰もが目にしたことのある光景でしょう。しかし，眼前のその蝶の起こしたごく僅かな風の動きが，世界中の風の動きに僅かな影響を及ぼして，やがて，遠方の国を襲う大きなハリケーンに変わったとしたら……。これは映画のストーリーではありません。バタフライ効果と称されるこの比喩は，次に述べるダイナミック・システム・セオリーと密接に関連したものなのです。

ダイナミック・システム・セオリー（以下，DSTとする）は，自然科学の中で登場してきたカオス理論を源流としたものです。DSTは「複雑なシステムは，構成要素（下位システム）間の相互作用により自己組織化される」という枠組みを有しています。冒頭の蝶の羽ばたきを例に考えてみましょう。大きなハリケーンを生じさせるための構成要素（気圧配置，風向き，風速など）は幾つも存在します。古典的な自然科学的手法では，このハリケーンを厳密に予測可能，計算可能なものとして捉えるために，余計な誤差を生じさせる要因（ノイズ）を排除し，ある一定の再現可能な環境条件を設定し，ハリケーンの発生要因を突きとめることを行います。これに対してDSTでは，すべての構成要素が非同時的・非線形的に変化することでハリケーンが生じると考えます。加えて，偶然に生じる要因（ノイズ）は時間経過とともに増幅したり消失したりすることでシステム全体を動態的（ダイナミック）なものへと変化させると考えます。それゆえに，理論上は蝶の羽ばたきもハリケーンを生じさせる初期条件として想定されうるのです。このような考え方は，物理学，化学，生物学から経済学，精神医学にまで広く適用されるようになり，最近では，人の発達現象を理解する上でも用いられるようになりつつあります。

2 DSTの発達現象への適用

DSTが発達研究の中で一躍，その注目を集めたのが，テーレン（Thelen, E.）らによる乳児の行動発達に関する一連の研究でした。中でも，従来，上位の大脳皮質の成熟に伴って消失すると考えられていた新生児の原始歩行（図2.9.1参照）が，乳児が皮下脂肪の増加に伴い，筋肉組織とのバランスが崩れ，運動負荷量が増大することの結果として，あたかも消失したように見えることを明ら

▷1 実際に研究に適用される際には，ターゲットとなる観察可能な現象に影響を与える周辺情況（コンテクスト），構成要素やノイズを特定した上で，実際にそれらを操作することで現象を生起させることが可能であるかという科学的な推定がなされる。

▷2 Thelen, E., & Fisher, D. M. 1982 Newborn stepping: An explanation for a "disappearing reflex". *Developmental Psychology*, 18, 760-775.

▷3 原始歩行
歩行反射とも呼ばれる現象である。新生児に立位姿勢を取らせると，自発的なステップが観察される。その様子は，あたかも歩いているように見えるが，生後2〜3ヶ月で消失する。新生児反射の一つとして考えられている。

▷4 その証拠として，お湯の中などに脚をつける（運動負荷量を軽減する）と，消失されたはずの原始歩行が観察されることも証明されている。

▷5 情動状態
身体的または神経生理学的な活動性の変化の状態を意味し，特定の情緒器官（心血管システムや皮膚のような自律神経系・内分泌系，発声，表情など）の変化や生体システム全体の活動性の変化によって説明されると考えられている。

かにした研究知見は，乳児の行動発達研究におけるコペルニクス的転回であったと言えます。行動発達は，脳の成熟による結果であることに加えて，身体を形成する様々な構成要素間の相互的変化（協応力動）に伴うものでもあるのです。それゆえに，時間の流れの中で生成と消失を繰り返しながら安定性を変化させるような一連のシステムの展開過程として見ることが妥当であると考えることができます。

3 情動発達に対するDSTの適用

私たちが日常生活を送る上で，自分の気持ちをコントロールする能力（情動制御）は必要不可欠です。他方，乳児においてはこのような能力は未熟であると言えます。それは彼らが，まるで荒波を漂う小船のように激しい情動的変化に直面していることに由来していると考えられ，そのため，乳児たちは自らの情動状態を制御する仕組みを発達させていくことになります。この情動制御という我々の内部で生じている現象を理解する上で，上述したDST，とりわけ自己組織化の概念に大きな期待が寄せられています。

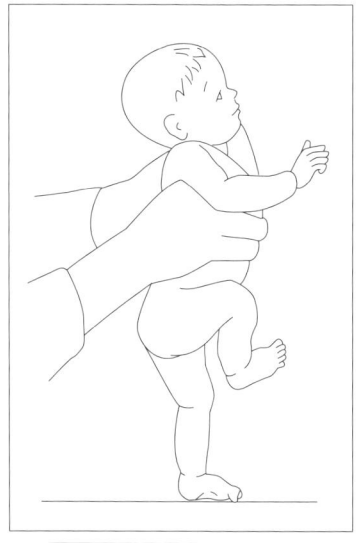

図2.9.1 新生児の原始歩行

出所：バターワース，G.・ハリス，M. 村井潤一（監訳）1997 発達心理学の基本を学ぶ ミネルヴァ書房 p.58.

たとえば，乳児の泣き行動は，出生直後において，睡眠状態から覚醒し，突然，しかめ面になり泣きが発動され，エネルギーが消耗され尽くすと泣き止み，睡眠状態に戻るというきわめて単純なパターンが観察されます。ところが生後4週ごろからは，泣く前から目を開けて活動し，泣いている間にも周りを見回すといった探索行動が見られるようになり，泣きが終わった後も，視覚的な探索活動を行うようになります。つまり，同じ泣き行動でありながら，新しい行動パターンが観察されるようになるのです。このような変化は，生後4週の乳児が意図的に自らの泣きを調節しようとした結果として捉えることは困難です。むしろ，乳児の内部にある複数の構成要素がそれぞれ独自に発達し，さらにお互いの構成要素同士が協応的に働き始めた結果として自己組織的に変化したものと理解することが妥当であると考えられます（この研究では，呼吸と発声に関わる制御の成熟と安定化や姿勢制御，追視と注視機能の発達などが構成要素として考察されています）。

DSTを用いて情動という人間の内的機構を探る試みは，まだ始まったばかりです。DSTがシステムとして現象を捉え，それを動態的なものとして理解するという枠組みであることは情動の複雑さを捉える上で有用と言えるかもしれません。ただし，DSTは，従来の研究手法にとって代わるような万能なものではなく，むしろ，適用に際しては多くの方法論的制約が課されるものでもあることも認識しておく必要があります。

（船橋篤彦）

▶6 情動の自己組織化についてより詳細に知りたい方は以下の書籍をご参照いただきたい。
Lewis, M., & Granic, I. (Eds.) 2000 *Emotion, development, and self-organization : Dynamic systems approaches to emotional development.* Cambridge University Press.

▶7 陳省仁 1993 乳児の運動・情動発達研究におけるダイナミック・システムズ・アプローチ 無藤隆（編） 現代発達心理学入門（別冊発達15） ミネルヴァ書房 pp.35-44.

▶8 DSTを適用した心理学の研究を考えるにあたっては以下の書籍を参照されるとよいであろう。
岡林春雄（編著）2008 心理学におけるダイナミカルシステム理論 金子書房

II 情動の発達プロセス

10 基本情動理論から見る情動発達

1 6つの基本情動

　基本情動理論とは，もともとは，ある生物個体（たとえば，人間）が存在していく上で必要なために，進化の過程を経て残ってきたと考えられる情動に関する理論であり，怒り，喜び，驚き，嫌悪，悲しみ，恐れといったもっとも基礎的な情動を人間が持っているという考えを指します。これらの6つの基本情動▼1は，生まれたときからすでに人に備わっていると考えられていますが，生まれた直後に，いっせいに表出されるわけではありません。乳幼児が，寝返りをうてるようになった後，ハイハイができ，あんよ▼2ができるようになるのと同様に，情動も日々の発達に沿って，順次，経験され表出されると考えられています。ここでは，基本情動のうち，比較的よく研究されている情動をいくつか取り上げて，その発達について具体的な実験結果とともに述べます。

2 喜 び

　新生児は眠っているときに微笑しているように見えることがあります。これは，子どもが何かに喜んで微笑しているのではありません。この微笑は"自発的微笑"▼3と呼ばれ，養育者との関わりや魅力的なおもちゃといった，外部からの刺激がない場合にでも見られる，一種の反射のようなものです（図2.10.1参照）。子どもは，生後4ヶ月位になると，養育者などの見慣れた顔と見知らぬ人などの見慣れない顔を区別できるようになり，その結果，見慣れた顔に対してよく微笑するようになります。この微笑を"社会的微笑"と呼びます。社会的微笑は，微笑みかける相手を選別した上で行われるため，微笑みかけられた大人は，子どもが自分を気に入ってくれているという喜びを感じることにより，いっそう，子どもに対して強い愛着を感じ，子どもの世話などをよくするようになります。その結果，ますます，子どもはそういった大人を他の者とは区別して微笑みかけるようになるため，その循環により，どんどん，愛情や世話などを大人から多く得やすい，良い環境が整っていく効果があると考えられています。

3 恐 れ

　乳児の高さに対する恐れを調べるために，"視覚的断崖実験"▼4と呼ばれる実

▼1 I-4, I-8, I-14, II-2 も参照。

▼2 あんよ
幼児語で歩くという意味。

▼3 自発的微笑
生理的微笑ともいう。
II-7 参照。

▼4 視覚的断崖（visual cliff）
視覚的絶壁ともいう。

56

験が行われています。これは，乳児の奥行き知覚を調べるための装置で，高く離れた２個の台の上に，下が見えるガラス板を渡したものです（図2.10.2参照）。ハイハイができない子どもをガラス板の上に置いたとき，１ヶ月児の心拍数には変化がなく，２ヶ月児の心拍数に変化が見られました。このことから，高さに対する恐れは，生後２ヶ月で経験され始めると考えられています。

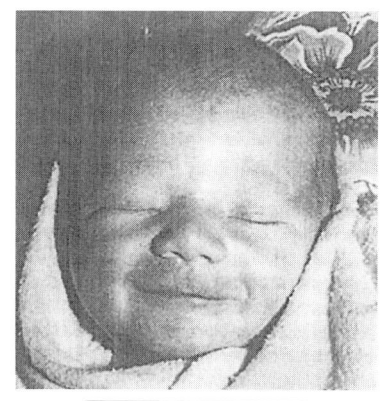

図2.10.1 自発的微笑

出所：Izard, C. E. 1991 *The psychology of Emotions*. New York and London：Plenum Press. p. 157.

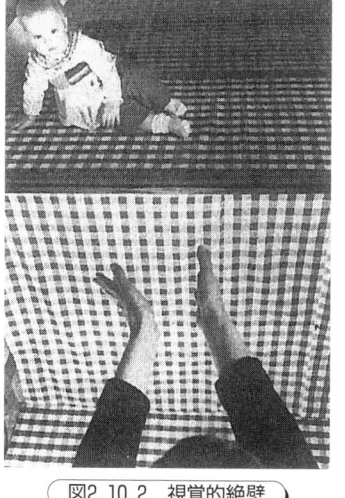

図2.10.2 視覚的絶壁

出所：Gibson, E. J., & Walk, R. D. 1960 The "visual cliff". *Scientific American*, **202**, 64-71.

また，乳幼児の恐れに関して，よく知られているのは"人見知り"でしょう。人見知りについての実験として，母親のとなりに座らせた乳児に，見知らぬ人が近づいて抱き上げたときの乳児の反応を調べたものがあります。実験場面で何らかの警戒反応を示したのは５ヶ月児が10％，９ヶ月児までに60％の乳児が同様な様子を示しました。この結果から，恐れの情動が生後５ヶ月ごろには現れ始めていることがわかります。一般的に，乳児は４～６ヶ月ごろになると，見知らぬ大人に対して警戒する反応を示し，１歳になるころ，人見知りはいっそう激しいものになるとされています。

4 怒り

乳児の怒りについての実験もいくつか行われてきています。まず，生後７ヶ月の子どもの口にビスケットを入れ，２，３秒したら取り出してしまうということを行い，子どもの反応を観察する実験では，ビスケットをいったん口に入れながら，すぐに取り出されてしまう（つまり，食べられなくなる）という行為に対して，子どもが明らかに怒りの表情を表出したことが示されました。また，予防注射を受けるときに乳幼児が表出する情動について顔の表情を観察したところ，８ヶ月以下の乳児の大多数は，痛みによる苦痛を示しても怒りはほとんど示さなかったのですが，一方，19ヶ月児は，怒りが急激に増加し苦痛の表出を越えることがわかりました（図2.10.3参照）。この怒りは，注射に協力している母親などの養育者に対するものと考えられています。

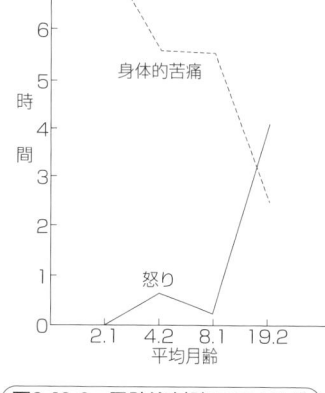

図2.10.3 予防注射時における乳幼児の感情表現

出所：Izard, C. E., Hembree, E. A., Dougherty, L. M., & Spizzirri, C. C. 1983 Changes in facial expressions of 2-to 19-month-old infants following acute pain. *Developmental Psychology*, **19**, 418-426.

（山本良子）

II　情動の発達プロセス

11　子どもの遊びと情動

子どもにとっての遊びは，日々の生活や発達そのものです。「遊び」の定義はじつに様々で，いまだ大きな議論の的になっていますが，子どもの遊びが情動と緊密に結びついていることに異論を唱える人はいないでしょう。遊びとは喜びや驚きに満ちた，それゆえ自発的になされる活動なのです。

1　身のまわりの世界への興味

生まれて間もない赤ちゃんでも，しっかりと目覚めて落ち着いているときには，じっと灯りを見つめたり，お母さんの声に聞き入るなど，持てる感覚のすべてを動員して興味ある対象に注意を向けます。また，頭を動かすと頭上のモビールが動くしくみになっている枕の上に寝かせると，生後数ヶ月でも盛んに頭を動かそうとしますし，その後で頭を動かしてもモビールが動かないように操作すると，むずがって泣きだします。つまり，頭を動かして興味ある結果を引き起こそうとしていたので，思いどおりにならないと感情を害してしまうのです。このように情動は，外界との関わりを左右する大切なガイドとなっています。様々な心地よい体験を通じて，子どもは身のまわりの世界をもっと知りたい，関わりたいという気持ちを高めていくのです。

2　大人との関わりと探索活動

私たちは赤ちゃんを見るとついあやしたくなりますが，そうした働きかけは赤ちゃんの人への興味・関心をかきたてる要素をいくつも含んでいます。笑顔と大げさな口ぶりで語りかけ，抱き上げて軽くゆすったりすると，生後1ヶ月過ぎの赤ちゃんでも興奮したように声を出し返したり，体を動かしたりします。タイミングよく真似して応じてあげると，お互いに見つめ合い，声を出し合い，笑い合うといった喜びを伴うやりとりが，数分間にわたって続くこともあります。お腹が空いた，オムツが濡れたといった不快を取り除く場合も含め，人が関わるのは強い情動が喚起される状況です。心地良い関わりを求めて，子どもは自ら人のほうを見たり，笑いかけたり，声を出して呼ぶようになるのです。親子で対面遊びができるようになると，たとえば相手が「イナイ・イナイ」と隠れて「バア」と現れるのを期待して大喜びするだけでなく，自分も真似をして「バア」と遊びかけ，楽しい気持ちを作り出して相手と共有しようとします。やがて，特定の養育者との間に愛着（アタッチメント）が成立するころになると，

▷1　エリス, M. J.　森楙・田中亨胤・大塚忠剛（訳）2005　人間はなぜ遊ぶか——遊びの総合理論　黎明書房

ガーヴェイ, C.　高橋たまき（訳）1980　「ごっこ」の構造——子どもの遊びの世界　サイエンス社

▷2　愛着（アタッチメント）
危険な状況に際して特定の対象との近接を求め，維持しようとする個体の傾向。生後半年～3歳ごろにかけて段階的に形成される，養育者と子どもの情緒的な結びつきを指す。Ⅵ-1 も参照。

Bowlby, J. 1969 *Attachment and loss, Vol. 1, Attachment.* Basic.

子どもは養育者を心の拠りどころとしながら，新たな環境へと活動の範囲を広げていくようになります。たとえば，この時期の子どもは，見知らぬ人が突然「どうぞ」と毛皮のぬいぐるみを差し出しても，怖がってすぐには受け取りません。しかし，不安そうな表情で母親にしがみつきながらも，子どもの視線はぬいぐるみに釘づけということがよくあります。安心できる母親のもとで情緒的なエネルギーを補給しながら，興味は気になる対象へと向けられているのです。母親と見知らぬ人が楽しそうに話をしていると，母親の和やかな表情に安心して，ついには自分からぬいぐるみに触ろうとしたり，見知らぬ人に笑顔で応じたりするようになります。もちろん子どもの性格にもよりますが，安心できる情緒的な関係性があり，信頼する人の情動を手がかりにすることは，子どもの自在な探索活動を支えているのです。

3 子ども同士の遊びと情動的コミュニケーション

　身近な大人と楽しい気持ちを共有できるようになり，イメージの世界が豊かになってくると，同年代の子どもとの関わりもより活発になります。一人が楽しそうに駆けだすと別の子も同じように走り始めるなど，知らず知らずのうちに遊びや楽しい気分が伝染していきます。それだけでなく，お友だちが使っているおもちゃが欲しくて物の取り合いが始まったり，楽しくて抱きついたのに相手は嫌がって泣き出してしまうなど，いざこざも頻繁になります。このように，仲間やきょうだいとの遊びは，大人との間とはまた違った多様な情動が生じる場です。3歳ごろはまだ先に泣いた者勝ちで，泣かれてしまった者のほうが不利な立場になることが多いのですが，4歳，5歳と年齢が進むにつれて理解も進み，逆に「すぐ泣く」という手段に訴える子は仲間の中で疎まれるようになります。仲間と遊び続けるためには，とくにネガティヴな情動はそのまま表に表わさずに，うまくコントロールして相手に伝える必要が出てくるのです。また，相手の頭を叩いてもニコッと笑えば「遊ぼう」というサインになったり，わざと汚い言葉を発して相手と一緒にふざけて楽しもうとするなど，遊びの中で面白さを追求する情動のやりとりや読みとりも，より積極的かつ高度になります。とくに，幼児期以降に盛んになるごっこ遊びは，こうした力が総合的に発揮される複雑な遊びです。ダン(Dunn, J.)は，情動など内的状態についての会話が，友だちやきょうだいと一緒にいるときには親といるときの2倍となり，その多くはごっこ遊びでなされていること，またごっこ遊びをするほど情動の理解度が高いといったことを示しています。

　このように，親子や仲間などいずれの文脈においても，子どもの遊びには情動が密接に関わっていて，そこでの情動のやりとりやコントロールの経験は，子どもの社会的発達に様々な影響を与える可能性があるのです。

(野田淳子)

▷3　子どものいたずらや失敗を恐れずに自由な探索や冒険を許容するという養育者の態度・行動は，子どもの自律性のみならず衝動統制をも促進することがあきらかになっている。
　柏木惠子　1988　幼児期における「自己」の発達——行動の自己制御機能を中心に　東京大学出版会

▷4　遊びやいざこざといった幼児同士のやりとりが社会的能力の発達に及ぼす役割の一つとして，感情や動機といった内的経験をそのまま表に表すのではなく，ぐっとこらえて言葉にするなど，客観的に捉えなおす自己統制能力の促進がある。
　斉藤こずゑ　1986　仲間関係　無藤隆・斉藤こずゑ・内田伸子（編）子ども時代を豊かに　学文社　pp.59-111.

▷5　Dunn, J. 2004 The development of individual differences in understanding emotion and mind: Antecedents and sequelae. In A. S. R. Manstead, N. Frijuda & A. Fischer(Eds.), *Feelings and emotions: The Amsterdam Symposium.* Cambridge University Press.

Ⅱ　情動の発達プロセス

12 幼児期における「いやいや」(negativism)

1　自己主張としての「いやいや」

　2歳ごろになると，親（大人）からの働きかけを盛んに拒むようになります。「ご飯を食べよう」と誘っても「いや」，お散歩のときに「手をつなごうね」と言っても「だめ」と怒って逃げていきます。「いやいや」(negativism)と呼ばれるゆえんで，その萌芽は1歳半ごろから見られます。それ以前の単なる研究と違うのは，嫌なことを体で避けるだけでなく，はっきりと拒否の意図を言葉や行動で伝える点です。子どもの名前を呼んだだけで「いや！」と言われて笑ってしまうこともありますが，ささいなことでもひっくり返って大騒ぎするなど，子どもの言動が反抗のための反抗のように感じられることもあるため，親にとっては少々やっかいです。しかし，これは自我が芽生えてきた証であり，裏を返せば何でも「自分で」やってみたいという大切な自己主張なのです。

　こうした行動変化の背景には，歩行による移動といった身体・運動能力の発達や，言葉（表象機能）の獲得，記憶力や因果関係の理解をはじめとした認知能力の向上といった，子どもの成長があります。つまり，自分でできるスキルが増し，やりたいという意思を伝えるようになるのです。すると，親も危険なことは禁止するなど，徐々にしつけを始めます。こうして，「じぶん」という客体的な自己意識が子どもに芽生え，自らを行為の主体として捉えるようになります。だから，自分の行動を制約しかねない大人の言動に敏感になり，持てる力のすべてを使って意図的に従わないといった態度をとるようになるのです。

　しかし，自分でやってみたい気持ちはあっても，一人ではうまくやり遂げられないことが多いのもこの時期の特徴です。また，反抗するばかりでなく，親の要請に自ら喜んで従うような行動も同時に増加するという指摘もあります[2]。思うようにできない，させてもらえないといった葛藤だけでなく，認められたい，できるようになりたいという思いを持ち，大人に甘えたり手伝ってもらって気持ちを立て直しながらやり遂げる経験を積み重ねる中で，自分をうまく発揮したり抑えたりする力を伸ばしていきます。そうして3，4歳ごろになると，激しい主張や反抗はひとまず落ち着くことが多いようです。

2　親にとっての「いやいや」

　親は子どもの「いやいや」を，どのように受け止めているのでしょうか。1

▷1　いやいや（negativism）
日本では「（第一次）反抗期」とも言われ，強い反抗や主張の出現という観点では1歳半から2歳代が中心であるが，3～4歳までを含む場合もある。

▷2　Kochanska, G., & Aksan, N. 1995 Mother-child mutually positive affect, the quality of child compliance to requests and maternal correlates of early internalization. *Child Development*, 66, 236-254.

歳半から3歳の子を持つ母親に対して調査を行った坂上の研究では，半数近くの母親が子どもの主張や反抗を「成長のあらわれ」として肯定的に受けとめ，「見守る」「子どもの気持ちを考える」といった受容的な対応をしようと考えながらも，同時に苛立ちや困惑を覚え，「大声で怒る」「突き放す」といった受容的でない対応をとることもある，という矛盾を抱えていることがわかりました。さらに，こうした両価的な捉えかたにおいては，親である自己の視点と子どもの視点の葛藤があり，親は日々の生活の中でたえず視点の揺れを感じていると言います。子どもの主張や反抗が激しくなると，「困った」「なんとかしなくては」といった親である自己の視点から子どもの言動を捉えやすい状態に置かれ，子どもの視点との間にずれが生じます。たとえば，「遊びからしつけへの切り替えの仕方を教えて欲しい」と訴えたあるお母さんは，「何かを始める前に，私は"歯を磨こうね""お風呂に入ろうね"と声をかけるのですが，子どもは必ず"いや！"と言います。"じゃあ，お母さんもう知らないから"と言って戸を閉めると，"やる"と言ってくるんです。どうしたら良いのでしょうか。」と悩んでいました。しかし，まさにそういった経験こそが，異なる視点を統合していくきっかけとなるのです。長期的な目で見てみると，親はこうした視点の葛藤に対して，①子どもの発達状態や個性に応じた新たな関わりかたを身につける，②自分がすでに持っている視点を，子どもの実情に合ったものに改変する，③環境を工夫したり，自身の苛立ちを統制するといった，親と子の視点をうまく調整するやりかたを見出していくようです。

3 「いやいや」の発達的な意味

この時期の親子の葛藤経験は，それまでとは違った新たな親子関係，すなわちお互いの個性や人格を尊重する対等で互恵的な関係を育んでいくうえで必要不可欠なものです。安心して自分を出せる関係だからこそ，親に対しては強く反抗するのでしょうが，こうした葛藤を相互理解のきっかけとしていくのは，親にとってはそう簡単なことではありません。児童館で2歳児の心理やしつけといったテーマでお話をすると，いつも大勢のお母さんがいらして，熱心に質問をされます。地域社会で人のつながりが失われつつある今日，育児中心の生活を送る親は，核家族の中で孤軍奮闘しがちです。男女平等の教育を受けて「やればできる」と言われ，自らも積極的な社会参加を果たしてきた親の世代は，親個人の生き方と子育てとの葛藤が深くなるのかも知れません。また，幼い子どもと身近に接した経験が少ないだけに，対応に悩むのかも知れません。そうした日本の実情を考えると，親がこの時期の子どもと一人で向き合うのはなかなか大変なことです。子にとっても親にとっても大切なこの一時期だからこそ，必要な支援があるのではないでしょうか。

(野田淳子)

▶3 坂上裕子 2005 子どもの反抗期における母親の発達――歩行開始期の母子の共変化過程 風間書房

▶4 坂上（同上書）は，親の視点としては，しつけの担い手といったソーシャライザーの立場と一人の個人としての立場，子どもの視点としては，子どもの気持ちや考えの理解者としての立場があることを，丁寧なインタビュー調査から明らかにしている。

Ⅱ　情動の発達プロセス

13　甘えの発達・日本人と甘え

▷1　土居健郎（1920-2009）
精神分析家。アメリカ留学時のカルチャー・ショック体験を契機に，日本的特性を示すために「甘え」概念を創出した。「甘え」という心理学的構成概念は，国内外で高く評価されている。

▷2　甘えの具体例
友だちの家へ遊びに行ったときに，友だちのお母さんが「アイスクリーム食べる？」と聞いてきた。私は，本当は食べたいと思ったのだが，「いいえ，結構です」と答えた。このとき私は内心，友だちのお母さんが後でアイスクリームを出してくれないかなあと思っていた。親子の場合は，たとえば，自分で靴が履けるのに，お母さんに履かせてもらうなどがある。

▷3　「甘え」が日本語特有の言葉である（たとえば，英語には「甘え」に相当する言葉がない）からといって，他国の人が「甘え」を体験していないわけではない。一言でその状態を言い表すことができる言葉がないだけである。

▷4　他の精神分析的概念との関連
バリント（Balint, M.；1896-1970）は，人の最初の対象関係は，対象を愛するというより対象に愛されることを求めることであるとし，2種類の対象愛（能動型，受

1　「甘え」とは

私たちは普段，あまり意識せずに「甘え」という日本語を用いています。ところが，土居健郎によれば，「甘え」は日本語にしかない言葉であり，そしてこの「甘え」は日本人の心理を特徴づけるものなのです。

○「甘え」の定義

土居は，「甘え」のもっとも簡単な定義を，「人間関係において相手の好意をあてにして振舞うこと」としています。そして，「甘え」を一言で述べよと言われると，「（他者に愛される，他者との一体感を感じるときの居心地の良い／快い）感情」であると応えています。そして，この感情は，欲求的な性質（愛されたい，受容されたい）を持ち，その根底には本能的なもの（一体化希求）が存在すると述べています。

○「甘え」の不思議

一般的に，他人の甘えはわかっても，自分の甘えはわかりにくいです。そして，少なくとも，自分が甘えている最中は自分の甘えを意識しにくいです。さらに「甘え」は，自分の気持ちが満たされているときよりも満たされていないときの方が言葉で表すことが簡単です。このような性質のため，「甘え」は通常，「一人称」（私）ではなく，「三人称」（あの人，彼／彼女）を用いて表現されます。

○「甘え」は良いもの？　悪いもの？

「甘え」は，子どもっぽいもの，幼児的なものとして否定的イメージが強いかもしれません。しかし，「甘え」には良い面も数多くあります（表2.13.1）。

2　日本人と「甘え」

土居によれば，日本人の心理の根本には「甘え」が存在しています。そのため，「甘え」を用いれば，日本人の代表的性質を整理できます（表2.13.2）。

3　「甘え」は，どのように発達していくのか

土居は，母親が子どもの「甘え」にはっきりと手応えを感じる時期（明確な成立時期）を，ある程度育児が進み母子関係が確立する1歳半ごろだと考えています。ではその後，「甘え」はどのように発達していくのでしょうか。

表2.13.1　大人同士の「甘え」相互作用における良い面と悪い面

	良い面	悪い面
甘える人にとって	・安心感、居心地の良さ、受容されている感じ ・本心を伝える ・相手の印象を良くする、かわいく見える	・自分勝手、相手の行動を当てにしすぎる ・依存的になる ・軟弱者になる
相手にとって	・満足感を感じる　・自己の存在を感じる ・責任感、張り合い	・不快、苦痛、迷惑　・精神的負担 ・甘え行動の受け入れを強制されている感じ
2者関係にとって	・関係がより深まる　・相互理解が深まる ・関係がスムーズになる	・なれ合いになる　・人を利用する ・貸し借りの意識、上下関係ができる

出所：Kato, K. 2005 *Functions and structure of amae : Personality-social, cognitive, and cultural psychological approaches.* Kyushu University Press. pp.161-164.より翻訳抜粋

表2.13.2　日本人に特徴的な心性とそれに対する「甘え」の説明

「義理と人情」	義理を強調する＝甘えによって結ばれた人間関係の維持をほめたたえること、人情を強調する＝甘えを肯定することや相手の甘えに対する感受性を奨励することである。
「他人と遠慮」	甘えが自然発生する親子関係は人情の世界、甘えを持ち込むことが許される関係は義理の世界、人情も義理も及ばない世界は他人の住む世界である。遠慮は相手の好意に甘えすぎてはいけないと思うから遠慮するのである。そのため、遠慮しないと図々しいと考えられ、相手に嫌われはしないかという気持ちがそこには働いている。だが、遠慮しながらじっは遠慮という点では相手に甘えているのである。
「内と外」	内と外を区別する目安は遠慮の有無である。遠慮が働く人間関係を中間帯とすると、内側は遠慮のない身内の世界、外側は遠慮を働かす必要のない他人の世界となる。面白いことに、一番内側と一番外側の世界は、相手に対する個人の態度が無遠慮という点では同じである。
「罪と恥」	罪も恥も自分が所属する集団との関係（連帯感）のために生じる。集団を裏切ることは罪であり、集団からつまはじきにあうことは恥であり、不名誉なことである。

出所：土居、1971に基づき作成

表2.13.3　5つの「甘え」カテゴリーとその発達

		道具的でない	道具的：ある目的を達成するための道具（手段）として「甘え」を用いる			
		甘えⅠ：情緒的	甘えⅡ：操作的	甘えⅢ：相互的	甘えⅣ：義務的	甘えⅤ：見込み的
乳幼児期	相手	・親	行わない	行わない	行わない	行わない
	行動	・すり寄る、だっこを求める				
	なぜ（理由）	・親しさを望む、一体感				
児童期	相手	・親	・親	・学校の仲間・友だち	行わない	行わない
	行動	・すり寄る、ひざの上に座る	・くっつく、無力なふり、かんしゃく	・必死なふり、取引をする		
	なぜ（理由）	・親しさを望む、たわむれ（ふざけ）	・思い通りにしたい、悪意のない他者操作	・親しさを望む、好意の交換		
成人期	相手	・恋人	・夫婦	・仲間・友だち	・上司や部下、顧客	・あまり面識のない人
	行動	・おどけた、子どもっぽい、なまめかしい	・無力なふり、わがままなふり	・必死なふり、取引をする	・過度な、理に適っていない要求	・社会的に不適切な行動、遠慮する、遠慮しない
	なぜ（理由）	・親しさを望む、たわむれ（ふざけ）	・思い通りにしたい、悪意のない他者操作	・親しさを望む、好意の交換	・相手を利用する、状況のコントロール	・人の善意を当てにする

出所：Behrens, 2004, p.11, Table 1より翻訳抜粋

　「甘え」に関する文献や日本人へのインタビューに基づくならば、「甘え」は5カテゴリーに分類することが可能です（表2.13.3）。すなわち、「甘えⅠ」＝親子や恋人間で、情緒的交流を楽しむ甘え、「甘えⅡ」＝家族間で、自分の思い通りになるように相手を動かす甘え、「甘えⅢ」＝友人間で、互いに利益を得ようとする甘え、「甘えⅣ」＝男性が女性にお茶を入れてもらう、恩を感じている部下が上司に義理を果たすというように、社会的地位や役割、性別という点において対等でない関係において、合理的でない欲求を受容することの上に成立している甘え、「甘えⅤ」＝見知らぬ人との間で、たとえば、社会的に不適切な行動（マナー違反など）をしたとしても許容されるだろう、「遠慮」することで自分の本心を察してもらおうという見込みの上に成り立つ甘えです。この5つの「甘え」に基づく発達モデルが提案されています。　　（中尾達馬）

動型）を区別した。後者の受動的対象愛は、土居によれば「甘え」に相当する。

▷5　「甘え」と「愛着」「依存」
土居によれば、「甘え」は、「依存」と「愛着」という概念上異なる2つの状態をブリッジする役目を果たしている。英語では概念上区別されるが、日本語ではこのどちらも含むところに甘えの特色がある（小此木啓吾　1999　甘え理論――その歴史的背景と発展　北山修（編集代表）日本語臨床3「甘え」について考える　星和書店　p.4.より）。

▷6　土居健郎　2001　続「甘え」の構造　弘文堂　p.65.

▷7　土居健郎　1971「甘え」の構造　弘文堂　p.216.

▷8　私たちは「甘え」＝悪いものと考えてしまいがちなため、愛着におけるアンビヴァレント型（Ⅵ-6参照）がもっとも「甘え」行動を行うと考えてしまう。だがじつは、このタイプは、甘え下手であり、甘え上手なのは安定型である。

▷9　Behrens, K. Y.　2004　A multifaceted view of the concept of *amae*: Reconsidering the indigenous Japanese concept of relatedness. *Human Development*, **47**, 1-27.

参考文献

小林隆児・遠藤利彦（編）2012「甘え」とアタッチメント――理論と臨床　遠見書房

北山修（編集代表）1999　日本語臨床3「甘え」について考える　星和書店

Ⅱ 情動の発達プロセス

14 子どもの妬みと嫉妬

1 妬みと嫉妬の違い

○妬みとは

妬み（envy）は，自分にない有利（つまり，良い物や良いことがら）を自分以外の"誰か"が持っているという状況において，自分もその有利が欲しい，さらには，その誰かの有利を奪いたい，という気持ちを指します。妬みは，他者と自分とを比較する"社会的比較"の結果，経験される情動であることが知られており，その際，比較相手が，自分と同じ性別や年齢だったり，性格が似ているなど自分と何らかの共通点がある場合や，また，自分がとくに自信のある分野などで比較相手が成功する場合において，とくに妬みが経験されることが示されています。たとえば，サッカー競技に自信のある人は，"野球"で素晴らしい活躍をした友だちに妬みを経験することはなくても，"サッカー"で素晴らしい活躍をした友だちには妬みを強く経験しやすく，また，"先輩"が活躍しても妬ましくはなく，むしろ憧れや尊敬といった良い気持ちを経験するのに対し，"同学年の友だち"が活躍したとき，妬みを経験しやすいと考えられています。

○嫉妬とは

嫉妬（jealousy）は，先に特定の相手との間に築いていた関係性を，他の"誰か"の出現によって，壊されてしまいそうな（または，壊されてしまった）状況において生じる情動と言えます。たとえば，あなたに1年以上交際してきた大切な恋人がいるとします。恋人とあなたは仲良く交際を続けていたのに，ある日，恋人の前に，あなたより魅力的な異性が出現すると，あなたは恋人が自分の元を去り，その"誰か"と恋人関係になるのではないだろうかと不安な気持ちに襲われるでしょう。これが嫉妬です。

つまり，それぞれの情動の特徴をまとめると，妬みは，自分には無い有利を持つ他者に対して，また，嫉妬は，自分にとって大切な関係性を壊すかも知れない（または壊した）他者に対して生じるということになり，嫉妬が関係性の喪失を含む点において，妬みと嫉妬は異なった情動と考えられています。

2 子どもの妬みと嫉妬

○きょうだいへの妬みと嫉妬

では，このような妬みと嫉妬を，子どもはどのように経験するのでしょうか。

▶1 社会的比較
人は社会に適応的に生きていくために，自分の考えや能力をはっきりと把握する必要があると考えられている。とくに，物理的・客観的なものさしがない場合，人は多くの他者と自分を比較することで，自分について評価を下す。この場合の比較をフェスティンガー（Festinger, L.）は，社会的比較と名づけた。

子どもが妬みや嫉妬を最初に経験する相手として，まず挙げられるのが，きょうだいです。子どもが2人以上いる家庭では，同じ生活環境の下に，自分と年齢の近い存在がそばにいるということで，あらゆる状況において，妬みや嫉妬が経験されやすくなると考えられます。たとえば，一つしかない魅力的なおもちゃやお菓子，子どもにとって大切な存在である母親や父親の存在などは，妬みや嫉妬を呼び起こすきっかけとなる可能性が高いものと言えるでしょう。きょうだいのいる子どもは，家庭内で，自分が何かを手に入れたいと思っても，他のきょうだいもまた，同じように手に入れたいと思っている可能性が高いため，それをすぐに手に入れることができないという葛藤場面を度々経験することとなります。しかし，そういった経験を繰り返すうち，我慢や譲り合いなど，社会的場面で大切な対処方法も身につけることができるようになります。

○妬み・嫉妬といじめ

子どもが学校に通うようになると，友だちという，たくさんの比較相手と出会うことになります。テストの点や運動の能力，図画工作のうまさや友だちからの人気の高さなど，多くの点で，友だちを相手に社会的比較をする機会が増え，それに伴って，妬みを経験する頻度も多くなると考えられます。土居によると，妬みの経験は，子ども同士の激しいいじめや，その後の犯罪行為などの問題行動に関連しており，妬みの経験が対人関係においてネガティヴな影響を与えうる可能性が指摘されています。また，仲間はずれにしたりされたりと，友だちとの関係作りの未熟さから，友だちに対して嫉妬を経験する機会も多いでしょう。あるいは，担任などの先生という存在をめぐって，級友に嫉妬を感じることもあるかも知れません。

▶2　土居健郎　1998　「甘え」と「妬み」　児童心理，**52**(7), 1-11.

3　妬みと嫉妬の機能

妬みや嫉妬はいじめに発展したり，また，これらの情動を経験すること自体も気分の良いものではなくストレスの一因となったり，全体的に"悪い"情動と捉えられがちですが，じつは良い働きもします。友だちが最新のパソコンを手に入れたことを妬ましく思うとき，また，恋人が誰かに奪われそうになり不安を感じたとき，あなたは，そのまま為す術もなく，状況に身を任せるしかないでしょうか。人は，妬みや嫉妬という情動を経験することによって，「自分も同じパソコンを手に入れるためにアルバイトをしよう」とか「恋人を奪われないように自分の魅力に磨きをかけよう」など，その状況を良い方向に転じるための大きな動機づけを得ることができます。つまり，妬みや嫉妬を経験することで，現在の状況をより良く変えようという気持ちが湧くのです。人は，発達過程の中で，様々な他者に対して妬みや嫉妬を経験し，これらの情動を無意識のうちにうまく活用することによって，自分自身を発展させることができるのです。

(山本良子)

▶3　動機づけ
動機づけとは，人に行動を生じさせ，その行動を方向づけ，また持続させるという働きをする心理過程である。報酬や罰といった外部からの刺激によって生じる外発的動機づけと，知的好奇心といった内部からの刺激によって生じる内発的動機づけの2種類がある。

コラム2

情動発達における性差

1 女性の方が感情的か

　女性と男性では，どちらが感情的かと問われたら，多くの人は女性の方が感情的と答えるのではないでしょうか。これまでの情動に関する研究の知見をまとめると，情動表出においては，男性よりも女性の方がより表出的であることが明らかになっています。[1]

　自己報告尺度を用いた研究によると，男性よりも女性の方が，肯定的・否定的情動ともに表出する頻度が高く，表出の度合いも激しいことが示されています。うれしさや愛情，暖かさなどの肯定的情動の表出の頻度と強度は女性の方が高く，また共感や同情も女性の方がより表します。恐れや悲しみなどの否定的情動や恥など自己意識的情動も，女性の方がより表出しますが，罪悪感だけは異なる性差が見られ，男性の方がより表出します。

　また他者との会話や，文章を書く際には，男性よりも女性の方がより情動を言語化すること，さらに表情や非言語的行動においても，怒りを除いて，女性の方が表出的であることが報告されています。[2]

　生理学的反応と情動表出の関連については，男性はinternalizerで，女性はexternalizerであると言われています。[3] 男性は生理的喚起が起きても表出が伴わない傾向が，逆に女性は生理的喚起がなくても情動を表出する傾向があるという意味です。実際に成人男性および就学前の男児では，皮膚伝導反応の強さと表情の激しさに負の関連性があることが認められており，生理学的な反応が起きても，表情には表されないことがわかっています。[4] 言い換えれば，男性は情動を抑制する傾向が強いと言えるでしょう。

　以上のように，情動表出においては，明確な性差が見られ，男性よりも女性の方がより情動を表出する傾向があります。ではこのような性差はいつごろから表れてくるのでしょうか。

2 子どもにおける情動表出の性差

　幼児期の情動表出に関する研究によると，2，3歳でも，男児よりも女児の方が情動についてよく話すという結果が示されており，成人と同様の性差が見られています。[5] しかし1歳以下の子どもでは，女児よりも男児の方が情動を激しく表出すること，たとえば6ヶ月では，男児の方が肯定否定ともに表出が多いことや，男児の方がフラストレーションに対してよく泣くことが報告されています。

　このように，情動表出の性差は，発達の初期から一貫しているのではなく，乳児のときには成人とはまったく逆の傾向が見られます。つまり生まれつき女性の方が情動を表出しやすいわけではないのです。ではなぜ男性よりも女性の方が表出的になっていくのでしょうか。

3 情動表出の社会化：性役割ステレオタイプの影響

　情動表出の性差の要因として，各文化における性役割ステレオタイプ（いわゆる「女らしさ・男らしさ」）の影響が主張されています。[6] 欧米や日本では，「自分の

深い感情について人に話すことは男らしくない」や「男は自分の感情を顔に出さない方がよい」という「感情表現の抑制」が男性性役割規範の一つに挙げられています。一方，暖かく共感的であることが，より女性らしいと捉えられています。

親は暗黙のうちにあるいは明示的に，性役割ステレオタイプや親自身が持つ性役割観と一致するような子育てをしています。性役割ステレオタイプと一致するということは，その社会の中で典型的であること，そして子どもが社会に出たときにその文化の中で受け入れられやすいことを意味するからです。

実際に子どもの性別によって親の関わり方が異なることがわかっています。たとえば，母親は娘には悲しみや苦痛について，息子には怒りについて話しかけ，逆に娘には怒りを最小化させるような，息子には悲しみを最小化させるような関わりをするそうです。[17]

このような性別に応じた社会化の過程によって，子どもはその社会の中で自分の性にとって望ましい情動表出を獲得していきます。小学生の子どもでも，女児は悲しみの表出は親に容易に受け入れられると捉えていますが，男児は悲しみを表出すること自体を望ましくないと捉え，実際にあまり悲しみを表出しなくなります。[18]以上から，社会化の過程の中で，性役割ステレオタイプに一致するような性差が出現してくると考えられます。

4 情動表出以外の性差

ここまで情動表出の性差について説明してきましたが，情動のその他の側面に性差は見られないのでしょうか。生理学的反応については，男性の方が女性よりも高いレベルの生理学的活動を示す傾向が報告されています。これは先ほど述べた，男性がinternalizerであることが関連していると考えられます。生理学的活動の性差も，男性の方が情動抑制傾向が高いことを証明していると言えるでしょう。

ここまで性差に焦点を当て，研究を紹介してきましたが，情動表出に性差があるといっても，あくまでも表出の様々な尺度の得点（性別ごとの平均点）に，性別による差が見られるということにすぎません。情動表出は，状況や相手との関係によって異なり，どのような状況でも，つねに女性が表出的というわけではありません。情動の性差を検討する上では，情動表出がなされる際の状況や文脈，さらにはその人が暮らす文化の多様性を考慮することが不可欠でしょう。

（佐久間路子）

▶1　Brody, L. R., & Hall, J. 2000 Gender, emotion, and expression. In M. Lewis & J. Haviland-Jones (Eds.), *Handbook of emotions*, 2nd edition. N.Y.: Guilford Press. pp.338-349.
▶2　同上書
▶3　Manstead, A. 1991 Expressiveness as an individual difference. In R. S. Feldman & B. S. Rime (Eds.), *Fundamentals of nonverbal behavior*. Cambridge, England: Cambridge University Press. pp. 285-328.
▶4　Buck, R. 1977 Nonverbal communication accuracy in preschool children: Relationships with personality and skin conductance. *Journal of Personality and Social Psychology*, **33**, 225-236.
▶5　Dunn, J., Bretherton, I., & Munn, P. 1987 Conversations about feeling states between mothers and their children. *Developmantal Psychology*, **23**, 132-139.
▶6　Brody, L. R. 1996 Gender, emotions, and parent-child boundaries. In R. Kavanaugh, B. Zimmerberg-Glick, & S. Fein (Eds.), *Emotion: Interdisciplinary perspectives*. N.J.: Lawrence Erlbaum Associates. pp.139-170.
▶7　Fivush, R. 1993 Emotional content of parent-child conversations about the past. In C. A. Nelson (Eds.), *Memory and affect in development: The Minnesota symposium on child psychology*, Vol. 26. Hillsdale, NJ: Lawrence Erlbaum Associates. pp. 39-78.
▶8　Fuchs, D., & Thelen, M. 1988 Children's expected interpersonal consequences of communicating their affective state and reported likelihood of expression. *Child Development*, **59**, 1314-1322.

III 情動的知性の発達

1 両刃の剣としての情動

1 情動観の移り変わり

　Iですでに述べたとおり，情動には私たちの生活を支える個人内・間の様々な働きがあることが知られています。しかし情動の適応的な側面に注目が集まるようになったのは比較的最近になってからのことで，旧来の哲学や心理学では長らく，情動は理性の対極にある存在で，私たちの知的な活動を妨害する厄介者として扱われてきました。情動の役割が明らかになった今，こうした旧来の考えには一理も無いのでしょうか？　ここでは情動のポジティヴな機能性だけを強調するのでなく，情動が害悪となりうる可能性や，そういった可能性はなぜ起きうるのかについて考えていきましょう。

2 情動経験がもたらす負の側面

　前述したように，今日では情動の様々な適応的側面が明らかになりつつあります。近年の間に情動観は大きく変わったといえるでしょう。それでは情動は完全に「良きもの」なのでしょうか。日常の経験を振り返ってみると，情動の機能性が明らかになったとしてもなお私たちは，自らや相手の情動に困惑することがあるのではないでしょうか。

　オートリー（oatley, K.）らは，情動を「緊急措置」だと主張しています。彼らによると，情動は個人の利害に関する緊急事態におちいった場合の，とりあえずの行動レパートリーを準備してくれるものということになります。つまり，情動の役割はとっさの反応を支えるところにあり，オートリーらの言葉を借りると「完璧ではないが，何もしなかったり，でたらめに動き回ったり，思案に暮れてぼうっとしてしまうよりは良い」といったものだとされています。情動はいわば，災害時に役立つ非常用リュックサックのようなものだと言えるかもしれません。しかしこのことは同時にまた，情動の役割は応急手当のようなものなので，しばしばその場の状況にぴったり沿わない形で働いてしまう場合があることも示しているといえるでしょう。

　また，情動はたしかに合理性を持っているものの，その機能は我々が野生環境に暮らしていたころの状況に最適化されており，現在私たちが生きている文明環境の変化に対応しきれていないため，うまく機能しない場合があると考える立場もあります。その一つの例として，情動を経験することによる身体エネ

▷1　しかし勿論，こうした情動観のみが支配していた訳では当然ない。中には情動の機能性について唱えた哲学者も存在しており，また思想家たちが情動を邪魔者として捉えていた時代でも，当時の市井の人々の間や芸術作品などにおいては，豊かな情動が謳われていたことが示唆されている。
　Reddy, W. M. 2009 Historical research on the self and emotions *Emotion Review*, **1**, 302-315.
▷2　I-6も参照。
▷3　I-2〜I-5参照。
▷4　Oatley, K., & Jenkins, J. M. 1996 *Understanding emotions.* Osford: Blackwell.
▷5　たとえば，戸田正直 1992 感情——人を動かしている適応プログラム　東京大学出版会
▷6　I-9参照。
▷7　ネガティヴな情動反応はストレス反応と共通した特徴を持つが，長期に亘る，あるいは何度も繰り返されるストレス状態が健康上のリスクになることはよく知られている。
　Sapolsky, R. M. 2004

ルギー消耗の問題が挙げられます。情動経験には生理的側面の変化が伴い，自律神経系の活性化やホルモン分泌の亢進を促して個体が適応的な反応を行えるように準備します。しかし，本来とっさの反応を素早く導く役割であった情動は非常に大きなエネルギーを消費します。野生環境ではこうした危機的状況は生死に関わる重大なものである一方で，おそらく長続きせず，短時間で済んだと考えられていますが，現代社会ではそれほど危急性が高くないものの，状態が長期化するような危機状況も多いでしょう。そのような状況に対して，野生環境と同じくらいの強さの情動反応を起こしてしまうとどうなるでしょうか？おそらく，私たちの身体に本来想定されていた以上のエネルギーを費やし，つねに戦闘状態でいるために身体が疲弊してしまうだろうということが考えられます。

また，情動による負担は身体面だけではありません。私たちが主観的情感としてネガティヴな情動を日常的に長く感じ続けることはその後の神経症傾向を予測することが指摘されていますし，感じる情動がたとえポジティヴな情動であっても，おそらくその「拡張・構築」機能がもたらす，慎重さを欠く傾向によって，無謀な賭けや運転などの向こう見ずな行動へ導く危険性があることが示唆されています。

さらに，対人関係面でも情動が悪影響を及ぼす可能性が考えられます。たとえばロビンソン（Robinson, M. D.）らによると，頻繁に怒りを感じる人は友人が少なく，人生満足感が低いことが報告されています。また乳児の恐れの表出が過剰だったり，泣きがいつまでも続いたりすると，それを日常目の当たりにする養育者の心理状態や養育への動機づけにネガティヴな影響を及ぼし得る危険性が想定されています。ネガティヴな情動の行き過ぎた表出が，主体の疲弊のみならず，その受け手にとっても苦痛になることは容易に想像できるでしょう。

❸ 情動を管理する必要性

このように，情動にはその適応的な側面が様々に明らかにされてはいるものの，依然としてその不適応的側面を完全に無視することはできません。まさに情動は私たちにとって両刃の剣といえます。私たちが情動の適応的な機能を活かし，その利益を享受しつつも，情動によって生じる不利益を避けるためには，その時々の状況に応じて適切に情動経験や表出を制御する力が重要になってくるのです。

〔石井佑可子〕

Why zebras don't get ulcers: The acclaimed guide to stress, stress-related diseases, and coping-now revised and updated. Macmillan.

◁8 Izard, C. E., Libero, D. Z., Putnam, P., & Haynes, O. M. 1993 Stability of Experiences and Their Relations to Traits of Personality. *Journal of Personality and Social Psychology,* **64** 847-860.

◁9 Ⅰ-5 参照。

◁10 Cummins, L. F., Nadorff, M. R., & Kelly, A. E. 2009 Winning and positive affect can lead to reckless gambling. *Psychology of Addictive Behaviors,* **23**, 287-294.

◁11 Taubman-Ben-Ari, O. 2012 The effects of positive emotion priming on self-reported reckless driving. *Accident Analysis and Prevention,* **45**, 718-725.

◁12 Robinson, M. D., Vargas, P. T., Tamir, M., & Solberg, E. C. 2004 Using and being used by categories: The case of negative evaluations and daily well-being. *Psychological Science,* **15**, 521-526.

◁13 遠藤利彦 2009 情動は人間関係の発達にどうかかわるのか――オーガナイザーとしての情動，そして情動知性 須田治（編）情動的な人間関係の問題への対応 金子書房 pp.3-33.

◁14 情動をうまく働かせる力については後続の情動知性に関する項（Ⅲ-2〜Ⅲ-5）を参照のこと。

Ⅲ　情動的知性の発達

2　情動的知性とは何か

▷1　Thorndike, E. L. 1920 Intelligence and its uses. *Harper's magazine*, **140**, 227-235.
▷2　Gardner, H. 1983 *Frames of mind*. New York: Basic Books.
▷3　Sternberg, R. J., & Grigorenko, E. L. 1997 Are cognitive styles still in style? *American Psychologist*, **52**, 700-712.
▷4　Salovey, P., & Mayer, J. D. 1990 Emotional intelligence. *Imagination, Cognition and Personality*, **9**, 185-211.
▷5　同上書など
▷6　Goleman, D. 1995 *Emotional intelligence*. New York : Bantam.（土屋京子（訳）1998　EQ　こころの知能指数　講談社プラスアルファ文庫）
▷7　Zeidner, M., Matthews, G., & Roberts, R. D. 2009 *What we know about emotional intelligence:How it affects learning, work, relationships, and our mental health*. London : England, Cambridge, Massachusetts, Institute of Technology. など
▷8　Mayer, J. D., Caruso, D. R., & Salovey, P. 1999 Emotional intelligence meets traditional standards for an intelligence. *Intelligence*, **27**, 267-298.

1　知能テストでは測れない知能

　普段生活をしていて「成績は良いけれど，人づきあいになるとどうも的はずれな行動を取っているなぁ」と感じる人や，反対に「学校の勉強はできないけれど，上手に生きているなぁ」と感じる人に出会うことはありませんか。とくに人間関係などで，私たちの知能・知性には，いわゆる学校の成績評価や知能テストだけでは測れない部分があるのではないだろうか，日常生活の中で，このように考える人は少なくないはずです。

　こういった考えに基づいて，何人かの心理学者が知能を捉え直そうという試みを行ってきました（たとえば，ソーンダイク（Thorndike, E. L.）の社会的知能，ガードナー（Gardner, H.）の多重知能理論，スタンバーグ（Sternberg, R. J.）などの知能の鼎立理論）。

　そして近年，サロヴェイ（Salovey, P.）とメイヤー（Mayer, P.）らが「情動に関する知能」として Emotional Intelligence（情動的知性）というものの存在を提案しています。彼らが初期に決めた定義によると，情動的知性はソーンダイクの提唱した社会的知能の一部であり，「自他の感情・情動を観察（monitor）する能力，感情・情動を正しく識別する能力，思考と行動を導くためにその情報を利用する能力」とされています。彼らは，情動的知性が高い人は自分の情動を正確に知覚し，その人にとって重要な目標へ向かうのに完全で高度な手段を使うことができるとも主張しています。

2　情動的知性の流行，その功罪：混合モデルと能力モデル

　情動的知性概念はメイヤーらの提案後，サイエンス・ジャーナリストのゴールマン（Goleman, D.）がまとめた一般向けの読み物「Emotional intelligence（邦題「EQ　こころの知能指数」）」がベストセラーになり，爆発的に注目を浴びることとなりました。それによって情動的知性には，研究者だけでなく一般の人々からも多大な関心が寄せられるようになったと言えるでしょう。日本においても，情動的知性は「EQ」として広く知られており，EQ に関するたくさんの書籍やゲームなどが販売されています。

　しかし注目を過度に集めてしまったせいで，現在，情動的知性の概念・定義が研究者によって異なり，一貫性を欠いたものになってしまっているのも事実

です。たくさんなされている情動的知性の定義の中には，大衆受けを狙った大げさで非科学的とも言える定義が混在しています。そのような定義の中では，情動的知性は適応的なパーソナリティ特性を集めたにすぎない，極端に言ってしまえば数々の適応の指標から逆算したもののように説明されていることが多いといわれています。定義が研究者・提唱者によってあまりにも異なり，非常に広範で，中には正確性を欠くものも含まれるようになってしまったため，情動的知性はまるで「サクセスパーソンになるための要件」のように捉えられてしまい，心理学のテーマとして学術的に研究することが困難になってきたとも言えます。

メイヤーらはこうした，種々の「良い特性」をたんに寄せ集めただけの定義を「混合モデル（mixed model）」と呼んで批判しています。いわく，彼らがもともと提案していた情動的知性とは，あくまで知能の一種であり，能力の一つであるはずにもかかわらず，混合モデルで示されている情動的知性の定義にはパーソナリティ特性や，動機づけや社会的機能が含まれていて，真の意味での情動的知性ではない，と述べているのです。また，メイヤーらは混合モデルの多くが主張しているように「情動的知性は従来の知能（IQ）よりも重要だ」とも「情動的知性の高さは必ず幸福を約束する」とも言っていないのです。ここではメイヤーらの主張に従って能力モデルとしての情動的知性について述べていくことにします。

3　情動的知性の重要性とは

それでは，情動的知性を提案することの意義はどこにあるとメイヤーたちは考えているのでしょうか。

メイヤーによると，一つには，情動的知能という考えはまったく新しいものであり，複数解釈の可能性が少ないということです。まさに「発見」された概念なので，人の能力に関してこれまでわからなかったことについての説明になりうるかもしれません。

もう一つには，情動的知性を挙げることによって，情動自体の働きをより評価しやすくなるということがあるでしょう。メイヤーらのモデルでは，情動的知性は情動を理性的に扱う能力であると同時に，情動によって思考を向上させる能力でもあると捉えられます。I-2でも述べたとおり，情動というものは思考を邪魔するもの，思考（知性）とは対極の位置にあるものと長らく考えられてきました。しかし情動的知性の考え方はこうした考えと大きく違い，情動自体が思考に力を与えるための能力を想定しているのです。このように情動と知性ではなく情動の知性，つまり「情動にひそむ知」を考えることで，情動と思考の対立を超越することができるとメイヤーは述べています。

（石井佑可子）

▷9　その理由としてメイヤーは，①情動的知性が高いほど状況により強い欲求不満を感じて幸福感につながらない可能性があるため，②情動的知性の高い人が自分の幸福感を高めようとするとは限らないため，③情動的知性が及ぼす影響はすぐには現れないかも知れないため，の3つを挙げている。

Mayer, J. D.　2001　A field guide for emotional intelligence. In J. Ciarrochi & J. P. Forgas & J. D. Mayer (Eds.), *Emotional intelligence in everyday life*. New York : Psychology Press. pp. 3-24.

▷10　Mayer　前掲書

Mayer, J. D.　2006　A new field guide to emotional intelligence. In J. Ciarrochi, J. P. Forgas & J. D. Mayer (Eds.), *Emotional intelligence in everyday life* (2nd ed). Philadelphia: Psychology Press. pp.3-26.

▷11　Mayer 2001：2006 前掲書　など

▷12　ただし，メイヤーらが提案している情動的知性の領域は大部分が情動を制御する能力になっており，情動研究者からは，結局のところ旧来の情動観を脱していないとの批判も寄せられている。

Izard, C. E.　2001　Emotional intelligence or adaptive emotions. *Emotion*, 1, 249-257.

Zeidner et al.　前掲書　など

Ⅲ　情動的知性の発達

3　情動的知性の諸側面

1　情動的知性の4枝モデル

　メイヤー（Mayer, P.）らは情動的知性を4つの能力領域に分けて説明する4枝モデル（four branches model）としてまとめました。4つの能力領域とは，自他の情動を正しく知覚する「①情動の知覚」，情動情報を利用して思考を進める「②情動による思考の推進」，情動や情動間の関係を分析し，それによって起こりうることを察知，またその結果を理解するという「③情動の理解」，感情を回避したり，自己の平静のために価値判断をしなおしたりする能力を含む「④情動の管理」です（図3.3.1）。それぞれの領域は，番号が大きくなるほど高次の能力になっていきます。したがって領域①や②などは情動システムに埋め込まれた情報処理に関するものですが，④になると個人の全体的な計画やゴールに関するものになり，パーソナリティに近くなるとされています。一つ一つの領域について詳しく見ていきましょう。

2　第一領域：情動の知覚

　自分の情動を身体面からも心理面からも正しく知覚する能力です。また，他者の表情や姿勢などから情動を識別する能力や，言葉によらない（非言語）表現，顔の表情・声などのコミュニケーションチャネルに潜む情動表現を認識する能力もここに含まれます。
　メイヤーらが開発している情動的知性テスト（MSCEIT）では，この領域は(a)写真の中の表情がどのような情動によるものかを答えるテスト，(b)風景画やデザインを見てそれが伝える情動を特定するテストによって測定されます。

3　第二領域：情動による思考の推進

　情動が認知システムを導いて思考を推進する能力です。Ⅰ-3 で述べた通り，情動的に反応することで注意を対象に強引に向けることになります。つまり，情動は考えなければいけないことに優先順位をつけてくれるのです。また，情動の種類によってそれぞれ別々の生理的なサインがあります。計画遂行のために，どの情動がどの思考とつながっているかの知識を使うことになるのです。
　MSCEITでは「感覚」については(c)情動を他の知覚できる刺激と比較するテスト，「推進」については，(d)どの情動がどのタイプの思考を最適に推進す

▶1　Mayer, J. D., & Salovey, P. 1997 What is emotional intelligence? In P. Salovey & D. Sluyter (Eds.), *Emotional development and emotional intelligence : Implications for educators.* New York: Basic Books. pp. 3-31.
　Mayer, J. D., Salovey, P., & Caruso, D. R. 2004 Emotional intelligence : Theory, findings, and implications. *Psychological Inquiry*, 15, 197-215.　など

▶2　情動的知性テスト（MSCEIT）
メイヤーらが開発した情動的知性の測定テスト（MSCEIT：メスキート）(Mayer et al., 2002)。情動的知性があくまで知能の一種であるという彼らの主張から，従来の知能（IQ）テストと同様に正解がある複数の問題に答える形式の能力測定型になっている。
　Mayer, J. D., Salovey, P., & Caruso, D. R. 2002 *Mayer-Salovey-Caruso Emotional Intelligence Test (MSCEIT) item booklet.* Toronto, Ontario, Canada : MHS Publishers.

```
情動的知性 ─┬─ 4. 情動の管理 ── 感情を回避したり，自己の平静のために価値判断をしなおしたりする能力を含む
           ├─ 3. 情動の理解 ── 情動や情動間の関係を分析し，それによって起こりうることを察知・またその結果を理解
           ├─ 2. 思考の推進 ── 情動情報を利用して思考を進める
           └─ 1. 情動の知覚 ── 自他の情動を正しく知覚する
```

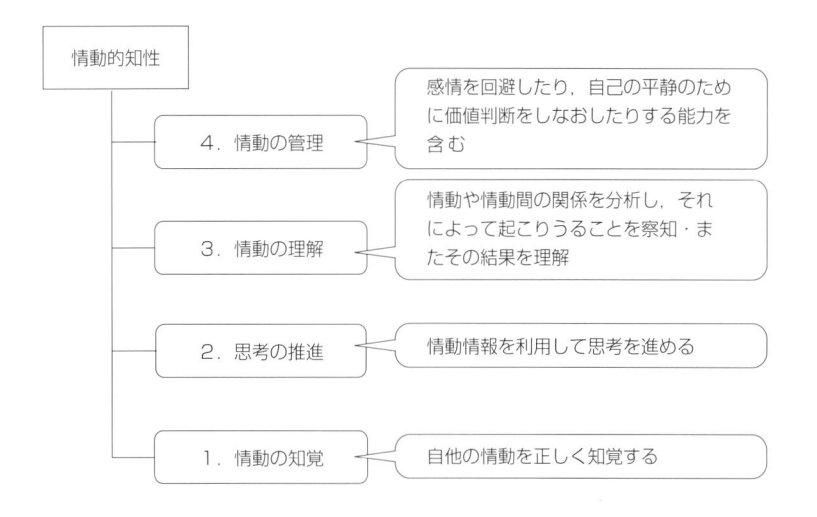

図3.3.1 情動的知性の4枝モデル

出所：Mayer & Salovey, 1997をもとに作成

ることができるかを特定するテストによって測定されます。この領域は他の3領域と異なり，情動に備わっている知を活用する能力を想定しています。

④ 第三領域：情動の理解

情動を分析し，時間がたてばその情動がどのような結果になるのかを察する能力です。この能力は言語や計画的思考能力が増すとともに発達します。

MSCEITでは，「情動の変化」に関しては，(e)どのような状況下で激しい情動が減っていくのか，あるいは増すのか，どのようにして情動の状態が他の情動状態に変化していくのか（例：欲求不満から攻撃など）について理解する能力のテスト，「情動の混合」については，(f)複雑な感情を含んだ情動を特定できるかのテストで測られます。

⑤ 第四領域：情動の管理

この能力はいくらかパーソナリティ的な要素を持っています。というのは情動をどのように管理するのかについては個々人の望む目標によって様々だからです。成人期初期にこの情動的自己管理は成長しますが，これには自分の安心や平静を得るために（自分にとって感じたくない）気分を避けたり，そのためにその対象についての評価をもう一度行ったりする能力も含みます。

MSCEITでは，「情動の管理」として，(g)仮想のシナリオを渡してどのように気分を維持，もしくは変化させたかについて問うテストと，「情動の関係」として，(h)他者がいる状況で自分の望む結果を得るためにはどのように気分を管理すればいいかについて問うテストによって測られます。 　　　（石井佑可子）

▷3 しかし，この領域については，情動研究からの知見にもとづく考察が不足しており，実証的にも4領域目の「情動の管理」との弁別ができていないと批判されている（Maul, 2012など）。メイヤーらは，その批判に対して，情動の利用と管理は分けて考える価値があり，この領域を独立して想定する重要性を主張している（Mayer et al., 2012）。彼らによると，情動による思考の推進とは例えば悲しい気分のときには，今は細かい作業をする良い機会だと考えたり，問題に対する新たな視点を得たいときに自分の情動状態を別のものに変えたりすることを指す。

Maul, A. 2012 The validity of the Mayer-Salovey-Caruso Emotional Intelligence Test (MSCEIT) as a measure of emotional intelligence. *Emotion Review*, 4, 394-402.

Mayer, J. D., Salovey, P., & Caruso, D. R. 2012 The validity of the MSCEIT: Additional analyses and evidence. *Emotion Review*, 4, 403-408.

Ⅲ　情動的知性の発達

4　情動的知性と社会的適応

1　情動的知性が高い＝人生で成功する？

Ⅲ-2で触れた「大衆受けを狙った情動的知性（混合モデル）」に関する書籍では，情動的知性の高さが人生の成功に重要な役割を果たすと誇張して述べたものが多く見られます[1]。しかし，こうした主張はきちんと実証されていないのが実情です。

では，今までの研究で適応と情動的知性との関係はどの程度明らかになっているのでしょうか。現在のところ，メタ分析の結果からは情動的知性が心身の健康と中程度に関連することが報告されています[2]。また適応とは反対に，情動的知性の一部である情動の知覚を高く行う人は，ストレスの影響をよく受け，ストレス状況下で強度の抑うつ・絶望感・自殺願望を訴える傾向にあることもわかっています[3]。

この結果は一見不自然に感じられるかも知れませんが，チャロキー（Ciarrochi, J.）らはこの現象を「混乱仮説」によって説明できるのではないか，と考察しています。つまり，情動的知覚が低い人は，自らが今危機にさらされていること自体に気づけないため，その場ではストレスを感じないのではないかという解釈です。しかし情動知覚が低い状態が続くと，その時点では一見良いようでも，リスクにさらされているにもかかわらず何も反応を示さず，その危機からいつまで経っても抜け出すことができなくなってしまうかも知れません。このように考えると，情動的知性というものは長い目で見たときの人生の結果に良い影響を及ぼすものなのかも知れません。

ただし，情動的知性と適応との関連を検討する際には，方法論による問題点にも留意する必要があります。混合モデルによる情動的知性の測定は多くが自己報告式の質問紙を用いて行われます。チャロキーらは，様々な情動的知性のテストを比較し，自己報告式のテストを使うと「回答をする人自身の気質」が回答に影響してしまうことがある，と述べています[4]。図3.4.1はチャロキーらが想定した自己報告式の情動的知性の高さと適応，気質との関係です。測定で情動的知性の得点が高かった場合，人生における成功や良好な精神状態を得ることができる（Aの矢印によって表される筋道）と解釈してしまいがちですが，じつは自己評価式の情動的知性に高い得点をつけた人が大体持っているであろう「高い自尊心」や，「良い気分を維持し，悪い気分をあまり感じない」とい

▷ 1　Goleman, D. 1995 *Emotional intelligence.* New York : Bantam.（土屋京子（訳）1998　EQ こころの知能指数　講談社プラスアルファ文庫）

▷ 2　Schutte, N. S., Malouff, J. M., Thorsteinsson, E. B., Bhullar, N., & Rooke, S. E. 2007 A meta-analytic investigation of the relationship between emotional intelligence and health. *Personality and Individual Differences,* 42, 921-933.

Martins, A., Ramalho, N., & Morin, E. 2010 A comprehensive meta-analysis of the relationship between emotional intelligence and health. *Personality and Individual Differences,* 49, 554-564.

▷ 3　Ciarrochi, J., Deane, F. P., & Anderson, S. 2002 Emotional intelligence moderates the relationship between stress and mental health. *Personality and Individual Differences,* 32, 197-209.

▷ 4　Ciarrochi, J., Chan, A., Caputi, P., & Roberts, R. 2001 Measuring emotional intelligence. In J. Ciarrochi, J. P. Forgas, J. D. Mayer (Eds), 2001 *Emotional intelligence in everyday life.* New York, US: Psychology Press. pp.

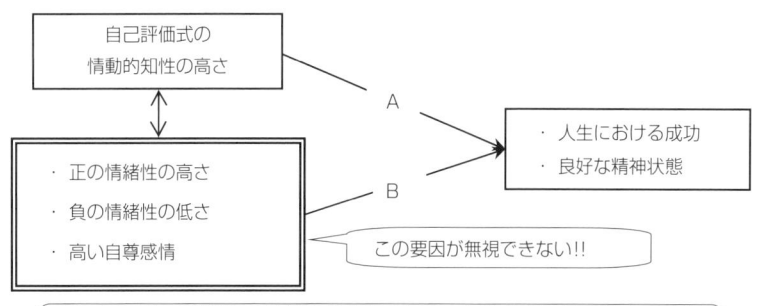

図3.4.1 自己評価による情動的知性と気質，日常生活での結果との関係

出所：Ciarrochi et al., 2001をもとに作成

う部分の方が影響を及ぼしている（Bの矢印による筋道）可能性も否定できないので，情動的知性自体の影響を結論づけることはできないのです。

❷ 能力モデルの情動的知性と適応

では，理論的には情動的知性の高さは，社会的適応と関係するのか，するとすれば適応のどの側面と関係すると想定されているのでしょうか。チャロキーらは，情動的知性と日常生活との関係について図3.4.2のようなモデルが描けると提案しています。

このモデルによると，情動的知性の高い人は嫌な出来事がそもそも起こらないように人生を計画し（Aの矢印），たとえ嫌なことが起こったとしても柔軟に適応できる（Bの矢印），また精神的健康，人間関係をよりよく結ぶなどの能力にも長けている（Cの矢印）となっています。情動的知性はたんに人生の結果だけに影響を与えるのではなく，適応の仕方や日々起こる出来事自体も予測するものと言えるでしょう。ただしチャロキーら自身も述べているとおり，この関係は今のところ仮説でしかなく，実際に検証されたものではありません。別の研究者も情動的知性の高さは適切なコーピング，社会的ネットワークの豊富さ，情動のたて直し，社会的ストレス処理の上手さ，ネガティヴ情動の低さなどを介して適応に繋がると考えていますが，実際のところは未だ不明で，情動的知性と社会的適応が関連する際のプロセスをきちんと解明する必要があるとしています。

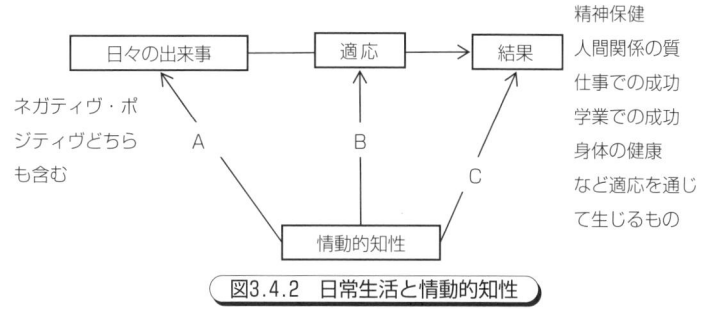

（石井佑可子）

図3.4.2 日常生活と情動的知性

出所：Ciarrochi et al., 2001

25-45.
▶5 自己報告式の測定尺度には，初めからWell-beingの因子が下位尺度として含まれているものもある（たとえばBar-on（1997）のEQ-iや，Petrides（2009）のTEIQueなど）ため，適応指標と関連するのは当然であること，情動知性と重複しているパーソナリティ特性の影響を統計的に取り除くと情動的知性独自の影響力は小さくなるとの指摘もなされている（Zeidner et al., 2012）。
Bar-On, R. 1997 *The Emotional Intelligence Inventory (EQ-i): Technical manual*. Multi-Health Systems.
Petrides, K. V. 2009 Psychometric properties of the trait emotional intelligence questionnaire (T-EIQue). In C. Stough, D. H. Saklofske & J. D. A. Parker (Eds.), *Assessing emotional intelligence*. New York : Springer. pp. 85-101.
Zeidner, M., Matthews, G., & Roberts, R. D. 2012 The emotional intelligence, health, and well-being nexus: What have we learned and what have we missed? *Applied Psychology: Health and Well-Being*, 4, 1-30.
▶6 Ciarrochi et al. 2001 前掲書
▶7 Zeidner et al. 前掲書

Ⅲ 情動的知性の発達

5 情動的知性と教育

1 情動的知性と教育

○教育に含まれる意味

"教育"という言葉には多くの意味が込められています。一昔前までのように，教育と言えば，数学や英語といった科目を教えることや，いわゆる偏差値や知能指数（IQ）を高めることだけではなく，社会的，情動的にうまく適応した行動がとれるかどうかという，EQに強く関連した能力を同様に高めることも含まれるようになっています。つまり，新しい英単語を覚えたり，難しい数式を解けるようにすることだけが"教育"ではなく，相手が感じている情動を予測したり，自分が感じている情動を相手に伝えるためにうまく表現したりするといった，情動的なスキルに関連した知性，すなわち，"情動的知性"を促進させることの重要性が意識されるようになっているのです。

○多くの意味を含む情動的知性

ゴールマン（Goleman, D.）は，情動的知性が，①自分の感情理解，②感情統制，③自己動機づけ，④他者感情の理解，⑤対人関係の構築という5つの要素から構成されていると考えました。また，モーリス（Maurice, E.）は，情動的知性を「日常生活のさまざまな対人場面で生じる情動の原因や結果について理解したり，それらが動機付けにおいて，どのように相互に影響しているのかということを理解するといった，より複雑で統合された能力」と定義しています。情動的知性は，家庭や学校，職場など，他者と関わる様々な状況において，人が"うまくやっていく"ために必要な，重要な意味を持った能力の一つであると言えるでしょう。

2 情動的知性と学校

○学校という場所

社会的場面で不可欠とされる情動的知性は，今や，研究者だけではなく，広く一般の人々からも注目を集めるようになっています。それは，優れた情動的知性を持つことによって，他者との関係をうまく築けることが理解されているためです。では，どうすれば情動的知性を高めることができるのでしょうか。そこで，優れた情動的知性を身につけることができるように，子どもたちに教育を施すという考えが現れました。情動的知性とは，ある一つのスキルを指す

▶1　知能指数（IQ）
知能指数（IQ：Intelligence Quotient）とは，知能検査で判定する知能水準を指す。もともとは，人の実際年齢が精神年齢と比べてどうか，を判断する基準となったものである。言語発達や論理的思考についての検査を行い，そこから出される精神年齢と実際の生活年齢から，知能の発達具合を知る。

▶2　EQ
Emotional Intelligence Quotient の略。心の知能指数と呼ばれる。自分の感情を上手に調整し，利用することで，本来自分が持っている能力を最大限に活かすことができる知性のことである。

▶3　Goleman, D. 1995 *Emotional intelligence.* New York : Bantam Books.

▶4　モーリス, E. 2005 情動知能と教育　チャロキー, J.・フォーガス, J. P.・メイヤー, J. D.（編）中里浩明・島井哲志・大竹恵子・池見陽（訳）エモーショナル・インテリジェンス　ナカニシヤ出版　pp. 171-194.

▶5　Ⅲ-2 ～ Ⅲ-4 も参照。

のではなく，一つ一つのスキルのまとまりのことを言います。ですから，一つずつのスキルを，教育を通して発達させることによって，情動的知性を高めることは可能になります。

　情動的なスキルについて，人が，最初に学ぶのは家庭においてでしょう。しかし，情動的知性の教育にとってより重要となる場所は，家庭よりも学校であると考えられています。なぜなら，学校は，子どもたちが家庭内で経験していたものとは違った情動的な出来事に出会い，修正する場所となるからです。たとえば，家庭内で許されているからといって，自分の感情を統制することなしに，好き勝手に振る舞ったり，また，他者の感情を無視した言動を学校ですれば，友だちとうまくやっていくことはできません。子どもは，家庭で形成された情動的なスキルを，友だちや先生などの他者とのやりとりを通して，学校で再調整する必要があるのです。

○組織化，統合化したスキル

　現在，アメリカをはじめとして，学校における社会的，情動的学習の必要性が認識され，実際に教育活動が始められています。情動的知性を促進するためのプログラムもいくつか考案され，実際に効果を上げている学校もあります。しかし，多くの学校では，短期的，あるいは追加的なプログラムを行うだけで，情動的知性の向上を図ろうとします。もちろん，学校では，情動的知性に関する教育だけではなく，知識を獲得するための，学業における教育もきちんと行われる必要があります。しかし，重要なのは，これらのいずれか一方が選ばれるのではなく，どちらも大切な教育として捉えられ，子どもの社会的，情動的な知性と学業における知性を統合的に促進させることだと言えます。

3　情動的知性と家庭

　情動的知性の向上のためには，学校でのプログラムのみならず，親をはじめとする保護者の存在や姿勢のあり方が重要となると考えられています。子どもの情動的知性に対する教育を有効に行うためには，学校における教師が，生徒である子どもだけではなく，教師自身の情動的知性のレベルや情動的知性のスキルについて把握しておく必要があるのと同様に，子どもともっとも長い時間をともにし，教育する立場にある保護者もまた，保護者自身の社会的，情動的な知性について自覚する必要があります。学校で情動的知性の向上のための教育が行われるなら，保護者は，そのすべてを学校任せ，教師任せにするのではなく，家庭における子どものしつけにおいても，学校でなされた教育内容と一貫性を保てるように，支持的で協力的な姿勢である必要があるでしょう。

（山本良子）

コラム3

三項関係情動（妬み・共感的喜び・いい気味・共感的苦痛）のメカニズム

1 他者に宝くじが当たったとき，あなたは喜びますか？ 妬みますか？

私たちは日常生活の中で，知らない人でも，その人に「宝くじが当たる」といった良い出来事が起こるとき，その人の幸福を自分のことのように喜んだり，反対に妬ましく思ったり，その時々によって様々な情動を複雑に経験しています。では，なぜ人は，自分以外の誰かに起こった出来事が自分自身に直接関係がない場合でも，様々な情動を経験するのでしょうか。

これまで情動について多くの研究が行われてきてはいますが，その主な対象となってきたのは，自らの利害や興味関心に直接関わる出来事に対して経験される情動ばかりでした。たとえば，「自分が試験に失敗して悲しい」とか，「自分の宝くじが当たって嬉しい」という情動などです。しかし，私たちが日常生活において経験する情動は，当然，このような情動ばかりではありません。はじめに挙げた例のように，自分の利害に直接関係しない出来事についても，人は様々な情動を経験します。こうした，出来事の「非当事者」でありながら経験される情動は，これまで心理学の中でほとんど検討されてきていません。筆者は，この「非当事者」の情動が，「出来事」「他者」「自己」という，3つの項目の関係の中で生じることから「三項関係情動」と名づけました（図C3.1参照）。

三項関係情動は，他者に起こった出来事が「良い出来事」か「悪い出来事」かということと，そこで自分に経験される情動が，他者が経験している情動と同質なものか反対なものかということの組み合わせによって4種類に分かれると考えられます。具体的には，まず，他者に「悪い出来事」が起こった際に，他者が経験している苦痛や悲しみを自分の苦痛のように感じる「共感的苦痛」と，反対に，他者の苦痛を喜ぶ情動（いわゆる「いい気味」。この情動を専門的には，「シャーデンフロイデ」と呼びます）があります。また，他者に「良い出来事」が起こった際に，他者の幸福に対して経験される嫌な気持ちである「妬み」と，他者の幸福を自分のことのように喜ぶ「共感的喜び」があります。

2 情動を経験し分けているのは何か

人は，他者の「良い出来事」といった同じ場面でも，「共感的喜び」を経験するときもあれば，「妬み」を経験するときもあります。それでは，なぜ，同じ状況にありながら，異なる情動経験をするのでしょうか。これらの情動の発生を分けている原因として，大きく2種類の要因が考えられます。一つは，性格や，しつけなどの育てられ方の内容，また，「喜びやすい」「怒りやすい」などの感情傾向など，人がそれぞれ独自に持つ「個人内の要因」です。もう一つは，親しさや立場関係といった，出来事が起こった他者と自分との関係性や，他者に生じた出来事が「他者の努力」により起こったのか，または，「運良く」起こったのかといった出来事が生じた原因など，他者に良い出来事が起こった場面を構成する様々な「状況的な要因」です。これら「個人内要因」と「状況要因」のいずれもが，「三項関係情動」の発生に大きく関与していると考えられます。

「三項関係情動」のうち「共感的喜び」と「妬み」の発生に関与する状況要因について明らかにした研究では，自分より目上の他者や自分と親しい他者に対して，共感的喜びが経験されやすいことがわかっています[2]。これは，学校や部活の先輩などの目上の他者は憧れや尊敬の対象となり社会的比較の対象となりにくいため，また，仲が良く親しい他者に対しては共感的な気持ちが経験されやすいためと考えられます。また，他者に良い出来事が起こる以前に，自分がその他者よりも幸福な状態にある場合に共感的喜びが経験されやすかったり，他者に生じた良い出来事の内容が，自分に生じることを望んでいたものである場合には妬みが経験されやすいなど，自他の関係以外にも，自他の幸福状態のバランスや，他者に生じた出来事の自分にとっての意味合いによっても，経験される情動に違いが見られることが明らかになっています[3]。加えて，良い事象が生じた他者が友人や後輩の場合，出来事が生じる以前から，自分が相談を受けたり応援するなどその出来事に関与があったとき共感的喜びが経験されやすいこともわかっています[4]。また，他者に生じた出来事がどのような経過で生じたかという点も深く関与することが明らかになっています。具体的には，他者の努力の結果生じた良い出来事の場合には，共感的喜びが経験されやすいのですが，たまたま運良く生じた場合には，妬みが経験されやすいという傾向が確認されています。さらに，他者に良い出来事が起こる以前に，自分に生じた出来事に対して，他者がともに喜んだり悲しんだりしてくれたという過去の他者の態度が，他者の良い出来事に対して経験される共感的喜びの経験に関与することも示されています。

一方，他者に悪い出来事が生じた際に経験されるシャーデンフロイデと共感的苦痛についてもわずかながらその実態が明らかにされています[5]。たとえば，大学生に行った面接調査の結果では，身近な他者に共感的苦痛やシャーデンフロイデの情動を経験したことが

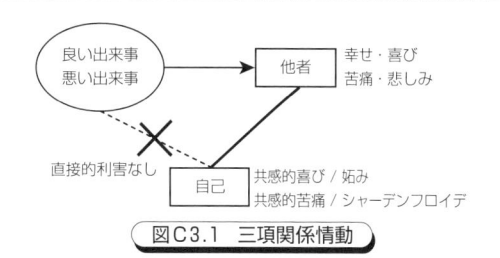

図C3.1 三項関係情動

ある人はない人に比べて有意に多く，また，両情動ともに友人に対して多く経験されていることがわかっています。共感的苦痛は他者の失恋や恋の悩みに対して，シャーデンフロイデは他者の受験や試験での不合格に対して多く経験されていました。さらに，他者に悪い出来事が生じるという同一場面において，共感的苦痛とシャーデンフロイデという相反する両情動がほとんど同時に経験されていることや，同一他者に対しても，共感的苦痛とシャーデンフロイデの両情動が経験されることなども明らかにされています。

このように，「三項関係情動」について少しずつ明らかにされてきてはいますが，4つの情動それぞれにどのような要因が関与し生起するのか，とくに，共感的苦痛とシャーデンフロイデの発生に関与する状況要因や，三項関係情動すべての発生に関与する個人内要因についてはまだわかっていません。三項関係情動は，生活の中で日常的に経験されている情動です。今後，研究を進め，最終的には三項関係情動全体の発生メカニズムについて明らかにしていく必要があるでしょう。

(山本良子)

▶1　シャーデンフロイデ（schadenfreude）
ドイツ語で「他者の不幸を喜ぶ」という意味。
▶2　山本（西隅）良子　2005　「三項関係情動」の生起メカニズムを探る――共感的喜びと妬みの状況要因について　京都大学大学院教育学研究科紀要，**51**，371-385.
▶3　同上書
▶4　山本良子　2010　共感的喜びと妬みの発生に関与する状況要因　東京大学大学院教育学研究科紀要，**49**，237-245.
▶5　山本良子　2007　他者の不幸を悲しむ情動，喜ぶ情動――面接調査から把握されたその実態　京都大学大学院教育学研究科紀要，**53**，273-285.

Ⅳ 自己志向的情動的知性：情動制御と動機づけの発達

1 情動調整（制御）とは何か

① 情動調整の大切さ

　私たちは，日々様々な情動を感じながら生きています。その中には，喜びや誇らしさなどの快の情動もあれば，怒りや恐れなどの不快な情動もあります。これらの情動の程度があまりに強過ぎたり，時間が長くなると日常生活を過ごす上で支障が出ることが多いものです。様々な情動を適度に調整するというemotion regulation は私たちが精神的に安定し，成熟した人間関係を維持するための重要な心の働きです。emotion regulation の訳語として，「情動制御」あるいは「情動調整」が考えられます。「制御」には「相手が自由勝手にすることを抑える」という意味がある一方，「調整」には「調子をととのえ，過不足をなくし程よくする」という意味があり，状況に応じてダイナミックに変化させ，適合させることが連想されます。したがって，Ⅳ-1，Ⅳ-2，Ⅳ-4，Ⅳ-5 で定義する emotion regulation には「調整」がふさわしいと考えて，「情動調整」の訳語を使用します。

　1980年代以降，情動調整への関心が高まったものの，あらためて情動調整とは何かと考えた場合，研究者によって強調する観点が異なっているのが現状です。以下，情動調整の定義に関して議論の対象となるいくつかの論点を挙げ，情動調整とは何かを考えていきます。

② 情動が調整するのか，情動を調整するのか

　まず，情動調整という語句の中に含まれる情動について，大きく2つの考え方があります[1]。その一つは，情動が個人の内外のシステムを調整する，つまり「調整の主体としての情動」とする考え方です。これは，たとえばある人の中に起こった恐怖という情動が，その人の心臓機能に影響を及ぼして血圧を上げるように，情動が個人の内的なシステムに影響を及ぼすことが挙げられます。また，子どもの悲しみという情動が養育者の態度を変えるというように，情動が個人間の関係を変える場合もあります。もう一つは，情動の強さや時間などが調整される，つまり「調整の対象としての情動」とする考え方です。この中にも，たとえば不安を指しゃぶりで調整するような，個人の中でよび起こされた情動の調整と，母親の落ち込んだ気分が子どもの冗談によって楽しいものに変わるという他者との間で起こる調整とがあります。

[1] Cole, P. M., Martin, S. E., & Dennis, T. A. 2004 Emotion regulation as a scientific construct: Methodological challenges and directions for child development research. *Child Development*, **75**, 317-333.

たしかに，情動は私たちの内外のシステムに影響を与えています。しかし，情動調整の中に個人の情動が他者の行動を変えるという「調整の主体としての情動」をも含めると，人間同士のやり取りで生じることとの区別がつきにくく，情動調整としての現象を特定することが難しくなります。したがって，ここでは情動調整を「調整の対象としての情動」という観点から考えていきます。

3 情動をどのように調整するのか

情動を調整するという場合，多くは不快な情動を少なくしたり，時間を短くすることに着目します。しかし，快の情動でも，その強さや長さを調整することが必要な場合もあります。たとえば喜びという情動があまりにも強過ぎると落ちつかず，勉強が手につかないことがあります。

また，まだ言葉を話せない乳児が，見知らぬ人への恐れを，泣き続けることで親に知らせるなど，不快な情動を一定期間維持することが必要な場合もあります。さらに，悲しい気持ちのときに，楽しい出来事を思い出すことで，悲しみを忘れるというように，快の情動を意識的によび起こすことが情動の調整として機能する場合もあるのです。したがって，調整することの中には，快や不快というあらゆる種類の情動を，抑えたり，なくしてしまうだけではなく，よび起こしたり，一定の時間維持させることも含まれるのです。

4 どのような情動調整が適応的か

自分の情動をどのように調整することが適応的であるのかは，個人が置かれた状況によっても異なります。たとえば，不当な扱いを受けて怒りを感じる場合，その怒りを言葉で表現するのか，ポーカーフェイスで怒りを悟られないようにするのか，そのどちらが適応的なのかは，相手と本人との関係性や，2人を取り巻く環境によって異なります。また，自分の情動を抑え込んでしまうことがつねに適応的であるわけではありません。むしろそれが慢性的になれば，心理的な病気になる危険性が高まる場合さえあります。適応的な情動調整とは，情動を抑え込んでしまうのではなく，純粋な情動を感じ，なおかつ周囲の環境に合う程度にその情動を状況に応じて柔軟に表現することなのです。

5 情動調整とは

情動調整とは，社会の中で他者と上手に調和しながら生きていくために，情動を無理に抑え込んでしまうのではなく，あるときは自分自身で何らかの行動をとったり考え直したりし，あるときには他の人に助けられることで，しずめたり，よび起こしたり，維持することなのです。このように考えれば，情動を調整することは，自分の内面的な状態を調整するだけではなく，他者との関係をも調整するという，自他に影響を及ぼす心の機能でもあると言えます。　　（金丸智美）

▶2 Eisenberg, N., & Spinrad, T. L. 2004 Emotion-related regulation: Sharpening the definition. *Child Development*, 75, 334-339.

▶3 「調整の主体としての情動」との観点から情動調整を捉える考え方を否定しているわけではなく，より広い視点に立てばこの観点も妥当であろう。たとえば須田は，「情動」のかわりに「情緒」という言葉を使った上で，情緒を個人の生理的状態や対人関係および物との関係を調整するものとし，情緒調整を「情緒によって個体と環境とのあいだにじょうずな適合を生み出すはたらき」と定義している。
須田治 1999 情緒がつむぐ発達 新曜社

▶4 Thompson, R. A. 1994 Emotion regulation: A theme in search of definition. *Monographs of the Society for Research in Child Development*, 59, 25-52.

▶5 Bridges, L. J., Denham, S. A. & Ganiban, J. M. 2004 Definitional issues in emotion regulation research. *Child Development*, 75, 340-345.

Ⅳ 自己志向的情動的知性：情動制御と動機づけの発達

2 情動調整（制御）の発達プロセス

1 生後3ヶ月ごろまで：養育者主導の調整

　生後間もないころの子どもの不快さは，空腹，疲労，痛みなど生理的欲求が妨げられることから生じます。この時期の子どもは，不快な状態に対してまったく無力というわけではなく，頭を回したり，指を吸うなど偶発的に起こる反射的な行動によって調整することができます。さらに，3ヶ月ごろになると，自発的に姿勢や視線を変えることで，不快刺激を避けることができるようになってきます。ただし，これらの能力はまだ限定的なので，不快の程度が強い場合には自分だけでは調整できず，調整もかなり偶発的に起こります。多くの場合，子どもは泣いたりぐずることで自分の不快さを表現し，養育者に取り除いてもらうよう促します。

2 3ヶ月ごろから満1歳ごろまで：養育者と子どもとの間での調整

　3ヶ月を過ぎると，子どもが養育者に向って微笑むことが増えてきます。それに応じて養育者は子どもの喜びという情動をさらに増やそうとあやしたり，話しかけることになります。このとき子どもの情動レベルが強過ぎれば，子どもの方から視線をそらしたり，泣き出すことで，調整を行います。このように，この時期には養育者と子どもとの対面でのやり取りが盛んになり，その中で養育者と子どもとの間で情動調整が増えます。

　満1歳に近くなると，自力で移動する能力や，手で物を自在に操作する能力がつき，目的を達成するための手段を理解するようになります。たとえば，遠くにあるおもちゃを取りに行き，おもちゃを操作することで退屈さを紛らわすのです。さらに，このころには，養育者を「社会的やり取りをする相手」としてだけではなく，「自分を助けてくれる存在」としても見なすようにもなります。見知らない人が部屋に入ってくると，養育者の方へ移動し，接触することで，自分の不安や恐怖という情動を調整するのです。また，あいまいな状況に置かれた際に，養育者の表情を見て自分の中の不確実さという心理的状態を調整する行動，すなわち「社会的参照行動」[1]も出てきます。

3 1歳から2歳ごろまで：養育者を補助とした，子ども主導の調整

　1歳から2歳になると，表象能力や記憶力が発達します。そのため，自分を

▷1　Ⅶ-4 参照。

客観的に捉え，自分自身が行動を引き起こす主体となることを理解し始めます。不快さの原因を認識して，それを取り除くために何をすればよいかをある程度計画的に考慮できるようになります。たとえば，おもちゃが入った箱が閉まっているとき，ただ養育者に慰めてもらうだけではなく，養育者に箱を開けるよう要求し，実行させることで不快さを調整するのです。また，おもちゃが片づけられてしまった状況でも，自分から他の遊びを見つけて遊び始めるなどの，自発的な気紛らわしも行うようになります。

この時期には言葉の発達も情動調整に大きな影響を与えます。泣くだけであれば，養育者であっても子どもの情動状態を正確に知ることが困難な場合もありますが，言葉で情動を伝えることで，養育者が子どもに対してどのような行動をとればよいのかを理解し，子どもの不快情動を調整しやすくなります。

主に認知的な発達によって，この時期の子どもは調整の種類を増やしていきますが，まだ養育者の助けを借りることも多いのが現実です。自我が芽生え，養育者と衝突することが増えるこの時期には，子どものかんしゃくも多くなります。このような強い不快情動の場合には，養育者に身体的な接触をしてもらったり，言葉で不快さを受け止めてもらうことで，ようやく不快な情動が調整されることも多いのです。

④ 3歳から4歳以降：子ども自身での調整

3歳から4歳以降になると，かんしゃくや強い泣きは，それ以前と比べると減っていきます。幼稚園などの集団の場に入った子どもは，仲間との遊びの中で，言葉による情動調整を発達させていきます。また，記憶力やイメージを扱う力が成熟することで，何をしてよいのか，いけないのかの基準が内面化され，養育者が目の前にいなくても，自分の行動を調整できるようになります。

さらに，このころには，相手の気持ちを考えて自分の情動を調整することもできるようになってきます。たとえば，魅力的ではない物をプレゼントされたときに，贈り主がいないときには，がっかりした表情をするにもかかわらず，贈り主がいるときには，がっかりした情動を表さないこともできるのです。

5歳から6歳ごろには，自分の情動を行動で示すよりも，言葉で示すことが多くなります。同じ子どもを対象として，2歳のときと5歳のときに，養育者の要請に対する反応を調べたところ，5歳のときには，2歳のときと比べて，かんしゃくやぐずりなどの反応が減る一方で，取引をして養育者の要求を変えたり，妥協したり，説明をするという反応が増えたことが報告されています。

以上から，子どもの情動調整の発達は，子どもの運動能力や認知能力の成熟に支えられながら，調整の主導が，養育者から次第に子どもへと移行していくプロセスをたどると言えます。

（金丸智美）

▷2 Bridges, L. J., & Grolnick, W. S. 1995 The development of emotional self-regulation in infancy and early childhood. *Review of Personality and Social Psychology,* **15**, 185-211.

▷3 Cole, P. M. 1986 Children's spontaneous control of facial expression. *Child Development,* **57**, 1309-1321.

▷4 Kuczynski, L., & Kochanska, G. 1990 Development of children's noncompliance strategies from toddlerhood to age 5. *Developmental Psychology,* **26**, 398-408.

参考文献

Kopp, C. P. 1989 Regulation of distress and negative emotions: A developmental view. *Developmental Psychology,* **25**, 343-354.

Sroufe, L. A. 1996 *Emotional development: The organization of emotional life in the early years.* Cambridge: Cambridge University Press.

Ⅳ 自己志向的情動的知性：情動制御と動機づけの発達

3 移行対象と情動制御（調整）

1 ライナスの毛布

　スヌーピーは世界的にとても人気のあるキャラクターですが、そのスヌーピーが出てくるピーナッツというコミックに、ライナスという少年が登場することをご存じの方も多いかも知れません。ライナスは、いつも、長い毛布を引きずって歩いており、何かいやなこと、寂しいこと、怖いことなどがあると、必ずその毛布を持って自分の気持ちを落ち着かせようとします。それは、ライナスにとって確かな安全の感覚を与えるものとしてあるのだと言えます。

　広く子ども一般を見渡すと、必ずしも毛布だけではなく、タオルとかシーツとかハンカチ、あるいは柔らかいぬいぐるみのようなものを持っている場合もあります。それらは、多くの場合、他のものに取り替えのきかない、子どもにとっては唯一の「それでなければならないもの」としてあり、たとえいかに汚れ破れかけていても、またときにいやな臭いを発するまでになっていたとしても、子どもはそれを容易に手離そうとはしません。養育者など、周りの人がそれを強引に取り上げようものなら、大概の子どもは激しく泣きわめき、それを何とか取り戻そうと躍起になるはずです。子どもがこうしたものを持つ場合、いつごろからそれを持ち始めるかということですが、それにはかなりの個人差があり、早い場合には生後半年前後からすでにそれを持つ子どももいるようです。また、手放す時期もまちまちですが、大概は遅くとも子どもが就学するころまでには、自然とそれを持たなくても済むようになるようです。

2 情動制御の術としての移行対象

　発達心理学や精神医学の領域では、こうしたものを専門的な術語で、移行対象と呼ぶことがあります。なぜ「移行」なのかというと、この言葉の創案者であるウィニコット（Winnicott, D. W.）という児童精神科医によれば、それが、子どもが、何でも自分の思いが叶うと主観的に思い込んでいる初期の心の状態（魔術的万能感）から、徐々に、自分の思い通りにならない現実があることを客観的に認識し、それを受け入れられるようになる心の状態へと、スムーズな「移行」を促すものとしてあるからだそうです。ウィニコットは、乳幼児期に「最初の私ではない所有物」を持つ経験が、子どもの健常な情緒的および認知的発達において不可欠な役割を果たすと仮定していました。

▶1　子どもが移行対象を持ち始める時期には、1歳前後と2歳前後という大きく2つのピークがあるらしい。前者は柔らかい布類が主で、一方、後者はぬいぐるみや玩具であることが一般的であると言われている。これらを順に一次性移行対象、二次性移行対象と呼ぶことがあるが、両者にはその機能および発達的意味の違いが仮定されている。前者がにおいや触感などの各種感覚的要素を通して子どもを慰撫するのに対して、後者はむしろ遊びの対象として、子どもの表象あるいは想像的活動を活性化させることを通して子どもの情動を静穏化させうるものと言えるかも知れない。ちなみに、移行対象とは独立に、一定割合の幼児が2〜3歳ごろから「想像上の仲間（imaginary companion）」を有することが知られているが、二次性移行対象はその想像上の仲間の一種とされる「人格化された対象（personified object）」と概念的に大きな重なりを持つことが考えられる。

▶2　ウィニコット, D. W.　橋本雅雄（訳）1979　遊ぶことと現実　岩崎学術出版社

Winnicott, D. W. 1953 Transitional objects and transitional phenomena : A study of the first not-

彼が言うには、それは、たとえば養育者との分離時、就眠時、旅行時、見知らぬ人との遭遇時などに、養育者、とくに母親とその乳房を象徴的に代理し、子ども自らが、不安や恐れなどのネガティヴな情動に適切に対処することを可能にするのだそうです。現に、ある研究は、日ごろから移行対象（毛布）を有する子どもを、それがある条件とない条件に振り分け、前者の条件において有意に、子どもの困惑や不安の度が低減し、遊びおよび積極的な探索活動や学習が多く生じることを実験的に確かめています。移行対象を持つことは、より原初的な、注意そらしや身体慰撫（自分の身体をさわる、指しゃぶりするなど）などの次に現れる、きわめて重要な情動制御の一形態であると言えるのでしょう。

3 移行対象経験の文化差と個人差

ウィニコットは、移行対象を、ほぼすべての子どもが、その健常な精神発達過程において必然的に経験するものと考えていました。彼によれば、その有無を左右するのは、唯一、彼がほどよい（good-enough）と言うところの、ごく普通の（平均的に期待されるような）親子の関係性を、現に子どもが経験できるか否かということでした。このことを裏づけるかのように、欧米圏においては乳幼児期に移行対象を経験する子どもの比率が60〜90%とかなり高率になることが明らかにされています。また、施設環境などにおいて乳幼児期に十分な養護的関係性を経験できなかった子どもにむしろ、移行対象を欠くケースが相対的に多いという報告も一部にはあるようです。

しかし、日本における移行対象の発現率は30〜40%であることが知られており、むしろそれを経験しない子どもの方が多いことからすると、それを持つことが普遍的であると考えることにはいささか無理があるように思われます。じつのところ、日本で行われた調査では、移行対象の有無は、それぞれの子どもが経験する授乳様式や就眠様式などと密接な関連性を有していることが確かめられており、相対的にストレスフルな環境下において、また子ども自身がストレスを感受しやすい気質を有している場合などに、より多くの子どもがそれを経験するようになるということが明らかになっています。このことに照らして考えるならば、欧米圏で移行対象の発現率が高くなるのは、一般的に同室・同床寝や添い寝の習慣がない状況で、子どもたちの多くがとくに就寝時に相対的に高ストレスにさらされることに関係していると言えるのかも知れません。

このように移行対象使用の実態には文化差があるわけですが、確言できることは、子どもには、少々のストレスにさらされたとしても、自らお気に入りのものを取り出して、自身の崩れた情動を立て直しうるだけの力が備わっているということです。大人からすればたしかに厄介なものですが、子どもがそれを持っている場合には、温かく見守りたいものです。

（遠藤利彦）

me possession. *International Journal of Psychoanalysis*, 34, 89-97.

▷3 Passmann, R. H., & Adams, R. E. 1981 Preferences for mothers and security blankets and their effectiveness as reinforcers for young children's behaviors. *Journal of Child Psychology and Psychiatry*, 23, 223-236.

▷4 たとえば母乳ではなくミルクで、しかも時間決めで授乳してもらっていたり、添い寝の習慣のない家庭で育っていたりするなど。
▷5 遠藤利彦 1990 移行対象の発生因的解明——移行対象と母性的関わり 発達心理学研究, 1, 59-69.
遠藤利彦 1991 移行対象と母子間ストレス 教育心理学研究, 39, 243-252.

参考文献

遠藤利彦 1990 移行対象に関する理論的考察——特にその発現の機序をめぐって 東京大学教育学部紀要, 29, 229-241.
井原成男 1996 ぬいぐるみの心理学——子どもの発達と臨床心理学への招待 日本小児医事出版

Ⅳ　自己志向的情動的知性：情動制御と動機づけの発達

4　情動に関わる言葉の発達とその適応的意味

1　言葉によって情動を理解する

　子どもは，言葉を話すまでの時期に，養育者と意図を共有することを通して自分や他の人に異なる情動があることを理解していきます。このような養育者とのやり取りを土台にして，1歳半ごろから3歳ごろにかけて情動に関する言葉を飛躍的に発達させていきます。ある研究では，2歳4ヶ月の子どもの半数以上が「楽しい」「好き」「悲しい」「怖い」などの情動を表す言葉を使うことが報告されています。また，この年齢では自分の情動だけではなく，他者の情動について話すこともできるのです。

　子どもは，大人やきょうだいとの会話の中で，情動に関する言葉を使い，情動についての理解を深めていきます。ダン（Dunn, J.）らの研究では，満3歳のときに，親子間の情動に関する会話の量，ある情動が起こった原因に関する会話の量あるいはテーマの種類が多いほど，6歳になったときの情動理解が優れていることが示されています。

　では，情動について話すことは，子どもが社会に適応する上でどのような意味があるのでしょうか。

2　自分の情動を他者に伝える

　自分の情動を言葉にすることで，周囲の大人が子どもの情動状態を理解しやすくなり，大人からの慰めや注目を得やすくなります。また，2歳を過ぎると，現在自分が感じている情動だけではなく，過去に感じた自分の情動についても話すようになります。2歳半のある子どもは，日中に母親と離れて違う部屋で遊ばなければならなかったことを，夜寝る前に母親に「あのとき，さみしかったの」と話しました。このように，自分の情動を言葉にすることで，周囲の大人は，子どもの情動をよく理解でき，それだけ共感することも可能となります。そうすると，子どもの中に，親が自分の気持ちをわかってくれたという確かな信頼感が育っていきます。さらに，親から，このようなときにはどのように対処したらよいのかを教えてもらうことで，似た状況になったときに子どもが自分で対処できるようになります。

▶1　Bretherton, L., Fritz, J., Zahn-Waxler, C., & Ridgeway, D. 1986 Learning to talk about emotions : A functionalist perspective. *Child Development*, **57**, 529-548.

▶2　Dunn, J., Brown, J., & Beardsall, L. 1991 Family talk about feeling states and children's later understanding of others' emotions. *Developmental Psychology*, **27**, 448-455.

▶3　筆者が以前勤務していた親子支援施設において，母親とスタッフとの間で交わしていたノートの記述から抜粋した。

③ 情動調整を洗練させる

1歳半から3歳ごろは，自我が芽生え，自分の要求を通そうとする時期です。したがって，自分の要求が満たされないことが原因で，養育者や他の子どもとトラブルになり，たたいたり，押すなどの攻撃的な行動で怒りや不満を発散させることが多いのです。大人が，言葉で伝えることを教えていくことで，4，5歳ごろから攻撃的な行動ではなく自分の情動を言葉で伝え，社会に受け入れられる情動調整の方略を身につけることになります。

情動に関する言葉が増えるだけでなく，言葉の使い方の発達も情動調整をより洗練させます。たとえば筆者が行った調査では，おもちゃを母親が片づける場面で，2歳のときには泣いて抵抗した子どもが，3歳後半になると，母親が「時間になったから片づけるね」と言ったことに対して「なんで？」と質問をしたり，「何時になったら貸してくれるの？」と交渉するようになっていました。このように，要求を泣きで表すかわりに，相手と言葉で交渉することで，不快な状態を引き起こしている原因を有効に取り除く可能性が高くなります。

また，2，3歳ごろから，子どもは今の情動状態になった原因を理解し，表現しはじめます。たとえばブレザートン（Bretherton, L.）は，2歳4ヶ月の子どもが「暗い。こわい」「私抱っこした。赤ちゃん喜んだの」と言ったことを報告しています。さらに4歳以降になると，様々な情動の原因とその結果を正確に理解できるようになります。登場人物のいくつかの情動の原因と結果を推測させる実験で，6歳では登場人物の幸せ，悲しみ，怒り，恐れという情動の原因と，それによってもたらされる結果を正確に報告しました。情動の原因と結果を正確に理解することで，どのように対処すれば効率的かを考え，情動調整の方略を取ることができるのです。

④ 他者との関係を変える

1歳後半ごろになると，子どもは他者を慰める行動をするようになります。さらに2歳から3歳になると，他者の情動状態を変化させる言葉を使います。店で泣いている子どもを見つけた満2歳の女の子が，母親に「子どもが泣いてるよ。キスしてあげて」と言うように，他者の助けを借りることもあれば，けんかをしている両親に対して満2歳の女の子が「怒らないで」と仲裁に入るように，直接自分が関わる場合もあります。

2歳ごろから，慰める以外にも，からかったり，冗談を言うようになるのも，他者の情動を理解し，それを自分が操作することで，自分にとって楽しく心地良い関係を作ることを目的としています。このように，子どもが自分や他者の情動を理解し，言葉にすることによって，自らが積極的に人との関係を変える主体となりうるのです。

（金丸智美）

▶4 金丸智美 2006 情動調整プロセスの個人差に関する2歳から3歳への発達的変化 発達心理学研究, 17, 219-229.

▶5 Bretherton et al., 1986 前掲書

▶6 Green, S. D. 1977 Casual attribution of emotion in kindergarten children. *Developmental Psychology*, 13, 533-534.

▶7 Bretherton et al., 1986 前掲書
▶8 Bretherton et al., 1986 前掲書

Ⅳ 自己志向的情動的知性：情動制御と動機づけの発達

5 情動調整の発達に関わる諸要因

▶1 Thompson, R. A. 1994 Emotion regulation：A theme in search of definition. *Monographs of the Society for Research in Child Development*, **59**, 25-52.

▶2 視床下部は，大脳辺縁系（Ⅰ-11参照）の中の一つの部位であり，欲求や衝動をコントロールする働きをする。

▶3 自律神経系は，交感神経系と副交感神経系に大別される。両者はほとんどの内臓器官をコントロールし，拮抗的に働く。たとえば，交感神経系の活動が高まると，心臓機能が促進さ

1 子どもの内的要因と，子どもの外的要因

　情動調整の発達に関係する要因を大きく分けると，子どもの内的要因と，子どもの外的要因があります。子どもの内的要因には，「神経生理的システム」と，「気質」と呼ばれる行動特徴および「認知的能力」があり，子どもの外的要因として，ここでは，発達初期においてとくに重要な影響を及ぼす人物として「養育者の働きかけ」をあげます。これらの要因の中には，要因同士が密接な関連を持つものもあり，さらに，情動調整の発達との間に双方向の影響を及ぼし合うものもあります（図4.5.1参照）。以下詳しく説明していきます。

2 神経生理的システム

　大脳や神経システムの成熟は，情動調整の発達と密接な関連があることが，近年の脳科学の研究で明らかになってきました。生後1年間，大脳や神経システムがめざましく成熟していきます。たとえば視床下部や副交感神経が成熟していくことで，刺激への興奮しやすさが減っていきます。また，行動を抑制する機能を受け持つ大脳の前頭葉が発達することで，注意を維持できるようになり，また，睡眠と覚醒のパターンが規則的になり，行動がより安定していくのです。生後1年間で神経生理的システムの成長が終わるのではなく，その後も数年間は成長していきます。

3 気　質

　生後まもない乳児にも行動上多くの個人差が見られます。このような発達初期から見られる個人差を気質と呼びます。気質を定義づける概念はいくつかありますが，その中に，情動をどのように表現し，調整するかについての個人差として捉える考え方があります。このような気質の個人差は，子どもの情動調整の行動の個人差と結びついています。用心深い子どもは，指しゃぶりや，母親に助けを求めるなどの比較的受身な行動をとるのに対して，用心深くない子どもは，不快刺激以外のものに自ら注意を移動させるという

図4.5.1　情動調整発達に関わる諸要因

（注1）　番号は，本文中の項目番号に相当。
（注2）　太線は情動調整の発達に関連する要因との結びつきを表し，細線は各要因間の結びつきを表す。
（注3）　両方向の矢印は，相互に影響し合うことを表す。たとえば，養育者の働きかけが子どもの情動調整の発達に影響を与えると同時に，子どもの情動調整がうまくいかないことで養育者の態度が高圧的なものとなる場合もあるように，子どもの情動調整が養育者の態度に影響することもある。同様に，子どもの気質や認知的能力も，養育者の働きかけのあり方と相互に影響し合っている。

出所：Calkins, S. D. 1994 Origins and outcomes of individual differences in emotion regulation. *Monographs of the Society for Research in Child Development*, **59**, 53-72. を参考に，一部筆者が加筆訂正

気質は，神経生理的システムと密接な関連があると考えられています。たとえば，行動が抑制的な子どもは，恐れという情動を生み出す部位である大脳辺縁系の反応の閾値が低いため，物事に対して恐れを感じやすいのです。

4 認知的能力

言葉，象徴能力，自己意識などの認知的能力の発達も情動調整に大きな影響を与えます。情動に関する言葉を使うことで，周囲の大人に自分の要求や情動を伝え，適切な手助けをもらうことが可能になります。不快な情動を攻撃的な行動ではなく，言葉で伝えることで，他者との関係もよりスムーズになっていきます。また，象徴能力の発達によって，養育者が目の前にいなくても，その理由がわかり，また将来の見通しが付き，養育者のイメージを保持することで不安や悲しみの情動を調整することができるようになります。さらに，自分の名前や性別や年齢などにより自己を多面的に理解することは2，3歳ごろから可能になり，このころに恥や罪悪感や誇りという自己や他者を意識した情動も出現していきます。このような自己意識が発達することで，自分での情動調整が可能になっていくのです。

5 養育者の働きかけ

乳児期には，子どもは泣きやぐずりで養育者に不快さを教え，養育者が子どもの不快さを取り除くことを，毎日繰り返します。このやり取りを繰り返すことで子どもの中に，養育者に対する「この人は，私の不快さを取り除いてくれる」という認識ができ，信頼感が作りあげられます。この信頼感をもとにして，子どもが困ったときや不快な状態に置かれたときには，誰かが助けてくれるという期待と安心感が培われていきます。この期待と安心感があるからこそ，子どもは養育者による調整から，自らの調整へと移行することができるのです。

養育者には，子どもの中に信頼感を作るだけではなく，情動調整のモデルとしての役割もあります。たとえば母親が落ち込んでいるときに，どのように母親がそこから立ち直るのかを見ることで，情動調整のやり方を学びます。

また，養育者にはモデルとなる以外に，情動の調整の仕方を具体的に教えるという役割もあります。この場合，ときと場合によって教えることが異なるのではなく，ある程度一貫して，わかりやすい方法で教えることによって，子どもが情動を調整する上で効力感を持つことになります。

日々の生活の中で，養育者と子どもとの間に葛藤が起こることも少なくありません。しかし，葛藤の中で生じた不快な情動をどのように調整するかを養育者が示すことで，子どもは情動調整のあり方をより成熟したものにしていくのです。

（金丸智美）

る。反対に，副交感神経系の活動が高まると，心臓機能が抑制され，消化吸収系は促進される。
◁4　大脳皮質の中で，中心溝より前の部分を指す。思考や情動や運動機能の調整，計画することなど，人が持つ自律機能に重要な役割を持つ。
◁5　Rothbert, M. K., & Derryberry, D. 1981 Development of individual differences in temperament. In M. E., Lamb & A. L. Brown (Eds.), *Advances in developmental psychology*, Vol. 1. Hillsdale, NJ : Erlbaum. pp. 37-86.
◁6　Mangelsdorf, S. C., Shapiro, J. R., & Marzolf, D. 1995 Developmental and temperamental differences in emotion regulation in infancy. *Child Development*, 66, 1817-1828.
◁7　◁2を参照。
◁8　Kagan, J., & Snidman, N. 1991 Temperament factors in human development. *American Psychologist*, 48, 856-862.
◁9　Sroufe, L. A. 1996 *Emotional development : The organization of emotional life in the early years*. Cambridge University Press.
◁10　Thompson, 1994 前掲書
◁11　Eisenberg, N., Fabes, R. A., & Guthrie, I. K. 1997 Coping with stress : The roles of regulation and development. In A. W. Sharlene & I. N. Sandler (Eds.), *Handbook of children's coping : Linking theory and intervention*. Plenum Press. pp. 41-70.

Ⅳ　自己志向的情動的知性：情動制御と動機づけの発達

6 ストレスとコーピング

1 ストレスとは何か

　ストレスという言葉は，現在では広く使用される用語になっており，体や心に負担をかけるもの，あるいは負担がかかっている状態を指すと考えるのが一般的でしょう。生理学者のセリエ（Selye, H.）は，人にとって有害な外部からの刺激をストレッサーとし，それに対する身体的な反応を総称してストレスと呼びました。しかし，たとえばウィルスという有害な刺激であっても，人によっては病気にまではならないという場合もあり得ます。自然災害や戦争，愛する人との死別など極端な環境条件は多くの人にとって心理的負担になることは確かですが，人によってストレスとして感じる程度は異なります。したがって，単にストレスを「刺激—反応」というレベルで考えることには限界があるでしょう。この見地から，ラザルスとフォルクマン（Lazarus, R. S., & Folkman, S.）はストレスを，人がある刺激を自分への脅威あるいは挑戦と認識するか，または自分とは関係のないものと認識するかという，「評価」と定義しました。つまり，ストレスは，人に負担や苦痛をもたらす刺激やそれへの反応ではなく，環境からもたらされる刺激をその人がどのように評価するかによって決まるのです。

2 コーピングとは何か

　ある刺激を脅威あるいは挑戦と認識すると，人はそれを適切に処理し，状況を統制しようとします。それがコーピング（対処）と言われるものです。ラザルスとフォルクマンはコーピングを，刺激に対する一時的な反応ではなく，一定の時間の中でたえず変化するプロセスとして捉えています。たとえば，愛する人の死に直面すると，最初はその死を否定し，次に抑うつ的な状態となり，最終的にその死を受け入れるようになります。これは愛する人の死という脅威に対してのコーピングが，時間経過の中で変化するプロセスであると言えます。
　一般的にコーピングは，「情動中心のコーピング」と「問題中心のコーピング」の2つに分類されます。「情動中心のコーピング」とは，情動的な苦痛を減らそうとしてなされるもので，たとえば，注意をそらしたり，重大なことではないと考える，物事の肯定的な面を見出すなどが含まれます。一方，「問題中心のコーピング」は，問題の所在を明らかにし，いくつかの解決策を考えたり，実際に試みるというように，問題そのものに焦点を当てることで解決を試みるやり方です。

▶1　セリエ，H. 杉靖三郎・田多井吉之介・藤井尚治・竹宮隆（訳）1988　現代社会とストレス　法政大学出版局

▶2　ラザルス，R. S., & フォルクマン，S. 本明寛・春木豊・織田正美（監訳）1991　ストレスの心理学——認知的評価と対処の研究　実務教育出版

▶3　同上書

3 発達に伴うストレスの変化

人の一生を通して見てみれば，成長とともにストレスと評価する刺激も変化していきます。生後1年間は，養育者から離れることは，子どもにとって生存の危機にもつながるストレスフルな状況です。生後2年目以降も養育者からの分離は引き続き不快な状況であることが多いのですが，同時に，養育者が子どもにしつけを開始したり，子どもの中に自我が芽生えることで，親子での衝突も多くなり始めます。したがって，このころには養育者からコントロールされることが，子どもにとってストレスフルな状況になり始めます。幼稚園などの集団の場に入れば，仲間関係でのストレスフルな状況も増えていきます。幼児期の友だちとのトラブルは，物や場所をめぐることが多いのですが，年長児になれば次第に仲間からの拒否というトラブルも出てきます。

また，自分がどの程度出来事を解決できるかという認識も，その出来事をストレスと評価するかどうかに影響します。たとえば友だちとのトラブルでも，人の力を借りたり，自分の体験で身につけたやり方によって解決できると考えれば，それ以前と同じほどにはストレスだとは評価しないはずです。

4 発達に伴うコーピングの変化

子どもの成長とともに，コーピングはどのように変化していくのでしょうか。「問題中心のコーピング」は，年齢とともに，より洗練される形で発達していきます。1歳半と満2歳の時点で，子どもにおもちゃが入った箱を開けることを求める状況でコーピング行動を調査した結果，1歳半のときよりも満2歳のときのほうが，実験者に助けを求めるという，成功の可能性が高い「問題中心のコーピング」をより多く行うことが示されました。

一方，成長とともに，内面的な状態を認識したり操作する能力が発達するため，「情動中心のコーピング」を使用することも増えていきます。ある研究の中で，平均年齢が5歳，8歳，11歳の3つの年齢群に「登場人物が注射されるのを待っている」という話を聞かせた後で，その怖さに対してその登場人物が取りうる行動を質問すると，年齢が上がるほど，「何か楽しいことを考えたり，空想する」などの認知的な気紛らわしをより多く回答し，「逃げる」との回答は減少することが示されています。

以上から，発達とともに自分で使えるコーピングの量と質の両方が豊富になると言えます。

ある状況の中で，どのコーピングを使うことが最適かということは，その状況によって変わります。状況に適した，自分自身に合ったコーピングを選び，状況から引き起こされる混乱に巻き込まれない力をつけることが，人に求められます。

（金丸智美）

▶4 Eisenberg, N., Fabes, R. A., & Guthrie, I. K. 1997 Coping with stress: The roles of regulation and development. In A. W. Sharlene & I. N. Sandler (Eds.), *Handbook of children's coping : Linking theory and intervention.* Plenum Press.

▶5 坂上裕子 1999 歩行開始期における情動制御——問題解決場面における対処行動の発達 発達心理学研究, 10, 99-109.

▶6 Altshuler, J. L., & Ruble, D. N. 1989 Developmental changes in children's awareness of strategies for coping with uncontrollable stress. *Child Development*, 60, 1337-1349.

Ⅳ　自己志向的情動的知性：情動制御と動機づけの発達

7　動機づけの諸側面：外発的動機づけと内発的動機づけ

　ある目標を目指して活動が始発され，維持される一連のプロセスを「動機づけ」と呼びます。「動機づけ」の研究では摂食行動や繁殖行動など動物の行動全般が対象となりますが，とくに人間の場合には，比較的長期的な目標にむけて自分自身の行動を制御することが必要となる達成行動に焦点を当てた研究が多く行われています。

1　内発的動機づけと外発的動機づけはどう違うか

　内発的動機づけでは，活動自体から得られる快や満足のためにその活動が行われます。これに対して外発的動機づけでも何らかの報酬を得るために活動が行われますが，活動と報酬の間に固有の結びつきはありません。別の言い方をすれば，内発的動機づけでは，活動それ自体を「目的」として，自分の興味や関心，好奇心にしたがって行われるのに対して，外発的動機づけでは，活動内容とは関係のない目的を成し遂げるための「手段」としてその活動が行われます。たとえば，鍵盤をたたくと音が出ることがおもしろいとか，自分の好きな曲を奏でることができて楽しいといった理由でピアノを弾いているなら，それは内発的に動機づけられています。一方，親に認めてほしいとかコンテストで優勝したいなどの目的（報酬）のためにピアノを弾いているなら，それは外発的に動機づけられています。ホワイト（White, R. W.）は，興味，関心，好奇心に基づく行動は，コンピテンス（有能さ）を求める欲求に基づくと指摘しています。ここでの有能さとは「頭がいい」ということではなく，環境と効果的に相互交渉することができるという能力を指しており，人は自分の周囲の環境に対処しようとする内発的な欲求を生まれながらに持っていることを仮定しています。[1]

▷1　鹿毛雅治　1995　内発的動機づけ　宮本美沙子・奈須正裕（編）達成動機の理論と展開──続・達成動機の心理学　金子書房　pp.133-159.

2　アンダーマイニング現象と自己決定（自律性）の重要性

　レッパー（Lepper, M. R.）らは，幼児に自由に絵を描いてもらうという状況で，絵を描くことで報酬（金星と赤いリボンのついた子どもの名前入りの賞状）を受け取ることができると教示された後で絵を描く条件（報酬期待条件），そのような教示なしに絵を描いて，最終的には報酬を受け取る条件（報酬無期待条件），何も教示を受けず報酬も受け取らない条件（無報酬条件）の3つの条件を設けました。この実験操作の1～2週間後，自由時間中に実験状況と同じ描画課題を自主的に行っていた時間を測定しました。その結果，報酬期待条件の幼児は，

他の2つの条件と比べて描画の時間が短く，絵を描くという行為に対する内発的動機づけが低下していることが確認されたのです。このように本来内発的であった活動に対して報酬を与えることにより，報酬のない状況で動機づけが低下する現象を「アンダーマイニング現象」と呼んでいます。▷2 報酬無期待条件では描画時間が短くないことから，報酬自体ではなく，報酬の予期という認知が内発的動機づけを低下させたことを示唆しています。

ド・シャーム（deCharms, R.）は行動における「自己原因性」の重要さを指摘し，自分自身が自らの行動の原因であると認知している状態を「オリジン（指し手）」，それに対して自分の行動が状況や他者といった外的な力によって決定されていると認知し，あやつり人形のように感じられる状態を「ポーン（コマ）」と呼んで区別しました。さらにこれを受けてデシ（Deci, E. L.）は，内発的動機づけの基盤に基本的な欲求として「有能さ（コンピテンス）への欲求」とともに「自己決定（自律性）への欲求」を想定し，自らが行動の主体であるという自己決定の感覚が動機づけにおいて重要であると主張しました。デシによれば，アンダーマイニング現象は外的報酬の提供によって自己決定の感覚が低下するために生じると説明されます。

❸ 「内発−外発」の二分法を超えて動機づけを理解する

ライアン（Ryan, R. M.）らは社会的に重要な価値観などを自分のものとして内在化する過程で，外発的であった動機づけが自律的な動機づけとなっていく段階を記述しています。この内在化の過程では，自律性（自己決定）の程度によって「外的調整」（外部から強制されて「やらされている」状態）から，「取り入れ的調整」（自己の価値観として取り入れつつあるがまだ「しなくてはならない」といった義務的な感覚を伴っている状態），「同一視的調整」（自己の価値観として行動のもつ価値の重要さが認識され「重要だから」やるといった積極的理由をもつ状態），そして「統合的調整」（他の価値観と対立しない自己と融合した価値観をもつ状態，「やりたくてやる」状態）へと自己調整（自己制御）の段階が移行していくと仮定しています。▷3

また学習動機（「なぜ勉強するのか」に対する回答）を分類した市川伸一の2要因モデルは，「おもしろいから」という内発的動機づけと「報酬を得るため」という外発的動機づけ以外の動機を整理する枠組みを提案しています（図4.7.1参照）。▷4

（伊藤忠弘）

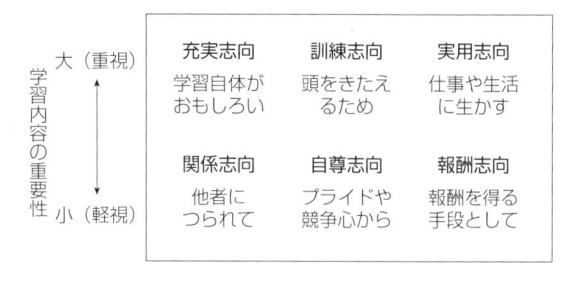

図4.7.1　学習動機の2要因モデル

	大（重視）学習内容の重要性 小（軽視）	
充実志向 学習自体がおもしろい	訓練志向 頭をきたえるため	実用志向 仕事や生活に生かす
関係志向 他者につられて	自尊志向 プライドや競争心から	報酬志向 報酬を得る手段として

小（間接的）←　賞罰の直接性　→大（直接的）

（注）6つの種類に分類した学習動機を構造化した1つの例。横の次元は，学習による直接的な報酬をどの程度期待しているかを表す。縦の次元は，学習の内容そのものを重視しているかどうかを表す。これら6つの動機は相互に相関が低いことが仮定されているが，実際にどのような相関関係があるかは，調査によって実証的に検討していかなくてはならない。
出所：市川，1995, p.21.

▷2 同上書

▷3 長沼君主 2004 自律性と関係性からみた内発的動機づけ研究 上淵寿（編著）動機づけ研究の最前線 北大路書房 pp. 30-60.

▷4 市川伸一 1995 学習と教育の心理学 岩波書店

Ⅳ　自己志向的情動的知性：情動制御と動機づけの発達

8　原因帰属・統制の位置・自己効力感

1　「認知」から動機づけを考える

何事にも新しいことに進んで挑戦したり，努力しつづける意欲の高い人もいれば，新しいことを始めることを避けたり，すぐにあきらめたり飽きたりして長続きしない人もいます。また同じ人の中でも領域によってやる気に違いがあります。勉強では意欲的に学んでいる人が，スポーツでは尻込みしたりやる気を見せないこともあります。前者のようなやる気の個人差や後者のようなやる気の状況や課題による差異を，自分の行動や特定の状況に対する考え方や解釈の仕方の違い，すなわち「認知」の違いによって説明しようとする理論を多くの研究者が展開してきました。「認知」とは「当人の主観的な解釈」であり，行動や状況の意味づけや価値づけによって動機づけが規定されると仮定します。

以下の3つの動機づけへのアプローチはいずれも認知を重視しています。ここでは，その認知が現実と対応しているか，すなわち正確かどうかは，とりあえず問題にしません。またその背後には，当事者の考え方（認知）を変えることによって，やる気を見せない人や無力感に陥っている人の動機づけを高めることができるという発想があります。

2　原因帰属

原因帰属の理論では，ある出来事が起こったときにその原因を何に求める（帰属する）かによってその後の動機づけが変わってくると考えます。たとえばテストの点数が悪かったとき，「自分は頭が悪いからダメだ」と考えると勉強しようという気は起こりません。しかし「今回は勉強が足りなかったから」と考えると次のテストにむけてちゃんと勉強しようという気持ちになります。ワイナー（Weiner, B.）は様々な出来事が起こったときに想定される原因を原因の位置と安定性という2つの次元の組み合わせで整理することを提案しました（表4.8.1）。「頭が悪いから」は内的かつ安定的な「能力」，「勉強が足りなかったから」は内的かつ不安定な「努力」への帰属となります。

3　統制の位置（locus of control）

統制（control）とは自分の周囲の環境に対するコントロールのことを指しています。自分の周囲で起こる出来事を自分自身で変えることができる（すなわ

▶1　Ⅳ-11参照。
▶2　認知療法や認知行動療法として認知の変容に焦点を当てた様々な臨床的アプローチが開発されている。
▶3　原因の所在次元は，ロッターの「統制の位置」に着想を得たもので，当初その命名をそのまま受け継いでいたが，ワイナー（Weiner, 1979）は両者の違いを明瞭にするために「原因の位置」と命名し直した。その際「統制可能性」を3つ目の次元として加えたが，これも帰属因の性質に関するもので，統制の位置とは異なる概念である。

Weiner, B. 1979 A theory of motivation for some classroom experiences. *Journal of Educational Psychology*, **71**, 3-25.

表4.8.1 原因帰属の分類（Weiner, 1972）

安定性	統制の位置	
	内的	外的
安定	能力	課題の困難度
不安定	努力	運

出所：宮本美沙子・奈須正裕 1995 達成動機の理論と展開 金子書房 p.54.

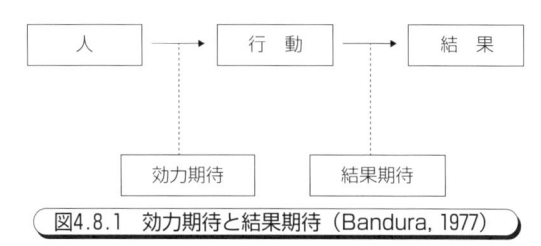

図4.8.1 効力期待と結果期待（Bandura, 1977）

出所：宮本美沙子・奈須正裕 1995 達成動機の理論と展開 金子書房 p.117.

ちコントロールすることができる）と考えるか，それとも自分では思い通りにならないと考えるかを問題としています。ロッター（Rotter, J. B.）は，強化（特定の行動に伴って与えられた結果）が，運，偶然，運命の結果であるとか，力をもった他者の統制下にあるとか，あるいはまわりの状況が複雑すぎて予測できないものであるといった信念（認知）を「外的統制」，逆に事象が自分自身の行動や自分の相対的に安定した特性に随伴しているという信念を「内的統制」と呼びました。ロッターはこのような信念（統制の位置）の個人差を測定する尺度を開発しています。[4]

4 自己効力感

「統制の位置」が自分の行動と生じる結果の間の結びつき（随伴性）の認知を問題にしているのに対して，自己効力感は特定の結果を生じさせるのに必要な行動を自分が実際に遂行できるかどうかの認知を問題にします。バンデューラ（Bandura, A.）は自分の行動によって結果が変わるだろうという「結果期待」[5]と，その行動を自分が実行できるだろうという「効力期待」を分けて考え，この主観的に感じられる効力期待のことを自己効力感と呼んで，その重要性を強調しました（図4.8.1）。たとえばダイエットしたいと考えている人が，「アイスクリームを食べるのを我慢すれば確実にやせるだろう」と信じていても，「でもアイスクリームはやめられないだろう」と考えてしまうなら，やってみようという気は起きないと考えます。

（伊藤忠弘）

▶4 日本では鎌原ら（1982）によってLocus of control 尺度が作成されている。

鎌原雅彦・樋口一辰・清水直治 1982 Locus of Control 尺度の作成と，信頼性，妥当性の検討 教育心理学研究, 30, 302-307.

▶5 **結果期待**
ある行動に特定の結果が伴っているという意味で，「随伴性認知」とも呼ばれる。

Ⅳ 自己志向的情動的知性：情動制御と動機づけの発達

9 子どもにおける達成動機の発達

▷1 「達成動機」という用語は，個人の中に存在する欲求を指して用いられる場合があるが，ここでは「達成行動の動機づけ」の発達を扱うこととする。
▷2 Ⅳ-7 参照。
▷3 山地弘起 1997 自己の発達 井上健治・久保ゆかり（編）子どもの社会的発達 東京大学出版会 pp.90-111.
▷4 Stipek, D. J., Recchia, S., & McClintic, S. M. 1992 Self-evaluation in young children. Monographs of the Society for Research in Child Development, Serial No. 226.
▷5 2歳以前の子どもは実験者から言われた課題目標に到達できないと，別の目標を立てて遂行しようとするので，失敗経験を与えることが困難であることが報告されている。
▷6 Stipek et al. 前掲書

乳児期の動機づけは，生理的な欲求以外に「有能さへの欲求」に支えられています。乳児は報酬が与えられなくても新しい課題に挑戦し，その過程の「できるようになる」という感覚に喜びを感じて，それが行動の動機づけとなっていると考えられます。このような行動は活動それ自体を目的とするもので，課題にもともと備わっている（内在する）基準や周囲から与えられた（外在する）基準をクリアすることを目指したものではありません。

目標達成に向けた調整活動が可能になるためには，(1)達成基準を表象し自分の遂行をそれと比較すること，(2)自分の活動と結果との間に手段目的関係を同定できること，(3)自己の客観視や自分の遂行能力の程度についての理解，(4)実際の遂行過程において，目標達成に向けて活動を適切に調整していくため，自己をモニタリングすること，といった認知能力の発達が必要です。

1 成功・失敗に対する反応

スティペック（Stipek, D. J.）は成功・失敗の自己評価が何歳ぐらいから可能となるかを調べるために，他者（ここでは実験者）が課題に成功したときの子どもの様子と子ども自身が課題に成功したときの様子を比較しました。その結果，自分の課題成功後に「実験者を見上げる」という反応が22ヶ月以降に増加することが明らかになりました。この反応は自分が成功したことを子どもが理解しているだけでなく，他者（実験者）に対して目標を達成したことの確認を求めたり，賞賛を求めたりする行動として解釈することができます。

別の研究では，完成できないように細工をしたパズルやカップの重ね合わせ課題などを与えて意図的に失敗をさせて，その際の子どもの反応を調べました。その結果，2歳以降の子どもですでに失敗に対してフラストレーションを示したり，「目をそらす」といった否定的な反応を示しますが，「ふくれっ面・しかめっ面」は33ヶ月以降になって増加しており，他の反応と比較して遅いことがわかりました（図4.9.1）。

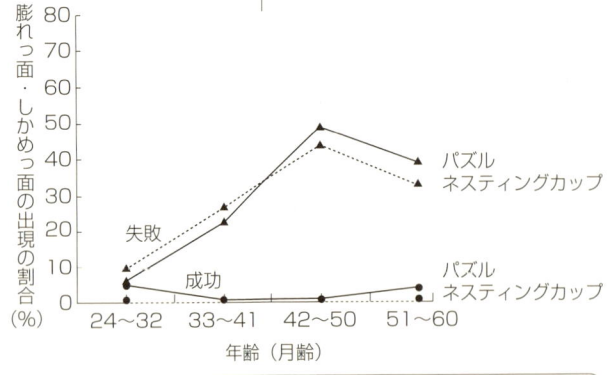

図4.9.1 成功・失敗条件での膨れっ面・しかめっ面の出現 (Stipek et al., 1992)

出所：速水敏彦・橘良治・西田保・宇田光・丹羽洋子 1995 動機づけの発達心理学 有斐閣 p.17.

2 勝ち負けの理解

課題の完成・未完成という課題に内在する基準に基づく達成行動よりも少し遅れて、競争に勝ったか負けたかという外在する基準に基づく達成行動が認められるようになります。スティペックは子どもをペアにして「競争してどちらが最初に完成できるかを見る」ことを告げて課題を行わせて、一方の子どもがその課題を完成させた後の勝った子どもと負けた子どもの表情や体の姿勢を比較しています。その結果、2歳の前半では、勝者が自分が勝ったということを報告できなかったり、また勝者も敗者も同じ程度に微笑みを見せていましたが、33ヶ月を過ぎると勝者の微笑みが増加し、すべての子どもが勝者が自分であることを報告できました（図4.9.2）。

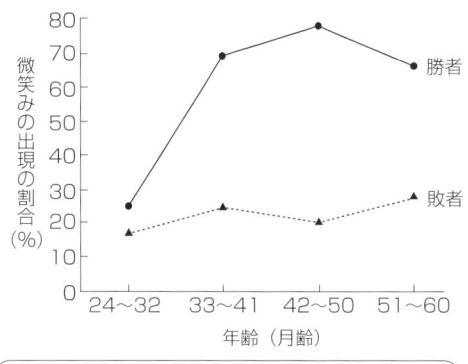

図4.9.2 勝者と敗者の微笑みの相違（Stipek et al., 1992）

出所：速水敏彦・橘良治・西田保・宇田光・丹羽洋子 1995 動機づけの発達心理学 有斐閣 p.19.

▶7 同上書

3 社会的承認の重要性

課題達成時に「実験者を見上げる」行動が2歳以前に認められたという結果は、このころすでに子どもが他者からの承認に対する欲求を発達させていると解釈できます。同じように2歳児が失敗時に見せた他者を避けるような反応も、他者の非難を恐れた行動と解釈できます。ただし達成課題の失敗で親から怒られたことはほとんどないでしょうから、子どもは達成課題を日常でのルール遵守課題と区別できず、達成場面を「よい子／悪い子」と評価される場と捉えている可能性があります。競争場面で負けたときにも2歳前半から「目をそらす」反応が見られますが、これも勝ち負けを「よい／悪い」こととして理解しているからかも知れません。これに対して課題失敗時に33ヶ月以降で増加した「ふくれっ面・しかめっ面」は自律的な反応と考えられ、内面化された自己評価を反映していると考えることができます。

（伊藤忠弘）

▶8 同上書

▶9 速水敏彦 1995 動機づけの萌芽 速水敏彦・橘良治・西田保・宇田光・丹羽洋子 動機づけの発達心理学 有斐閣 pp.1-34.

表4.9.1 自己評価の発達の3段階

21ヶ月以前	課題を達成した際には肯定的な情動反応、達成できなかった場合には否定的な情動反応を示すが、他者評価には無関心である。
2歳になる前から3歳過ぎ	達成結果によって大人からある反応が引き出せることが徐々にわかるようになる。課題達成時に母親や実験者の顔を見る。またうまくいかなかったときには他者を避けようとする。他者評価に次第に反応するようになる。
3歳過ぎ以降	大人の承認／非承認が基準に達することに随伴することを理解するようになる。同時に大人の示す達成基準を内在化させはじめ、大人の反応を参照しなくても、自律的に自分の遂行を評価できるようになる。また勝ち負けに強く反応するといった競争原理の理解も認められるようになる。

出所：Stipek et al., 1992

Ⅳ 自己志向的情動的知性：情動制御と動機づけの発達

10 動機づけの発達に関わる諸要因

▷1 Eccles, J. S., Wigfield, A., & Schifele, U. 1998 Motivation to succeed. In W. Damon & N. Eisenberg (Eds.), *Handbook of child psychology : Social, emotional, and personality development.* Vol. 3. New York : Johne Wiley & Sons. pp.1017-1095.

▷2 「遅延可能」因子に含まれる項目としては「ブランコやすべり台を何人かの友達と一緒に使える，かわりばんこができる」，「持続的対処・根気」因子に含まれる項目としては「ちょっと失敗したりうまくいかないと，すぐあきらめてしまう」（逆転項目）が含まれていた。一方，自己主張的な行動は「いやなことは，はっきりいやと言える」といった項目で測定された。
柏木惠子 1988 幼児期における「自己」の発達 行動の自己制御機能を中心に 東京大学出版会
▷3 山地弘起 1997 自己の発達 井上健治・久保ゆかり（編）子どもの社会的発達 東京大学出版会 pp.90-111.

幼児期から青年期までの動機づけの発達には，(1)認知的能力など心理的・身体的な個人内の発達的変化，(2)幼稚園から小学校，中学校，高校への移行に伴う社会的環境の変化，(3)親や教師，仲間からの社会的影響が関わっています。◁1

1 衝動統制の発達

長期的な目標にむけて自分の行動を調整し動機づけていくためには，達成行動を妨げるような活動への欲求をコントロール（統制）したり，今手に入れられる報酬を我慢して先延ばしにしたりすることが必要となります。これは「誘惑への抵抗」ないし「満足の遅延」と呼ばれていますが，いずれも自分の欲求を抑えて適切な時間待つことができるという能力に関する側面です。コップ(Kopp, C. B.) は衝動統制の発達を，(1)他者による統制（12ヶ月から18ヶ月ごろまでに至る）：養育者の禁止や指示に気づき，それらに従って行動する，(2)自身による統制（2歳ごろまでに至る）：他者がいなくてもその期待に沿った行動がとれる，(3)自己調整（3歳ごろまでに至る）：状況に応じて柔軟な行動がとれるようになる，の3段階に分けています。これはスティペック (Stipek, D. J.) の自己評価の発達の3段階（Ⅳ-9参照）とおおむね対応しており，日常のしつけ場面での自己評価が達成領域での自己評価と並行しながら発達していくことを示唆しています。

柏木は教師の園児に対する評定を検討し，社会的場面での衝動統制は3歳から6歳にかけてしだいに増加し，また衝動統制の「遅延可能」因子と「持続的対処・根気」因子が自己主張的な行動と正の相関を示すことを明らかにしています。◁2 一見相反する自己抑制的な行動と自己主張的な行動が関連しているという結果は，衝動制御の中の遅延行動や持続性の発達が，主張的行動の発達と並行する行為のルールの獲得過程であることを示唆しています。◁3

2 学校生活への移行に伴う社会的環境の変化

小学校への入学に伴って同じ年齢の子どもたちが一つのクラスに集められて授業が行われるという学習環境の変化は，自分の能力を他者との比較によって評価しやすい状況を構成します。とくに教師が競争的な課題を導入したり，個人内の変化よりも他者との相対評価によってフィードバックを伝えたりすると，この傾向は一層強められます。その結果，子どもたちは自分の有能さの基準と

して「個人内基準」に代えて「相対基準」を用いるようになります。

このような変化は同時に自己評価や有能感の低下をもたらします。小学校に入学するころは，子どもは自分の能力をクラスのトップ付近に位置づけ，高い自己評価を保持しています。それが小学校高学年になるころには子どもの評価はより現実的になり，外的基準との相関が高くなり教師など他者の評価とも一致するようになります。同時に自己評価は年齢とともに徐々に低下していき，学業課題に対する成功期待も次第に低くなります。

③ 親や教師，仲間からの影響

○親や教師の影響

家庭や学校でなされる社会化の過程で，子どもは親や教師から社会的に価値あるとされる事柄を学び，それを自分の価値観として内在化していきます。最初は外発的に動機づけられ「やらされていた」行動も，次第に自己決定の感覚を伴う「自ら進んでやる」行動へと変化していきます。このような価値の内在化がスムーズに行われるためには，価値の担い手（モデル）としての親や教師との関係の質が重要であり，一般に肯定的な関係にある大人のもつ価値を自分のものとして内在化しやすいと考えられます。

また特定の目標を強調する教師の教授方略や指導様式は，「目標構造」として教室での子どもの動機づけに影響を与えます。各自の進歩や努力を認めたり，子どもが興味をもった問題を探求することを励ますというやり方は，「学習目標」を選択させ，適応的な学習行動を導きます。優秀な作品だけを展示したり，成績の良い生徒を特別扱いするといったやり方は，「遂行目標」を選択させ，援助要請の回避やセルフ・ハンディキャッピング，挑戦の回避など不適応的な学習パターンを導きます。

さらに自分の子どもの有能さについての親の信念（成功への期待，能力についての評価，達成基準など）も子どもの動機づけに影響を及ぼします。

○仲間の影響

ウェンツェル（Wentzel, K. R.）は成績の良い生徒が向社会的な目標や社会的責任目標をもっていることを明らかにしています。これは，向社会的な行動や教室内の規則や目標を守ることによって仲間や教師から受容され，学習場面でサポートを受けやすかったり，仲間からの承認が所属感を強めて精神的健康を高めるためと考えられます。その一方，動機づけや志向性が類似する仲間が友人として選択されやすいため，仲間からの承認を得ようとする中で，本来もっている動機づけや志向性が強化されていきます。学業に価値をおかない友人をもつ場合，自分も大人の価値にくみせず学業に価値をおかないことを示して承認を得ようとするため，学業に対する動機づけが低くなることも予想されます。

（伊藤忠弘）

▷4　価値の内在化の過程については IV-7 参照。

▷5　「学習目標」と「遂行目標」については IV-11 の「目標理論」参照。

▷6　セルフ・ハンディキャッピング
将来の課題遂行においてよい成績があげられるかどうか自信がない場合に，自分の遂行が不利になるようなハンディキャップ要因を事前に準備しておいて，いざ失敗した場合にその原因をハンディキャップのせいにすることによって自分の能力の低さが露呈するのを避けようとする自己防衛方略。

▷7　三木かおり・山内弘継　2003　学習環境と児童・生徒の動機づけ　心理学評論，46, 58-75.

Ⅳ　自己志向的情動的知性：情動制御と動機づけの発達

11 スチューデントアパシー・無力感

1 スチューデントアパシーとは

　大学生にみられる無気力な状態のことで，とくに何かに悩んでいる様子もなく，自分から問題を解決しようとする姿勢もあまりみられないまま，不登校に至るケースが一般的です。留年や退学が迫ってくる時期になって初めて問題が表面化し，家族や友人など周囲の者が相談に来たり，本人を引っ張ってくることになります。軽度の場合，学業に取り組まなくても，クラブ・サークル活動のために大学に来たりアルバイトに精を出したりと学業以外の活動を行うこともありますが，程度がはなはだしくなると，ゲームやネットの世界にはまるなどして，ほとんど自室とその近隣にしか活動範囲が及ばなくなり，昼夜逆転の状態になって不登校状態が続きます。周囲が心配して声をかけても"明日は必ず行きますから"とあっさりと答えつつ，実際には顔を見せず，しだいに留守番電話やメールにも応答しなくなるというケースが報告されています。

　そもそもはウォルターズ（Walters, P. A.）が1961年にハーバード大学の低学年男子に，学業への意欲を失い，焦燥感や不安よりも，一時的でない独特の無気力，無関心，無感情を呈する学生の一群の存在を指摘したことに始まります。成熟した男性らしさが求められる場面で，自信がもてず，嘲笑されたり敗北感を味わうのではないかという危険性を察知して，学業や学生生活を拒否するという心理的機制が働いていると解釈しています。日本では，丸井文男が1967年に長期留年学生を「意欲後退学生」として取り上げ，笠原嘉が1970年前後から「退却神経症」あるいは「アパシー・シンドローム」と称される症状を呈する学生の存在を指摘しています。▶1

2 なぜ無気力になったり，無力感を感じるのか

○自発性▶2

　大芦は，家族の甘やかしもあって幼少期からあまり元気がなく，小学校，中学校と進むにつれてしだいに怠学が目立つようになるケースで，自発性を呼び起こさない社会に無気力化することである意味安住している「自発性欠如型無気力」と，人一倍まじめ，きちょうめんでよくできる子どもが，自発性を育てるのに適していない社会に無理矢理，自発的であろうとして，結局それが実現できず無気力化していく「強迫型無気力」という2つのタイプの存在を指摘し

▶1　齋藤憲司　2005　大学生の無気力　大芦治・鎌原雅彦（編著）無気力な青少年の心　北大路書房　pp.87-98.

▶2　**自発性**
自律性や自己決定の感覚と同義で用いられている。自己決定感が損なわれることによる動機づけの減退についてはアンダーマイニング現象（Ⅳ-7）も参照。

ています。どちらも，物質的には豊かな社会がその一方で子どもの自発性を失わせていることによって無気力が引き起こされると主張しています。

○ **学習性無力感**

セリグマン（Seligman, M. E. P.）は，回避不可能な電撃を繰り返し犬に与えた後で，隣の部屋に飛び移ると電撃を避けることができるシャトルボックスにその犬を入れて，床から電撃を与えました。すると，犬は隣の部屋に移って電撃を避けるという行動を学習することなく，電撃を甘んじて受け続けました。この現象は，最初の回避不可能な電撃の経験によって自分の行動と結果の間に関係がないこと（随伴性がないこと）を学習して「あきらめて」しまったと解釈され，「学習性無力感」と呼ばれました。人間の場合にも自分の行動によって結果が変わるという随伴性の認知が形成されないと，結果として無気力な状態が生じると考えられます。たとえば，就職活動で「落ちる」経験を繰り返すと就職活動に対するやる気が失われることが学習性無力感によって説明できます。

○ **目標理論**

失敗したときにやる気をなくしてしまう人と努力を続ける人では，何を目指してその活動を行っているのかという「目標」が異なることが指摘されています。ドゥエック（Dweck, C. S.）は，自分の能力を伸ばすことや新しい何かを習得すること（熟達）を目標とする「学習目標」と，自分の能力の高さを他者に示してよい評価を得ること，あるいは自分の能力の低さを他者から隠して悪い評価を避けることを目標とする「遂行目標」を区別しました。学習目標をもつ人にとって，失敗は現在の行動が適切ではないことを教えてくれる大切な情報であり，またこれからの努力によって自分の能力が伸びると信じているため，たとえ失敗してもやる気は失われません。しかし遂行目標をもつ人にとって，失敗はそのまま自分の能力の低さを意味します。このため失敗して自分の能力に自信がもてなくなると，能力の低さを他者から隠そうとして，新しいことに挑戦することを避けたり，あえて努力しないことによって自分の能力の低さがあいまいになるようにします。このような防衛的な反応が他者からは無気力に見える状態を作り出しています。

（伊藤忠弘）

▶3　大芦治　2005　無気力の心理学の視点　大芦治・鎌原雅彦（編著）無気力な青少年の心　北大路書房　pp.2-14.

▶4　随伴性の認知の個人差については Ⅳ-8 の「統制の位置」参照。

▶5　Ⅳ-10 の「セルフ・ハンディキャッピング」参照。

▶6　Ⅳ-8 も参照。

▶7　改訂学習性無力感理論
アブラムソン（Abramson, L. Y.）らが学習性無力感の考え方に原因帰属理論を導入して，人が抑うつになるプロセスを説明した理論。

表4.11.1　無気力・無力感を感じる状況のその他の説明

原因帰属	否定的な出来事が内的，安定的，全体的な原因によって生じたと考えるとき，自尊心が低下し，うつ状態に陥る（改訂学習性無力感理論）。
統制の位置	期待を通して間接的に動機づけに影響を与える。外的統制の人は経験によって期待が変動することは少ない。内的統制の人は失敗を経験しても期待は低下しにくいが，失敗が度重なればやがて期待は低下していく。
自己効力感	自己効力感が低い場合，望ましい結果をもたらす行動を行うことができないと考えたり，望ましくない結果を避けるのに必要な行動を行うことができないと考えるため，動機づけは低下する。

出所：鎌原雅彦　2005　無気力とは——動機づけの心理学から　大芦治・鎌原雅彦（編著）無気力な青少年の心　北大路書房　pp.16-28.

コラム4

想像と情動

1　怪獣を想像すると…

　怪談話を聞いた後，夜に一人で怖くてトイレに行けなくなってしまったというように，お化けなどへの恐れを抱いた経験は誰にでもあるでしょう。

　ハリス（Harris, P. L.）ら[*1]は，幼児を対象に，想像物と情動に関する巧妙な実験を行っています。まず子どもの前に2つの大きな空箱を置きます。箱の上部には，小さな穴があって，指や棒を入れることができるようになっています。まず箱の中に何も入っていないことを子どもと一緒に確かめ，ふたをします。そして，一方の箱にはかわいい子犬が，もう一方の箱には恐ろしい怪獣がいることを想像させます。箱の中身を想像した後に，もしどちらかの箱に指や棒を入れるとしたら，どちらを選ぶのか，指を入れるか棒を入れるかなど，想像した中身への対応についてたずね，さらに実際に子どもに指や棒を入れてもらいます。また同様の箱を用いた別の実験では，中身を想像した後に，実験者が一時的に部屋を離れ，その間一人で部屋に残された子どもの様子が観察されました。

　この実験によって興味深い結果が明らかになりました。まず箱の中に子犬や怪獣が本当にいると考えた幼児は非常に少なく，幼児でも想像しただけのものが，実在するとは考えないことがわかりました。しかし箱に近づき，指あるいは棒を入れるというときには，子犬がいると想像した箱の方に先に近寄り，棒や指を入れました。怪獣の箱の方に指を入れる子はほとんどおらず，箱の中にいる怪獣を恐れるかのような用心深い態度を取ることがわかりました。また実験者が子どもを残して部屋を離れようとすると，4歳児の中には，一人で残されるのをいやがり，実験者が部屋を出て行くのを引き留めようとする子どももいました。この実験から，子どもは想像したものが，現実には存在しないことを理解しているものの，実際の行動では，想像したものが存在するかのように振る舞ってしまうことがわかりました。とくに，恐ろしい怪獣をイメージすること，つまり強い情動性（この場合は恐怖）を伴う想像をすることによって，想像と現実の境界が揺らぎ，想像が実在性を帯びてくると言えるでしょう。

2　探検遊びでのワクワク・ドキドキ感

　このような想像と現実の境界の揺らぎは，探検遊びや忍者ごっこなどの保育実践記録にも描かれています。「エルマーになった子どもたち」という探検遊びの実践事例を簡単に紹介しましょう[*2]。年長組の子どもたちは，秋の遠足の前日，エルマーという男の子がりゅうを助けて冒険していくという内容の物語（「エルマーのぼうけん」）を保育者から読み聞かせてもらいました。物語を読み終わった後，保育者は「その後のエルマーとりゅうのゆくえは誰も知りません。どこへ行ったのでしょう。みんなのそばにひょっとするとエルマーとりゅうが隠れているかもしれませんね」と言い，さらに「昔，おじいさんが近くの山（明日遠足に行く場所）へ出かけていったとき，ほらあなのなかでりゅうのしっぽを見たことがあると聞いたことがあるよ」と話しました。それを聞いた子どもたちは，「エルマーの

ように探検に出かけるんだ」と張り切って，早速探検に備えて作戦を練りはじめました。探検当日，子どもたちが山を歩いている中で出会うものは，たとえば杉の木立の合間からさしこむ木漏れ日がりゅうの目に見えたり，ガサガサする音をりゅうがいることと結びつけたり，山芋を掘った穴がヘビの住んでいる穴になったりというように，自分たちが想像する世界に積極的に意味づけられていきました。子どもたちは，「りゅうがいるかもしれない」という思いを強く感じながら，りゅうが住む想像世界の中で，ワクワク・ドキドキしながら探検をしていたのです。このときりゅうの目や蛇の穴は，現実とは異なる想像の世界かもしれません。しかし，そこで感じているワクワク・ドキドキ感は，子どもたちにとって現実の経験としてあると言えるでしょう。

3　想像と現実の境界の揺らぎと情動

　このように想像の世界と現実の境界が揺らぐのは，選ばれた題材が，非現実的というよりも，現時点では確かめられてはいないけれども，かといって存在しないことも確実には証明されていないような，未知あるいは未体験であるときに，よりその傾向が強いようです。りゅうや鬼など物語を通して聞いたことはあるものの，実際に見たことはないようなものが，想像と現実の枠を揺るがすのです。さらに探検遊びの例では，保育者の言葉かけがお話の世界と現実の世界を結びつけ，子どもに驚きと，確かめたい，知りたいという思いを引きおこしています。

　そして忘れてはならないのは，空想に対して抱いている情動はつねに現実であるということです。怖くなったり，ワクワクしたりすることは，けっして嘘ではなく，本当に現実の経験となっているのです。

　このように想像と現実の境界に揺らぎが起きるのは，子どもだからではありません。大人であっても，UFOやお化けなど，未知の現象に対して，その存在についての認識を揺るがすような，そしてリアルな情動を伴う体験をしたことがある方は多いのではないでしょうか。

（佐久間路子）

▶1　Harris, P. L., Brown, E., Marriott, C., Whittall, S., & Harmer, S. 1991 Monsters, ghosts and witches : Testing the limit of the fantasy-reality distinction in young children. *British Journal of Developmental Psychology*, 9, 105-123.
▶2　岩附啓子・河崎道夫　1987　エルマーになった子どもたち　ひとなる書房

参考文献
　田丸尚美　1991　探検遊びとファンタジー　山崎愛世・心理科学研究会（編著）　遊びの発達心理学　萌文社　pp.201-223.
　木下孝司　1995　子どもから見た現実と想像の世界　菊池聡・谷口高士・宮本博章（編著）　不思議現象なぜ信じるのか——こころの科学入門　北大路書房　pp.169-193.

V 他者・関係志向的情動的知性：情動理解と共感性の発達

1 赤ちゃんは，いつごろから人の情動を区別できるのか

1 表情の区別

　赤ちゃんが他の人の表情をいつごろからどのように区別しているのかについては，山口が詳しくまとめています。[1]

○赤ちゃんは表情がわかるのか

　生まれてまもない赤ちゃんが人の表情の変化に気づくかどうかを調べた研究があります。赤ちゃんは，大人が顔を動かす（舌を出したり，口を開けるなど）のを見て，自分も同じように顔を動かすことが観察されています。また，生後36時間の赤ちゃんの前で，大人が微笑んだり悲しんだり驚いたりすると，赤ちゃんは表情が変化するときに注目して，大人の表情を模倣します。[2] 赤ちゃんが顔のどの部分にとくに注目するのかを調べると，微笑みと悲しみの表情のときは口の部分を，驚きの表情のときは口と目を交互に見ていることがわかりました。[3]

　これらの研究から，生まれてまもない赤ちゃんでも，人の表情がわかっているのではないかと推測されます。しかし，これらの研究を追試することは難しいので，生まれてまもない赤ちゃんが人の表情をわかっているという考えに否定的な意見もあります。

○表情の区別のしやすさ

　生後3ヶ月の赤ちゃんが，どの表情を区別できるのかを，表情の写真を提示して調べた研究があります。[4] 赤ちゃんが区別できた表情のペアは，驚きと微笑み，驚きと悲しみでした。しかし，悲しみと微笑みの表情は区別できませんでした。図5.1.1は，私たち大人が表情判断に使っている意味次元（快―不快，覚醒―眠り）です。この図5.1.1から考えると，3ヶ月の赤ちゃんは覚醒―眠りの軸で，表情の区別を始めているようです。これは，覚醒の表情の動きが大きく，眠りの表情の動きが小さいということと関連しており，表情の動きの大小が赤ちゃんの表情の区別しやすさに影響しているのかも知れません。

2 音声と表情が結びついたときの情動の区別

　赤ちゃんは，音声によって情動を区別することができるのでしょうか。
　うれしそうな声と微笑みの表情，悲しそうな声と悲しみの表情というように，音声と一致する表情を同時に示した場合，生後5ヶ月ぐらいの赤ちゃんは音声

---

[1] 山口真美　2003　赤ちゃんは顔をよむ　紀伊國屋書店

[2] Meltzoff, A. N., & Moore, M. K. 1983 Newborn infants imitate adult facial gestures. *Child Development*, **54**, 702-709.

[3] Field, T. M., Woodson, R., Cohen, D., Greenberg, R., Garcia, R., & Collins, K. 1983 Discrimination and imitation of facial expressions by term and preterm neonates. *Infant Behavior and Development*, **6**, 485-489.
Ⅳ-4 も参照。

[4] Young-Browne, G., Rosenfeld, H. M., & Horowitz, F. D. 1977 Infant discrimination of facial expressions. *Child Development*, **48**, 555-562.

図5.1.1　表情の意味次元

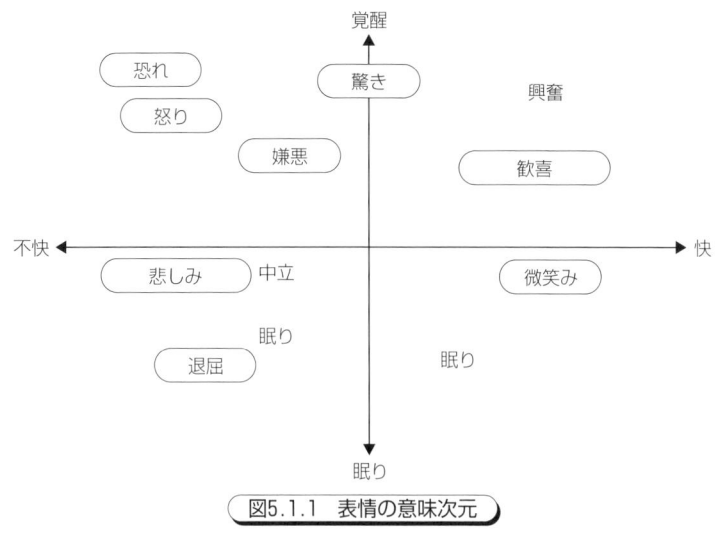

出所：山口, 2003

を聞き分けることができます。

別の研究では，生後7ヶ月の赤ちゃんに，表情と音声が一致しているもの（たとえば，うれしそうな声と微笑みの表情）と，表情と音声が矛盾しているもの（たとえば，うれしそうな声と悲しみの表情）を見せました。赤ちゃんが，表情と音声が一致しているほうに注目することから，音声と表情を結びつけていることがわかります。これらの研究から，赤ちゃんは音声だけではなく，音声と表情をセットにして，情動を区別していることがわかります。

様々な研究の結果から，赤ちゃんが人の音声や表情から情動を区別することは，およそ生後7ヶ月ごろまでにできるようになると言えます。

③ 日常生活での人の情動の区別

赤ちゃんは，日常生活でも人の情動を区別し，それを情報として使っています。つまり，周りの大人（養育者など重要な他者）の音声や表情を読み取り，自分の行動を決めることがあります。とくに曖昧な状況では，養育者が恐怖の声や表情を表出していれば，赤ちゃんは自分のおかれている状況が危険であることを察知します。反対に，養育者がうれしそうな声や表情をしていれば，赤ちゃんは安全な状況であることを理解します。この現象を，「社会的参照（social referencing）」といいます。

たとえば，初めてみる動物に出合ったとき，赤ちゃんは養育者と動物を交互にみて，音声や表情を読み取り，手がかりとします。養育者が微笑んでいれば動物に手を伸ばし，養育者が恐怖の表情を浮べれば，手を伸ばすのをやめるでしょう。

（平林秀美）

▶5　ブレムナー, J. G. 渡部雅之（訳）1999　乳児の発達　ミネルヴァ書房

▶6　Phillips, R. D., Wagner, S. H., Fells, C. A., & Lynch, M. 1990　Do infants recognize emotion in facial expressions？: Categorical and "metaphorical" evidence. *Infant Behavior and Development*, 13, 71-84.

▶7　Sorce, J. F., Emde, R. N., Campos, J., & Klinnert, M. D. 1985　Maternal emotional signaling: Its effect on the visual cliff behavior of 1-year-olds. *Developmental Psychology*, 21, 195-200.

Ⅶ-4 参照。

Ⅴ　他者・関係志向的情動的知性：情動理解と共感性の発達

2 子どもはどのように他者の情動を理解するのか

1 他者情動の理解の手がかり

　他者の情動を理解するためには，私たちは様々な手がかりを使っています。子どもが最初に使うのは，表出的手がかりと状況手がかりです。

　表出的手がかりとは，表情・音声・しぐさなどを指します。とくに表情を手がかりとして使うことが多く，およそ3歳ごろまでに，表情がその人の気持ちを表すことを理解します。子どもが表情を手がかりとするときは，まず口の部分に注目して，うれしい表情とネガティヴな表情を区別します。次に，目の部分に注目して，ネガティヴな表情の悲しみと怒りと恐怖を区別します。▷1

　状況手がかりとは，情動が生じる場面を理解することを指します。現在の場面から判断して，他者がどのような気持ちになるのかを考えます。およそ3歳ごろまでに，自分がその状況だったらどういう気持ちになるのかを想像して，他者の情動を理解することができます。菊池の研究でも指摘されているように，▷2 3歳から5歳までの子どもは，「悲しみ」と「怒り」が起こる状況を区別せず，混同することがあります。筆者が4歳児を対象に，状況手がかりから他者の気持ちを推測させる課題を行ったときに，ある子どもは，「悲しみ」「怒り」「恐怖」の様々なネガティヴな情動が生じる場面を，すべて登場人物は「悲しい気持ち」であると答えました。なぜ「悲しい気持ち」とまとめて答えたかについては，今後の検討が必要でしょう。

　なお，日常生活では，表出的手がかりと状況手がかりのうち，どちらか片方だけを使うのではなく，両方とも同時に使っていると考えられます。しかし，表出的手がかりと状況手がかりが矛盾する場合（たとえば，けがをしているのに微笑んでいる）は，手がかりがはっきりしているほうの情報（けがをしている）を使います。

2 内的特性を使った他者情動の理解

　子どもは表出的手がかりと状況手がかりを使うだけではなく，他者の内的特性（パーソナリティ，好みなど）を使って，他者情動を理解するようになります。

　内的特性を使った他者情動の理解について，幼児期の発達的変化をみた研究があります。▷3 この課題では，登場人物のおかれている状況と，登場人物の内的特性（回答する子どもの内的特性とは異なる）の情報を与え，登場人物の情動を

▷1　Cunningham, J. G., & Odom, R. D. 1986 Differential salience of facial features in children's perception of affective expression. *Child Development*, **57**, 136-142.

▷2　菊池哲平　2006　幼児における状況手がかりからの自己情動と他者情動の理解　教育心理学研究，**54**, 90-99.

▷3　松永あけみ　2005　幼児期における他者の内的特性理解の発達　風間書房

V-2 子どもはどのように他者の情動を理解するのか

行動情報 CO_『カブト虫を見ると逃げる』
ノンちゃんは，カブト虫を見るといつも逃げてしまいます。

例話C『カブト虫を貰える』
ノンちゃんが公園で遊んでいるとお友達がカブト虫を持ってきました。

そして，ノンちゃんにあげると言ってカブト虫をさしだしました。

図5.2.1 課題例

出所：松永，2005

表5.2.1 質問内容

番号	内容
1	○○ちゃんは，どんな気持だと思いますか（主人公の情動推測，言語報告）
2	○○ちゃんは，どんなお顔になりますか（主人公の情動推測，表情選択）
3	○○ちゃんは，どうして□□気持になったんだと思いますか（主人公の情動推測の理由）
4	○○ちゃんは，カブト虫（お砂遊び）が好きだと思いますか，嫌いだと思いますか（主人公の特性推測）

出所：松永，2005（一部改変）

表5.2.2 年齢別反応パターン

	年少	年中	年長
自己準拠型	20 (67)	19 (63)	4 (13)
混合型	9 (30)	9 (30)	13 (43)
他者準拠型	1 (3)	2 (7)	13 (43)

（注）人数，（ ）内は割合
出所：松永，2005

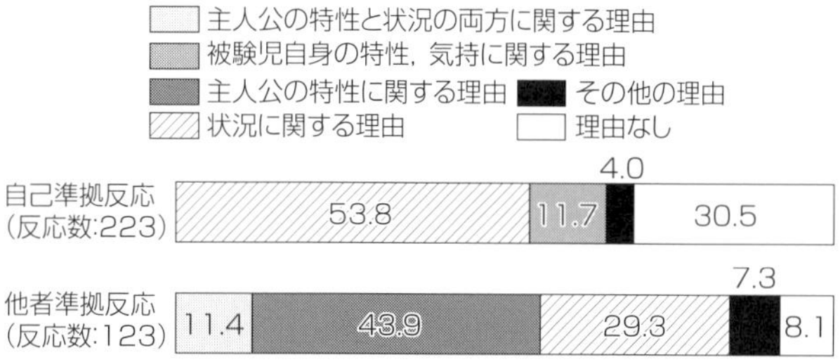

凡例：
- 主人公の特性と状況の両方に関する理由
- 被験児自身の特性，気持に関する理由
- 主人公の特性に関する理由
- その他の理由
- 状況に関する理由
- 理由なし

自己準拠反応（反応数:223）：53.8 / 11.7 / 4.0 / 30.5
他者準拠反応（反応数:123）：11.4 / 43.9 / 29.3 / 7.3 / 8.1

図5.2.2 自己準拠反応と他者準拠反応の推測理由の割合

出所：松永，2005

推測してもらうものです。課題例は図5.2.1を，質問内容は表5.2.1を参照してください。子どもは複数の課題に回答し，自己準拠反応（登場人物の気持ちを自分と同じであると推測したもの）のみをした場合は「自己準拠型」，他者準拠反応（登場人物の行動情報から，登場人物の内的特性を的確に把握し，それを基にして情動を推測したもの）」のみをした場合は「他者準拠型」，自己準拠反応と他者準拠反応の両方をした場合は「混合型」に分類されました。その結果，年少児と年中児は「自己準拠型」が多く，年長児は「他者準拠型」と「混合型」が多いことがわかりました（表5.2.2）。次に，登場人物の情動推測の理由を分類しました（図5.2.2）。自己準拠反応をした場合は，状況に関する理由（カブト虫をくれたから）を挙げることが多く，状況情報によって登場人物の情動を推測します。他者準拠反応をした場合は，主人公の内的特性についての理由（カブト虫が嫌いだから）がもっとも多く，次いで状況に関する理由が多いことから，登場人物の内的特性情報と状況情報によって登場人物の情動を推測します。

（平林秀美）

V 他者・関係志向的情動的知性：情動理解と共感性の発達

3 自分の気持ちと他者の気持ちの違い

▶1 遠藤利彦 2002 発達における情動と認知の絡み 高橋雅延・谷口高士（編）感情と心理学――発達・生理・認知・社会・臨床の接点と新展開 北大路書房 pp.2-40.

情動の理解が進むと，人によって感じる情動が違うことを知るようになります。これを，情動の主観性あるいは主観的性質と呼びます。子どもが情動の主観的性質を理解したかどうかを調べるのは難しいですが，遠藤は，次の2つ（❶，❷）から，子どもの情動の主観的性質の理解について考察しています。

❶ 他者をなぐさめる行動

子どもは1歳ごろから，他者が苦しんだり悲しんだりしていると，頭をなでたりするなどのなぐさめる行動をとります。表5.3.1は，ジャングルジムから落ちた兄を笑わせることによって，なぐさめようとした子どもの事例です。

1歳後半になると，他の子どもが泣いたときに，自分のお気に入りのおもちゃを持っていくことや，泣いている子の母親ではなく自分の母親を呼びに行くという，自己中心的にみえる行動をとります。これらは，他の子どもをなぐさめようとしてとった行動なのですが，相手と自分の感じる情動が違うことや，もしも相手が同じ情動を感じていても，自分がなぐさめられる方法と同じではないことを理解していません。

2歳以降になると，人によって感じる情動が違うことを理解するようになり，他の子どもが泣いたときは，他児のお気に入りのおもちゃを持っていったり，泣いた子どものお母さんを呼びに行ったりします。

❷ 他者の気持ちに添う

▶2 Repacholi, B. M., & Gopnik, A. 1997 Early reasoning about desires : Evidence from 14- and 18-month-olds. *Developmental Psychology*, 33, 12-21.

人によって感じる情動が違うことを理解しているかどうかを，食べ物の好みを利用して調べた研究があります。まず，子どもに対して，実験者はブロッコリーを嫌いでクラッカーが好きであることを（あるいはブロッコリーを好きでクラッカーが嫌いであることを）表情で示しておきます。次に，実験者へブロッコリーかクラッカーのどちらかを分けてあげるように，子どもに言います。生後

表5.3.1 他者をなぐさめようとする1歳児

15ヶ月のレンは，すばらしく丸いお腹をした，ぽっちゃりした男の子であり，両親とよく大笑いをする遊びをしていた。それは，レンが自分のTシャツをまくりあげて大きなお腹を見せながらおかしな格好で歩いて両親に近づいていくというものだった。ある日，レンの兄が庭のジャングルジムから落ちて，激しく泣いた。レンは，真剣な表情で見つめた。それからレンは，兄を見つめながら，自分のTシャツをまくりあげてお腹を見せ，声を出しながら，兄に近づいて行った。

出所：久保，1997（原典は，Dunn, J., & Kendrick, C. 1982 *Siblings : Love, envy, understanding*. Harvard University Press.）

14ヶ月の子どもは，自分の食べ物の好みに影響されてしまいましたが，生後18ヶ月の子どもは，自分の食べ物の好みに左右されずに，実験者の好みに応じて食べ物を分けてあげることができました。つまり，子どもは自分がブロッコリーを嫌いでも，実験者がブロッコリーを好きならば，ブロッコリーを分けてあげました。また，実験者がクラッカーが好きならば，クラッカーを分けてあげました。この研究結果から，生後18ヶ月の子どもは自分の感じる情動ではなく，それとは違う他者の感じる情動を理解し，他者の気持ちに添った行動をすることがわかります。

❸ 自分の気持ちと他者の気持ちの違いに気づくようになるために

自分の気持ちと他者の気持ちが違うことに気づくようになるためには，日常生活の中で，他者の情動表出の意味や原因を考えることができる認知的能力の発達が必要です[3]。養育者や友人とのやりとりを通じて，子どもは徐々にこの力を身につけていきます。

○養育者とのやりとり

家庭で，養育者が情動についてよく語る場合は，その子どももよく情動について語るようになります。子どもが生後18ヶ月のときに母親が子どもの情動について言及するほど，子どもが生後24ヶ月になったときに子ども自身の情動について話す程度が多くなったという研究があります[4]（表5.3.2）。このような家庭では，子どもの情動への関心が高くなり，自分の情動や他者の情動に注目しやすくなるのではないかと考えられます。また，養育者の前で子どもが自分の経験や情動をよく語ることによって，その経験や情動を解釈し直してもらう機会が増え，子どもの情動理解が促されるでしょう。

○子ども同士のやりとり

きょうだいや友人とのやりとりでは，養育者とのやりとりよりも，自分の気持ちや相手の気持ちが話される機会が多くなります。たとえば，けんかやいざこざなどの場面では，自分の気持ちを主張したり，相手の気持ちを聞くことになります。また，遊びの場面でも，遊びのイメージや仲間入りや物の貸し借りなどで自分の気持ちと相手の気持ちがずれる場合があり，そのずれに徐々に気づくようになります。子ども同士のやりとりによって，情動の主観的性質の理解が促されます。

（平林秀美）

▶3 久保ゆかり 1997 他者理解の発達 井上健治・久保ゆかり（編）子どもの社会的発達 東京大学出版会 pp.112-130.

▶4 Dunn, J., Bretherton, I., & Munn, P. 1987 Conversations about feeling states between mothers and their young children. *Developmental Psychology*, **23**, 132-139.

表5.3.2 情動状態についての会話の例（子どもの月齢24ヶ月）

年上のきょうだいが子どもに怪獣の絵が描いてある本を見せた。子どもは年上のきょうだいから離れて母親のところへ行く。
子ども：お母さん，お母さん。　　母親：どうしたの。
子ども：怖いよ。　　　　　　　　母親：本が？
子ども：そう。　　　　　　　　　母親：怖くないよ。
子ども：そうだね！

出所：Dunn et al., 1987

Ⅴ 他者・関係志向的情動的知性：情動理解と共感性の発達

❹ 入り混じった情動の理解

子どもの情動の理解が進むと，もう少し複雑な情動も理解できるようになります。一つの出来事に対して，2つ以上の情動が生じる場合があることに気づくようになります。たとえば，「うれしいけれど，悲しい」「こわいけれど楽しい」などのような入り混じった情動（mixed emotions）がわかるようになります。

① 入り混じった情動の理解の発達

▶1 Harter, S., & Buddin, B. J. 1987 Children's understanding of the simultaneity of two emotions : A five-stage developmental acquisition sequence. *Developmental Psychology*, 23, 388-399.

ハーター（Harter, S.）ら[1]は，入り混じった情動を子どもが理解しているかどうかを調べるために，次のような研究を行いました。まず，子どものいろいろな表情を撮った写真（回答する子どもと同じ性別）を，7枚用意します。写真には，うれしさや誇りなどのポジティヴな情動を表す表情と，怒り・悲しみ・恐れなどのネガティヴな情動を表す表情の両方があります。回答する子どもは，その写真の中から2つを選び，その表情がどのような情動を表すものなのかラベルづけをします。そして，その2つの情動が「同時に」生じるのは，どのようなとき（場面）かを思い浮かべて話すように言われます。なお，表情を選ぶときには，2つとも「よい情動（ポジティヴな情動）」を，あるいは2つとも「悪い情動（ネガティヴな情動）」を選ぶように言われる場合があり，これを同価（same valance）の情動と呼びます。また，一つは「よい情動（ポジティヴな情動）」を，もう一つは「悪い情動（ネガティヴな情動）」を選ぶように言われる場合があり，これを異価（different valance）の情動と呼びます。

研究の結果から，入り混じった情動の理解には年齢差があることがわかりました。4～5歳児は，2つの情動の組み合わせが同価であろうと異価であろうとも，2つの情動が「同時に」生じる場面を思い浮かべて話すことはできませんでした。6～7歳児は，2つの情動の組み合わせが同価であれば，一つの出来事で2つの情動が「同時に」生じる場面を思い浮かべて話すことができました。たとえば，「ホームランを打って，うれしいし，誇らしかった」などです。9～10歳児は，異なる出来事に対してならば，2つの異価の情動が「同時に」生じる場面を思い浮かべて話すことができました。たとえば，「部屋の掃除をしていないので，お母さんが叱りにくるかも知れないのは怖いが，テレビを見ているのでうれしい」などです。11～12歳児は，2つの情動の組み合わせが異価であっても，一つの出来事で2つの情動が「同時に」生じる場面を思い浮か

べて話すことができました。たとえば、「クリスマスに自転車をもらってうれしかったが、10段変速の自転車が欲しかったのに3段変速だったので悲しかった」などです。

入り混じった情動の理解の発達段階をまとめると、次のようになります。子どもは、入り混じった情動をまったく理解できない段階（4〜5歳）から、2つの同価な情動なら両立することを理解する段階（6〜7歳）や、異なる出来事にならば相反する情動が同時に生じることを理解できる段階（9〜10歳）を経て、同一の出来事に相反する情動が同時に生じることを理解できる段階（11〜12歳）へと発達していきます。

▶2　同上書

2　幼児は、入り混じった情動を理解できないのか

ハーターらは、11〜12歳にならないと、一つの出来事に2つの相反する情動が同時に生じることを理解できないとしましたが、入り混じった情動の理解の発達はそれほど遅いのでしょうか。子どもへの質問の仕方や課題を工夫することによって、もっと幼い子どもの入り混じった情動の理解を調べる試みもなされています。

▶3　同上書

久保は、登場人物が入り混じった情動を経験する状況を含む例話を、子どもに聞かせました。たとえば、遊園地の例話：「さっちゃんは、あした、ママとお友だちのトモちゃんと、遊園地へ行くことになっています。でも、お友だちのトモちゃんは、急にお熱が出て、遊園地へ一緒に行けなくなってしまいました。さっちゃんは、ママとだけ一緒に遊園地へ行くことになりました。」を聞かせて、登場人物の気持ちを考えてもらいます。

▶4　久保ゆかり　1998　入り混じった感情の理解の発達　東洋大学社会学研究所　研究報告書・第23集　他者の感情の認知と理解　pp.27-59.

子どもへの質問1は、「さっちゃんは、今、どんな気持ちかな。」と尋ね、その理由も聞きます。そして、子どもが、ポジティヴな情動とネガティヴな情動のどちらか一方のみを答えた場合は、「ほかにはどんな気持ちがしたかな。」という補足質問1をして、回答を促します。それでも子どもが入り混じった情動に気づかない場合は、「さっちゃんは、悲しいという気持ち（子どもが回答した気持ち）もしたけど、ちょっぴりうれしいという気持ち（子どもが回答しなかった気持ち）もしたんだって。どうしてかな。」という補足質問2をして、登場人物が2つの異価の情動を経験する理由を尋ねます。次に、子どもへの質問2として、「○○ちゃん（回答する子どもの名前）は、うれしい気持ちと悲しい気持ちが両方いっぺんにしたこと、ある？」と尋ねます。

このように課題や質問を工夫した結果、一つの出来事に2つの相反する情動が同時に生じることを、5〜6歳児が自発的に回答することはやはり困難でしたが、6歳児のうちの約6割が、登場人物が入り混じった情動を経験する理由をもっともらしく説明することができました。つまり、6歳になると、入り混じった情動について、ある程度の理解ができていると考えられます。　（平林秀美）

V 他者・関係志向的情動的知性：情動理解と共感性の発達

5 共感性とは何か

1 共感性とは

○共感性

共感性（empathy）とは何かについては様々な考え方があり，統一した定義はなされていません。研究者によって，共感性の認知的側面を重視する場合がありますし，情動的側面を重視する場合もあります。共感性の認知的側面と情動的側面の両方を重視する定義を見てみましょう。

共感性とは，「他者の情動あるいは他者のおかれている状況を認知して，それと一致しないまでも同じ方向の情動を共有すること」です。つまり，他者の情動状態や状況の理解によって導かれる代理的情動反応（vicarious emotional response）と言えます[1]。また，別の研究者は，共感性とは，「単なる他者理解という認知的過程ではなく，認知と情動の両方を含む過程であり，他者の情動の代理的経験あるいは共有を必ず伴うもの」と定義しています[2]。

○共感性と同情

共感性と同情（sympathy）について比較してみると，どちらも他者の情動状態や状況の理解によって導かれる代理的情動反応である点は同じです。しかし，同情は，他者の苦悩・不幸・悲しみなどに限定された共感と言えます[3]。同情とは，他者の情動と同一ではないが，他者に対する悲しみや心配（concern）からなる情動反応です[4]。

○共感性と個人的苦痛

共感性と個人的苦痛（personal distress）について比較してみると，どちらも他者の情動状態や状況の理解によって導かれる代理的情動反応である点は，やはり同じです。しかし，個人的苦痛は，他者の状態に対する不安や不快といった自分自身に焦点を当てた嫌悪的反応です[5]。

バトソン（Batson, C. D.）らによると，他者の苦しみを見たときに生じる情動には，2種類あります。一つは，他者の苦しみによって自分自身が苦しくなり，自己の苦しみをやわらげようとする「個人的苦痛（personal distress）」です。もう一つは，他者の苦しみに対して同情的であり，何らかの配慮や援助をしようとする「共感的配慮（empathic concern）」です[6]。

○共感の過剰喚起

一般に，他者への共感性が高いほど向社会的行動が多く起こると思われます

▶1 Eisenberg, N., & Fabes, R. A. 1991 Prosocial behavior and empathy : A multimethod developmental perspective. In M. S. Clark (Ed.), *Prosocial behavior : Review of personality and social psychology*, Vol. 12. Sage. pp. 34-61.

▶2 澤田瑞也 1992 共感の心理学――そのメカニズムと発達 世界思想社

▶3 同上書

▶4 Eisenberg, N. & Miller, P. A. 1987 Empathy, Sympathy, and altruism : Empirical and conceptual links. In N. Eisenberg & J. Strayer (Eds.), *Empathy and its development.* Cambridge University Press. pp. 292-316.

▶5 Eisenberg & Fabes 前掲書

▶6 Batson, C. D., & Coke, J. 1981 Empathy : A source of altruistic motivation for helping. In J. P. Rushton & R. M. Scorrentino (Eds.), *Altruism and helping behavior : Social, personality, and developmental perspectives.* Hillsdale, NJ : Erlbaum. pp. 167-187.

表5.5.1 共感性の測定法

ピクチャー・ストーリー法	登場人物が悲しみや恐れ、その他の情動を喚起しそうな一連の物語を、絵、写真、スライド、ビデオによって提示し、主人公の情動（一般に実験者によって定められた主人公にふさわしいと考えられる情動）と被験者自身が（子どもの言語能力が不十分な場合には絵や写真に描かれた顔の表情を指で指し示すという形で）報告した情動が一致した場合に共感したと見なされる。低年齢児にも実施することができる。
情動語の自己評定	苦痛を経験している人物を観察させ、その後で自分の感じた情動を、10個から30個の情動に関する形容詞について評定させる。情動の質的差異（たとえば同情と個人的苦痛）をとらえることができる。しかし、情動経験を正確に表現する言語的能力を必要とする。
身体的指標	ビデオやスライドで物語を見せて、表情、身ぶり、音声反応を記録し評定する。言語能力の影響を受けにくいが、再検査法による安定性が低いとする研究がある。また表情の表出性の強さと内的情動の強さが対応しているかどうかについて問題を残している。
生理的指標	皮膚電気抵抗、心拍数、手のひらの発汗、皮膚温度、血管収縮（血圧）、筋電図など、情動的喚起に関連があると考えられる生理的反応を測定する。ただし、さまざまな情動をどの程度識別できるかが不明確である。
質問紙法	成人用共感尺度（Mehrabian & Epstein, 1972）は加藤・高木（1980）によって、子ども用尺度（Bryant, 1982）は浅川・松岡（1984）によって修正・翻訳されている。

出所：伊藤・平林, 1997を一部修正

が、必ずしもそうでない場合もあります。他者の苦痛を見たときに、共感の過剰喚起（empathic overarousal）が生じると、共感が個人的苦痛へ代わり、自分自身の嫌悪的反応を減らすことに注意が移り、他者から離れたり他のことを考えたりして、向社会的行動が起こらないことがあります。

2 共感性の測定法

共感性をどのように捉えるのかによって、それを測定する方法は異なります。共感性の測定法を2つに分けると、共感が生じるような状況や場面を提示して、実際に共感反応が生じるかどうかをみようとする「状態としての共感の測定法」と、個人の性格特性としての共感性の一般的傾向を測ろうとする「特性としての共感性の測定法」があります。

表5.5.1は、共感性の測定法をまとめたものです。「状態としての共感の測定法」としては、ピクチャー・ストーリー法、情動語の自己評定、身体的指標、生理的指標があります。「特性としての共感性の測定法」としては、質問紙法があります。質問紙法には、表5.5.1の他にも様々なものがあり、共感性の多次元的測度として開発されたデイヴィス（Davis, M. H.）の「対人的反応性指標（IRI）」もあります。この測度は、「視点取得（日常生活で自発的に他者の心理的立場をとろうとする傾向）」「共感的配慮」「個人的苦痛」「想像性（想像上で自分を架空の状況の中に移し込む傾向）」の4つの尺度からなり、大人を対象として、共感性の多様な側面を捉えようとするものです。

（平林秀美）

[7] Hoffman, M. L. 2008 Empathy and prosocial behavior. In M. Lewis, J. M. Haviland-Jones, & L. F. Barrett(Eds.), *Handbook of emotions*, 3rd ed. New York : Guilford. pp.440-455.

[8] 澤田 前掲書

[9] 伊藤忠弘・平林秀美 1997 向社会的行動の発達 井上健治・久保ゆかり（編）子どもの社会的発達 東京大学出版会 pp.167-184.

[10] デイヴィス, M. H. 菊池章夫（訳） 1999 共感の社会心理学 川島書店

Ⅴ 他者・関係志向的情動的知性：情動理解と共感性の発達

6 共感性はどのように発達するのか

1 共感性が生じるメカニズム

　共感性は，どのように生じるのでしょうか。ホフマン（Hoffman, M. L.）は，次の5つの様式を挙げています。「動作模倣」「条件づけ」「直接的連合」は，自動的で前言語的なものであり，共感性の基礎と考えられます。

○動作模倣
　赤ちゃんは，他者の顔や姿勢のわずかな動きを自動的に模倣します。動作模倣によって内的な筋肉運動の知覚手がかりが生み出され，求心性フィードバック（末梢系から中枢系への情報伝達）を通じて相手の情動を理解したり，相手と同じ情動を経験したりすることができます。

○条件づけ
　他者が苦痛を経験しているときに，ちょうど同時に自分自身も苦痛を経験したとします。その後，他者の苦痛の表情（条件刺激）を見ただけで，自分自身が苦痛を経験していなくても，自分も苦痛を感じるようになります。

○直接的連合
　ある状況での他者の情動の手がかり（表情，声，姿勢など）が，その情動と結びついた自分自身の過去の経験を思い出させ，他者と同じ情動反応が生じます。たとえば，けがをして泣いている子どもを見たときに，自分自身が転んでけがをしたときの痛かった経験を思い出して，自分も泣いてしまいます。

○言語を媒介とした連合
　他者の情動の手がかり（表情，声，姿勢など）ではなく，言語による他者の情動の手がかりによって，その情動と結びついた自分自身の過去の経験が思い出され，他者と同じ情動反応が生じます。言語による情動の手がかりとは，情動の言語的ラベルづけ（例：「私は悲しい」）や，出来事についての言語的記述（「例：ゲームに負けてしまった」）です。

○視点取得
　他者の立場に自分自身をおき，自分はどう感じるだろうかと想像することにより，共感的な情動反応が生じます。視点取得は，意図的な過程です。

2 共感性の発達段階

　ホフマンは，子どもの自己と他者の概念の発達にともなう共感性の発達段階

▷1 Hoffman, M. L. 2008 Empathy and prosocial behavior. In M. Lewis, J. M. Haviland-Jones & L. F. Barrett(Eds.), *Handbook of emotions*, 3rd ed. New York：Guilford. pp. 440-455.

を考えました。

○**全体的共感的苦痛（global empathic distress）**

0歳のころ，自己と他者を区別できるようになる前に生じる共感です。他者の苦痛を見ると，まるで自分に苦痛が生じたかのように共感的苦痛を経験します。たとえば，他の子どもが転んで泣くのを見て，自分も泣きそうになります。

○**自己中心的共感的苦痛（egocentric empathic distress）**

生後11〜12ヶ月ごろの子どもは，自分自身の苦痛を減らすように行動します。たとえば，1歳の子どもは，友だちが転んで泣くのを見たとき，友だちをじっと見つめ，泣き始めます。口に親指を入れ，養育者のひざに自分の頭をうずめ，まるで自分自身が傷ついたときと同じような行動をします。

○**外見上の自己中心的共感的苦痛（quasi-egocentric empathic distress）**

生後13〜14ヶ月ごろになると，泣いている子に対して援助を始めます。たとえば，生後14ヶ月の子どもは，泣いている友だちを慰めるために，その友だちの養育者ではなく，自分の養育者のところへ連れて行きます。自己と他者がある程度区別できるようになり，苦痛を感じている人が自分ではなく他者であることに気づいていますが，他者の内的状態（思考・感情・欲求）を自分と同じであると考えています。

○**真実の共感性（veridical empathy）**

1歳の終わりから2歳にかけて自己と他者の概念の発達が進み，子どもは，他者も内的状態をもつことに気づくようになります。そのため，より正確な共感性と効果的な援助行動が起こります。たとえば，2歳の子どもは，泣いている友だちを慰めるために，自分のぬいぐるみを持って行きます。それでも泣き止まない場合，隣の部屋にある友だちのぬいぐるみを取りに行きます。他者の欲求と自己の欲求の違いを理解し，それに基づいた援助行動を行います。

○**状況を越えた共感的苦痛（empathic distress beyond the situation）**

自己と他者は異なった歴史やアイデンティティをもち，現在の状況のみならず人生経験に対しても喜びや苦しみを感じることを理解して共感します。子どもは，他者の一時的な苦痛だけではなく，慢性的な悲しみや不快な生活を想像して，共感的に反応します。7〜10歳の子どもでは，他者の生活についての知識が共感的反応に影響し，慢性疾患の人や恵まれない人に共感します。

○**苦痛を感じている集団への共感性（empathy for distressed groups）**

個人の苦痛だけではなく，集団全体の生活の苦痛に対しても共感することができます。子どもが社会的概念を形成すると，個人の苦境だけではなく，集団全体や人々の階級の苦境も理解できるためです。たとえば，患者，貧困層，民族や宗教の迫害，自然災害，戦争，テロなどの被害にあった集団に対する苦境の理解と共感です。

（平林秀美）

▷2　同上書

▷3　Hoffman, M. L. 1987 The contribution of empathy to justice and moral judgment. In N. Eisenberg & J. Strayer (Eds.), *Empathy and its development.* Cambridge University Press. pp.47-80.

▷4　同上書

Ⅴ 他者・関係志向的情動的知性：情動理解と共感性の発達

7 共感性の発達を促すもの

共感性の発達を促すものには様々なものがありますが，認知発達の要因・生得的要因・社会的環境要因について取り上げます。

1 認知発達の要因

○役割取得

認知発達の要因の一つに，役割取得（role taking）あるいは社会的視点取得（social perspective taking）があります。役割取得とは，他者の思考，情動，視点を理解する能力のことです。表5.7.1は，セルマン（Selman, R. L.）の役割取得の発達段階を示したものです[1]。幼児期から児童期にかけて発達すると考えられていますが，実際に子どもの様子を観察していると，もっと早い時期でも役割取得能力があるかのようにふるまうことがあります。

▶ 1 Selman, R. L. 1971 The relation of role taking to the development of moral judgment in children. *Child Development*, **42**, 79-91.

表5.7.1　セルマンの役割取得（社会的視点取得）の発達段階

セルマン（Selman, R. L.）は，短い例話を子どもに提示して，複数の登場人物のそれぞれの視点から事象を理解し，しかも互いの立場を考慮できるのかどうかを問うことによって，役割取得のレベルを分析した。

レベル0：自己中心的役割取得（4歳ころ）
　自己の視点と他者の視点が未分化なので，両者の視点を関連づけることができない。他者の表面的情動は理解するが，自分の情動と混同することも多い。同じ状況でも他の人と自分が違った見方をすることもあるということに気づかない。

レベル1：主観的役割取得（6～8歳ころ）
　自己の視点と他者の視点を分化できるが，視点間の関連づけはできない。人々は情報や状況が違えば違った情動や考え方をすることには気づくが，他の人の視点に立てない。

レベル2：自己内省的役割取得（8～10歳ころ）
　自他の視点を分化でき，他者の視点に立って自己の思考や情動を内省できる。しかし，双方の視点を相互的に関連づけることは同時にはできず，継時的にのみ可能である。

レベル3：相互的役割取得（13～16歳前後）
　自他の視点の両方を考慮する第三者的視点をとれる。そして，両者の視点を同時的・相互的に関連づけることができる。人は同時に，お互いに相手の思考や情動などを考察し合って，相互交渉していることに気づく。

レベル4：質的体系の役割取得（青年期以降）
　相互的なだけでなく，より深いレベルで相手を概念化する。人々の視点がネットワークや体系をなすと見なされる。

レベル5：象徴的相互交渉の役割取得
　役割取得は，対人関係や社会的関係を分析する方法と見なされる。他者の主観そのものは体験できないが，同じようなしかたで推論することで，互いに理解し合えると考える。

出所：伊藤忠弘・平林秀美　1997　向社会的行動の発達　井上健治・久保ゆかり（編）　子どもの社会的発達　東京大学出版会　pp.167-184.

2 生得的要因

◯気　質

子どもが生まれつきもっている個性として気質（temperament）があります。同じ状況でも共感性を生じやすい人と生じにくい人がいるのは，この気質が関連していると思われます。気質には，情動の閾値（情動反応を引き起こすのに必要な刺激の強さの程度），強度（情動反応の強さ），持続性（情動反応の長さ）があります。情動の閾値が低く，強度が高く，持続性が高い人のほうが，共感性が高い人と見なされます。

3 社会的環境要因

社会的環境としては，家庭での養育者との関わり，保育所・幼稚園・学校での保育者・先生との関わり，仲間同士の関わりなどがあります。ここでは，家庭での養育者との関わりと共感性の発達との関連について見ていきましょう。

◯愛着と共感性

初期の養育者との関係が，その後の他者との関係に関連するという考え方があります。養育者と子どもが安定した愛着関係にあると，子どもが苦痛を感じたときに，養育者がそれに敏感に反応して一貫性のある共感的な応答をし，子どもの情動的要求は満たされます。その後，子どもは他者の情動表出に敏感になり，共感的に応答する能力を発達させます。

◯養育者の共感性

養育者の共感性が子どもの共感性の発達に関連するという考え方があります。日常生活で養育者の共感的な反応を見る機会が多く，その行動を模倣する（モデリング）ため，子ども自身も共感性を身につけていきます。

◯養育態度

共感性を身につけることに期待や価値をおく養育者は，それを日常生活の中で，会話やしつけなどを通して子どもに伝えます。

論理的な説明によるしつけ（誘導的しつけ）は，他者の状況や情動状態に子どもの注意を焦点づけるため，共感を引き起こしやすいです。一方，罰を与えるなどの強圧的しつけは，子どもの情動を過剰に喚起し，不安や心配を引き起こすため，他者に共感することができなくなります。

◯発達期待

女子は，男子よりも共感的で向社会的行動が多く，他者を傷つける行動が少ないことを，周囲から期待されています。質問紙などの自己報告による研究では，女子のほうが男子よりも共感性が高く，発達期待を反映した結果となっています。しかし，観察や生理的指標を用いた研究では，男女の共感性の違いは明らかにはなっていません。

（平林秀美）

▷2　Ⅵ-1 参照。

▷3　Kestenbaum, R., Farber, E. A., & Sroufe, L. A. 1989 Individual differences in empathy among preschoolers: Relation to attachment history. *New Directions for Child Development*, **44**, Sum, 51-64.

▷4　Ⅴ-9 参照。

▷5　Hoffman, M. L. 2008 Empathy and prosocial behavior. In M. Lewis, J. M. Haviland-Jones & L. F. Barrett(Eds.), *Handbook of emotions*, 3rd ed. New York: Guilford. pp. 440-455.

V 他者・関係志向的情動的知性：情動理解と共感性の発達

8 共感性と道徳性

▷1 ホフマン, M. L. 菊池章夫・二宮克美 (訳) 2001 共感と道徳性の発達心理学 川島書店

▷2 エムディ, R. 2003 乳幼児の関係性の経験——発達的にみた情緒の側面 小此木啓吾 (監修), 井上果子・久保田まり・鈴木圭子・濱田庸子・福田真美・山下清美 (訳) 早期関係性障害——乳幼児の成り立ちとその変遷を探る 岩崎学術出版社 pp.39-61.

▷3 他者とのつながりを備えた自律性
自分は大切な他者とともに在って、しかも力や統制感を持っているという感覚。自律的な「私たち」の感覚 (executive, autonomous sense of "we") とも言う。

▷4 小嶋佳子 2001 対人的場面におかれた他者の嫌悪を推測する5，6歳児の能力 心理学研究, **72** (1), 51-56.

▷5 Eisenberg-Berg, N. 1979 Development of children's prosocial moral judgment. *Developmental Psychology*, **15**, 128-137.

▷6 宗方比佐子・二宮克美 1985 プロソーシャルな道徳的判断の発達 教育心理学研究, **33**, 157-164.

Ninomiya, K. 1987 Development of the judgement of kindness in children. *Japanese Psychological Research*, **29**, 94-98.

▷7 Eisenberg-Berg, N.

1 道徳性の芽生えと共感性

「お年寄りには席を譲る」「人の物を勝手に取ってはならない」など、どんな行為を"道徳的"と見なすかは社会や文化によって様々です。「道徳性」とは、そうした社会規範に従おうとする心理的なメカニズムであり、経験を通して個人に内在化されていくものです。子どもがこうした規範と初めて出会うのは、「何をすべきで、すべきでないか」といった"しつけ"をめぐる親子のやりとりです。ホフマン (Hoffman, M. L.) は、たとえば「弟が持っているおもちゃが欲しい」けれども「むやみに取ってはいけない」と親に言われるなど、子ども個人の欲求と親の規範が対立・葛藤する場面で、自分の利己的な行動が相手（親）を傷つけたことを感じとり、自ら苦痛や罪責感を味わうといった共感性こそが、道徳的内在化をうながす役割を果たすとのべています。また、エムディ (Emde, R. N.) は、親から褒められたときの嬉しい気持ちは誇りに、叱られたときの心の痛みは恥や罪悪感にというように、生後2，3年の時期に道徳的な情動を発達させることが重要だと言います。なぜなら、そうした情動的な関係の中で良い・悪いといった基準を取りこむことが、他者とのつながりを備えた自律性という、道徳的な自己を育むうえで不可欠だと考えたからです。5，6歳になると、他者が道徳に反する行為（例：積み木を取る、仲間に入れない）をされたときに感じる嫌悪をも、推測できるようになります。

2 向社会的道徳判断の発達

アイゼンバーグ (Eisenberg-Berg, N.) は、「パーティに行くことと、足にけがをした子を助けることのうち、どちらを選ぶか」といった向社会的（V-9 参照）な葛藤状況をたとえ話で示し、「なぜそう思うのか」という理由を、就学前児から高校生にかけて発達的に検討しています。その結果、理由づけは6段階に分けられ、年齢とともにレベル1から5へと発達していくことが示されました（表5.8.1）。ただし、理由づけやその発達順序には文化差があり、日本では大学生で再び承認志向や共感性といった他者との関係に基づく判断（レベル3や4a）が増加する傾向が見られます。いずれにしても、道徳的判断の理由として他者への共感がはっきりと意識化され、言葉で説明できるようになるのは、小学校の高学年以降のようです。また、この共感志向の判断を行う子ど

もは、それ以前のレベルにある子どもよりも、人に高価なものを与えるといった向社会的行動を取りやすいと言われています。[7]

3 共感性が道徳性に与える影響

このように、共感的感情は道徳的判断に影響を与えます。道徳的場面で共感的感情が喚起されると、思いやりの原理が活性化し、これが道徳的行為の原動力としてもはたらくのではないかと言われています。[8]

表5.8.1 向社会的道徳判断の水準

レベル1	快楽主義的・自己焦点的志向	〔就学前児と小学校低学年で優勢〕
	道徳的配慮よりも自分に向けられた結果に関心を持っている。	
	例）お礼がもらえるから、次に困ったとき助けてもらえるから	
レベル2	他者の要求に目を向けた志向	〔就学前児と多くの小学生で優勢〕
	他人の身体的、物質的、心理的要素に関心を示す。	
	例）けがをしているから、悲しいだろうから	
レベル3	承認および対人的志向、紋切り型の志向	〔小学生の一部と中・高校生で優勢〕
	善い人・悪い人、善い行動・悪い行動についての紋切り型のイメージ、他人からの承認や受容を考慮する。	
	例）助けることはいいことだから、お母さんが褒めてくれるから	
レベル4a	自己反省的な共感志向	〔小学校高学年の少数と多くの中・高校生で優勢〕
	同情的応答、役割取得、他者の人間性への配慮を含む。	
	例）かわいそうだから、自分が相手だったら助けて欲しいから	
レベル4b	移行段階	〔中・高校生の少数とそれ以上の年齢で優勢〕
	内面化された価値、規範、義務、責任を含み、社会の条件あるいは他人の権利や尊厳を守る必要性に不明確ながらも言及する。	
	例）助けられたら気分がよくなるから、その子のけががひどくなったら後悔するから	
レベル5	強く内面化された段階	〔中・高校生の少数で優勢、小学生には全く見られない〕
	レベル4bの理由が明確に言及される。自分自身の価値や規範に従って生きることによる自尊心を保つことに関わる。プラスまたはマイナスの感情も特徴である。	
	例）助ける義務があるから、みんなが助け合ったら社会はもっとよくなるから	

出所：伊藤忠弘・平林秀美 1997 向社会的行動の発達 井上健治・久保ゆかり（編）子どもの社会的発達 東京大学出版会 pp.173-174. を改変

大人を対象とした研究では、自己報告や表情評定などで同情的・共感的に反応する傾向があるとされた大人は、そうでない人よりも、たとえば子どもがけがで入院しているといった気の毒な女性のために、家事を手伝おうとする傾向が高いという結果があります。これに対して、個人的苦痛（V-5参照）を感じやすい人は、困った状態にある他者と接する必要がなくなると、助けなくなると言います。

子どもたちを対象とした研究でも、共感と思いやり行動の結びつきを示すものがあります。[10] 就学前の子どもに、ある子どもが公園でけがをするという映像を見せ、その間の子どもたちの表情や身振りを録画し、どの程度共感的な表情をしているかを評定しました。その後で、これは実際に起こった出来事だと伝え、けがをした子どもたちのために病院へ行って、ゲーム作りをするという援助をするかどうかと子どもたちに聞きました。もし病院へ行かなければ、その間は魅力的なおもちゃで遊べるという交換条件が出されます。すると、映像を見たときに悲しみの表情を表した子どもほど、自分がおもちゃで遊ぶよりも、入院している子どもを助けようとする傾向があったのです。

他者に対して共感するならば、人を助ける行動は褒めたたえられ、人を傷つける行為は非難され、わざと人に被害を与える行為には憤りを覚えるはずです。それはつねに道徳的な行動と結びつくわけではないかも知れませんが、共感的感情はクールな道徳的原理をホットで向社会的な認知へと変え、道徳的原理は共感的感情を安定させるといった、相互に密接な関係があるのです。[11]

（野田淳子）

& Hand, M. 1979 The relationship of preschoolers' reasoning about prosocial moral conflicts to prosocial behavior. *Child Development*, 50, 356-363.

▷8 澤田瑞也 1992 共感の心理学 世界思想社

▷9 Eisenberg, N., Fabes, R. A., Miller, P. A., Fultz, J., Shell, R., Mathy, R. M., & Reno, R. 1989 Relation of sympathy and personal distress to prosocial behavior: A Multimethod study. *Journal of Personality and Social Psychology*, 57, 55-66.

▷10 Lennon, R., Eisenberg, N., & Carroll, J. 1986 The Relation between empathy and prosocial behavior in the preschool years. *Journal of Applied Developmental Psychology*, 7, 219-224.

▷11 ホフマン 前掲書

Ⅴ 他者・関係志向的情動的知性：情動理解と共感性の発達

9 共感性と向社会的行動

▶1 Eisenberg, N., & Mussen, P. H. 1989 *The roots of prosocial behavior in children.* Cambridge University Press.

▶2 伊藤忠弘・平林秀美 1997 向社会的行動の発達 井上建治・久保ゆかり（編）子どもの社会的発達 東京大学出版会 pp.167-184.

▶3 澤田瑞也 1992 共感の心理学 世界思想社

▶4 Eisenberg, N., MacCreath, H., & Randall, A. 1988 Vicarious emotional responsiveness and prosocial behavior : Their interrelations in young children. *Personality and Social Psychology Bulletin*, 14, 298-311.

▶5 首藤敏元 1985 児童の共感と愛他行動――情緒的共感の測定に関する探索的研究 教育心理学研究, 33, 226-231.

1 共感性と向社会的行動の関係

お年寄りに席を譲ったり，重い机を一緒に運ぶなど，他人を助けようとしたり，そうした人々のためになることをしようとする自発的行為のことを向社会的行動（prosocial behavior）と呼びます。向社会的行動を動機づける要因の一つと考えられているのが，共感性（empathy）です。たとえば，試験に失敗した友人が「がっかりしている」ことを知って「気の毒だ」と思う共感性があるから，「慰める」という向社会的行動をとるのです。Ⅴ-5 でも述べられているとおり，共感性とは，「他者の感情や状況を認知して，それとは一致はしないまでも同じ方向の感情を共有すること」です。つまり，相手の視点に立つといった認知的側面（例：あの人は困っている）と，思いやりといった情緒的側面（例：かわいそう）が含まれています。とくに後者の，他者の感情の代理的経験あるいは共有を伴い，向社会的行動の中でも純粋に相手の利益になろうとする利他的行動には，共感の情緒的な側面が関与しているという見方もあります。

2 共感性が高い人は，向社会的行動をしやすいか？

共感性の高い人ほど向社会的に行動することを示した実験的研究は，大人・子どもを問わずたくさんあります。たとえばアイゼンバーグ（Eisenberg, N.）らは，苦痛を示す子どもをビデオで見せられた子どもが，その後の実際場面で一つしかない魅力あるおもちゃを他の子どもに譲るかどうかを検討しました。すると，ビデオを見て悲しみや気遣いといった共感的感情を示した子は自発的におもちゃを譲り，不安や困惑を示した子は譲らないという結果になりました。わが国では首藤が，被災した子どもが悲しそうにその困窮を訴えるビデオを小学5年生に見せ，ビデオを見終わった直後にどの程度「悲しみ」の表情を示していたかをもとに，被験者への共感性を測定しました。そして，ビデオを見た後に，事前のゲームで得ていた「当たりくじ」をビデオで見た被災者の子どもに譲ることができるという機会を与えると，共感を示した子どもはそうでない子どもに比べて，より高い割合で自分のくじを分け与えることがわかりました。

3 共感性と向社会的行動の発達的変化

共感性の発達とともに，向社会的行動の数や種類は変化していきます。けが

をして痛がっているなど他者の苦痛を目にしたときの子どもたちの反応を検討してみると、1歳前後だと緊張したり泣き出すというように自分自身の感情も混乱してしまう様子が見られるのに対し、1歳後半以降にはそうした場面が減り、苦しむ相手に触れたり、クッキーなどの物を渡したり、「だいじょうぶ？」と言葉をかけるなど、相手に対して積極的で建設的な振る舞いが増してきます。[6] 1歳半から2・3歳台に向社会的行動が盛んになる背景には、自他の分化によって他者の苦痛や泣きに巻き込まれることが減り、相手の要求や情緒的反応の理解が増すといった、共感性に関わる能力の発達があると考えられます。ただし、2〜3歳児は相手が困っている状況でつねに向社会的に振る舞うとは限らず、その頻度は仲間に対しては2割程度とかなり限られていますし、[7]きょうだい間のやりとりでは相手が困ることをする場面も見られます。[8]しかし一方で、仲間の苦痛への反応の大半は向社会的であり、とくに仲良しの仲間の苦痛に対する向社会的な反応は、仲良しでなかった子どもの3倍にのぼりました。[9]この時期の向社会的行動には、親密な関係性が深く関わっているようです。

　4〜5歳児ですら、向社会的な行動の際に利己的な理由をのべることはほとんどありません。[10]たとえば「どうしてケイトにビーズを分けてあげたの？」と聞かれると、実際的な理由（例：ビーズがなかったから）だけでなく、他者の要求に基づく理由（例：ケイトが欲しがったから）も見られたと言います。[11]したがって、この年齢でも他者の状況や要求をある程度は理解し、他者を助けたり物をあげたりしているのではないかと考えられます。学齢期になると、慰める言葉かけの能力が増し、向社会的行動やその理由づけも利他的で質の高いものとなってきます。たとえば、人から要請されなくても物を分け与える行動が見られ、「人を喜ばせるために、分け与えるのがすき」と答えるなど、援助の動機もより共感的になります。[12]同時に、見知らぬ人に対しても、援助行動を向けるようになってくるのです。

　ただし、発達とともに、共感性は向社会的行動として現れにくくなるとも言います。たとえば緊急場面での援助を検討した研究では、小学校中学年までは増加した援助行動が、高学年と中学生のころには減少し、高校生になると再び増加するといった結果が得られています。[13]援助行動が抑制される理由を分析すると、年少の段階では「助けるすべがない」ためであるのに対して、青年たちは相手に助けを拒まれたり、恥ずかしい思いをさせたり、恩着せがましいと思われることを懸念したためであることが明らかになったのです。つまり、行動の動機は、他者特有の状況や道徳的価値を考慮したものになると言えるでしょう。このように、共感性は援助といった向社会的行動を媒介するものとして重視されてはいるものの、実際場面で両者が結びつく過程はかなり複雑です。

（野田淳子）

▷6 Zahn-Waxler, C., & Radke-Yarrow, M. 1982 The development of altruism：Alternative research starategies. In N. Eisenberg (Ed.), *The development of prosocial behavior*. Academic Press.
▷7 Howes, C., & Farver, J. 1987 Toddlers' responses to the distress of their peers. *Journal of Applied Developmental Psychology*, **8**, 441-452.
▷8 Dunn, J. 1988 *The beginnings of social understanding*. Blackwell.
▷9 Howes & Farver 前掲書
▷10 Eisenberg, N., Pasternack, J. F., Cameron, E., & Tryon, K. 1984 The relation of quantity and mode of prosocial to moral cognitions and social style. *Child Development*, **55**, 1479-1485.
▷11 Eisenberg-Berg, N. 1979 Development of children's prosocial moral judgement. *Developmental Psychology*, **15**, 128-137.
▷12 Raviv, A., Bar-Tal, D., & Lewis-Levin, T., 1980 Motivations for donation behavior by boys of three different ages. *Child Development*, **51**, 610-613.
▷13 Midlarsky, E., & Hannah, M. E. 1985 Competence, rericence, and helping by children and adolescents. *Developmental Psychology*, **21**, 534-541.

V 他者・関係志向的情動的知性：情動理解と共感性の発達

10 情動表出を調整する発達プロセス

▷1 これは情動伝染（emotional contagion）と呼ばれ，共感の原型と見なす研究者もいる。人間以外の群れで暮らす動物でも見られ，個体同士を結びつけて群れでの生活を維持するために進化したという考え方もある。

▷2 こうした発達初期の情動表出が主観的な感情（例：悲しい）を表しているかどうかは，明らかではない。

1 発達初期の情動と表出

子どもはどのようにして，自分の情動を表したり，逆に表に出さなかったりするようになるのでしょうか。生まれたばかりの赤ちゃんは嫌なことがあるたびにじつによく泣きますが，他の赤ちゃんの泣き声につられるようにして泣き出すこともあります。このように，人は生まれながらにして自らの情動を外に表すだけでなく，他者の表す情動にも反応し，簡単に取り込まれてしまうのです。赤ちゃんの泣きや笑顔は，養育者の側にも「かわいそう」とか「かわいい」といった感情を引き起こし，それに応じた情動表出をもたらします。そのことがまた，赤ちゃんが「悲しい」「うれしい」といった主観的な感情を体験したり，そうした自らの感情状態に気づき，表すことをうながします。このように，情動に対して敏感に反応する人々のあいだで育つ（身体的にも認知的にも成長する）ことで，赤ちゃんの情動表出は盛んになり，しだいに何かを訴える"手段"としての意味合いを備えたものになってくるのです。

2 コミュニケーションとしての調整行動

泣いたり笑ったりという子どもの情動表出が何を訴えているかが周囲の者に感じとれるようになると，養育者は子どもが表す情動に調子を合わせるだけでなく，ときにはあえて合わせなかったりするようになります。いたずらをして笑っているときには，顔をしかめて取り合わないといったことです。子どものほうもかまって欲しいのか，泣きまねとも受けとれるような表情をしてみせたり（図5.10.1），少しくらい痛くても泣かずに我慢するようになります。このようにして，感情と表出との結びつきがより柔軟になるのです。

1歳を過ぎるころには，無条件に他者のネガティヴな情動に巻き込まれることは減り，建設的な振る舞いが見られるようになってきます。たとえば，けがをし

図5.10.1 構ってもらいたいのか泣き出すが，ときどき母親の様子をうかがう9ヶ月児

て痛くて泣いている相手を見ても自分は泣き出さずに，相手に触れたり軽くたたいたりといった，慰めるかのような行動をとることが増えます。また，言葉でも自分の情動を表現できるようになり，それが他者を動かす力を持つことに行動レベルで気づくようになると，情動表出の操作もより巧みになってきます。嫌なことをさせられそうになると「疲れた」と言って意気消沈し，嫌なことがなくなったとたんに元気になるといった変化が，2歳台にはよく見られます。また，ある3歳児は，追いかけっこで笑顔を見せながらも「こわい，こわい」という言葉を連発して逃げ回っていました。感情を言葉で表現することは，主観的な情動を調整するだけでなく，適切な表出をも可能にするのかも知れません。

3 意識的な調整のはじまり

3，4歳ごろになると，言葉を介した情動のやりとりもいっそう活発になり，社会的に受け入れられる形で情動を表出するようになります。たとえば，3歳児は魅力のないおもちゃをもらったときに，一人で包みを開ける状況では明らかにがっかりした表情を示したのに，贈り主が目の前にいる状況ではがっかりした表情を見せないということがわかっています。このように，相手を慮って自分の情動表出をコントロールするだけでなく，自分が非難を免れたり得をするために，ポーカーフェイスを装うこともできるようになります。そして5～6歳になると，お友だちのまえでは喜びは表すけれども，怒りや悲しみの表情は見せないと，意識のうえでも考える子どもが半数を超えるようになります。また，学校にあがる前までに，男児は女児よりも情動表出を抑制し，自分が感情的でないことを示すようになると言います。

児童期になると，情動自体やそれを向ける他者についての理解が深まり，相手との関係や感情の種類によって，情動表出が異なってきます。たとえば，喜び・悲しみ・怒りといった情動の表出と，相手との関係の特質の関連を調べた塙の研究では，怒りに関しては，低学年（2・3年生）の間はサポートを得られないと捉えている相手に対して表出される傾向がありました。これに対して，喜びや悲しみといった共感や理解を求める感情は，どの学年でもサポートが得られ優しいと感じられる肯定的関係を持つ相手に対して表出され，とくに高学年（4・5年生）ではその傾向が強いことが明らかになりました。

このように，他者との関係が深まり，諸能力が発達するにつれて，社会の価値観や自らの目標に応じて，情動の表しかたを調整するようになるのです。

（野田淳子）

▷3　久保ゆかり　1994　乳幼児の感情　岡本夏木・高橋恵子・藤永保（編）講座・幼児の生活と教育3　個性と感情の発達　岩波書店　pp.25-46.

▷4　相手の気持ちを理解したうえで，こうした行動を意識的に取っているかどうかは定かではない。

▷5　久保　前掲書
Dunn, J. 1988 *The beginning of social understanding.* Blackwell.

▷6　Cole, P. M. 1986 Children's spontaneous control of facial expression. *Child Development,* **57**, 1309-1321.

▷7　Lewis, M., & Saarni, C. 1993 *Lying and deception in everyday life.* The Guilford Press.

▷8　坂上裕子　2000　情動表出に関する幼児の認識　日本発達心理学会第11回大会論文集　pp.348.

▷9　Cole, P. M. 1985 Display rules and the socialization of affective displays. In G. Zivin (Ed.), *The development of expressive behavior.* New York : Academic Press. pp.269-290.

▷10　塙朋子　1999　関係性に応じた情動表出——児童期における発達的変化　教育心理学研究，**47**，273-282.

Ⅴ　他者・関係志向的情動的知性：情動理解と共感性の発達

11　情動理解・共感性と「心の理論」

1　心の理論（theory of mind）とは

　人の心は直接見ることはできません。しかし，たとえば給食の前に友だちがにこにこして教室に戻ってきたら，「早く給食が食べたいのかな」とか，「今日大好きなメニューが出ると思っているのかな」などと目に見える行動や表情から，他者の心（欲求，信念など）を推測し理解しようとします。このような心に関する理解は，「心の理論」と呼ばれる分野で研究が盛んです。「心の理論」は，心の働きについての原理やルールを理解することを指す言葉として使用されており，心的状態（信念，願望，意図，情動）に関連づけて，自分や他者の行動を予測し説明する能力と考えられています。

　私たちは他者の行動を予測するとき，他者の状況や自分が知っている情報を用います。しかし人は必ずしも状況や現実と一致した考えに基づいて行動するとは限りません。意識的に嘘をついたり，思い違いをしていたりすることもあります。人は現実とは異なった考えや信念（誤信念）を持ち，そしてその誤信念に基づいて行動することもあるのです。誤信念に関する理解は，心の理論研究の主要なテーマであり，様々な課題が開発されています。代表的な課題として，「サリーとアンの課題」があります（図5.11.1参照）。「サリーが出かけている間に，サリーがかごにしまったビー玉を，アンが箱に移してしまう」という話に続いて，「外から戻ってきたサリーが，どこを探すか」と質問します。この課題は，サリーはビー玉がかごから箱に移されたことを知らないので，「かごを探す」が正答です。つまりサリーが現実（ビー玉は箱の中にある）とは異なる誤信念（ビー玉はかごに入っている）を持っていることを理解できれば，正答できるのです。このような誤信念課題を用いた70以上もの研究をメタ分析した研究によると，誤信念理解は3歳台では難しく，4歳台に可能になることがわかっています。

▷1　Baron-Cohen, S., Leslie, A., & Frith, U. 1985 Does the autistic child have a 'theory of mind'? *Cognition*, 21, 37-46.
▷2　Wellman, H. M., Cross, D., & Watson, J. 2001 Meta-analysis of theory of mind development: The truth about false belief. *Child Development*, 72, 665-684.

図5.11.1　誤信念課題（サリーとアンの課題）

出所：Baron-Cohen et al.（1985）の図をもとに作図

2 心の理論の個人差と情動理解の個人差

　誤信念課題が4歳代でクリアできるといっても，平均より年少で理解できる子どももいれば，遅い子どももいるというように，誤信念理解の獲得には時間的な個人差があります。

　では心の理論の発達の個人差は，どのような能力と関連しているのでしょうか。同じように他者の心を推測するという点では，情動理解や共感性の発達と何らかの関連性があることが予想されます。しかしこれまでの研究では，心の理論能力と情動理解との関連については，関連性が見られるという研究もあれば，異なる道筋で発達しているという研究もあり，一貫した結果が示されていません。

　年少児から年長児を対象に誤信念課題と感情推測課題（状況から感情を推測する比較的単純な課題）を実施した研究では，月齢や言語能力が同程度である場合は，心の理論が発達している者ほど，感情理解も発達している傾向が示されています。とくにこの傾向は年中児や年長児で見られ，また年長児では心の理論と友人関係における人気との関連が明らかになっています。

　一方で，40ヶ月時点で心の理論が発達していた者は，2年後の幼稚園の教師，仲間，園での活動に対してネガティヴな認知をしており，3年後には教師の批評に対してより敏感であるのに対して，感情理解が発達していた者は，3年後，教師，仲間，園の活動に対してよりポジティヴな認知をすることが示されています。このように心の理論能力と感情理解能力は，後の社会性の発達に対して異なった関連があること，つまり異なる道筋で発達している可能性があることが明らかになっています。

　また誤信念課題がよくできる幼児が，仲間に対して共感的理解を示すわけではないことも示されています。実際に他者に対して共感的な行動をするには，他者がどういう状況にあるのかという認知だけではなく，共感的行動を起こす動機や，他者に情動的に巻き込まれることが重要です。共感性には，情動的でホットな側面と認知的でクールな側面の2側面があると指摘されており，情動理解能力と心の理論能力は，それぞれが共感性の一方の側面を捉えていると考えられます。これらの側面の両方ともが高い人もいれば，どちらか一方のみが高い人もいるために，情動理解と心の理論の明確な関連性を示すことが難しいのでしょう。またここで紹介した誤信念理解課題による心の理論能力の個人差は，あくまでも誤信念理解の開始時期を扱っているに過ぎず，個人差のごく一部を限定的に取り出したものに過ぎません。今後は，心の理論能力にどのような質的な個人差があるのか，その差は情動理解や共感性の個人差とどのような関連が見られるのか，さらに検討していく必要があるでしょう。

（佐久間路子）

▷3　森野美央　2005　幼児期における心の理論発達の個人差，感情理解発達の個人差，及び仲間との相互作用の関連　発達心理学研究，16，36-45．

▷4　Dunn, J. 1995 Children as psychologist : The later correlates of individual differences in understanding of emotion and other mind. *Cognition and Emotion*, 9, 187-201.

▷5　Astington, J. W., & Jenkins, J. 1995 Theory of mind and social understanding. *Cognition and Emotion*, 9, 151-165.

▷6　McIlwain, D. 2003 Bypassing empathy : A Machiavellian theory of mind and sneaky power. In B. Rapacholi & V. Slaughter (Eds.), *Individual differences in theory of mind : Implication for typical and atypical development*. New York : Psychology Press. pp. 39-66.

▷7　コラム5 参照。

コラム 5

「心の理論」とマキャベリ的知性
(theory of "nasty" mind)

1 心の理論の質的な個人差

V-11 で述べたように，心の理論は，心的状態（信念，願望，意図，情動）に関連づけて，自分や他者の行動を予測し説明する能力と考えられています。心の理論研究の中心的なテーマである誤信念理解は，4歳代で可能になることが明らかになっています。また心の理論の発達の個人差（誤信念課題が平均より年少で理解できた子どもと，遅かった子どもの差異）についても研究が進められ，家族内での心的状態に関わる発話が多いほど，愛着が安定しているほど，そして言語能力が高いほど，誤信念理解が早いことがわかっています。さらに最近では，誤信念理解獲得の個人差だけでなく，心の理論の内容的な差異を検討することの必要性が指摘されています。幼児期の誤信念理解だけでなく，児童期以降の日常生活の様々な場面で発揮される心を読み取る（mind-reading）能力の個人差を明らかにしようという取り組みが始まっているのです。

2 いじわるな心の理論（theory of "nasty" mind）

心の理論能力と社会性（向社会的行動，共感性，仲間関係など）との関連については，関連があるという研究もいくつかありますが，関連がないという知見も複数報告されています。たとえば，誤信念課題がよくできる幼児が，仲間に対して共感的理解を示すわけではないことや，幼児期に相互選択の友人がほとんどいなかった子どもは，友人がたくさんいた子どもより誤信念課題の成績がよいことなど，誤信念理解がよくできても，社会的に望ましいとは限らないことが示されています。さらに行為障害の傾向がある子どもは，誤信念課題をクリアするにもかかわらず，実生活では反社会的な対人的行動が認められることから，行為障害の子どもは，いじわるな（歪んだ）心の理論能力を持つ可能性も指摘されています。

つまり心の理論能力は，その能力が使える，使えないという問題ではなく，利用の目的，すなわち向社会的な目的に利用するか，それとも反社会的な目的を達成するために利用するかによって，質的に大きく異なるのです。

3 マキャベリ的知能と心の理論

パーソナリティ特性の一つにマキャベリアニズムというものがあります。マキャベリアニズム傾向が高い人は，他者の内面を操作することができると考え，実際に自己の個人的な利益のために操作的，搾取的な行動をとると定義されています。このようにマキャベリアニズム傾向が高い人が人の心を巧みに操作できるのならば，心の理論能力などの心を読み取る能力も高いのでしょうか。

小学生を対象とした研究では，マキャベリアニズム傾向が高い子どもは，他者の感情状態を正確に同定し推論する能力は高いことが示されています。しかし共感的な関心が低く，向社会的に行動する傾向が低いことも明らかになりました。共感性には，認知的（クールな）側面と，情動的（ホットな）側面の2種類がある

と考えられていますが，マキャベリアニズム傾向が高い人は，情動的な側面を切り離して，過度に認知的に使用する傾向が強いと考えられます。

幼児用のマキャベリアニズム傾向尺度（表C5.1参照）を使用した研究によると，マキャベリアニズム得点の高さと，誤信念理解は関連がないことが示されています。したがって，マキャベリアニズム傾向が高い人は，心の理論能力が特別に優れているわけでも，欠陥があるわけでもないようです。

一方いじめについての研究では，いじめっ子はマキャベリアニズム得点が高い傾向があるという報告があり，またいじめっ子は，誤信念理解や感情理解が優れているという報告もあります。

このように，マキャベリアニズム傾向が高い人や，いじめっ子の中には，とくに認知的な側面における心を読み取る能力が高い人がいるようです。しかし心を読み取る能力は，いじめが起こるための十分条件ではありません。心を読み取る能力が高いからいじめをするわけではなく，実際にいじめが起こるときには，他者を傷つけようとする意図が存在するのです。またいじめをする人が，それまでにどのように心を読み取る能力を学んできたのかも重要です。不安定な愛着や，罰を与えるしつけや厳しすぎるしつけ，あるいはネグレクトは，子どもの心の読み取り能力に影響を及ぼし，いじわるな心の理論を発達させる可能性があると言われています。

心の理論能力は，それ自体がいい，悪いというよりも，あくまでも中立的な社会的道具と考えるべきでしょう。それが作り上げられてきた過程，目的によって，向社会的な能力にも，反社会的な能力にもなりうるのです。今後は，さらにこの質的な個人差を解明し，いじわるな心の理論を持ってしまった人への介入方法などを検討していく必要があるでしょう。

（佐久間路子）

表C5.1　幼児用マキャベリアニズム傾向尺度（12項目）

1. 追いつめられると嘘をつく
2. 信用できる（*）
3. 人を巧みに操る（manipulative）
4. 善悪の意識がある（*）
5. 自分のことに夢中
6. 親切（*）
7. 社会的階層を理解している
8. 人気を得ようとする
9. ご機嫌取りをする
10. 自分よりも他の人の要求を優先する（*）
11. 欲しいものを得るためにはどんな手段も使う
12. 一番をねらっている

(注1) ＊は逆転項目
(注2) 子どもをよく知る大人（教師など）による3段階評定
出所：Rapacholi, Slaughter, Pritchard et al., 2003

▷1　ただし自閉症やアスペルガー障害など他者の心の理解につまずきを抱えている人は，誤信念理解に困難を抱えていることがわかっている。
▷2　Rapacholi, B., & Slaughter, V. (Eds.)　2003　*Individual differences in theory of mind : Implication for typical and atypical development.* New York : Psychology Press.（このコラムは，この文献を参考に執筆した。引用が直接明記されていない研究は，すべてこの文献に紹介されている。**1**は1章，**2**は2章と6章，**3**は3章〜5章を参考にした。）
▷3　Happe, F., & Frith, U.　1996　Theory of mind and social impairment in children with conduct disorder. *British Journal of Developmental Psychology*, **14**, 385-398.
▷4　Cristie, R., & Geis, F. L. (Eds.)　1970　*Studies in Machiavellianism.* New York : Academic Press.
▷5　Rapacholi, B., Slaughter, V., Pritchard, M., & Gibbs, V.　2003　Theory of mind, Machiavellianism, and social functioning in childhood. In B. Rapacholi & V. Slaughter (Eds.), *Individual differences in theory of mind : Implication for typical and atypical development.* New York : Psychology Press. pp. 67-97.
▷6　Sutton, J., Smith, P. K., & Swettenham, J.　1999　Socially undesirable need not be imcompetent : A response to Crick and Dodge. *Social Development*, **8**, 132-134.

Ⅵ 親子の情動的関係：愛着と発達・愛着の発達

1 愛着とは何か

1 愛着の定義

○愛着＝きずな？

ボウルビィ（Bowlby, J.）は，愛着（アタッチメント）を「危機的状況において，あるいは今後起きる可能性のある危機に備えて，特定対象との近接を求め，これを維持しようとする個体の傾向」と定義しました。ただし，この定義をいきなり持ち出しても，多くの人が理解をしてくれません。そのため，「愛着とは何ですか？」と質問されたら，多くの心理学者は，「（人と人の）きずな」と答えます。その理由は，愛着という専門用語にもっとも意味の近い日常語が「きずな」だからです。では，「きずなとは一体何ですか？」という質問に，あなたならどう答えますか。

○愛着の中心的要素とは

先ほどの質問に，そのまま答えることは非常に困難です。そこでまず，赤ちゃんとお母さんについて，親子のきずなを感じる場面をいくつか想像してください。すると，図6.1.1のような場面をいくつか思い浮かべるでしょう。

次に，これらの場面に繰り返し登場する共通要素を探して下さい。そうすると，図6.1.2に示したような要素が見つかると思います。愛着とは，直訳すると「付着」（くっつくこと）になります。子どもが誰に対してくっつくかというと，特定の対象（図6.1.2の場合は養育者）に対してです。では，なぜ，くっつくのでしょうか。それは，不安や恐れといったネガティヴ情動を体験している

▶1　ボウルビィ（Bowlby, John.；1907-1990）精神分析家であり，精神分析・比較行動学・制御理論・心理学という様々な領域の知見に基づき，愛着理論を提案した。彼の生涯と業績については，ホームズ，J. 黒田実郎・黒田聖一（訳）『ボウルビィとアタッチメント理論』岩崎学術出版社，1996年に詳しく紹介されている。ボウルビィは，愛着理論を *Attachment and loss* (volume 1-3)（邦題『母子関係の理論』Ⅰ～Ⅲ巻，黒田実郎ほか訳，岩崎学術出版社，1976-1981年）としてまとめている。この本は，難解ではあるが，愛着理論の原典でありかつボウルビィの愛着についての考え方がほぼすべて網羅されている。

▶2　Bowlby, J. 1969/1982 *Attachment and loss.* Vol. 1. *Attachment* (2nd ed.). New York：Basic Books.（黒田実郎ほか（訳）1991　母子関係の理論Ⅰ　新版　愛着行動　岩崎学術出版社）

図6.1.1　親子の間にきずなの存在を感じる場面例

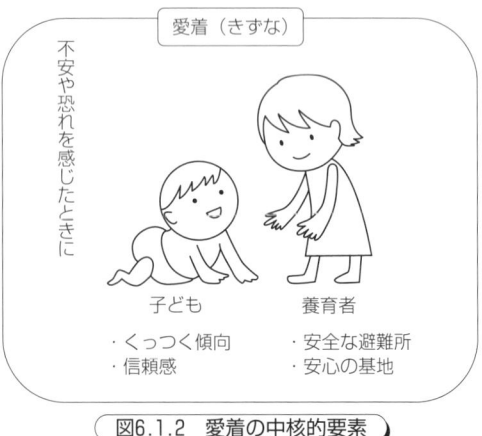

図6.1.2　愛着の中核的要素

愛着（きずな）

不安や恐れを感じたときに

子ども
・くっつく傾向
・信頼感

養育者
・安全な避難所
・安心の基地

からです。このようなときに，養育者は，子どもが逃げ込んで保護や助けを求めることができる安全な避難所（safe haven）としての役割を担います。また，子どもが落ち着いた後では，養育者は，子どもがそこを拠点に外界へ積極的に出て行くための安心の基地（secure base）としての役割も担っています。このようなやりとりが繰り返される中で，子どもは，必要なときに養育者は自分を確実に守ってくれるという信頼感（confidence in protection）を持つようになります。

この一連の流れを，子ども側の情動状態に限定して考えると，愛着の機能（重要な働き）とは，「安心感を得ること」（felt security），すなわち，不安や恐れといったネガティヴな情動状態からニュートラルな情動状態へ戻すことになります。そのため，愛着を，情動制御という視点から，「1者の情動状態の崩れを2者の関係性によって制御するシステム」（dyadic regulation system）と考える場合もあります。

このように述べると，愛着の定義がこんがらがってきた，という印象をもたれることでしょう。その理由は，愛着の定義には，必ず，子どもと養育者，つまり，くっつく側（アタッチする側）とくっつかれる側（アタッチされる側）が登場するからです。愛着の厳密な定義とは，ボウルビィが述べているように，文字通り，不安や恐れを感じたときに，子どもが養育者にくっつく傾向です。主役はあくまで，子どもであって，養育者ではありません。ただし，子どもの愛着（くっつく傾向）は，特定の相手がいて，はじめて成立します。そのため，愛着は2者関係の性質を如実に反映するという側面も持ちます。ですので，愛着の定義がこんがらがったときには，図6.1.2に基づきながら，愛着を狭義に，個人の傾向としてとらえる場合もあれば，広義に，2者関係の性質を反映したものとしてとらえる場合もある，ただし，それらの中核的要素は同じである，という理解をしてください。

❷ 類似概念：依存，愛情（あたたかさ），甘え

愛着と混同しがちな概念に，依存，愛情（あたたかさ），甘え，があります。しかし，もちろん，これらはすべて異なる概念です。愛着と依存を例にとると，両者には，くっつくという行動面では共通点がありますが，行動が生起する場面が異なるという違いがあります。つまり，不安や恐れを感じたときにくっつくのが愛着で，不安や恐れを感じていなくてもくっつくのが依存です。これら心理学的概念の本質（本来の性質や機能）を見失わないためにも，愛着＝（危機的状況での）安心感の確保，依存＝生理的欲求の受動的充足，愛情（あたたかさ）＝（危機的状況以外で，人と人をつなげる）感情的接着剤，甘え＝人間関係が円滑に展開するための潤滑油というように，それぞれの特徴を押さえてください。

（中尾達馬）

▶3 依存
ボウルビィによれば，依存とは，受動的に，他者に生理的欲求の充足を頼ることである。愛着と依存は，他者に頼るという点では同じであるが，その意味するところは正反対である。たとえば，愛着は自立を促進するが，依存は自立を妨げる。

▶4 愛情（あたたかさ）
マクドナルドによれば，愛情（あたたかさ）の機能は，危機がない状態で，ポジティヴ情動を介して親密なきずなの形成・維持を促進することである。そのため，愛着と愛情は，2者がくっつくという点で類似しているが，両者には関連する情動の性質という点で違いがある。愛着の場合には，危機的状況でネガティヴ情動を低減するためにくっつくのに対して，愛情の場合には，危機がない状況でポジティヴ情動を共有するためにくっつくのである。

MacDonald, K. 1992 Warmth as a developmental construct: An evolutionary analysis. *Child Development*, **63**, 753-773.
▶5 Ⅱ-13 参照。

(参考文献)
数井みゆき・遠藤利彦（編著）2005 アタッチメント──生涯にわたる絆 ミネルヴァ書房

数井みゆき・遠藤利彦（編著）2007 アタッチメントと臨床領域 ミネルヴァ書房

北川恵・工藤晋平（編著）2017 アタッチメントに基づく評価と支援 誠信書房

Ⅵ 親子の情動的関係：愛着と発達・愛着の発達

② 発達における愛着の重要性

① きずなについてのボウルビィ以前の考え方：二次的動因説

　ボウルビィ（Bowlby, J.）が登場するまでは，「子どもがなぜ養育者に対してきずなを形成するのか」について次のように考えられていました。すなわち，養育者は，子どもの基本的欲求（たとえば，飢えや渇きといった生理的欲求）を満たしてくれる存在です。子どもはこの基本的かつ重要な欲求（一次的欲求）を満たしてくれる養育者と繰り返し接することによって，二次的に（派生的に）きずなを学習するのです（図6.2.1）。この考え方は二次的動因説と呼ばれ，子どもの発達にとって重要なものは，きずなではなく基本的欲求であると信じられていました。極端に言えば，食べ物をくれない人に対しては，子どもはきずなを形成しないのです。

▷1　社会性
私たちは，社会で生きていくため，他の人と何らかの関わりを持たなければなら

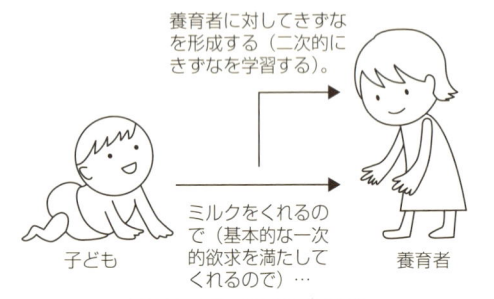

図6.2.1　二次的動因説

② 食べ物（栄養）は，きずなよりも大切って本当？：二次的動因説の否定

○インプリンティング
　ローレンツ（Lorenz, K.）は，カモやガンなどの鳥のヒナが，生後間もない時期に初めて出会った対象の後を追い続けることを発見しました（図6.2.2）。この現象は，インプリンティング（刷り込み）と呼ばれます。鳥のヒナには，（愛着にとって重要な）特定の対象にくっつこうとする傾向が生

図6.2.2　ローレンツを追うカモ
出所：岡村一成・浮谷秀一（編）2000　青年心理学トゥディ　福村出版　p.25.

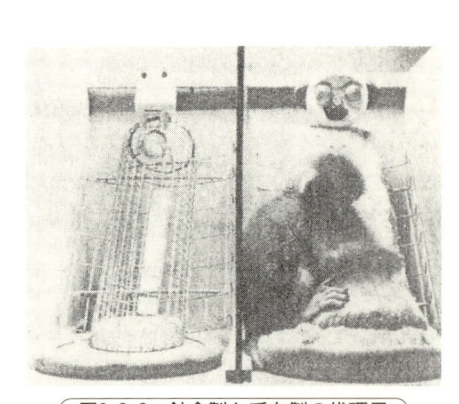

図6.2.3　針金製と毛布製の代理母
出所：川島一夫（編）2001　図で読む心理学　発達（改訂版）福村出版　p.86.

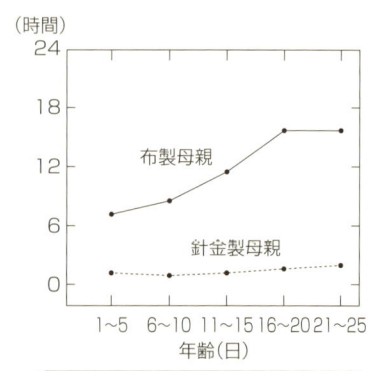

図6.2.4　代理母と過ごした時間
出所：川島，2001, p.87.

まれつき備わっているのです。

一見すると、ヒナは、基本的欲求（たとえば、食欲）を満たしてもらうために、親の後を追うように思えます（つまり、二次的動因説が支持されているように感じられます）。しかしじつは、このインプリンティングは、満腹時といった基本的欲求が十分に満たされた状況においても起こります。つまり、鳥のヒナでさえも、食欲とは無関係に、他者にくっつこうとするのです。

図6.2.5 恐怖刺激
出所：川島, 2001, p.87.

図6.2.6 恐怖刺激が与えられたときの行動
出所：川島, 2001, p.87.

○ ハーロウの代理母の実験

ハーロウ (Harlow, H. F.) は、生後間もないうちに、母ザルから子ザルを引き離し、子ザルが、①針金製の代理母（温かく包んでくれないが、ミルクはくれる）と、②毛布製の代理母（温かく包んでくれるが、ミルクはくれない）のどちらとより長い時間一緒にいるのかを観察しました（図6.2.3）。もし二次的動因説が正しければ、食べ物をくれる母親（＝針金製の代理母）より長い時間一緒にいるはずです。しかし実際には、子ザルは多くの時間を毛布製の代理母の下で過ごしました（図6.2.4）。

さらに、子ザルに恐怖を与えたとき（図6.2.5、クマのおもちゃが太鼓を叩く）、子ザルは安心・安全を求めて、毛布製の代理母へしがみつきました（図6.2.6）。つまり、子ザルに慰めや安心感を与える存在は、針金製ではなく毛布製の代理母だったのです。栄養摂取は発達にとって非常に大切ですが、他者との間に愛着を形成することもまた発達にとっては非常に大切なことなのです。

3 様々な発達を支える基盤としての愛着の重要性

ヒトは、心身の安全が保証されてはじめて、外界に対して積極的な探索を行います。つまり、子どもは養育者を安心の基地（安全や安心感を得られる活動の拠点）として外界を探索します。そして、そこでの経験を通して、様々なことを学習します。つまり、愛着は「様々な発達を支える基盤（ベース）」となるために、発達にとって非常に重要なのです。

たとえば、子どもは養育者を安心の基地としながら、自己や他者の様々な面についての理解を行い、他者との対人交渉を行います（＝自他理解という認知発達および社会性の発達の基盤）。子どもと養育者の愛着についての相互作用は繰り返されることで、パーソナリティの核を作り、その後の生涯にわたってその人の同一性を支えます（Ⅵ-9 参照）。また、愛着には、精神的健康における、プロテクト・ファクターやリスク・ファクターとしての働きもあります。

（中尾達馬）

ない。社会性とは、簡潔に述べれば、「人間関係を形成し、そしてその関係を維持する能力」のことである。

▷2 パーソナリティ
いわゆる「性格」や「人格」のことである。心理学領域では、近年、性格や人格ではなく、パーソナリティという語を用いることが多い。

▷3 プロテクト・ファクター／リスク・ファクター
たとえば、肺ガンと喫煙の関係では、喫煙がリスク・ファクターに当たる。つまり、喫煙は、喫煙したからといって100％必ず肺ガンになるわけではないが、単独で、あるいは、他の要因と組み合わさって、肺ガンになる危険性を増す要因となる。なお、プロテクト・ファクターは、リスク・ファクターとは逆に、肺ガンになる確率を低下させる（肺ガンから人を保護する）要因のことである。

参考文献
数井みゆき・遠藤利彦（編）2005　アタッチメント――生涯にわたる絆　ミネルヴァ書房

Ⅵ 親子の情動的関係：愛着と発達・愛着の発達

3 マターナル・デプリベーションと情動発達の歪み

① ホスピタリズムとマターナル・デプリベーション

○ホスピタリズム（hospitalism：施設病，施設症）※1

20世紀初頭から，孤児院や乳児院といった施設では，なぜか子どもが病気にかかる割合や死亡する割合が高く，また心身の発達（たとえば，体重増加，言語発達）に遅れが見られがちでした。そのため，これらの症状全般は，ホスピタリズム（施設へ長期間収容されることによって生じる精神身体面の異常）と呼ばれました。小児科医たちは，その原因が栄養の問題や医学的管理にあると考えました。しかし，これらが改善されると，死亡率は減少しましたが，今度は，生き残った子どもたちの情緒の不安定さや発達の遅れという問題が浮上してきました。

○マターナル・デプリベーション（maternal deprivation：母性的養育の剥奪）

ボウルビィ（Bowlby, J.）はそのころ，自身の臨床経験に基づき，「子どものパーソナリティ発達に及ぼす母子分離の影響」に関心を持っていました。※2 このような研究上の関心を持っていた彼に，WHO（世界保健機構）は第二次世界大戦後，戦争孤児たちの精神衛生（≒ホスピタリズム）に関する報告書の作成を依頼しました。この依頼を受け，ボウルビィは，欧米諸国の戦争孤児収容施設の調査結果を整理・統合し，『乳幼児の精神衛生』※3 としてその成果を報告しました。

この著書においてボウルビィは，ホスピタリズムの原因は，マターナル・デプリベーション（母性的養育の剥奪）であると主張しました。彼は，マターナル・デプリベーションとは，「乳幼児期に母親的な人物（母親，母親代わりの人）から世話や養育を十分に施されないこと」であり，①子どもたちは，身体的・知的・情緒的・社会的発達においてその悪影響を受け（たとえば，歩行できない，知能指数が低下する，安定した人間関係が構築できない），②その悪しき影響力は，子どもたちの後の人生において長期的である，という警鐘を鳴らしました。

② マターナル・デプリベーションによって生じる歪み

○反社会的行動（盗癖）についての研究※4

ボウルビィは，盗癖という反社会的行動を示した5〜16歳の子どもの生育歴を調査しました。その結果，①盗癖児群には，普通の情緒・恥・責任の感覚が欠如した愛情欠損的性格（Affectionless）を持つ者が多いこと（盗癖児群＝44名中14名，統制群＝44名中0名），②盗癖がありかつ愛情欠損的性格を持つ者には，

▷1 ホスピタリズムの代表的な実証研究の一つに，「ホスピタリズム」と題されたスピッツ（Spitz, R. A.）の一連の研究がある。彼の報告は，乳幼児期に孤児院に収容された子どもの多くが死亡し（2年間で，91名中34名が死亡），仮に生き残ったとしても発達が著しく遅れ（38.1％の子どもが歩くことができず，28.6％の子どもが言葉をまったく話せなかった）というものだった。そのため，乳幼児研究者や施設関係者に大きな衝撃を与えた。

▷2 ボウルビィによれば，母子分離が長期に及ぶと，子どもは「抵抗→絶望→再体制化」という過程をたどる。つまり，子どもは，はじめは母親を捜そうと必死になり（母子分離に抵抗し），次に母親を見つけることができないので絶望し，その後は，平静に戻ったかのように，まるで何事もなかったかのように振る舞う。

▷3 『乳幼児の精神衛生』 WHOのモノグラフである『Maternal care and mental health』（Bowlby, 1951）の邦訳が，ジョン・ボウルビィ, J.（黒田実郎訳）『乳幼児の精神衛生』岩崎学術出版社，1967年である。

▷4 反社会的行動 社会的な決まり（ルール）から逸脱した行動でありかつ犯罪のように誰かに迷惑をかける行動のことである。

養育者との離別経験を持つ者が多いこと（14名中12名）が示されました（表6.3.1）。つまり，マターナル・デプリベーションの結果，人は愛情欠損的になり，盗癖という反社会的行動を行う可能性があるのです。

○ルーマニアの孤児についての研究

ある研究で，悪政で知られたチャウシェスク政権下のルーマニアの孤児院で育った乳幼児について検討したところ，子どもたちは健全で安定した里親家庭に移されても，里親との間に深い持続的な関係を構築できず，誰に対しても無差別的態度を示す（その場限りの利益に従って様々な人と日和見・ご都合主義的関係を繰り返す）など，心理社会的な面で種々の問題を抱えやすいことがわかりました。

3 マターナル・デプリベーション概念の功罪

ボウルビィの「マターナル・デプリベーション」という考え方は，当時の劣悪な施設環境の改善や孤児に対する社会的政策の推進という点では，貢献が非常に大きかったと言えます。しかしその一方で，その是非や功罪を巡って様々な議論を巻き起こしたこともまた事実です。

○ラターの批判

ラター（Rutter, M.）は，多くの研究資料に基づいてマターナル・デプリベーションに関連する様々な社会的・心理的メカニズムを再検討しました。そして彼は，たとえば，①施設児の言葉の遅れの原因＝言語的刺激の欠如，②施設児の身長の伸びの低さの原因＝食物摂取の不足であり，ホスピタリズムの症状の原因すべてが母親の不在や曖昧な情緒的要因ではないと主張しました。つまり，ホスピタリズムの真の原因が母性的人物の不在であったのか，施設の生活環境にあったのかについては，まだまだ議論の余地があったのです。

○母親さえいれば大丈夫？

マターナル・デプリベーションとは，裏返せば，子どもの発達に母親的養育が必要不可欠であることを意味します。そして，愛着理論には，子どもはまず1～3人の少数の大人との間で愛着を発達させるという「モノトロピー」（monotoropy）という前提があります。じつは，これらが母親は一人で育児をすべきである，母親さえいれば子どもは育つ，といった多大な誤解を生み出しました。しかし，母親的養育とはあくまで比喩であって，ボウルビィは，継続一貫して子どもの養育に当たる大人の存在が重要であるということを述べたかったのです。もちろんその大人は，父親でも，祖父母でも，保育者でもかまいません。

（中尾達馬）

表6.3.1 盗癖児と統制群（盗癖性のない情緒的問題児）における離別と愛情欠損的性格との関係

	盗癖群		統制群
	愛情欠損的	その他	
離別経験あり	12	5	2
離別経験なし	2	25	42
合計	14	30	44

（注1）離別経験とは，生後5年間に養育者との完全な離別か長期間の別離（6ヶ月以上）を経験した者。
（注2）愛情欠損的性格とは，通常の情緒，恥あるいは責任の感覚が欠如した性格のことである。
出所：ボウルビィ，J. 黒田実郎（訳）1967 乳幼児の精神衛生 岩崎学術出版社 p.27.

なお，社会的な決まりから逸脱した行動ではあるが，あまり他人に迷惑をかけない行動は，非社会的行動である。

▶5 Nelson, C. A., Fox, N. A., & Zeanah, C. H. 2014 *Romania's abandoned children : Deprivation, brain development, and the struggle for recovery.* New York : Harvard University Press.

▶6 ラターの批判
ラターは，母性的養育の剝奪について再検討した結果を，『母親剝奪理論の功罪——マターナル・デプリベーションの再検討』（北見芳雄訳，誠信書房，1979年）としてまとめた。彼は，ホスピタリズムの原因を母性的養育の欠如ではなく全般的な「刺激の欠如」として捉えている。

参考文献

数井みゆき・遠藤利彦（編著）2005 アタッチメント——生涯にわたる絆 ミネルヴァ書房

金子龍太郎 1996 実践発達心理学——乳幼児施設をフィールドとして 金子書房

庄司順一・奥山眞紀子・久保田まり 2008 アタッチメント——子ども虐待・トラウマ・対象喪失・社会的養護をめぐって 明石書店

Ⅵ 親子の情動的関係：愛着と発達・愛着の発達

4 愛着の成り立ちを支えるもの

▷1 モーガン (Morgan, E.) の試算によれば、ヒトに見合った在胎期間は約20ヶ月である。だが、直立歩行によって骨盤に構造的変化が生じ、産道が縮小化したことによって、実際にはヒトの赤ちゃんは約10ヶ

1 ヒトの赤ちゃんは，ハンディキャップを抱えている？

ヒトの赤ちゃんは，他の動物に比べて，非常に未成熟な状態で生まれてきます。たとえば，ウマの子どものように，生まれた直後から自分の足で立ち上がり，母親のそばに行くことができません。つまり，自分一人の力では愛着の重要な要素である「近接性」を得ることができないのです。

このような意味で，ヒトの赤ちゃんは，愛着形成に関して，他者依存的な状態からスタートするというハンディキャップを抱えています。しかし，ヒトの赤ちゃんがただ，大人からの近接をひたすら待つだけの存在であるかというと，必ずしもそうではないようです。

2 子ども側の要因：大人を引き寄せ，関わらせる能力

○ヒトらしいものに注意を向ける傾向：社会的注視

ヒトの赤ちゃんは，非常に早い段階から，"ヒトらしいもの"に対して注意を向ける傾向があります（たとえば，顔，図6.4.1）。赤ちゃんが誰かをじっと見ているとき，赤ちゃんはその人に対して実際には何か特別な感情や考えを抱いていないかも知れません。しかし，大人が赤ちゃんから視線を向けられた場合には，その視線の背後に何らかの心の状態を想像してしまいます。そして，赤ちゃんの視線を自分だけに対する何らかのシグナル（メッセージ，合図，信号）だと解釈し，赤ちゃんの方へ引き寄せられていきます。

図6.4.1 図形パターンに対する乳児の好み
出所：川島一夫（編）2001 図でよむ発達心理学 改訂版 福村出版 p.22.

○泣き・笑い：社会的発信

ヒトの赤ちゃんが，本当に喜び・怒り・悲しみ・恐れといった感情"そのもの"を体験しているかどうかはわかりません。しかし，赤ちゃんがそれ"らしき"表情を示したり，声を出したりするだけで，大人はほぼ確実に，それが赤ちゃんの心の状態の表れであると解釈し，子どもに対して何らかの関わりを行ってしまいます。

たとえば，ヒトの赤ちゃんはふいに笑ったような表情を見せることがあります（図6.4.2）。すると，大人は赤ちゃんに何か良いことが起きたと思い，ついつい今までより子どもに関わってしまいます。ちな

図6.4.2 富田康子氏により生まれた日に撮影された新生児微笑
出所：桜井茂雄（編）2001 心理学ワールド入門 福村出版 p.101.

みに、「あら、うれしいの」といったように、つい子どもの表情や行動の背後に心的状態を読みとってしまう傾向を「マインド・マインデッドネス（mind-mindedness）」と呼びますが、これは、大人側の養護感情の成立を支える要因の一つです。

● 真似・模倣：社会的共振性

生まれて間もない赤ちゃんは、大人の表情をそっくりそのまま真似することがあります（図6.4.3）。このように自分の動きにタイミング良く応じてくれる赤ちゃんは、周りの大人にとっては特別な存在として感じられ、その結果、大人はやはり子どもに対して積極的に関わろうとします。

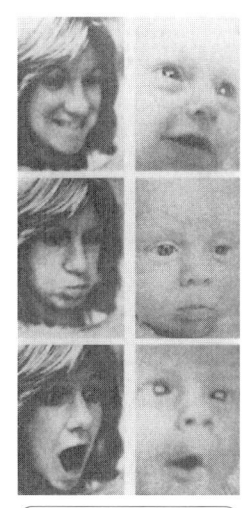

図6.4.3 乳児の表情模倣（Field et al., 1982）

出所：川島一夫（編）2001 図でよむ発達心理学 改訂版 福村出版 p.60.

3 養育者側の要因：子どものシグナルに応える能力

○ 幼児図式

ヒトの赤ちゃんの愛着形成は、他者依存的状態からスタートします。そのため、今まで見てきたような赤ちゃんの行動が有効に働くためには、大人側にそれに適切に応じるための能力が備わっていなければなりません。

図6.4.4を見てください。右と左の絵のどちらの方がかわいいですか。そして、どちらに対して、よりお世話をしようと思いますか。

じつは、ヒトの赤ちゃん（あるいは他の鳥類や動物の子）の顔や身体の特徴は、大人の愛情や関わりを強く引き出します。このような幼児図式（赤ちゃんらしさ）に、大人はなぜか惹かれ、関わりを持ってしまうのです。つまり、大人側にも子どものシグナルに応えるためのプログラムが生得的に備わっているのです。ある研究者は、このプログラムのことを直感的育児（intuitive parenting）と呼び、このプログラムがあるからこそ、人は、誰に教えられるわけでもなく、直感的に（何も考えずすぐに）育児を行うことが可能であると考えています。　（中尾達馬）

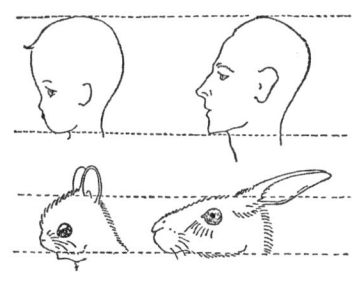

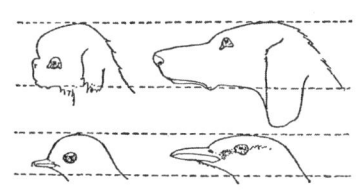

図6.4.4 人間の養育反応を解発する図式

(注) 左側は「かわいらしい」と感じられる頭部のプロポーション（幼児、ネズミ、チン、ロビン）、右側は養育衝動を解発しない近縁のもの（大人、ウサギ、猟犬、コウライウグイス）である。ヒト以外の図については、左側＝幼児（子ども）、右側＝大人ではない。

出所：ローレンツ、K. 丘直通・日高敏隆（訳）1989 動物行動学Ⅱ 思索社 p.187.

月で（未成熟な状態で）生まれてくる。つまり、ポルトマン（Portmann, A.）が言うようにヒトは生理的早産なのである（エレイン・モーガン　望月弘子（訳）1998 子宮の中のエイリアン——母と子の関係はどう進化してきたのか　どうぶつ社）。

▷2　幼児図式
幼児図式とは、赤ちゃんに特有の身体的特徴のことで、具体的には、比較的大きな頭、大きなアーチ状の額、大人に比べて顔の下の方に位置するつぶらで黒目がちな目、ふっくらとした頬、短く太った四肢、ぎこちない運動、柔らかく弾力的な体表、丸みを帯びた体型などを指す。幼児図式を誇張した代表的なキャラクター例は、ミッキーマウスである。

▷3　幼児図式（解発刺激）は、大人の中にもともと遺伝的に組み込まれていた養育に関する生得的プログラムを、解かし発現させる。このメカニズムは、ローレンツ（Lorenz, K.）によって生得的解発機構と呼ばれた。乳児側の独特の身体的特徴と、それをなぜか魅力的に感じてしまう大人側の心理がうまく合致するように共進化してきたと言える。

参考文献

数井みゆき・遠藤利彦（編著）2005 アタッチメント——生涯にわたる絆　ミネルヴァ書房

遠藤利彦・佐久間路子・徳田治子・野田淳子　2011 乳幼児のこころ——子育ち・子育ての発達心理学　有斐閣

Ⅵ　親子の情動的関係：愛着と発達・愛着の発達

5　愛着の起源と発達

1　いつから子どもは養育者に対して愛着を持つの？

そもそも私たちは，子どもが誰かに対して愛着を持っている（あるいは持っていない）ということを，どういう基準や条件に照らし合わせて判断できるのでしょうか。愛着の定義（Ⅵ-1 参照）を手がかりに考えてみましょう。

ボウルビィ（Bowlby, J.）によれば，愛着を定義する上で必要不可欠な要素は，①危機的状況で，②特定対象に対して，③近接性を探索・維持することです。私たちが子どもに「あなたは○○に愛着を持っているの？」と質問し，その答えをもって愛着形成の有無を判断することは困難です（とくに幼い子どもの場合）。そのため，子どもの行動を手がかりに，先程の3要素が満たされているかどうかを判断せざるを得ません。このように考えると，(a)近接性：くっつこうとするかどうか，(b)分化した反応：たとえば，養育者と養育者以外では子どもの反応が違うかどうかという2点に基づき，愛着形成の有無を判断することになりそうです。

○近接性：いつから子どもは近接をはじめるの？

ボウルビィによれば，人には生まれつき「他者にくっつこうとする傾向」が備わっています。そのため，誕生直後からすでに，子どもは誰かに対して近接しはじめようとすると言えます。

○分化した反応：いつから子どもは相手によって反応が変わるの？

子どもの反応が相手によって明らかに違うと感じるのは，子どもが「人見知り」をはじめたときと言えます（だいたい生後6～8ヶ月）。そのため，ボウルビィは，明らかに子どもの反応が分化したと言える時期は，人見知りの時期以降であると考えました。[1]

したがって，近接性と分化した反応の2つを満たしたときに愛着が成立すると考えるならば，子どもが人見知りをはじめる時期＝愛着の起源となります。[2]

2　愛着はどのような道筋で発達していくの？

○ボウルビィが仮定した標準的な愛着の発達プロセス（表6.5.1）

"分化した反応"が生じることは，愛着の発達に伴った変化の一つです（第1～第3段階）。では，ほかにはどのような変化があるのでしょうか。

最早期の愛着は基本的に，乳児の状態に敏感に配慮し，近接し保護してくれ

▷1　子どもの分化した反応は，急激に起こるものではなく，徐々に起こる。そのため，厳密な意味で，いつ分化した反応がはじまったのかを決定することは困難である。ただし，少なくともある時期からは明らかに反応が分化したということはできる。そこでボウルビィは，この立場から愛着の起源を考えた。

▷2　養育者とそれ以外の大人に対しての乳児の分化した反応を，生理的指標（たとえば，サーモグラフィによる顔面皮膚温度の変化）によって捉える研究者もいる（水上啓子　1992　乳児期初期愛着の解析　東洋・繁多進・田島信元（編）発達心理学ハンドブック　福村出版　pp. 1289-1292. 小林登　1996　赤ちゃんの心をサーモグラフィで測る――母子分離場面による顔面皮膚温度の変化と愛着　周産期医学，26, 87-92.）。この立場の研究者は，愛着の起源がボウルビィの想定よりももっと早く生後2～4ヶ月であると考えている。

136

表6.5.1　標準的な愛着の発達プロセス

第1段階　人物の識別を伴わない定位と発信，愛着形成の前段階
　　　　　（出生～少なくとも生後8週ころ，たいていは12週ころ）
　人を識別する能力に限界があるので，養育者だけでなく，近くにいる人すべてに対して定位（追視する，声を聴く，手を伸ばす）や発信（泣く，微笑む，喃語を発する）といった愛着行動を向ける。相手が誰であっても，人の声を聞いたり人の顔を見たりすると泣きやむことがよくある。

第2段階　一人または数人の特定対象に対する定位と発信，まさに愛着を形成している段階
　　　　　（生後12週ころ～6ヶ月ころ）
　愛着行動を向ける対象が，日常よく関わってくれる人へと絞り込まれてくる。養育者の声や顔に対してよく微笑んだり声を出したりするなど，人によって異なる反応を示すようになる。

第3段階　発信や移動による特定対象への近接性維持，愛着が明らかに形成された段階
　　　　　（生後6ヶ月～2，3歳ころ），この段階以降，はっきりと親子間に愛着が成立していることがわかる
　人の識別がさらに明確になり，相手が誰であるかによって反応が明らかに違ってくる。養育者が主たる愛着対象の場合，それ以外の家族などの見慣れた人は二次的な（副次的な）愛着対象になるが，見知らぬ人に対しては，警戒心を持ったり，関わりを避けたりするようになる（例：人見知り）。
　ハイハイや歩行による移動が可能になるため，反応レパートリーが急速に増大する（養育者が離れるときに後追いする，養育者が戻ってきたときに歓迎行動を示す）。そして，養育者を安心の基地として周囲の探索を行うなど，以前には見られなかった行動が多数見られるようになる。
　認知発達に伴い，養育者の行動や自分がおかれた状況に合わせて，自分の行動プランを意図的に調整・変更できるようになる。ただし，まだ他者の感情や意図を適切に読み取ることが難しいので，相手の行動を変化させるために自分がどうすればよいのかについて十分な見通しを持ってはいない。

第4段階　目標修正的協調性の形成（3歳前後～）
　自分と養育者の相互の感情や意図の一致・不一致を敏感に察知し，養育者との間で協調的な相互交渉を行うことができるようになる。すなわち，自分と相手の両方に都合がよくかつ自分の安全・安心感を最大限に満たすことができるように，愛着行動を適宜柔軟に修正することができるようになる。
　子どもの愛着行動は，頻度・強度ともに，大幅に減少していく。子どもの中に，愛着対象は自分を保護し助けてくれる存在であるという確信・イメージ（＝内的作業モデル，VI-8 参照）が内在化され，それが安心の拠り所として機能するようになる。そのため，実際に愛着行動を起こさなくても，また，短時間ならば愛着対象が不在であっても，子どもは社会情緒的に安定して振る舞うことが可能になる。

出所：数井みゆき・遠藤利彦（編）2005　アタッチメント——生涯にわたる絆　ミネルヴァ書房　pp.15-17. 井上健治・久保ゆかり（編）1997　子どもの社会的発達　東京大学出版会　p.11. に基づき作成

る他者の存在を前提として成立します。そのため，最早期の愛着は"受動的"だと言えます。しかし，心身の発達に伴って子どもは徐々に"能動的"に他者に対して関わるようになります（第1～第3段階）。

　さらに，認知能力の発達に伴って，実際に自分のそばに養育者がいなくてもその姿を思い浮かべるだけで，それを心の拠り所として落ち着くことができるようになります。つまり，"物理的近接"（実際にくっつくこと）だけでなく，"表象的近接"（母親のイメージへの近接）によっても，安心・安全感を得ることができるようになります（第3～第4段階）。

▶3　VI-9 も参照。

○対人関係の広がりに伴った愛着のひろがり

▶4　VI-9 参照。

　今までは，幼少期を中心に「たての愛着」（親子：頼る関係）についてその発達を見てきました。しかし，加齢に伴った対人関係の広がりに応じて，人の愛着関係は，複雑さを増し，多様化していきます。つまり，人はその後に，「ななめの愛着」（きょうだい）や「よこの愛着」（友人，恋人，夫婦：頼り頼られる関係）を形成していきます。

（中尾達馬）

Ⅵ　親子の情動的関係：愛着と発達・愛着の発達

6　愛着の個人差

▷1　エインズワース
（Ainsworth, M. D. S.：1913-1999）
愛着理論はボウルビィ（Ⅵ-1 参照）とエインズワースによって確立されたと言われるほど，愛着理論の確立に多大な貢献をした人物である。その生涯については，Main, M. 1999 Mary D. Salter Ainsworth：Tribute and Portrait. *Psychoanalytic Inquiry*, 19(5), 682-736. などを参照のこと。

▷2　適用年齢は，1歳～1歳半（Ⅵ-5 の第3段階に相当）である。この年齢以降の測定方法については，数井・遠藤（2005）を参照のこと。

▷3　Ainsworth, M. D. S., Blehar, M. C., Waters, E., & Wall, S. 1978 *Patterns of attachment: A psychological study of the strange situation.* Hillsdale, NJ: Erlbaum.
　愛着分類は，A～Dの4分類，A～Cの3分類，安定型（B）と不安定型（A，C，D）の2分類のいずれかで示されることが多い。3分類の場合，その割合は，A＝22％，B＝66％，C＝12％，4分類の場合，A＝15％，B＝62％，C＝9％，D＝15％となる。
　van IJzendoorn, M. H., Schuengel, C., & Bakermans-Kranenberg, M. J. 1999 Disorganized attach-

1　愛着の個人差をどうやって測定するの？

　エインズワース（Ainsworth, M. D. S.）が開発したストレンジ・シチュエーション法（新奇場面法）は，生涯にわたる愛着の個人差をとらえる際の枠組み（ひな形）となります。

○ストレンジ・シチュエーション法

　ストレンジ・シチュエーション法は，日常生活の中で子どもがよく出合う出来事（新奇場面，分離と再会）に基づき作成されています。たとえば，母親が赤ちゃんを連れて，友人（赤ちゃんにとっては見知らぬ大人）を訪ねるとします。そこで母親は，友人に赤ちゃんの面倒を見てもらいながら，その場を離れることがあるでしょう。そのため，ストレンジ・シチュエーション法では，子どもに対して見知らぬ場所・見知らぬ人・二度の分離・再会といったマイルドなストレスを与えます（図6.6.1）。そして，(1)分離場面で，泣きや混乱を示すかどうか，(2)再会場面で，すぐに落ち着ける（いつまでもぐずぐずしない）かどうか，(3)実験室探索（たとえば，部屋の隅のおもちゃで遊ぶ）の際に，養育者を安心の基地として用いるかどうか，に基づき，子どもの愛着の質を，基本的には，A・B・C 3つのタイプに分類します（表6.6.1）。

○無秩序・無方向型（Dタイプ）の発見

　じつは，ストレンジ・シチュエーション法開発当初から，3つのタイプに分類不可能な子どもが存在していました（とくに，

図6.6.1　ストレンジ・シチュエーション法の8場面

① 実験者が母子を室内に案内，母親は子どもを抱いて入室。実験者は母親に子どもを降ろす位置を指示して退室。（30秒）
② 母親は椅子にすわり，子どもはオモチャで遊んでいる。（3分）
③ ストレンジャーが入室。母親とストレンジャーはそれぞれの椅子にすわる。（3分）
④ 1回目の母子分離。母親は退室。ストレンジャーは遊んでいる子どもにやや近づき，はたらきかける。（3分）
⑤ 1回目の母子再会。母親が入室。ストレンジャーは退室。（3分）
⑥ 2回目の母子分離。母親も退室。子どもはひとり残される。（3分）
⑦ ストレンジャーが入室。子どもを慰める。（3分）
⑧ 2回目の母子再会。母親が入室しストレンジャーは退室。（3分）

出所：繁多進 1987　愛着の発達――母と子の心の結びつき　大日本図書　p.79.

表6.6.1 ストレンジ・シチュエーション法における子どもの行動特徴

回避型 （Aタイプ）	分離：泣いたり混乱したりしない。 再会：目をそらしたり、養育者を避けようとする。養育者が抱っこしようとしても子どもの方から抱きつくことはなく、養育者が抱っこするのをやめてもそれに対して抵抗を示さない。 探索：養育者と関わりなく行動することが多い（養育者を安心の基地としてあまり使用しない）。
安定型 （Bタイプ）	分離：多少の泣きや混乱を示す。 再会：養育者との身体接触を積極的に求め、すぐに落ち着く。 探索：養育者を安心の基地として、積極的に探索活動を行う。
アンビヴァレント型 （Cタイプ）	分離：非常に強い不安や混乱を示す。 再会：養育者に身体接触を求めていくが、その一方で怒りながら養育者を激しくたたいたりする（近接と近接への抵抗という相反する行動を行う）。 探索：全般的に行動が不安定で、随所に用心深い態度が見られる。養育者を安心の基地として探索活動を行うことがあまりできない（養育者に執拗にくっついていようとすることが多い）。
無秩序・無方向型 （Dタイプ）	何がしたいのか、どこへ行きたいのかが読み取りづらいタイプである（そのため、無秩序・無方向型と呼ばれる）。たとえば、顔をそむけながら養育者に近づこうとしたり、養育者にしがみついたかと思うとすぐに床に倒れ込んだりする。また、不自然でぎこちない動きを示したり、タイミングのずれた場違いな行動や表情を見せたりする。さらに、突然すくんでしまったり、うつろな表情を浮かべつつじっと固まって動かなくなってしまったりすることもある。

出所：数井みゆき・遠藤利彦（編）2005 アタッチメント――生涯にわたる絆 ミネルヴァ書房 p.53. の一部を要約

被虐待児、低所得者層のように、多重な問題を抱えたハイ・リスク・サンプルにおいて）。そこでメインとソロモン（Main, M., & Solomon, J.）は、タイプ分けに疑問が残るとされていた子ども200人分のビデオテープを再検討し、無秩序・無方向型という新たな分類カテゴリーを提案しました（表6.6.1）。

❷ 安全な避難所・安心の基地、組織化・未組織化という視点

ストレンジ・シチュエーション法では、はじめにA・B・Cの3分類を行い、次に、同じケースについてD型かどうかの判定を行います。大雑把に言えば、(1)BとA・Cの違いは、養育者を安全な避難所や安心の基地としてうまく利用できるかどうか、(2)養育者をうまく利用できないAとCの違いは、養育者の特徴に合わせて、養育者との距離がこれ以上離れないように（そうすることで安心感を得ようと）、愛着行動や情動表出を最小限に抑え込むのか、逆に、これらを最大限に表出するのか、です。

一方、(3)D型かどうかは、ストレンジ・シチュエーション法で不可解な行動が観察され、それを通して愛着が無秩序・無方向型の状態（未組織化の状態）だと認定できるかどうか、という基準で判定されます。不可解な行動が観察されない場合や観察されたとしてもそれを通して愛着が未組織化状態だとは認定できない場合には、D型とは判定されません。不安や恐れといったネガティヴ情動の静穏化（安心感を得ること）がうまくできるかどうかについては、B（すぐに静穏化）＞A・C（時間はかかるが、最終的には静穏化）＞D（静穏化できていない可能性あり）であると言われています。

（中尾達馬）

ment in early childhood : Meta-analysis of precursors, concomitants, and sequelae. *Development and Psychopathology*, 11, 225-249.

▷4 **マイルドなストレス**
愛着行動は、不安や恐れを感じたときに活性化される（Ⅵ-1参照）。言い換えると、与えるストレスが弱すぎると、子どもはみんな養育者にくっつかないし、逆に強すぎると、みんな養育者にくっついてしまう。そのため、ストレンジ・シチュエーション法では、行動の判別ができるように、見知らぬ場所、養育者が近くにいない、といった子どもが自分一人ではどうすることもできないが、強度自体はマイルドな（ほどほどの、控え目な）ストレスを子どもに与える。

▷5 Main, M., & Solomon, J. 1990 Procedures for identifying infants as disorganized/disoriented during the Ainsworth Strange Situation. In M. T. Greenberg, D. Cicchetti & E. M. Cummings (Eds.), *Attachment in the preschool years*. Chicago : University of Chicago Press. pp. 161-182.

▷6 Ⅵ-7参照。

参考文献

数井みゆき・遠藤利彦（編著）2005 アタッチメント――生涯にわたる絆 ミネルヴァ書房

北川恵・工藤晋平（編著）2017 アタッチメントに基づく評価と支援 誠信書房

Ⅵ 親子の情動的関係：愛着と発達・愛着の発達

7 愛着の個人差を規定する諸要因

▷1 Lyons-Ruth, K., & Jacobvitz, D. 2008 Attachment Disorganization: Genetic factors, parenting contexts, and developmental transformation from infancy to adulthood. In J. Cassidy & P. R. Shaver (Eds.), *Handbook of attachment: Theory, research, and clinical applications*, 2nd ed. New York: Guilford Press, pp. 666-697.

▷2 下位類型
図6.7.1からもわかるように，A₁とA₂では，A₁の方がBタイプより遠くに配置されているため，回避型の特徴がより顕著である

1 氏か育ちか

「氏か育ちか」（遺伝 vs. 環境）という図式で考えるならば，愛着理論では，「氏」について個人差を仮定していません。つまり，遺伝というレベルでは，人という種にはみんな同じような「愛着」プログラムが組み込まれていると考えます（Ⅵ-1参照）。そのため，愛着の個人差を規定する要因としては，「育ち」の部分（養育者側の要因）を重視します。

2 養育者側の要因：養育者の子どもに対する関わり方

ボウルビィ（Bowlby, J.）やエインズワース（Ainsworth, M. D. S.）は，「養育者の関わり方の違い」が愛着の個人差を規定する上でキーになると考えました。すなわち，養育者が子どもの状態や欲求にどれくらい敏感に気づくことができるのか，そしてその上で子どものシグナルや行動にどのくらい適切に反応できるのかということです。

エインズワースは，各家庭における日常の母子相互作用を観察して，安定型・アンビヴァレント型・回避型（Ⅵ-6参照）の子どもの養育者の関わり方の特徴をまとめました（表6.7.1）。この表から，回避型の子どもの母親＝拒否的な関わり，安定型の母親＝敏感な関わり，アンビヴァレント型の母親＝一貫性のない関わりという特徴が見えてきます。

無秩序・無方向型の子どもの養育者には，"（自ら）おびえ／（他者を）おびえさせる"という特徴があります（表6.7.1）。

表6.7.1 A～Dタイプの子どもを持つ養育者の日常的な関わり

回避型 （Aタイプ）	子どもの働きかけに拒否的に振る舞うことが多く，子どもと対面しての微笑みや身体接触が少ない。子どもが苦痛を示したりすると，かえってそれをいやがり，子どもを遠ざけてしまう場合もある。また，子どもの行動を強く統制しようとする働きかけが多い。
安定型 （Bタイプ）	子どもの欲求や状態の変化などに敏感であり，子どもに対して過剰なあるいは無理な働きかけをすることが少ない。また，子どもとの相互交渉は全般的に調和的かつ円滑で，遊びや身体接触を楽しんでいる様子が多く観察される。
アンビヴァレント型 （Cタイプ）	子どもが出す各種愛着のシグナルに対して敏感ではなく，子どもの行動や感情状態を適切に調整することがあまり得意ではない。子どもとの間で肯定的な相互交渉を持つことは持つが，それは子どもの欲求に応じたものというよりも養育者の気分や都合に合わせたものであることが多い。結果的に，子どもが同じことをしても，それに対する反応が一貫性を欠いたり，応答のタイミングが微妙にずれたりする。
無秩序・無方向型 （Dタイプ）	Dタイプの子どもの養育者の特質に関する直接的な研究結果は未だに数少ない。しかし，Dタイプの子どもの養育者は，被虐待児であったり，抑うつなどの感情障害を持っている場合が非常に多い。そのため，次のような養育者像が推察される。（多くはトラウマなどの心理的に未解決な問題を抱え）精神的に不安定なところがあり，突発的に表情や声あるいは言動一般に変調を来し，パニックに陥ることもある。言い換えると，子どもをひどくおびえさせるような行動を示すことが多く，通常一般では考えられないような（虐待行為を含めた）不適切な養育を施すこともある。

出所：数井みゆき・遠藤利彦（編著）2005 アタッチメント──生涯にわたる絆　ミネルヴァ書房　p.53. の一部を要約

無秩序・無方向型の子どもの養育者の多くは過去に何らかのトラウマを抱えています。そして，日常生活において突然その記憶にとりつかれ，自らおびえまた混乱します（たとえば，うつろに立ちつくす，突然子どものシグナルに反応しなくなる）。さらに，このおびえ混乱した様子は，子どもを強くおびえさせます。

③ 子ども側の要因：気質

生まれつきぐずぐずしやすい子とそうでない子がいることは事実です。では，このような「氏」の部分の違いは，愛着の個人差に対して，まったく影響力を持っていないのでしょうか。このような考えから，気質（生得的個性）の重要性を主張する研究者もいます。

ストレンジ・シチュエーション法（Ⅵ-6参照）には，A～Cの3タイプの下にさらに下位類型が仮定されています（図6.7.1）。ある研究者たちは，これらの下位類型をストレンジ・シチュエーション法における苦痛の表出と身体接触行動の頻度に従って（A_1, A_2, B_1, B_2）と（B_3, B_4, C_1, C_2）という2つのグループに大きく分類しました。すると，新生児段階において，前者（A_1～B_2）は，育児や子育てのしやすさという点で，より"扱いやすい（easy）"気質を，後者（B_3～C_2）はより"扱いにくい（difficult）"気質を持っていたようです。つまり，気質も愛着の個人差を規定する上で何らかの影響力を持っている可能性がありそうです。

④ 氏も育ちも

以上のことを整理すると，愛着の個人差を規定する要因は，「氏か育ちか」ではなく，「氏も育ちも」ということになります。そして現段階では，子どもの愛着が安定型か不安定型（回避型・アンビヴァレント型）については，敏感性（sensitivity）を中心とした養育者側の影響が大きいが，不安定型の子どもがストレンジ・シチュエーション法で，養育者に対して回避型的な行動をとるのかアンビヴァレント型的な行動をとるのかについては，気質という子ども側の影響が大きいと捉える場合もあるようです。

今までは，愛着の個人差を規定する上で子どもにとって身近でかつ直接的な影響のある「至近的要因」について述べてきました。しかし，愛着の個人差を規定する要因にはこのほかにも，子どもを取り巻く環境（たとえば，家庭の雰囲気）や養育者が受け取る周りからのサポートといった子どもにとっては身近ではないが間接的な影響のある「遠い要因」が存在することも忘れてはなりません。

（中尾達馬）

図6.7.1　愛着と気質（Belsky & Rovine, 1987）

不安定／境界安定／中核安定

A_1　A_2　｜　B_1　｜　B_2　B_3　｜　B_4　｜　C_1　C_2
回避型　　安定／回避型　　安定型　　安定／アンビヴァレント型　　アンビヴァレント型

身体的接触を求めることが少ない／苦痛を示すことが少ない　　身体的接触を求めることが多い／苦痛を示すことが多い

出所：数井・遠藤，2005，p.61．

（C_1とC_2についても同様）。また，B_1～B_4については，Aタイプに近いほど回避型的な特徴を，Cタイプに近いほどアンビヴァレント型的な特徴を持っている。

▶3　Belsky, J., & Rovine, M. J. 1987 Temperament and attachment security in the strange situation: An empirical rapprochement. *Child Development*, 58, 787-795.

▶4　養育者の関わり（表6.7.1）のように，Aタイプ，Bタイプ，Cタイプの特徴，つまり，（A_1, A_2）と（B_1, B_2）を，また（B_3, B_4）と（C_1, C_2）を（すなわち，回避型と安定型，安定型とアンビヴァレント型を）気質的に分けることは困難であった。

▶5　Vaughn, B. E., Bost, K. K., & van IJzendoorn, M. H. 2008 Attachment and temperament: Additive and interactive influences on behavior, affect, and cognition during infancy and childhood. In J. Cassidy & P. R. Shaver (Eds.), *Handbook of attachment: Theory, research, and clinical applications*, 2nd ed. New York: Guilford Press, pp. 192-216.

Ⅵ 親子の情動的関係：愛着と発達・愛着の発達

8 愛着と内的作業モデル

▶1 Ⅵ-5 参照。

ボウルビィ(Bowlby, J.)は愛着の発達に4つの段階を仮定しています。3歳前後からが第4段階の時期とされていますが、この時期になると、子どもは親のそばにたえずいなくても活発に遊べるようになります。親が少しの間家を留守にしたとしても、落ち着いて待っていることができるようにもなります。親が自分から離れそうになるとすぐに後追いをしていたような子どもが、なぜ、親が目の前にいなくても情緒的な安定を保つことができるようになるのでしょうか。

1 安心感の源としての主観的確信

愛着発達の第4段階に達すると、愛着対象が自分から離れていても、その対象は必ず自分のところに戻ってきてくれる、困ったことがあれば助けてくれるといった主観的確信が確固としたものとなると考えられています。そのような親との関係についての確信を通して、親に実際にくっついていなくても子どもは安心感（felt security）を得ることができるようになるのです。ボウルビィは、このような確信のことを内的作業モデル（internal working model）と呼び、その後の生涯発達過程において重要な機能を果たすものだとしています。内的作業モデルはどのように作られ、どのような役割をもつのか、みていきましょう。

▶2 Bowlby, J. 1973 *Attachment and loss : Vol. 2. Separation.* London : Hogarth Press.（黒田実郎ほか（訳）1991 母子関係の理論Ⅱ 分離不安 新版 岩崎学術出版社）

2 内的作業モデルの構築

子どもは誕生直後から、親との間で様々な相互作用を経験します。たとえば、お腹が空いて泣き声をあげたときにミルクをもらう、大きな物音に驚いて親にしがみついたときに抱っこしてもらう、というようなやり取りです。主要な愛着対象である親との間でのそうした相互作用を通して、子どもは、親（や他の重要な人物）について、自分について、そして、自分の周りの世界についての内的作業モデルを構築していきます。

▶3 遠藤利彦 1992 愛着と表象——愛着研究の最近の動向：内的作業モデル概念とそれをめぐる実証研究の概観 心理学評論, **35**(2), 201-233.
遠藤利彦 2001 関係性とパーソナリティ発達の理論——愛着理論の現在 中島義明（編）現代心理学「理論」事典 朝倉書店 pp. 481-522.

ボウルビィによれば、愛着対象や世界に関する内的作業モデルの中心にあるのは、安心の源としての主観的確信、すなわち自分が助けを必要とするときに、愛着対象は手を差し伸べてくれる人であるか、という考えであると言います。また、自分自身に関する内的作業モデルの中では、自分は愛着対象から受容され、愛され、価値のある存在であるかという主観的な考えが中心となっているのだと言います。これらのモデルは、相互に補い、強め合いながら形成されていきます。

3 内的作業モデルの働き

　愛着対象がどのような行動をとるのかという予測を行い，自分や愛着対象の行動を心の中で思い描き，自分の行動の計画を立てる際のテンプレートとして内的作業モデルが働くことをボウルビィは強調しています。生後6ヶ月ごろから5歳くらいまでの早期の愛着経験を基礎としてどのような内的作業モデルを構成するかが，その後の人生に非常に重要な意味をもつと言います。それは，このモデルが早期の愛着対象である親との関係ばかりではなく，友人関係，恋愛関係など他の対人関係一般に適用され，未来の関係性を作っていくことにもつながると考えられるためです。

　いったん作られた内的作業モデルは無意識的かつ自動的に働くようになり，意識的にそのモデルを点検して作りかえたり修正したりすることが難しいとも考えられています。そのため，幼いころに形成された内的作業モデルを基礎として，その後長期にわたって，比較的一貫した対人関係のパターンやパーソナリティが維持されるようになるというわけです。

▷4　遠藤　1992, 2001前掲書

4 愛着の連続性と内的作業モデル

　では，乳幼児期に親との間で形成された内的作業モデルはその後，青年期・成人期に至るまで変化することがないのでしょうか。一般的には加齢とともに内的作業モデルは安定性を増し，変わりにくくなると考えられています。

　乳幼児期の愛着の質が青年・成人においても連続する傾向にあるのかどうかについては，研究によって異なる結果が報告されています。早期に形成された内的作業モデルがその後長期間にわたって保持されることを支持するような結果を示している研究もあれば，そのような連続性を見出していない研究もあるのです。

　低い連続性しか見出していない研究から，生育過程における環境の変化によって内的作業モデルが変化しうる可能性が指摘されています。それまでの生育過程とは大きく異なる対人関係や出来事に遭遇することで，愛着の内的作業モデルに不連続性が生み出されるというわけです。どのような環境上の変化が内的作業モデルの変化をもたらすのかについては，たとえば，新たな安定した人間関係の構築により不安定型（回避型・アンビヴァレント型）から安定型へと移行すること，愛着対象の喪失によって安定型から不安定型へと移行するといった愛着スタイルの変化が報告されています。

　ボウルビィが言うように，乳幼児期の親との相互作用を基礎として作られる内的作業モデルは，生涯発達過程において重要な影響を持ち続けます。しかし，それは，そのモデルが一生涯変わらないということを意味しているのではないと言えるでしょう。

（北村琴美）

▷5　遠藤利彦　2010　アタッチメント理論の現在——生涯発達と臨床実践の視座からその行方を占う　教育心理学年報, **49**, 150-161.

▷6　安定型，不安定型については Ⅵ-6 参照。

▷7　Roisman, G. I., Padron, E., Srouf, L. A., & Egeland, B. 2002 Earned-secure attachment status in retrospect and prospect. *Child Development*, **73**, 1204-1219.

参考文献

　数井みゆき・遠藤利彦（編著）2005　アタッチメント——生涯にわたる絆　ミネルヴァ書房

　数井みゆき・遠藤利彦（編著）2007　アタッチメントと臨床領域　ミネルヴァ書房

VI 親子の情動的関係:愛着と発達・愛着の発達

9 愛着の生涯発達と世代間伝達

愛着は，十分な保護が必要とされる乳幼児期や児童期のみの問題のように誤解されがちです。しかし，愛着理論の提唱者であるボウルビィ（Bowlby, J.）は，愛着を，形を変えながら，生涯を通じて存続するものだと考えています。

1 物理的近接から表象的近接へ

愛着対象との近接関係を維持するということは，実際に距離的に近くにいるということだけを指しているのではありません。

1歳くらいの子どもは，親が物理的にそばにいないと安心感を得ることができません。この時期の子どもには，親が見守っている範囲内で，親の位置を確認しながら周りの環境を探索する様子がしばしば見られます。何かあればすぐに親のもとに避難できることが安心感を支えているのです。

加齢に伴い，"内的作業モデル"[1]が構成されていくと，現実に親に近接し守られていなくても自分の安全の感覚を持つことができるようになっていきます。自分の安全が脅かされるような状況に遭遇したときに，愛着対象を思い浮かべることで安心感を得て，一人で対処することが可能になっていくわけです[2]。

2 愛着対象の広がり

愛着は，乳幼児期における親子関係のように両者の力に圧倒的な差がある関係においてのみ形成されるものではありません。青年期以降の友人関係や恋愛関係などの，お互いが自律した関係においても成り立つものだと考えられています。

青年期以降に新たに築かれる愛着では，相互に世話や保護を交換し合うという関係が中心になります。その点は，一方が世話や保護を与え他方がそれを受け取るという関係が中心であった親子の場合とは大きく異なります。しかし，愛着の主な特徴である近接欲求や分離抵抗，安心の基地あるいは安全な避難所としての役割は，友人関係，恋人関係，夫婦関係などの中にも見てとれます。ボウルビィによれば，こうした愛着によって得られるもの（近接や表象による安心感）は，生涯を通して変わらないと言います。親，友人，恋人，配偶者などの存在を安心の基地として活発に探索活動をしたり，諸課題に対処したりすることができると言えるでしょう。愛着は，生涯にわたって私たちの適応に重要な役割を果たしていることがわかります[3]。

▷1 VI-8 参照。
▷2 遠藤利彦 1992 愛着と表象——愛着研究の最近の動向：内的作業モデル概念とそれをめぐる実証研究の概観 心理学評論，35(2), 201-233.
遠藤利彦 2001 関係性とパーソナリティ発達の理論——愛着理論の現在 中島義明（編）現代心理学「理論」事典 朝倉書店 pp. 481-522.
▷3 遠藤 1992, 2001 前掲書
▷4 VI-8 参照。
▷5 遠藤利彦 1993 内的作業モデルと愛着の世代間伝達 東京大学教育学部紀要，32, 203-220.
▷6 VI-6 参照。
▷7 成人愛着面接の詳細については，遠藤利彦 2006 語りにおける自己と他者，そして時間——アダルト・アタッチメント・インタビューから逆照射して見る心理学における語りの特質 心理学評論，49, 470-491.
▷8 VI-6 参照。
▷9 たとえば日本の研究

では，実際に，愛着対象は発達とともにどのように変化していくのでしょうか。児童期における主たる愛着対象は，引き続き親であると言えるでしょう。児童期後半から青年期にかけて，次第に友人との間でより親密な関係を築いていくようになります。このころになると，子どもは，親よりも友人を相談相手として選ぶことが多いようです。不安や恐れの感情状態になると，緊急の避難所として友人に近接し，安心感を得ていると言えます。青年期になると，この安全な避難所としての相互信頼関係が友人との間でよりいっそう強まっていきます。また，恋人がいる場合には，主要な愛着対象として恋人が親に置き換わって，安心感の源となっていくようです。青年期や成人期の愛着の質が，乳幼児期の愛着の質と連続しているのかどうかについては，まだ明確にはわかっていません。早期に形成された内的作業モデルがその後の対人関係のあり方に重要な影響を及ぼすことが認められている一方で，環境の変化に応じて愛着の変質が生じ得る可能性も指摘されています。

3 愛着の世代間伝達

ボウルビィは，親子間の愛着の質が一つの世代から次世代へと受け継がれていくと考えています。子どもは愛着対象との具体的な相互作用を通して構成された内的作業モデルを基に，その後様々な対人関係を築いていくわけですが，そのモデルは，自分が親になったとき，自分の子どもとの関係にも適用されるというのです。乳幼児期に安定した信頼関係を親との間で持つことができた子どもは，それを基礎として作ったモデルを用いて自分の子どもとの間にも安定した関係を築いていくと考えるのです。

このような考え方を実証的に確認するためにどのような研究が行われているのでしょうか。多くの実証研究では，ストレンジ・シチュエーション法（Strange Situation Procedure：SSP）を通じて測定される現在の親子間の愛着関係と，成人愛着面接（Adult Attachment Interview：AAI）を通じて測定される親が過去にその親との間で持った愛着関係の間にどれだけの対応が認められるかに焦点を当てています。具体的に言えば，SSPにおける4タイプ（回避型，安定型，アンビヴァレント型，無秩序・無方向型）とAAIにおける4タイプ（愛着軽視型，自律型，とらわれ型，未解決型）（表6.9.1）がどのような対応関係にあるかということです。

これまでのところ，理論的に想定される対応関係が認められることが複数の研究によって報告され，ボウルビィが仮定した世代間伝達の存在が現実のものとして考えられています。ただし，親の過去の愛着にまつわる経験そのものが，自分の子どもとの関係に直接反映されるというわけではありません。乳幼児期に経験した内容を自身が親となった現在どのように受け止めているかが，現在の親子関係や子どもの愛着の質にとって，より重要だと考えられています。　（北村琴美）

表6.9.1 成人愛着面接における4タイプ

<u>愛着軽視型</u>（→SSPの回避型に相当）
親との経験を理想化するが，それを裏付ける具体的エピソードを挙げることができなかったり，むしろそれとひどく矛盾するエピソードを語ったりする。

<u>自律型</u>（→SSPの安定型に相当）
理解可能なストーリーを首尾一貫した形で語る。虐待のような否定的な経験があっても，それを愛着関係の肯定的な面と併せてバランスよく語る。

<u>とらわれ型</u>（→SSPのアンビヴァレント型に相当）
首尾一貫した形で語ることができず，曖昧な言葉を多用，話は冗長でまとまりがなく，過去の経験を語りながらしばしば情動的に混乱してしまうところがある。愛着にまつわる特定の記憶，とくに辛かった出来事を多く想起し，ときにそれが今生じているかのように強い怒りや恐れを表出することもある。

<u>未解決型</u>（→SSPの無秩序・無方向型に相当）
話の内容にそれなりに一貫性があるが，ある特定の外傷体験について語るときに"魔術的"解釈や非現実的な思いこみが認められる（ある特定の事柄に対して選択的にメタ認知が崩れる）。

としては，数井みゆき・遠藤利彦・田中亜希子・坂上裕子・菅沼真樹　2000　日本人母子における愛着の世代間伝達　教育心理学研究, 48, 323-332.

参考文献

数井みゆき・遠藤利彦（編著）2005　アタッチメント――生涯にわたる絆　ミネルヴァ書房

数井みゆき・遠藤利彦（編著）2007　アタッチメントと臨床領域　ミネルヴァ書房

コラム6

ベビーサインと情動：親子の間をつなぐもの

1　ベビーサインとは

　ベビーサイン（baby sign）とは，言葉を話すようになる前の子どもと手話やジェスチャーを使ってコミュニケーションをする方法です。90年代半ばごろから，アメリカやイギリスを中心として広がり，日本でも近年，子育て中の親に知られるようになりました。

　まだ言葉を持たない子どもも，泣くことや，表情などで様々な気持ちや欲求を表します。親はそれらを読み取ることで，そのときの子どもの状態や気持ちを察し，空腹であると判断すれば母乳やミルクを与え，オムツが濡れているとわかればオムツを取りかえることで，子どもの気持ちや欲求を満たします。ベビーサインは，このような子どもが自然に発する動作ではなく，表現が定義とシンボルを持つ点に特徴があります。たとえば，「ミルク」であれば，お腹がすいた子どもにしばしば見られる，口をもぐもぐするという動作はベビーサインとは言わず，親指を開いて残りの指をぎゅっとしめるジェスチャーがベビーサインなのです。このジェスチャーが「ミルク」を表現するというきまりを持ち（定義），「ミルク」をシンボルとして表しているわけです。子どもがミルクを欲しいときに，親に向かってこのジェスチャーをするとき，ベビーサインを使って親とコミュニケーションをすると言えるのです。

2　発達を考慮に入れた上でベビーサインを

　それでは，生まれてすぐの子どももこのようなベビーサインを使えるのでしょうか。子どもが，コミュニケーションの手段としてベビーサインを使えるようになるには，手と目や耳が連携して機能し，意味と音声とを結合して理解できるようになることが必要です。したがって，ベビーサインを使えるようになるのは，生後7ヶ月から9ヶ月以降と言われています。これよりも幼い子どもは，母親が指差した物を見るのではなく，母親の指差した指を見るだけです。一方，9ヶ月ごろからは親と子どもが同じ物を見ることができ始めます。親子の間に物を媒介にしたやり取りが成り立つころから，子どもの目を見ながら，言葉と一緒に教え始めると，子どもは少しずつベビーサインを覚えていくようになります。子どもの側にベビーサインを覚える準備が充分に整ったことを見極めた上で，教えることを始めなければ，親の側には「なかなか覚えてくれない」という苛立ちが募るばかりでしょう。

2　親子のコミュニケーションを助けるベビーサイン

　ベビーサインを使わないとき，親は子どもの泣き声や表情で子どもの状態や欲求を読み取ろうとします。生まれて間もないころは，子どもの泣き方で状態や欲求を正しく読み取ることはかなり難しいことですが，親子で過ごす日数を重ねるに従い，親の読み取り力がついてきます。しかし，子どもの欲求も成長とともに複雑になり，親の想像力を駆使しても読み取ることが難しい場合が多くなってきます。そのような場合でも，ベビーサインを媒介にすることで，子どもの欲求をか

なり正確に把握でき，コミュニケーションがスムーズになります。

次のような例があります。お母さんと手をつないで歩いていた1歳の子どもが，急に立ち止まり動こうとしなくなりました。お母さんは「早く行こう」と言うのですが，子どもは頑として歩いて来た方向へ母親の手を引っ張ろうとします。そのとき子どもが，「犬」を表すベビーサインである中指と親指をスナップさせる動作をしました。お母さんは，今歩いて来た途中に犬が眠っていたことを思い出し，子どもがその犬をもう一度見たがっているということを理解します。このように，ベビーサインを媒介にすることで，まだ充分に言葉を話せない子どもの気持ちや欲求を，親が理解しやすくなるのです。

4　情動のやりとりの手段としてのベビーサイン

親が子どもの気持ちや要求を読み取りやすいということ以外に，ベビーサインを使うことで，親子の間で様々な情動を，わかりやすい形で共有できる可能性が広がります。先ほどの，犬をもう一度見たい気持ちをベビーサインで表した子どもを例にすると，犬を巡る，いとおしい，温かい，柔らかいなど様々な感情や感触が，子どもから母親へ，あるいは母親から子どもへと伝えられ，2人の間に共有されます。

子どもの気持ちや欲求がわからないことで，イライラしたり自信をなくしてしまうという体験を，親であれば誰もが持つことでしょう。したがって，ベビーサインを媒介にすることで子育てが楽しくなり，子どもとのやり取りが増えることは，子どもの情緒発達においてプラスの意義があるでしょう。

ベビーサインを推奨する立場からは，言葉の習得が早くなることもメリットの一つとしています。それに対して逆に，親子ともにサインに頼ることで，サインから話し言葉へ移行するのが難しくなり，言葉の習得が遅くなるという考え方もあるでしょう。しかし，ベビーサインを使用するかしないかにかかわらず，子どもが言葉を覚えていく上で，親子の間に豊かな感情のやり取りを多くし，親と子どもが相互のコミュニケーションを楽しむことが大事である点は共通しているのです。

（金丸智美）

▶1　VII-3 参照。

参考文献

吉中みちる・吉中まさくに　2009　親子で楽しむベビーサイン──赤ちゃんとお手てで話そう　実業之日本社

吉中みちる・吉中まさくに　2004　ベビーサインで楽しく遊ぼう──赤ちゃんとお手てで話そうプレイブック　実業之日本社

アクレドロ, L.・グッドウィン, S.（原作）たきざわあき（編訳）　2001　ベビーサイン──まだ話せない赤ちゃんと話す方法　径書房

Ⅶ 関係性の中における情動

1 妊娠期における情動的コミュニケーション

1 母子コミュニケーションのはじまり

お母さんと赤ちゃんとのコミュニケーションは，赤ちゃんがお腹の中にいる妊娠期の段階からすでに始まっています[1]。とくに，妊娠5ヶ月ごろになると，お腹の赤ちゃんの動きが活発になり，胎動が感じられるようになります。この胎動が，お腹の赤ちゃんへの情緒的つながりを高め，お母さんとお腹の赤ちゃんとの相互作用を生じさせる役割を果たしていると考えられます[2]。

では，具体的にお母さんはお腹の赤ちゃんとどのようなコミュニケーションを行っているのでしょうか。たとえば，お腹をさすったり，お腹の赤ちゃんに話しかけたり，絵本を読み聞かせたりといったことがあげられます。ステイントン（Stainton, M. C.）の研究によれば，お腹の赤ちゃんの動きが感じられたとき，お母さんはお腹をなでることが多く，また，お腹の赤ちゃんはお腹をなでられることが好きで，お腹をさすると赤ちゃんが落ち着くと考えているお母さんが多いようです。中には，キックゲームのような遊びを楽しんでいるお母さんがいることも報告されました。キックゲームとは，お母さんの手がおかれたお腹の場所をお腹の赤ちゃんが蹴り，また違うお腹の場所におかれた手を赤ちゃんが蹴るという一連の遊びのことですが，こうしたお腹の赤ちゃんとの主観的なやりとりを楽しむお母さんもいるようです。

また，お腹の赤ちゃんへの話しかけに関しては，赤ちゃんの健康や成長を気に掛ける内容のものや出産の無事を願う内容のものがよくみられるようです。とくに，赤ちゃんへの話しかけはお母さんが一人でいるときに頻繁にみられ，たとえばお風呂に入っているときや着替えのときなどがあげられていました。中には，言葉なしでもお母さんの思いや感情がそのままお腹の赤ちゃんに伝わっていると考えているお母さんもいたことが報告されました[3]。

このように，お母さんはすでに妊娠期の段階からお腹の赤ちゃんと言語的，非言語的なコミュニケーションを行っていることが示唆されます。

2 母親のコミュニケーションの個人差

お母さんと赤ちゃんとのコミュニケーションはすでに妊娠期から始まっているわけですが，お母さんがお腹の赤ちゃんとどれくらい親密なコミュニケーションを行うかには個人差があることも知られています。中には，まったくお

---

[1] Nelson, L. J., & Fazio, A. F. 1995 Emotional content of to the fetus and healthy coping behaviors during pregnancy. *Infant Mental Health Journal*, 16, 179-191.

[2] 川井尚・庄司順一・恒次欽也・二木武 1983 妊婦と胎児の結びつき——SCT-PKSによる妊娠期の母子関係の研究 周産期医学, 13, 2141-2146.

[3] Stainton, M. C. 1985 The fetus : A growing member of the family. *Family Relations*, 34, 321-326.

[4] ネルソンら（Nelson & Fazio 前掲書）によれば，調査対象者の152人の妊婦のうち4%の妊婦がお腹の赤ちゃんに対してまったく話しかけていなかったことが報告された。

腹の赤ちゃんに対して話しかけをしないお母さんもいます。

ネルソン（Nelson, L. G.）らの研究によれば，妊娠期にたばこやカフェインの摂取量が多いお母さんは，お腹の赤ちゃんに対してネガティヴな情緒的内容の話しかけが多く，また薬の摂取量が多いお母さんは，ポジティヴ，ネガティヴな内容が混在した複雑な話しかけが多いことが報告されています。とくに，妊娠期の喫煙は，お腹の赤ちゃんの身体的，神経生理的発育に悪影響を及ぼすことが知られていますが，喫煙はお母さんと赤ちゃんとの情緒的な結びつきの形成においても否定的に作用する可能性があるのかも知れません。

また，当然のことながら，妊娠が望まれたものか望まれなかったものかによっても，お腹の赤ちゃんに対する愛情の感じ方が異なり，ひいてはお母さんのコミュニケーションのあり方にも影響を及ぼすものと考えられます。

③ お腹の赤ちゃんへの影響

では，こうした妊娠期における情動的コミュニケーションは，お腹の赤ちゃんにとってどういった意味を持つのでしょうか。

近年の医学の進歩により，お腹の赤ちゃんを研究する医療技術が進展し，赤ちゃんの持つ様々な能力が明らかにされつつあります。そして，お腹の赤ちゃんは従来考えられていた以上にすぐれた感覚，運動能力を持っていることがわかってきました。これまでのところ，お腹の赤ちゃんはお母さんの声や音，あるいはお腹のさすりといった外部の刺激を感じることができ，さらには，胎内時に経験した音刺激を出産後も記憶しており，胎内時に聞いていたメロディや音に対して反応を示すことがわかっています。

こうしたことより，妊娠期にお母さんがお腹の赤ちゃんにやさしく温かい声をかけてあげることは，お腹の赤ちゃんにお母さんの声が伝わっているということであり，さらにはその声が記憶されることで，出産後には赤ちゃんがお母さんの声を聞くことで安心や落ち着きといった反応を示す可能性があるかも知れないことが示唆されます。ひいては，そのことがお母さんと赤ちゃんとの情緒的なつながりの形成にポジティヴに働く可能性が考えられます。

ただし，こうしたお母さんの声も，お母さんが興奮したり，はげしい怒声をあげたりすると，生まれてくる赤ちゃんに恐怖感や不安感を与えてしまうかも知れません。実際に，妊娠期中にお母さんが不安や抑うつ，怒りなどのネガティヴな感情が強いと，生まれてくるお腹の赤ちゃんに様々な影響を与えることが知られています。妊娠期はできるだけ心穏やかにお腹の赤ちゃんとのコミュニケーションをゆったりと楽しむことが，お母さんや赤ちゃんにとって何より望ましいことなのかも知れません。

（本島優子）

▷5　Nelson & Fazio 前掲書
▷6　妊娠をうれしいと感じている母親は，妊娠を困ったと感じている母親よりも，胎児に対してかわいいという感情を強く抱いたり，胎動に対してより感動したりすることが報告されている。
　大日向雅美　1981　母性発達と妊娠に対する心理的な構えとの関連性について　周産期医学，11, 1531-1537.
▷7　とくに，エコーを用いて胎児の様子を映す超音波断層法の進歩により，胎児の画像をより鮮明に捉えることが可能となった。最近では，従来の3Dに加えて，胎児の動きをリアルタイムで立体的に映し出す4Dエコーも登場している。
▷8　たとえば，新生児に子宮内音を聞かせると，泣きが鎮静することより，赤ちゃんが胎内時に聞いていた音を記憶していることが示唆される。
　室岡一・越野立夫・高橋亘・力武義之　1983　胎児期の母子相互作用　周産期医学，13, 2133-2137.
▷9　同上書
▷10　不安や抑うつ，怒りが強い妊婦の子どもは，低体重で生まれてきたり，脳内物質のドーパミンやセラトニンのレベルが低かったり，新生児期の行動評定がよりネガティヴであったりすることが指摘されている。
　Field, T. et al. 2003 Pregnancy anxiety and comorbid depression and anger: Effects on the fetus and neonate. *Depression and Anxiety*, **17**, 140-151.

Ⅶ 関係性の中における情動

2 初期コミュニケーションと情動

1 やりとりの相手を引き寄せる

　この世に生を受けた子どもが言葉を操り始めるのは，1歳の誕生日を迎えるころでしょう。しかし，言語を獲得する以前からすでに，乳児と私たちのコミュニケーションは始まっています。他者とつながり，やりとりを交わすということにおいて，乳児は生まれながらに「有能」な存在であるようです。

　乳児は誕生時から，泣きや身体動作，筋肉の緊張などによって，空腹，排泄，温度に関する快・不快を表出します。こうした表出は，発達初期においてはとくに，必ずしも他者への明確な伝達意図を伴うものとは言えません。しかし，乳児の泣きは，それを耳にする者にとって強烈なサインとなります。泣き声が聞こえると養育者は乳児へ駆け寄ります。ミルクを与え，泣きやめば胸をなでおろし，「おなかすいてたのね。美味しかった？」とでも語りかけるでしょう。乳児の苦痛や充足の表出は養育行動を喚起させ，同時に，養育者をはじめとする周囲の他者を情動的やりとりに巻き込むという機能を持っています。

2 やりとりの相手に応える

▶1 Ⅵ-4 参照。

　ヒトの乳児は，他の刺激と比較してヒトの顔や声に特異的に反応を示すこと[1]が知られていますが，反応の仕方にも以下のような特徴があります。

　病院の待合室などで，一人の乳児が泣き出すと，周りにいた乳児たちも次々とぐずり始めることがあります。あるいは，外出の準備に慌ただしく苛立っている母親の傍らで，乳児がむずかり出すこともあるでしょう。このような現象を「情動伝染（emotional contagion）」といい，乳児は周囲にいる他者の情動につられて自分も同様の状態になってしまうようです。また，乳児に百面相のように色々な顔の動きを見せると，乳児も一緒に口を動かすことがあります。他者の表情を真似する乳児の行動を「共鳴動作（co-action）」と言い，大人が舌を突き出したり口を開いたりすると，新生児が類似の表情をする様子が報告されています。[2]

▶2 Meltzoff, A. N., & Moore, M. K. 1977 Imitation of facial and manual gesture by human neonates. *Science*, **198**, 75-78. Ⅵ-4 参照。

　さらに，乳児と他者のやりとりにおけるタイミングも注目に値します。母親が乳児を見ていると乳児も母親を見つめ，母親が視線をはずすと乳児も目をそらす，というように乳児のやりとりには「相互同期性（interactional synchrony）」が見られます。また，哺乳行動について，乳児の吸啜と母親が乳児

の身体や哺乳瓶を揺する行動が交互に生起することも観察されています。こうした乳児と相手の交互的タイミングは、視線、発声、表情などの指標でも認められています。乳児と相手の間には、発達早期からすでに、同期あるいは順番交代といったやりとりのパターンが存在しているのです。

③ 乳児に応じる他者

乳児が相手にうまく応じる能力を有している一方、乳児に接する大人も乳児の状態に応える働きかけを行っています。「情動調律（affect attunement）」と呼ばれる関わりでは、乳児が表出した情動に応じて養育者が情動的反応を示し、乳児自身の情動を活性化したり沈静化したりしています。情動調律は無意識的に行われることが多く、たとえば乳児の喜びの声を受け母親も両手を拡げて歓喜を表現する、あるいは逆に、乳児の激しい泣きに対し母親が穏やかな声で背中をさすることなどがあるでしょう。こうした養育者の働きかけは、やりとりを通した情動調整でもあります。また、養育者によって乳児の情動が（ときに増幅された形で）映し出されることは、乳児が自己の心の状態を理解することにつながるとも考えられています。

④ 関係性の中に在る乳児の誕生と発達

乳児は他者の関心を惹きつけ、また他者の状態に応じることもでき、生まれながらに周囲とのコミュニケーションに長けた存在だと言えるでしょう。とは言え、乳児の共鳴動作は後に見られる自覚的な意図を伴う模倣とは区別されるものであり、情動伝染も他者の情動の「理解」に基づく反応ではないようです。これらの現象はヒト以外の生物種にも存在し、原初的な共感性だと言われています。ただ、それはじつのところ行動レベルでの同調作用であり、とにかく相手と類似した身体的活動をとるという、半ば自動的なプログラムとして考えた方が妥当かも知れません。しかし、乳児がこうした生得的能力を備えていることが、他者との相互作用の実現を支えていると言えるでしょう。乳児の表情模倣は、実際には共感を伴っていなくとも、真似された相手には親密な心の交流が存在するように感じさせます。大人は乳児への愛情やつながりをより強く感じ、情動調律をはじめ乳児とのやりとりを豊かに展開するのです。そしてこうした相互作用の経験が、心の世界に関する気づきや理解という乳児の発達を促していると考えられます。また、やりとりの相手と類似した表情を浮かべることで、乳児の中には結果的に相手と同様の情動が経験され、これは他者理解や情動の共有につながると論じられています。乳児は養育者などと関係性を築くのに有効な行動パターンを備えた状態で誕生し、そこで構築された関係性の中でさらに発達していく存在だと考えられます。

（篠原郁子）

▶3 Kaye, K. 1982 *The mental and social life of babies : How parents create persons.* Chicago : University of Chicago Press.

▶4 Stern, D. 1985 *The interpersonal world of the infant.* New York : Basic Books.
Izard, C. E. 1991 *The psychology of emotions.* New York : Plenum Press.

▶5 ある研究者は、何らかの顔面の表情を機械的に作ると、顔筋の動きのパターンが脳にフィードバックされることを通して、その表情に対応する情動が生起することを指摘している（e. g., Izard, 1991）。乳児の表情模倣では、たとえば母親の喜びの表情を見たとき、乳児も母親と同様に自らの口角を上げて笑顔のような表情を浮かべたことで、結果的に乳児の中に喜びの情動状態が生起する、という連動が想定されている。

Ⅶ 関係性の中における情動

3 相互主観性と情動

1 コミュニケーションと自他関係の拡がり

　乳児は誕生後まもなく他者とのコミュニケーションを開始しますが，その形態は月齢が進むとともに変化していきます。初期の相互作用では，養育者と微笑みを交わしたり，動作を真似たり，互いに発声を繰り返したり，というように二者間でのやりとりが展開されます。あるいは，乳児がぬいぐるみを触ったり，紐をひっぱるなど，モノとの関わりを持つこともあるでしょう。乳児と周囲との関係は，〈自分—相手〉〈自分—モノ〉という二項関係から始まります。生後3ヶ月を過ぎると，徐々に複数の二項関係コミュニケーションが同時並行するようになります。母親とやりとりをしながら，一方で父親にも視線を送るといった様子が見られ始めます。そして，生後1年目の後半になると，乳児のコミュニケーションは一つの展開を迎えます。自分と相手という二者の外側にある，第三のトピック（モノや出来事など）を挟んだやりとりが始まるのです。この〈自分—モノ—相手〉という，より複雑な相互作用を三項関係コミュニケーションといいます。

　三項関係への拡がりには，やりとりにおける自他関係の変化も結びついています。それは，やりとりを交わす両者が互いに，相手の情動や意図性などの主観的状態を理解し合えることを意味する「相互主観性（intersubjectivity）」に関する変化です。トレヴァーセン（Trevarthen, C.）[1]は，母親との微笑み合いといった二項間において情動などの主観的状態を共有することを「第一次相互主観性（primary intersubjectivity）」と呼んでいます。そして，三項関係が成立するようになると，乳児は他者との間で何らかのトピックに向けられた意図や情動を共有するようになると考えられています。こうした後者の相互理解は「第二次相互主観性（secondary intersubjectivity）」と呼ばれています。

2 他者と注意を共有する：共同注意の成立

　生後9ヶ月前後における第二次相互主観性の発現において，第三のトピックを介した三項関係の成立を可能にしているのが「共同注意（joint attention）」です。共同注意とは，たとえば乳児と母親という両者が同時に同じ対象に注意を向けており，さらに，その両者が互いに，相手が自分と同じように対象に注意を向けていることを理解していることを指します[2]。

▷1 Trevarthen, C. 1979 Communication and cooperation in early infancy : A description of primary intersubjectivity. In M. Bullowa (Ed.), *Before speech*. New York : Cambridge University Press. pp. 321-347.

▷2 共同注意について，広義には複数の人が同時に同じ対象に注意を向けていることを指すが，この状態は同時注意（simultaneous attention）と呼ばれることもある。自他の間における意図性や情動の交流の開始と目される現象としては，本文中における，より限定的な意味で用いられることが多い。

他者と注意を共有する現象の発達について，その原初的形態はより早期から始まっています。乳児は生後2ヶ月ごろから他者の眼やその動きに強く反応を示します。続いて徐々に，他者が大きく首を回して乳児の視野内に在る目立った物体に注意を焦点化した場合，乳児は同じ対象に向けて他者と注意を共有できるようになっていきます。しかしこれは，他者の頭部回転，目立つ物体など，はっきりと知覚できる生態学的手がかりに引きずられるようにして生じる反応で，バターワース (Butterworth, G. E.) はこれを「生態学的共同注意」と呼んでいます。乳児が自分から他者の視線を追うようになるのは，生後9ヶ月以降であるようです。このころ，乳児は何か目立つ物体がなくても，他者の視線をたどり，その先にある対象を探して特定しようとし始めます。また，目立った対象が見つけられないと，もう一度他者を振り返ってその視線を確かめたりもします。他者の眼という「点」とその先にある対象という「点」の間の見えない「線」を知覚できているという意味で，これは「幾何学的共同注意」と呼ばれています。ただしこのころの乳児は，他者の視線が自分の背後にある対象に注がれている場合，ふり返ってそれを探すことができません。生後18ヶ月ごろになると，自分の視野外も含めて他者の視線を確実に追い，対象を特定することが可能になるようです。これは，直接的には知覚できないところも含めた空間表象の成立に基づく現象であるとして「空間表象的共同注意」と呼ばれています。

3　心の交流の始まり

　乳児が他者と注意を共有することは徐々に発達していきますが，生後9ヶ月ごろにおける共同注意の成立は，心の交流という点で革命的な出来事として注目されています。それは，この時期の乳児が他者の視線が何らかの対象に「ついて」向けられたもの (aboutness) であることを理解し，他者の意図性の所在，その対象に向けられた心的状態への気づきを伴い始めると考えられるためです。乳児は他者の視線をたぐり，その対象についての情動や欲求を相手と交わし，共有するようになるのです。こうした意味において共同注意の成立はまさに，環境についての乳児と他者の心的交流の開始と捉えることができるでしょう。そしてそこに「心の理論」の先駆体の形成，あるいは潜在的な「心の理論」の存在を想定する研究者たちもいるようです。

　なお，この共同注意については，子どもの心的理解の発達のみならず，言語発達（とくに語彙の獲得）との関連が指摘されてきました。子どもと母親が同じ玩具を見ている状況において，「ボールね」という母親の発話は，子どもが見つめている玩具に対応づけられることが容易になるでしょう。共同注意におけるトピックの共有によって，他者の発話による命名とその対象の対応づけが可能になり，子どもの語彙獲得が迅速かつ効率的に進むのではないかと考えられています。

（篠原郁子）

▶3　Butterworth, G. E. 1991 The ontogeny and phylogeny of joint attention. In A. Whiten (Ed.), *Natural theories of mind*. Oxford : Blackwell. pp. 223-232.

▶4　心の理論
他者の行動を，その人が持っている目的や意図，欲求，知識，信念，好みなどの心の状態に基づいて予測したり理解したりすること。Ⅴ-11参照。

▶5　Tomasello, M. 1995 Joint attention as social cognition. In C. Moore & P. Dunham (Eds.), *Joint attention : Its origins and role in development*. Hillsdale, NJ : Erlbaum. pp. 103-130.

▶6　Bretherton, I. 1991 Intentional communication and the development of an understanding of mind. In D. Fry & C. Moore (Eds.), *Children's theories of mind : Mental states and social understanding*. Hillsdale, NJ : Erlbaum. pp. 49-75.

▶7　トマセロ，M. 2006　大堀壽夫・中澤恒子・西村義樹・本多啓（訳）心とことばの起源を探る——文化と認知　勁草書房

Ⅶ 関係性の中における情動

4 社会的参照行動と情動

1 他者の顔を覗く乳児：社会的参照の出現

　生後1年目の後半，共同注意の成立とほぼ同じころに，乳児は「社会的参照（social referencing）」と呼ばれる行動を見せるようになります。社会的参照とは，乳児が今までに経験したことのないモノや状況に遭遇したとき，周りにいる他者がその同じ対象を見ていることを確認し，他者の表情や発声などを手がかりにしてその対象の意味を判断したり，それに対する自分の行動を調整したりすることを意味しています。たとえば，今，乳児の前に何とも不思議な色と形をした玩具が置かれているとしましょう。乳児は養育者の顔を覗き，その玩具を見つめている養育者がにこやかに微笑むと，玩具に近づいて触ってみようとします。しかし，養育者がさも恐ろしいという様子でその玩具を見ていると，乳児は玩具に近づこうとはしないでしょう。

　このように，どう行動すべきかが曖昧な状況に置かれたとき，乳児は他者の顔を覗くことで，その状況に関する情報を得ようとしているようです。周囲の他者に「問い合わせる」ことで，得体の知れないものを自分で触り，噛みつかれたり火傷をしたりといったリスクを負うこともなく，効率的にその対象についての意味を学ぶことが可能になっているのです。自己の直接的な経験を介さずとも，環境について多くの知識を獲得することができるため，社会的参照は非常に有効な学習メカニズムであると考えられるでしょう。[1]

2 乳児が得る情報：視線と情動の組み合わせ

　社会的参照は，自分（乳児自身），どう対処してよいのかが曖昧な状況・事物，その対象を同時に見つめている他者，という三項関係において生じる行動です。[2]そこではまず，他者が自分と同様に，ある曖昧な事物に注意を向けているということの理解，すなわち共同注意の成立が前提となります。他者の視線がどこに注がれているのかを理解することはすなわち，他者の注意の在処をつかむことと言い換えられるでしょう。ただ，他者の視線そのものは，注意の対象となっているものが有している意味，つまり「内容」までを伴った情報ではありません。視線は他者が何について注意を向けているのかという場所を指し示す役割を持っていますが，どんなことを思ったり感じたりしているのかを表すのに十分ではないのです。そしてその内容については，他者がある対象を見つめ

▶1　Tomasello, M., Kruger, A. C., & Ratner, H. H. 1993 Cultural learning. *Behavioral and Brain Sciences*, **16**, 495-552.

▶2　Ⅶ-3 参照。

ながら同時に発する，表情や発声などの情動的サインが示していると考えられます。情動は，それを示す人がある事物に対して向けている評価（appraisal）を表しています。他者が何かを見つめるとき，そこに，笑みを浮かべたり，眉をひそめたり，あるいは叫び声をあげたりといった情動表出が随伴することで，乳児は他者がその対象に向けて抱いている肯定的あるいは否定的評価を窺い知ることが可能になるのです。情報の対象を指し示す視線，そして情報の内容を表す情動の組み合わせによって，乳児は他者が示す環境内の事物の意味を素早く正確に知ることができると言えるでしょう。そして，他者からの情報を取り込むことで，その事物に対する乳児自身の行動を決定したり修正したりしているのです。この時期の乳児は，他者がある対象について情動そして意図，欲求などの心的状態を有していることに気づき，他者との間で心的状態の交流を始めていると考えられます。こうした意味において，社会的参照の出現は「心の理論」の先駆けとして注目されています。

▷ 3 Lazarus, R. 1991 *Emotion and adaptation*. New York : Oxford University Press.

③ 社会的参照の発達を支える養育者の存在

先に触れたように，社会的参照とはある対象と自分そして他者という三項関係を基盤としています。乳児の社会的参照は，そこに他者がいることではじめて成立するものであり，乳児にとっての身近な他者，すなわち養育者は非常に大きな意味を持っていると考えられています。

養育者は日ごろから乳児の行動を熱心に見つめ，乳児の視線が注がれる対象を素早く捉えては，動作や表情，言葉で説明を行おうとする存在です。社会的参照の発達について，乳児が他者の顔を覗く行動は，必ずしも最初から状況に関する問い合わせという能動的な「情報探索行動」ではないようだという指摘があります。ただ，乳児に見つめられた養育者は多くの場合，発声や表情を示すことで乳児に応答しようとするでしょう。自ら進んで豊富な情報を提供しようとする養育者がいることによって，乳児は結果的にもたらされた環境についての情報を活用できるのではないかと考えられます。また，乳児の側に情報を探そうとする欲求が備わり始めた後も，ときに漠然としているその欲求を敏感に読みとり，乳児の興味の対象を特定し，当該の事物について豊富にかつわかりやすく情報を伝えようとする養育者の存在はきわめて重要です。社会的参照は生涯にわたって見られる行動で，人はやがて，他者が明示的に自己に情報を向けなくとも，周囲の他者の顔をときにこっそりと窺うことで状況の意味を把握するようになります。しかし，とくに発達早期における社会的参照の発達は，乳児の視線を俊敏に察知し，積極的に情報を与えようとする養育者によって支えられていると考えられるでしょう。

（篠原郁子）

▷ 4 遠藤利彦・小沢哲史 2001 乳幼児期における社会的参照の発達的意味およびその発達プロセスに関する理論的検討 心理学研究, **71**, 498-514.

▷ 5 Baldwin, D. A., & Moses, L. J. 1996 The ontogeny of social information gathering. *Child Development*, **67**, 1915-1939.

【参考文献】
遠藤利彦（編） 2005 読む目・読まれる目――視線理解の進化と発達の心理学 東京大学出版会

Ⅶ　関係性の中における情動

5 養育者の「マインド・マインデッドネス」と子どもの発達

1 乳児とコミュニケートする大人

　乳児が生まれながらに有している他者とのコミュニケーション能力をかんがみると，乳児はまさに，人とのやりとりの中に在るように生まれてくる，と言えるのかも知れません。しかし，「やりとり」とは自分と相手がいてはじめて成立するものです。発達早期の乳児のコミュニケーションについて考えるとき，乳児と関わる周囲の他者，とくに重要な存在である養育者にも注目する必要があるでしょう。

　乳児はたしかに，身体の動きや発声，表情の表出によって他者を惹きつけ，他者からの働きかけにタイミングよく応じます。ただ，発達早期において，それらの乳児の行動が他者への明確な伝達意図を伴い，加えて複雑な情動や欲求などの心的状態を備えているかというと，必ずしもそうではないようです。しかし，乳児のわずかな手足の動きは，それを目にする養育者にとって「あのオモチャを取って欲しい」という意味を持った行動として映ることでしょう。養育者に半ば偶発的に向けられた乳児の視線でさえ，養育者にとっては乳児の喜びや不安，あるいは欲求を伴うものとして解釈されがちで，養育者は「何かいいもの見つけた？」「どうしたの？」などと乳児に声をかけることでしょう。乳児との間に交わされるトピックの内容や展開は，やりとりの相手，すなわち乳児の言動を受けとる養育者側に大きく依存するという点が，初期コミュニケーションの特徴となっています。つまりそれは養育者が，乳児の表出する表情や身体動作に触れると，自ずとそれを様々に解釈し，意味を与え，乳児の内なる声を代弁するかのように話しかけてしまう存在であるということを表しています。

2 「マインド・マインデッドネス」：乳児の心に目を向ける

　養育者による日常的な乳児の行動の解釈について，その際とくに，乳児の行動の背後に情動や欲求，意図，思考といった心的状態を帰属する傾向が注目されています。いまだ幼い乳児の表情に細やかな情動の移ろいを認め，発達的に高度で複雑な状態である嫉妬や共感さえ読みとってしまうといった養育者の背景には，そもそも乳児が大人と同様に豊かな心の世界を備えていると想定するスタンスがあると考えられるでしょう。このような養育者のスタンスは，「マ

インド・マインデッドネス (mind-mindedness)」と呼ばれ、「発達早期の乳児をもすでに豊かな心の世界を有した存在と見なし，乳児と心を絡めたやりとりを行おうとする傾向」と定義されています。たとえば，生後6ヶ月児と母親の相互作用場面で母親が乳児の心の状態を言葉にして話したり，乳児のビデオ映像を呈示した際に，母親たちが乳児の情動や欲求を豊かに想定しながら乳児の行動を説明することが示されています。乳児に接するとき，多くの養育者はついつい乳児の心的世界を気にかけてしまうようです。

ただし一方で，乳児の心に言及する頻度や，乳児の行動から読み取る心的状態の具体的内容には，養育者の間でも幅広い個人差が存在することが指摘されています。同じ乳児の行動を目にしたとき，そこに何らかの情動や意図の存在を想定するかどうか，さらには，歓喜，悲哀，怒りなど乳児からどのような内容の心的状態を読み取るのかという点には，養育者によって大きな差異があるようです。乳児が日々経験する社会的やりとりの性質には，乳児自身が有している気質や行動特徴と合わせて，養育者が有している「マインド・マインデッドネス」の個人差といった特徴が影響を与えていると考えられます。

3 「マインド・マインデッドネス」と心の理解の発達

養育者による乳児の心の想定は，子どもの発達にとってどんな意味を持っているのでしょうか。マインズ (Meins, E.) は，「マインド・マインデッドネス」を豊かに有している養育者は，子どもとの間で心の世界に焦点化したやりとりを多く実践しやすいのではないかと論じています。具体的な養育者の行動として，たとえば情動や欲求を表す言葉をより多く用い，子どもが潜在的に有している（と養育者によって想定された）心的状態に頻繁な名づけを行うことが挙げられます。加えて，子どもが関心を向けていると思われる事物を介した三項関係コミュニケーションの展開を豊富に行うことなども想定されるでしょう。養育者との相互作用の中で心的語彙に多く触れたり，第三項を介して意図や欲求を交わすことは，子どもにとって，直接は目に見えない自他の心的な世界に気づき，その理解を深めていくための「足場かけ (scaffolding)」として機能すると考えられます。つまり，養育者の「マインド・マインデッドネス」は，日ごろの子どもとのやりとりを通して，結果的に子どもの心の理解を促進している可能性があるのです。実際に，子どもの乳児期に行われた研究で「マインド・マインデッドネス」を豊かに有していると判断された養育者の子どもは，その後4〜5歳になったとき，「心の理論」課題に優れた成績を示すという報告が寄せられています。乳児と触れ合う養育者が日ごろ何気なく行っている，ついつい乳児の心に目を向けてしまうという振る舞いが，じつのところ，巧みに子どもの心の理解における発達を支えるような社会的環境を整えていると考えられるでしょう。

（篠原郁子）

▶1 Meins, E. 1997 *Security of attachment and the social development of cognition.* East Sussex, UK: Psychology Press.

▶2 Meins, E., Fernyhough, C., Fradley, E., & Tuckey, M. 2001 Rethinking maternal sensitivity: Mothers' comments on infants' mental processes predict security of attachment at 12 months. *Journal of Child Psychology and Psychiatry and Allied Disciplines*, **42**, 637-648.

▶3 篠原郁子 2006 乳児を持つ母親におけるmind-mindedness 測定方法の開発——母子相互作用との関連を含めて 心理学研究, **77**, 244-252.

▶4 Meins et al. 前掲書
篠原 前掲書

▶5 Meins 前掲書

▶6 Ⅶ-3 参照。

▶7 Meins, E., Fernyhough, C., Wainwright, R., Clark-Carter, D., DasGupta, M., Fradley, E., & Tuckey, M. 2003 Pathways to understanding mind: Construct validity and predictive validity of maternal mind-mindedness. *Child Development*, **74**, 1194-1211.

Ⅶ 関係性の中における情動

6 「エモーショナルアヴェイラビリティ」と子どもの発達

① 「エモーショナルアヴェイラビリティ」とは何か

発達の初期から，子どもは養育者と多くの情動のやり取りをします。たとえば，生後3ヶ月ごろになると，養育者の働きかけに反応して子どもが微笑むようになります。このとき養育者は，強い喜びを感じ，さらに子どもを喜ばせようとあやしたり，話しかけます。そうすると子どもの微笑みは一層強くなります。エムディ（Emde, R. N.）[1]は，このように，養育者と子どもが相互に，表情や声や泣き声などを通して様々な情動を表現し合い，受け止め合うことを「エモーショナルアヴェイラビリティ（emotional availability，以下EA）」と呼びました。

一方，マーラー（Mahler, M. S.）[2]は，1歳半から満2歳ごろの子どもが母親から離れて外の世界を探索するとき，子どもを静かに見守り，子どもが戻ってきたときには言葉をかけたり，身体的接触をするなど，情緒的なエネルギーの補給をする母親の態度をEAと呼び，このような母親の存在は子どもにとって安心感の拠点となると主張しました。

エムディとマーラーの理論を総合すれば，EAとは「情動の利用可能性」であり，それには養育者のものと，子どものものとがあると言えます。養育者のEAとは，養育者が子どもの示す情動的な表現に充分に反応することで，子どもが養育者の情動を利用できることです。一方の子どものEAとは，子どもが自分の情動を表現することで，養育者に適切な対応を促したり，その対応が報われたとの思いを養育者に抱かせることです。

② 養育者のエモーショナルアヴェイラビリティが子どもの発達に果たす役割

ソースとエムディ（Sorce, J. F., & Emde, R. N.）[3]は，ある実験の中で，母親のEAが子どもの快の情動の発揮や，探索行動の発達において重要であることを明らかにしました。この実験では，15ヶ月の子どもと母親が，数種類のおもちゃが置かれ，一人の見知らぬ女性がいる部屋で15分間過ごすように指示されます。母親は，2つのグループに分けられました。一つのグループの母親は，子どもが部屋で遊ぶ間，新聞を読み，子どもから関わりを求められても反応しないようにと指示されました（EAがない母親群）。もう一つのグループの母親

▷1 Emde, R. N., & Sorce, J. F. 小此木啓吾（監訳）1988 乳幼児からの報酬 情緒応答性と母親参照機能 Call, J. D.・Galenson, E.・Tyson, R. L.（編）乳幼児精神医学 岩崎学術出版社 pp.25-47.

▷2 Mahler, M. S., Pine, F., & Bergman, A. 高橋雅士・織田正美・浜畑紀（訳）1981 乳幼児の心理的誕生——母子共生と個体化 黎明書房

▷3 Sorce, J. F., & Emde, R. N. 1981 Mother's presence is not enough: Effect of emotional availability on infant exploration. *Developmental Psychology*, 17, 737-745.

は，新聞は読まずに，子どもが遊ぶ様子を見守り，子どもからの求めにも応じるようにと指示されました（EAがある母親群）。2つのグループの子どもを比較した結果，母親が新聞を読まないグループの子どもは，母親が新聞を読むグループの子どもよりも，喜びや楽しさという快の情動をより多く示すと同時に，部屋を歩いておもちゃを触るという探索行動がより多いことがわかりました。このことから，母親が身体的に存在するだけではなく，母親の情動を子どもが利用できることが，子どもが安心して快の情動を出し，外の世界への興味を広げて自ら探索する行動を発達させる上で重要であることがわかります。

さらに，養育者のEAの不在は，養育者が身体的に不在であること以上に子どもにとって苦痛であることが，生後間もない子どもにおいて示されています。母親がわざと無表情な状態になるときには，母親が存在しない場合よりも，生後3ヶ月の子どもの苦痛な表情や目をそらす行動がより多いことが実験から報告されています。

子どもの情動調整の発達の上でも，養育者のEAは重要です。その例として，1歳前後の子どもが，不確かで，不安感や恐怖感などの情動を引き起こされる状況に置かれると，母親の表情を見るという，社会的参照行動があげられます。深さ約30センチの溝の上に透明なガラス板がのせられ，ガラス板の向こう側にはおもちゃがあるという状況に置かれた場合，母親が「大丈夫」という表情をしていれば，子どもはガラス板を渡り，母親が不安そうな表情を浮かべていれば渡ることはしません。これは，子どもが自分の中に喚起された恐怖という情動や不確実さという内定な状態を，母親の表情に表れた母親の情動を利用して，調整したと考えることができるのです。

3 養育者と子どもとの関係性としての「エモーショナルアヴェイラビリティ」

ビリンゲンとロビンソン（Biringen, Z., & Robinson, J. L.）は，エムディがEAを，養育者と子どもとの相互の情動のやり取りとした考えをさらに明確にし，情動を間にはさんだ養育者と子どもとの関係性であると定義しました。彼女たちは，養育者と子どもとの関係は，それぞれを単独に考えることはできず，必ず相互に影響し合っていると主張しています。たとえば母親のEAが低いのは，子どものEAが弱いためかも知れません。したがって，母親と子どもの両方を考慮に入れる必要があるのです。

また，彼女たちは養育者と子どものEAそれぞれを測定する尺度を作成しています。この尺度を使った複数の研究の中で，養育者と子どものEAが高いことが，子どもの愛着の安定性をもたらすことや，快情動が多く，不快な情動を上手く調整できること，あるいは仲間関係において肯定的な結果をもたらすことなどが示されています。

（金丸智美）

▶4 Field, T. 1994 The effects of mother's physical and emotional unavailability on emotion regulation. *Monographs of the Society for Research in Child Development*, 59, 208-227.
▶5 Ⅶ-4 参照。
▶6 Sorce, J. F., Emde, R. N., Campos, J. J., & Klinnert, M. D. 1985 Maternal emotional signaling: Its effects on the visual cliff behavior of 1-year-olds. *Developmental Psychology*, 21, 195-200.
▶7 Biringen, Z., & Robinson, J. L. 1991 Emotional availability in mother-child interactions: A reconceptualization for research. *American Journal of Orthopsychiatry*, 61, 258-271.
▶8 養育者のEAは「sensitivity」（子どものサインを敏感に読み取り，柔軟に対応する。また，自分自身の純粋な情動を表現する），「structuring」（手がかりや枠組みを与えたり，物事のきまりを教える），「non-intrusiveness」（押しつけがましくなく，子どもの主導性を尊重する），「non-hostility」（子どもに対して敵意や苛立ちがない）の4つの側面からなる。

子どものEAは「responsiveness to parent」（親からの働きかけに，快の情動を伴って応える），「involvement with parent」（自分とのやり取りに親を関わらせる）の2つの側面からなる。

VII 関係性の中における情動

7 養育者の育児不安と子どもの発達

1 育児不安とは

　育児不安について考える際は，2つの不安を思い浮かべてみましょう。一つ目は，子育てにまつわる日々のちょっとした懸念や心配です。2つ目は，子育ての中で生じ持続し蓄積されたもので，子育てができなくなるくらい強い不安のことです。それはしばしば親としての自信のなさや子どもに関する歪んだ認知も伴います。この2つ目の育児不安のみを問題として取り上げる場合もあるのですが，一つ目の育児不安がはけ口を見出せないままで蓄積されて2つ目の不安のような状態になることもあると考えられますので，一つ目の不安も「放っておけばなおる」というものとして理解することは避けた方がいいでしょう。難しい時期の子どもと接している養育者(多くの場合は母親)はナイーブな状態にあるとも言えます。そのようなときは少しの不安が深刻な育児不安をもたらすこともあります。また金銭的な問題や夫婦関係の問題などの一見，育児とは関係なさそうな他の問題も育児の悩みとして認知されることがあります。なお不安の内容としても，子どもに起因するもの，自分自身の問題，周囲との関係が発端であるものなど多岐にわたります。専業主婦の育児不安は高いという報告や，ひとり親の場合よりもふたり親で夫からサポートを得られない場合の育児負担感は高いという研究結果にも散見されるように，育児不安を本人や子ども，家族の様相を絡めた養育者一人一人の問題として捉えることも必要でしょう。

2 育児不安は子どもにどのように作用するのか

　養育者の育児不安，それ自体が直接的に子どもに影響を及ぼすというよりも，育児不安によって子どものよくない部分が目につくようになり，ちょっとしたことで手をあげ，それが繰り返され虐待へと発展することや，育児不安によって自分の子育てひいては自分自身に自信をなくし，子どもと関わりたくなくなり養育を放棄してしまうことなどによる間接的な影響の方がより考えられるでしょう。身体的な虐待はしつけの名目で行われることが多いので，子どもは自分のことを悪い子だと思い込み親に好かれようと過度に気を遣うようになってしまったり，親の攻撃性を目の当たりにしていることから仲間に暴力的に振る舞ってしまったりするという報告も寄せられています。養育の放棄は家族で一緒にいたとしても見捨てられたような状態でいることから，自分が世話される

▷1　たとえばおっぱいを飲む量が少ないように思えたり，子どものための教材が少ないのではないかと悩んだり，子育てをしていればある程度誰にでも生じる可能性のある種類のもの。

▷2　荒牧(2005)は育児負担感を「育児による負担感・束縛感や子どもの行為・態度へのイライラ」と定義し，「子どもの育ち・育て方への不安感」である育児不安感とは別の概念として挙げているが，本文では広義の意味での「育児不安」に両者とも含められるものとして扱う。

　荒牧美佐子　2005　育児への否定的・肯定的感情とソーシャル・サポートとの関連――ひとり親・ふたり親の比較から　小児保健研究, 64, 737-744.

▷3　**身体的虐待**
親またはそれに代わる養育者から子どもに加えられる意図的な暴行のことを指す。殴る，蹴る，首を絞める，溺れさせるなど，身体的にはもちろん心理的にも子どもに傷をおわせる暴力である。

▷4　**ネグレクト（養育怠慢・放棄）**
親またはそれに代わる養育者が子どもの健康や成長に必要な保護や世話などを放棄・拒否することを指す。食事を与えない，病気のまま放置する，服や下着を着

必要がなく愛される価値のない人間だという考えが子どもに植えつけられてしまえば、それが後々の発達や人間関係においてよくない影響をもたらすこともあるでしょう。また、家庭における情緒的な雰囲気や家族間の感情の交流が子どもの感情理解ひいては仲間関係にも影響を与えるということもわかっていることから、育児不安によって親子間の情緒的な交流が妨げられるようなことがあれば、子どもの感情理解や周囲とのコミュニケーション能力の発達が阻害される危険性も否定できません。

もちろん育児不安の深刻な例が必ずしもこれらのような道筋を辿るとは限りません。自分なりに風穴をあけ、同じような悩みを持つ人々と話すことで安心感を得たり、理解のある家族の支えのもとに乗り越えたり、子どもの成長とともに不安自体が徐々に消えていったりすることもあるのです。

3 社会全体の問題として捉える努力を

「昔の母親は育児不安などなかったのに、いまの母親は…」という言葉を耳にすることがあります。では育児不安を抱えるようになった現代の母親はダメになったのでしょうか？ 育児不安という問題が取りざたされるようになったのは母親がダメになったからではなく、社会全体が変貌したからなのではないでしょうか。社会のしくみや流れが変貌するなら、その中にいる母親も変貌するのは当然です。もしくは、昔の母親は不安を覚える時間の余裕や訴える機会もなかったという可能性もあるでしょう。

ここで、実際に社会の変化に伴い育児不安を抱えることになったと考えられる母親の言葉を紹介します。一人目は、仕事と家庭の両立に奮闘中の方です。「私たちは学生のときは男女平等だよって、勉強もやった人がやっただけいい大学に入れてという育て方されて、頑張って自分なりのレベルのところに入って、納得できる仕事について…じゃあなんで女性は子どもを産んだ途端閉ざされるんだろう？ それが悲しかったし、だからこそ少子化なんだと思う。」2人目は、多忙な夫を持つ専業主婦の方です。「お父さんに手伝ってなんて言えない。夜中の2時ごろ帰ってくるので。『母子カプセル』っていうのすごくわかる！ もうどうしようっていうのが何度もあって。近所はお子さんのいるお宅ないし、喋りたいだけでも誰もいない。園に上がるまで本当に『母子カプセル』できつかった。」

このように、職業の有無に関係なく子どもを産み育てにくい現実にある女性に、「あなたの問題だから」と言えるのでしょうか。育児不安の中身やその原因が何であれ、その不安をちょっとした不安で留められるか、何らかの症状を伴うまでの不安に増幅してしまうか、それは養育者自身だけではなく養育者と直接的・間接的に接する私たち一人一人の意識次第であると言えるのではないでしょうか。

〈江上園子〉

替えさせない、学校に行かせないなど。

▶5 西澤哲 1997 子どものトラウマ 講談社現代新書

▶6 Cassidy, J., Parke, R. D., Butkovsky, L., & Braungart, J. M. 1992 Family-peer connections : The role of emotional expressiveness within the family and children's understanding of emotions. *Child Development*, **63**, 603-618.

Isley, S. L., O'Neil, R., Clatfelter, D., & Parke, R. D. 1999 Parent and child expressed affect and children's social competence : Modeling direct and indirect pathways. *Developmental Psychology*, **35**, 547-560.

参考文献

牧野カツコ 1982 乳幼児を持つ母親の生活と〈育児不安〉 家庭教育研究所紀要, **3**, 34-56.

太田睦 2002 育児不安は生活不安──父親のフルタイム育児体験 こころの科学, **103**（特別企画「育児不安」), 67-71.

汐見稔幸 2000 親子ストレス──少子社会の「育ちと育て」を考える 平凡社新書

Ⅶ 関係性の中における情動

8 養育者の母性愛・「母性愛」信奉傾向と子どもの発達

▷1 ボウルビィ（Bowlby, J., 1951/1967）によって「母性剝奪（Maternal deprivation）」の概念が提唱されたが，これが彼自身の理論と厳密には異なるままに後の研究者によって流布された。この点についてはラター（Rutter, M., 1972/1979, 1981/1984）が追跡調査や一連のレビューによって反論している。
ボウルビィ，J．黒田実郎（訳）1967 乳幼児の精神衛生 岩崎学術出版社（Bowlby, J. 1951 *Maternal care and mental health.* New York : Shocken.)
ラター，M．北見芳雄・佐藤紀子・辻祥子（訳）1979 母親剝奪理論の功罪 誠信書房（Rutter, M. 1972 *Maternal deprivation reasseed.* Middlesex : The Penguin Press.)
ラター，M．1984 続・母親剝奪理論の功罪（同上）(Rutter, M. 1981 *Maternal deprivation reasseed* (second revised edition).)
▷2 大日向雅美 2001 母性研究の課題——心理学の研究は社会的要請にいかに応えるべきか 教育心理学年報, 40, 146-156.
▷3 スウィガート，J．斎藤学（監訳）1995 バッド・マザーの神話 誠信書房
▷4 「母性愛」信奉傾向の尺度項目は13項目からなる。「育児は女性に向いて

1 揺れる「母性愛」

みなさんは，「母性愛」という言葉を聞いてどのようなイメージを抱きますか。女性が生まれながらに持っていて，子どもを産むとますます強くなる，強く深い愛情でしょうか。自分よりも何よりも子どものため，という想いに彩られた，自己犠牲的な母の愛でしょうか。

このような「母性愛」という言葉に関しては，文化的風土や宗教，社会的な要請さらには「科学的」とされる研究結果によって「母性」の生物学的規定性が当然視される中で，母親が育児に専念する重要性がさらに強調されてきました。その一方で，このような考え方に批判的な立場の学識者が「母性」や「母性愛」は私たちがつくりだした幻想や虚構に過ぎないと論じ，中には実際に「科学的」な研究結果を問い直して反証したり，「母性愛」を賛えるような私たちの文化こそが母親を追いつめることになり，逆説的に虐待などを引き起こす要因として子どもの将来を危険にさらすことになると提唱したりする研究者も現れました。また，このような学問上・研究上でのぶれが，母子同室／別室制や母乳に関する議論，働く母親の是非を問う議論など，まさに当時の母親の人生を左右してきたと言っても過言ではないでしょう。

たった一つの言葉とそれに関する考え方の違いが，このように学術的にも一般的にも，世界規模とも言える大きな議論を生んできたのです。ひょっとしたら，「母性愛」はもともとシンプルな概念だったのかも知れません。しかし時を経て現在に至るまで，「母性愛」は依然として，揺れ続けているのです。

2 「母性愛」信奉傾向と母親自身の心理的な健康，子どもへの影響

では，「母性愛」という概念は実際，どの程度私たちの生活に影響を与えているのでしょうか。このことを確かめるために，現在子育てのまっただ中にいる母親を対象にして調査を行いました。具体的には，「社会文化的通念である伝統的性役割観にもとづいた母親役割を信じそれにしたがって養育を実践する傾向」を「『母性愛』信奉傾向」と定義し，この傾向によって子どもに対する関わり方が影響を受けるのかどうか，調べたものです。

その結果，以下のことがわかりました。母親が自分の子どもの発達に対して高い評価をしている場合は，「母性愛」信奉傾向は子どもへの感情のコント

ロールをうまく促す一方で、母親が自分の子どもの発達に対して低い評価をしている場合、「母性愛」信奉傾向は子どもへの感情のコントロールを一転、不可能な方向へと導くということがわかりました。同様に、フルタイムとパートタイムの母親の両者において、職業満足度が中程度の場合は「母性愛」信奉傾向は子どもへのネガティヴな関わりを増大させましたが、職業満足度が低い場合と高い場合は逆にそのような関わりを低減させるという結果になったのです。

これらの結果より、「母性愛」信奉傾向が母親をとりまく状況次第で母親の心理とその関わり方に正負両面の影響を与えることがわかりました。したがって、「母性愛」はいわゆる「両刃の剣」のようなものであると解釈しました。「母性愛」信奉傾向が子どもの発達に影響を及ぼすのかどうかということについては検討段階ではありますが、母親の心理と子どもへの関わり方に影響を与えるということが明らかになった以上、子どもへ何の影響も及ぼさないということは有り得ないのではないかと考えられます。

なお、これは「母性愛」信奉傾向そのものではありませんが、母親が就労している場合と子育てに専念している場合の子どもの発達については、明確な差異は一切出ていません。母親が子育てに専念していることと、そうでないということそれ自体は子どもの発達を左右しないということは明確にわかっています。これらの研究からも、子育てを担うのは母親だけだという意識の変容が求められます。

3 「母性愛」信奉傾向が問いかけるもの

「母性愛」を信じ自分の中に取り入れて子どもを一生懸命育てることに意味を見出すのも、「母性愛」を否定して自分の職業や趣味を大事にしながら子育てと向き合うのも、どちらがいいかなんて誰にも言えませんし結局のところ簡単にはわかりません。そもそも、何より子どもを育む存在は母親一人だけではないのに、それと同時に子どもにとって母親が重要な他者の一人であることには違いないのに、子どもか自分か、という二分法的な議論がされること自体、本来は不思議なことです。大切なのは、子どもと関わり合う母親の一人一人が、矛盾を抱えずに自分が納得する毎日を送っているのかということではないでしょうか。もちろん、それは一人よがりな自己満足のことを言っているのではありません。人と人同士の関係を結ぶための基本は、自分が母親だから、相手が子どもだからという立場であっても、それほど変わらないものなのではないかと思います。すなわち、「母親」という枠にくくられずに、一人の女性そしてもちろん一人の人間として考える主体となって、子どもや周囲の人たちと向き合うことが必要となるのでしょう。

(江上園子)

いる仕事であるから、するのが自然である」「わが子のためなら、自分を犠牲にすることができるのが母親である」など。

▶5 江上園子 2005 幼児を持つ母親の「母性愛」信奉傾向と養育状況における感情制御不全 発達心理学研究, 16, 122-134.

▶6 江上園子 2007 "母性愛"信奉傾向が幼児への感情表出に及ぼす影響——職業要因との関連 心理学研究, 78, 148-156.

▶7 シャファー, H. R. 無藤隆・佐藤恵理子(訳) 2001 子どもの養育に心理学がいえること——発達と家族環境 新曜社

Ⅶ 関係性の中における情動

9 養育者の抑うつと子どもの発達

▷1 いわゆる「マタニティブルー」は妊娠出産期女性の軽症～中程度のうつ病である。うつ病に関する疫学的調査の結果，妊娠中では4〜29％，出産後では10〜24％の母親に臨床レベルでのうつ病が発現すると言われている。

▷2 **発達精神病理学**（developmental psychopathology）
人間の不適応行動や精神疾患の起源や形成過程を，発達軸にそって発生的に解明していこうとする心理学の発達研究の枠組み。

▷3 Field, T. 1984 Early interactions between infants and their postpartum depressed mothers. *Infant Behavior and Development*, **7**, 517-522.

▷4 **学習性無力感**
⇨ Ⅳ-11 参照。

▷5 Field, T. et al. 1988 Infant of depressed mothers show "depressed" behavior even with nondepressed adults. *Child Development*, **59**, 1569-1579.

▷6 Goodman, S., & Brumley, H. E. 1990 Schizophrenia and depressed mothers: Relational deficits in parenting. *Developmental Psychology*, **26**, 31-39.

▷7 シャファー, H. R. 無藤隆・佐藤恵理子（訳）2001 子どもの養育に心理学がいえること——発達と家族環境 新曜社

1 母親の抑うつが子どもの発達に及ぼす影響

養育者が精神疾患を呈している場合，子どもは遺伝的にも環境的にも影響を受けることが予測できます。精神医学の領域では主に統合失調症の養育者が子どもに及ぼす影響について研究がなされてきました。ところが，統合失調症だけでなく，養育者のうつ病が子どもに大きな影響を及ぼすことが明らかになってきました。うつ病は成人において発現頻度の高い精神疾患です。とりわけ妊娠出産期の女性がかかる産後うつ病の頻度は高く，少なからぬ子どもが発達過程で母親の抑うつに出会うと考えられます。そのことが子どもに及ぼす影響についての研究が発達精神病理学の領域で進展しています。

2 抑うつの母親の養育行動と子どもの発達

◯抑うつの母親の養育行動

フィールド（Field, T.）らは，抑うつの母親の養育行動が，乳児にいらだちやすく楽しさに欠け無関心であったと報告しています。母親と3ヶ月の乳児との遊び場面において，途中で母親に抑うつ的な無反応を装ってもらい乳児の反応を観察した結果，母親が抑うつでない乳児は，抑うつの母親をもつ乳児よりも，肯定的な表情や発声を多く示し，活動も活発で，反応を返さない母親への抗議を多く示す結果が得られました。母親が抑うつの乳児は，あまり笑わずに活動も低いという抑うつ的な行動を，母親に対してだけでなく，抑うつではない見知らぬ女性に対しても示したことから，抑うつの母親との相互作用を通して対人的な無力感を学習したのではないかと考察されました。

抑うつの母親の応答性やしつけに注目した研究からは，抑うつの母親の応答性は，もっとも応答性が低い統合失調症の母親群ともっとも高い統制群との中間であったこと，一方しつけについては，抑うつの母親が構造を与えたり指導したり規則を加えたりすることがうまくできずにもっとも消極的であったことが示されました。

◯子どもの精神疾患や問題行動

親がうつ病の子どもには，うつ病を含む様々な問題の生じる危険が高く，しかもより早い年齢で現れやすいと言われています。抑うつを体験した母親に育てられた子どもには，高い割合でうつ病，分離不安，注意欠陥障害などの精神

疾患が出現したり（40〜70％），引きこもりや非行などの様々な問題行動が生じやすかったりすることが指摘されています。[8]

3 より広い関連要因を含めたメカニズム

養育者の抑うつが子どもの発達に及ぼす影響についての❷のような考え方は，「一方向的単純影響モデル」と言えます（図7.9.1A）。ところが，母親の抑うつによって子どもたち全員が影響を受けるわけではありません。母親の抑うつという「危険因子」を抱えながらも健康に成長した子どもにはどのような「防御因子」があったのかを明らかにし，これら両因子を含めた影響過程を考える必要があります。さらに，社会経済的背景や夫婦関係など他の関連要因も視野に入れながら，また因果関係についても，親から子へだけでなく，子から親への影響も想定した「複合的相互作用モデル」（図7.9.1B）がより妥当であるでしょう。[9]

たとえば，フィールドらは，乳児の母親に対する無力感の学習が見知らぬ女性に対しても般化することを示しましたが，一方で，親しい保育所の先生や父親に対してはこのような傾向が認められませんでした。母親が抑うつであることは乳児の発達にとって一つの危険因子ですが，たとえば父親との良好な関係は防御因子になると考えられます。また，母親の抑うつによる影響をより詳細に検討すると，うつ発症時期の早さ（出産後よりも妊娠中）や持続期間の長さが，乳児の心理的・生理的発達に大きく影響することも示されています。[10] さらに，抑うつの母親の子どもに出現しやすい精神疾患や問題行動は広範囲にわたることから，母親の抑うつはこれらの子どもの問題への単一の原因というよりも他の複数ある要因の一つであり，問題行動の種類によって発現メカニズムは違っているのではないかとの指摘があります。[11]

比較的最近になって，父親にも子どもが誕生した後に抑うつが現れやすいことが明らかになってきました。とくにパートナーである母親が産後うつ病の場合，父親がうつになる頻度は24〜50％と言われており，母親と父親の産後うつ病発現の相関の高さは家族の健康に及ぼす重大な影響を意味しています。早期の有効な介入のためにも，関連メカニズムの解明が必要となります。[12]

（北川　恵）

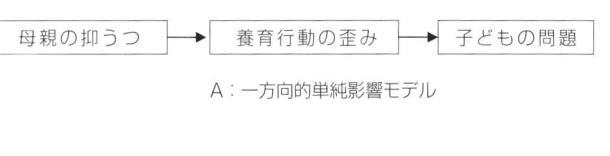

▷8　菅原ますみ　1997　養育者の精神的健康と子どものパーソナリティの発達——母親の抑うつに関して　性格心理学研究，**5**(1)，38-55．

▷9　同上書

▷10　Diego, M. A., Field, T., Hernandez-Reif, M., Cullen, C., Schanberg, S., & Kuhn, C. 2004 Prepartum, postpartum, and chronic depression effects on newborns. *Psychiatry*, **67**(1), 63-80.

▷11　菅原　前掲書

▷12　Goodman, J. H. 2004 Paternal postpartum depression, its relationship to maternal postpartum depression, and implications for family health. *Journal of Advanced Nursing*, **45**(1), 26-35.

```
母親の抑うつ → 養育行動の歪み → 子どもの問題
```
A：一方向的単純影響モデル

```
背景要因 ⇔ 母親の抑うつ ⇔ 養育行動の歪み ⇔ 子どもの問題
```
B：複合的相互作用モデル

図7.9.1　母親の抑うつと子どもの発達との関連モデル

出所：菅原，1997

VII 関係性の中における情動

10 夫婦・家族内葛藤と子どもの発達

1 家族の情動的な環境と子どもの発達

VII-9 で述べたとおり，養育者の精神疾患が子どもの発達に及ぼす影響メカニズムをより詳細に検討した研究からは，養育者の精神疾患がそのまま危険因子になるのではなく，夫婦の不和などの家族の情動的な環境要因を媒介として，子どもに影響するという結果が得られました。夫婦の争いが増えると，親子関係の質が低下し，それによって子どもに不適応や問題行動が生じるというメカニズムも報告されています。家庭内に漂う情動的な環境が子どもの心理発達の過程に強く影響すると言えます。1990年代から，子どもの発達や適応の問題を家族システムの枠組みの中で理解していこうという機運が高まり，親子関係だけでなく夫婦関係も含めた家族関係への注目がなされてきました。

2 夫婦・家族内葛藤が子どもの発達に及ぼす影響

○家族における争いや暴力的雰囲気

夫婦の争いが子どもに及ぼす影響について，シャファー（Schaffer, H. R.）は次のような研究結果を紹介しています。まず，親がきょうだいをたたいたり，親同士がけんかをしたりするという日常的な争いの雰囲気に，子どもがどのように反応するかを観察しました。すると子どもは，非常に幼い年齢であっても，傍観者であるにもかかわらず，泣いたり心配そうな表情をしたりと動揺を示しました。争いに身体的な攻撃が含まれているほど，あるいは争いが繰り返されるほど，子どもへの影響が大きいことがわかりました。家庭内での暴力について，子ども自身が暴力の犠牲者である場合と目撃者である場合とを比較した結果，子どもが受ける影響はどちらも同程度に大きく，行動の問題や神経症的な問題を抱えやすくなると報告されています。また，夫婦間での暴力が起きている家庭では，親から子どもへの虐待も同時に起こっていることが多く，家族全体が暴力的な雰囲気にある場合，きょうだい間でも暖かさや助け合いが見られなかったことが示されています。

○父親のアルコール依存症による家族機能不全

親がアルコール依存症の家族には次のような特徴があります。まず，お酒のせいで約束が守られないなど信頼感が喪失します。ルールや役割やコミュニ

▷1 シャファー，H. R. 無藤隆・佐藤恵理子（訳） 2001 子どもの養育に心理学がいえること 新曜社

▷2 菅原ますみほか 2002 夫婦関係と児童期の子どもの抑うつ傾向との関連――家族機能および両親の養育態度を媒介として 教育心理学研究，50，129-140.

▷3 シャファー 前掲書

ケーションといった家族システムが変化します。加えて，子どもは暴力の被害者や目撃者となったり，自分を大切な存在と思えなかったり，自分の感情を無視したりすることを覚えます。エイデン（Eiden, R. D.）たちによる一連の実証研究の結果，次のようなことが明らかになっています。まず，父親がアルコール依存症であると，父親も母親も抑うつを呈しやすいという親の精神病理リスクや，結婚不満足という家庭環境リスクが高くなります。さらに，父親のアルコール依存症という問題は，これらのリスク要因と相互作用しながら，両親の子どもへの関わり（敏感性やいらだち）にも影響します。その結果，親子関係の質も影響を受けます。父親のアルコール依存症があり，母親の抑うつが高いと，子どもの母親への愛着は不安定となりやすいことなどが報告されています。

3 健全な家族機能が子どもに及ぼす影響

子どもが大人の争いを目撃することの影響についての研究から，争いの終わり方が重要であることが示されました。争いが解決した場合，子どもたちは怒りや恐れや悲しみをあまり感じなかったと答えています。実際の夫婦関係においては，意見の食い違いが大きくても破綻していない夫婦もあれば，争いはないが愛情のない夫婦もあります。そこで，夫婦の葛藤関係とは独立した要因として，夫婦の愛情関係に目を向けた研究がなされています。たとえば，夫婦関係が良好であれば，子育てに高いストレスを抱えた母親であっても子どもとの愛着関係は損なわれないという報告があります。父子関係も含めた研究では，図7.10.1のように，配偶者に対する愛情が，家族機能の良さ（家族成員が感じる家庭の雰囲気の居心地の良さや家族のまとまりの強さ）を媒介し，子どもの精神的健康に影響する関連メカニズムが示されました。

夫婦関係については，子どもの乳幼児期における夫婦の協力の程度がその後の夫婦関係の質に持続的に影響するという報告があり，家族システムの発達段階に応じた健全な家族機能の形成過程に関心がもたれます。

（北川　恵）

▷4　米沢宏　1995「いい子」が危ない——機能不全の家族に育つ子どもたち　こころの科学，62，90-97.
▷5　より詳しい概観は，北川恵　2005　アタッチメントと病理・障害　数井みゆき・遠藤利彦（編著）アタッチメント——生涯にわたる絆　ミネルヴァ書房　pp.245-275.を参照。
▷6　シャファー　前掲書
▷7　菅原　前掲書
▷8　数井みゆき・無藤隆・園田菜摘　1996　子どもの発達と母子関係・父子関係——幼児を持つ家族について　発達心理学研究，7，31-40.
▷9　菅原　前掲書
▷10　日本における夫婦間の愛情推移を検討した結果，乳幼児期に夫が妻をどのようにサポートしたかがその後の妻の夫に対する愛情に影響すること，具体的には，乳幼児育児期に妻が一人になれる時間を提供できたかということとこの時期の夫婦の会話量が影響していたと，養老・菅原（2000）において菅原は述べている。
養老孟司・菅原ますみ　2000　子どもの不適応はなぜ起きるか　日経サイエンス，30(3)，108-113.

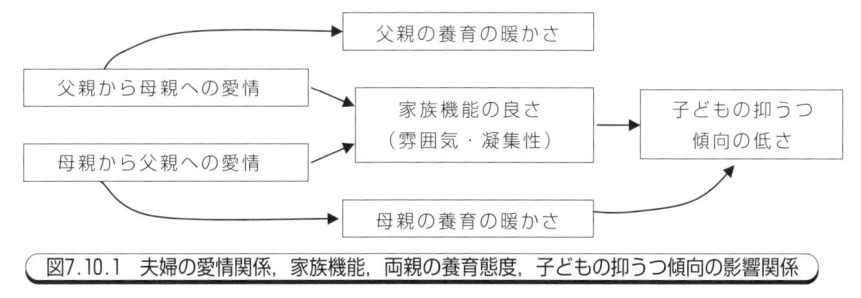

図7.10.1　夫婦の愛情関係，家族機能，両親の養育態度，子どもの抑うつ傾向の影響関係

出所：菅原ほか（2002）に基づき，統計的に有意なパス解析結果部分のみを筆者が抽出して作成

コラム7

メディア接触が子どもに及ぼす情動的影響

I テレビ・ビデオ等が子どもに及ぼす影響

1 子どもの生活におけるメディア接触時間

21世紀の現代，マルチメディア社会に生きる子どもたちは，毎日かなりの時間メディアと接触しています。「幼児生活時間調査」によると，０歳児の68％が平日平均２時間21分テレビを見ています。０歳児の平均睡眠時間が11時間51分，食事時間が２時間34分，身の回りの用事時間が１時間26分であることと比較すると，生活時間の中でテレビ視聴の占める割合はけっして少なくありません。テレビは，子どもにとって，初めて出会う"ファースト"メディアであるのみならず，身近な"生活"メディアとして定着しています。そして加齢につれて，ビデオやテレビゲームの接触時間も増加しています。

2 メディアが及ぼす情動的影響

このような現状から，メディア接触が子どもに与える影響について関心と懸念が高まり，心理学・教育学・脳科学など様々な分野で研究が進められています。その中で，幼児教育番組の視聴は，子どもの認知能力や社会性の発達にポジティヴな影響をもたらすことがわかってきました。

一方，暴力番組の視聴は，ネガティヴな影響を与えると言われています。中でも，情動的影響としては攻撃性が考えられます。たとえば，暴力番組を見た子どもが直後の自由遊びで攻撃的に振る舞うことが明らかになっています。暴力番組を視聴すればするほど，攻撃に関連した情動が生じることもわかっています。心理学的観点から考えると，暴力番組の視聴により，子どもが自分にパワーや魔法・超能力があると信じたり，主人公と自分を同一化したりする傾向があると推測されます。さらにヒーローごっこがエキサイトし，テレビの中の暴力と現実の暴力を混同してしまい，遊びに危険を伴い攻撃性が増加する可能性が考えられます。このように，攻撃性における短期的影響は明らかにされています。しかし，長期的影響に関しては，幼児期の暴力番組視聴と後年の青年期における攻撃性に弱い正の相関が見られるものの，実証的研究が少ないので，確実にあるとは断定できません。脳科学の観点から，暴力場面と非暴力場面を視聴したときの脳内血流の差異が研究されており，大人に関しては，情動の色々な変化を捉えていますが，子どもについては未知の分野です。メディアが子どもに与える情動的影響については，今後の研究が待たれるところです。

3 メディアと子どもの関わり合い

既存研究では，メディアが及ぼす悪影響について明確な因果関係は示されていません。その解明には年月がかかると思われます。では，現段階において，子どもたちは，すでに生活の一部になっているメディアとどのように付き合えばよいのでしょうか。

一般的に乳幼児期は，日常の生活リズムが確立され

る時期です。文部科学省の検討会は、「情動は5歳までに原型が形成され、子どもが安定した自己を形成するには保護者の役割が重要であり、子どもの心の成長には基本的な生活リズムが重要である」と報告しています。このことからも、メディアと子どもの関わりを家庭生活でのサイクルで考えることが必要です。たとえば、夜型のライフスタイルだと、生活のリズムは就寝時間が遅くなりがちであり、子どもの視聴時間も長時間傾向になります。家庭において、子どものメディア接触時間を生活時間における比重から考慮し、接触内容を子どもの発達的観点から吟味し、メディアを主体的に読み解く能力を育むように導くことが大切です。その能力をメディア・リテラシーと言います。子どもたちは普段何気なくテレビを見ていて、無防備に番組の登場人物の発言を鵜呑みにしたり、行動を模倣したりすることも多いのです。保護者の視聴スタイルが子どもに影響を与えています。子どもたちには、メディア・リテラシーを家庭のライフスタイルの中で育成することが求められているのです。

(駒谷真美)

参考文献
　放送と青少年に関する委員会　2004　青少年へのテレビメディア影響調査　報告書
　駒谷真美　2005　いまどきの子どもとメディア・リテラシー教育　松野良一（編）市民メディア活動——現場からの報告　中央大学出版部
　文部科学省　2005　情動の科学的解明と教育等への応用に関する検討会　報告書
　NHK放送文化研究所　2003　幼児生活時間調査2003　報告書
　榊原洋一　2004　「脳科学と保育」日本赤ちゃん学会第4回学術集会教育講演(1)サマリー (http://www.crn.or.jp/LABO/BABY/SCIENCE/04_1.HTM)
　坂元章（編）　2003　メディアと人間の発達　学文社
　The Center for Mental Health and Media
　(http://www.mentalhealthandmedia.org/about/index.html)

II デジタルメディア使用が子どもに及ぼす影響

　近年タブレットPCやスマートフォンが急速に普及し、日常生活の様々な場面で活用されています。今日、子どもたちにとっても、こうしたツールはなじみ深いものになっており、幼いころからそれらを手にする子たちも多いでしょう。ここでは、デジタルメディアに関する話題として、教育場面における情報通信技術 (Information and Communication Technology; 以下ICT) 活用と、より幼い時期のデジタルメディアツール使用が子どもたちに与える影響について取り上げたいと思います。

1 教育場面におけるデジタルメディア活用

　文部科学省は2011年に、情報通信技術を有効に活用して学習するために、児童や生徒が一人一台の情報端末を持ち、デジタル教科書や電子黒板を使用した授業を行うことを2020年に向けた施策として提案しています[1]。現在は文科省が目指している教育環境実現のために、教科書の電子化や、そのためのシステム開発が着々と進められています（柳沼らに現況のまとめ）[2]。また、文科省の委託を受けてICT型教育の効果を検討した調査では、ICT活用の授業はそうではない授業と比べて、子どもの学習意欲が高くなり、教師評定や客観テストなどで測定される学力の向上へも寄与することが示されています[3]。

　一方で、こうした計画に異を唱える声も上がっており、ICT活用は慎重に是非を検討していかなければならないともいえます。ICT型教育の問題点としては、デジタル教材自体が持つ限界、教員の負担が増えることなどが挙げられていますが、ここではとくに子どもたちへの影響や教育効果に絞って考えてみることにしましょう。

ICT型教育は，教育方法の大きな転換であり，教授法や，子どもたちの学習スタイルも大きく変化すると予想されます。しかし先述したようなシステム開発やICT活用の最終的な教育効果については検討されているものの，ICT型教育を「どのように」実施し，「いかにして」子どもの学びへ働きかけるのかについては不明な点が多いままです。廣江・畑田は，中学校英語でのICT機器活用の典型的な授業例を挙げて，そこから考えられる問題点を主張しています。彼らは，授業場面でICT機器活用を行うと，生徒が個別の端末を使い，教師が教師卓モニターを使用する形式が一般的になると考えられるため，従来行われていた机間巡回を通して教師が子どもたち一人一人へ注意を配ることや，子どもたちの注意をうまく集めることが困難になると危惧しています。また，デジタル教材はあらかじめコンテンツを用意して授業に臨むことが想定されますが，それによって授業内で生徒からの予想外な質問や意見，アクシデントが起きた場合に柔軟に対処できない弊害も併せて指摘しています。

　また，学習時の情報処理へ目を向けると，ICT活用型教育が子どもたちの認知発達をより良く促すかには疑問の余地があるといえます。デジタル教材は文字だけではなく，映像や音声なども含めた非常に豊かな情報を提供してくれますが，情報は多ければ多いほど良いのでしょうか。私たちが一度に処理できる情報には限りがあると考えると，情報を盛り込みすぎることによって過大な認知負荷がかかり，本来学ぶべきことが身につかないリスクが考えられますし（新井の指摘など参照），現在の紙中心の学習形式（広げて，違う資料を並べ見比べたり参照したりできる）が私たちの認知能力パターンに沿っている可能性があるため，画面上ですべての学習を実現する形式（資料を入れ替えて参照する必要がある）は学習効率が落ちるかもしれないとも指摘されています。またそもそも，私たち人間は少ない情報をイマジネーションによって補完したり連接したりして認知能力を発達させてきたと言い得るため，教育者側から非常に豊かで完全な情報を一方的に与えられることによって，そうした発達の機会が失われる点も憂慮されるところです。

　また，子どものメディア利用に関する諸研究のリポートによると，小学校段階の子どもたちは，適切な語彙や検索戦略を持たないために，インターネット利用時の検索を有効に行えないことが複数の研究で報告されているようです。またこのリポートは，米国での研究動向を概観すると，子どもが大人とは異なる情報ニーズを持つため，彼らの発達段階に応じた適切な内容のサービスを提供する必要があると折に触れ指摘されていることも述べています。ICT型教育推進においてもこのことを留意する必要があるでしょう。大人の目線で高度なシステムを開発しても，子どもたちには使いこなせないという事態も起こりうるかもしれません。

　さらに，現時点で謳われている教育的効果についても，継続して得られるとは限らないことに留意しておかなければなりません。デジタルメディア利用教育の利点には，生徒たちが教材に興味を持つため，それが学習意欲，ひいては学力向上につながることが挙げられますが，それは，こうした形式の授業がたんに今の時点で「目新しい」からだとは考えられないでしょうか。すでに全国の小学1年生にタブレットPCを無償配布し教育で活用しているタイでの調査からは，情報端末がすでに身近なものになっている子どもほどデジタル教材はより早く飽きられやすく，その効果も薄れる可能性がうかがえます。デジタルツールが広まっているとはいえ，今の時点ではまだまだ新しい，珍しいものであることに変わりはありません。子どもたちの興味が長期に亘って持続するのか，またそれを成し得るには何が必要なのかについても見据えたツール開発をしなければ，デジタル教材が当たり前になったころには，子どもたちから飽きられてしまう恐れは否定で

きません。

2　発達早期におけるデジタルメディア使用

　先に触れたような教育場面での変化を考えると，就学前の段階から電子メディアに触れる機会を多くした方が，子どもの学びを促進するのではないか，と考える人もいるでしょう。現に今，タブレット端末やスマートフォン向けに，幼い子どもを対象としたデジタル絵本や絵本アプリが多く配信されています。これらを活用すれば，子どもが情報端末に慣れるだけではなく，従来の絵本を読む行為も容易になると感じるかもしれません。

　しかし，デジタルメディア使用が子どもの発達に与える影響は正負を問わず不明なのが現状です。数少ない研究では，マルチメディア絵本（CD-ROM版絵本）を幼児に読ませると，子どもは自分で操作をしてコンピューター遊び経験を身につけることができる一方で，そこに設定されたしかけに夢中になりやすく，物語を聞くこと自体には意欲が低下する傾向が示唆されていたり[10]，親子の読み聞かせ場面において紙媒体と電子媒体の絵本を比較したところ，デジタル絵本を読み聞かせたときには，子ども中心の操作が行われ，親子の対話の質も紙条件とは異なっていたことが報告されたりしています[11]。つまり，デジタル絵本が従来の紙の絵本にそのままとって代わるとは考えにくく，子どもの発達へは私たちがまだ知らない，独自の影響がある可能性が考えられます（遠藤の指摘なども参照[12]）。

3　子どもの視点に立った実証研究を

　子どもが電子メディアに触れる機会は今後さらに増え，また多様化していくと考えられます。しかし，それらが子どもたちに及ぼす帰結は明らかになっていないにもかかわらず，技術の開発ばかり先立っているのが現状のようにも見受けられます。より良い教育，養育環境の整備を目指す際に，肝心の子どもを置き去りにしてはならないのは言うまでもありません。したがって，本来はそれぞれについて精緻な科学的検証をしたうえで，子どもたちの電子メディア接触の促し方を検討するべきだといえるでしょう。今後の詳細な検討が緊急に望まれます。

（石井佑可子・遠藤利彦）

---

[1] 文部科学省　2011　教育の情報化ビジョン――21世紀にふさわしい学びと学校の創造を目指して
[2] 柳沼良知・鈴木一史・児玉晴男　2010　教科書の電子化の動向とプロトタイプシステムの開発　Journal of The Open University of Japan, 28, 91-98.
[3] 清水康敬・山本朋弘・堀田龍也・小泉力一・横山隆光　2008　ICT活用授業による学力向上に関する総合的分析評価　日本教育工学会論文誌, 32, 293-303.
[4] 廣江顕・畑田秀将　2012　ICT活用型授業への警鐘　尚絅学園研究紀要, 6, 87-98.
[5] 新井紀子　2012　ほんとうにいいの？デジタル教科書　岩波ブックレット
[6] 同上書
[7] 酒井邦嘉　2011　脳を創る読書――なぜ「紙の本」が人にとって必要なのか　実業之日本社
[8] 国立国会図書館　2008　子どもの情報行動に関する調査研究　図書館調査研究リポートNo.10
[9] 豊沢純子・徳珍温子・河野奈美・藤田大輔　2014　タイ王国におけるタブレットPCを用いた教育政策の現状　学校危機とメンタルケア, 6, 9-19.
[10] 呉淑琴　1997　幼児のマルチメディア絵本の読み過程に関する一考察　日本保育学会大会研究論文集, 50, 520-521.
[11] 佐藤朝美・佐藤桃子　2013　紙絵本との比較によるデジタル絵本の読み聞かせの特徴の分析　日本教育工学会論文誌, 37, 49-52.
[12] 遠藤利彦　2013　本のデジタル化と子どもの発達――発達心理学徒が素朴に思うこと　子どもと読書, 402, 2-6.

Ⅷ 情動と気質・パーソナリティ

1 気質と情動

1 赤ちゃんにも個性がある

　生まれたばかりの赤ちゃんでも，泣き声が大きくて強かったり，あるいはおだやかだったり，ちょっとしたことですぐ泣いたり，一方で大きな音がしてもあまり気にせず寝ていたりと，泣き方一つとっても，赤ちゃんによって違いが見られます。また初めて会う人に積極的に近づき，機嫌よく過ごす赤ちゃんもいれば，初めての人や場所に恐れを感じるこわがりの赤ちゃんもいます。このように赤ちゃんであっても，一人一人その子なりの個性があるのです。発達心理学では，このような子どもの個性を気質（temperament）と呼びます。

　気質の定義は，菅原によると表8.1.1のようにまとめられています。第一に気質は発達初期より出現する行動上の個人差です。気質の代表的研究者であるトマス（Thomas, A.）とチェス（Chess, S.）は「気質とは，子どもがなにをするかという能力や，なぜ（why）するかという動機の問題ではなく，どのように（how）行動するかという子どもの行動の特徴，あるいは行動の様式である」と定義しています。

　また気質は生得的基盤があり，出生後まもなくからその特徴が現れることが多く，ある程度の安定性がみられますが，個体のおかれる環境によって影響を受けて変化すると仮定されています。気質は行動上の個人差の初期値，すなわち生まれつきその個人に備わった特性ですが，それは発達に伴い変化しないのではなく，環境との関わりによって変化すると考えられています。さらに気質は環境によって影響を受けるだけでなく，気質が環境要因をコントロールしていくという能動的な方向性があり，人と環境との関わりは相互作用的であると捉えられています。この環境にはもちろん養育者も含まれ，子どもと養育者との関係において，養育者から子どもへの影響だけでなく，子どもの気質が養育者側に及ぼす影響も考慮して，双方向的なものとして捉える必要があることが

▷1　菅原ますみ　2003　個性はどう育つか　大修館書店

▷2　チェス，S.・トマス，A. 林雅次（監訳）1981　子供の気質と心理的発達　星和書店

▷3　Ⅷ-3 参照。

表8.1.1　気質の発達心理学的定義

・発達初期より出現する行動上の個人差
・ある程度の期間持続し，その期間内では類似した状況で一貫する傾向を持つ
・胎内や外界の様々な環境要因との相互作用によって変化したり安定化する
・個人のパーソナリティの最初期でのプロフィールを形成するもの＝「行動上の個性の初期値」

出所：菅原，2003

指摘されています。

2 気質と情動の密接な関連

　気質は行動上の個人差と定義されていますが，代表的な気質理論で扱われている具体的な特性を見てみると，情動的な要因が多く含まれています。トマスとチェスは VIII-2 で述べるように，気質に関して9カテゴリを見出しましたが，周期性を除く8つを①情動が直接的に表現されるカテゴリ（接近性，気分の質，反応の強さ），②情動が直接的に影響を及ぼすカテゴリ（活動水準，順応性，敏感性），③情動が間接的に影響を及ぼすカテゴリ（気の散りやすさ，注意の範囲と持続性）の3つに分類しています。①情動が直接的に表現されるカテゴリには，初めての事態に対しての積極的な接近あるいはいたみや恐れという形で現れる回避，機嫌がよい悪いといった気分の質や，反応が強いか穏やかかという特性が含まれており，まさにこれらは情動の内容（ネガティヴな情動かポジティヴな情動か）と強度を意味するカテゴリと言えます。

▷4　チェス／トマス　前掲書

　菅原は，ある程度実証的に確認された気質特性として，a)見知らぬ他者や初めての場所への恐れなどを含む新奇な人やものに対する恐れ，b)いらだちやすさや怒りっぽさの個人差であるフラストレーション耐性，c)注意の集中性（飽きっぽさ）の3つにまとめています。これらは，恐れや怒りといったネガティヴな情動の強度が含まれ，また耐性や集中性という点で，自分自身の情動や注意をコントロールする力，つまり自己制御や情動制御の個人差とも関連していると考えられます。

▷5　菅原　前掲書

　このように気質と情動には密接な関連があり，気質の個人差には，情動の質，強度，抑制の程度などの情動の個人差が含まれると言えるでしょう。

3 気質と情動に関わる問題

　VIII-4 で述べるように，発達初期の気質的傾向は，その後の情動や行動上の問題の発達プロセスに関わっていることが明らかになっています。縦断研究を通じて，気質と外在的な問題行動（攻撃性，多動，反抗行動）および内在的な問題行動（不安やうつ）との間に，それぞれ異なる関連が示されており，外在的な問題行動は，いらだちやすさや順応性のなさなどの気質特性と情動制御の低さとの関連が，内在的な問題行動には，抑制的な気質特性との関連が見られることがわかっています。

（佐久間路子）

Ⅷ 情動と気質・パーソナリティ

② 気質に関する代表的理論

① トマスとチェスによるニューヨーク縦断研究

トマス（Thomas, A.）とチェス（Chess, S.）によるニューヨーク縦断研究（NYLS）は，1956年にニューヨーク近郊に住む140名の乳児を対象に研究が開始されました。トマスらは，生後2，3ヶ月のときから，母親に対して子どもの行動特徴に関する面接調査を定期的に行いました。これらの面接記録をもとに，表8.2.1に挙げた9つのカテゴリを見出し，さらにカテゴリの組み合わせから，子どもの気質を3つのタイプに分類しました。

●気質の9つのカテゴリ

子どもの気質的特徴は，活動水準，周期性，接近性，順応性，反応の強さ，気分の質，敏感性，気の散りやすさ，注意の範囲と持続性という9つのカテゴリから表されます。たとえば，排泄や睡眠がいつもだいたい決まった時間になされるならば，周期性は規則的であると言えます。また初めて食べる離乳食をいやがる，初めての場所に行くとぐずるという場合は，接近性が回避的（消極的）ということになります。9つのカテゴリは，行動特徴を捉える次元となっているので，それぞれのカテゴリで平均的な子もいれば，あるカテゴリが顕著に表れる子どももいます。

●気質の3つのタイプ

トマスらは9つのカテゴリの表れ方から，①手のかからない扱いが楽な子ども（easy child），②扱いが難しい子ども（difficult child），③時間がかかる子ども（slow-to-warm-up child）という3つのタイプに分類しました。調査対象者の約65％がこれら3つのタイプに分類され，残りの35％はどのタイプにもあてはまらない平均的な子どもでした。①扱いが楽な子どもは，生理的機能が規則的で，初めての事態に対しても積極的であり，環境の変化にも順応的で，機嫌がよいという特徴があります。約40％がこのタイプに属し，養育者もあまり育児のストレスを感じることがなく，手がかからないと感じます。②扱いが難しい子どもは，①とは正反対で，周期性が不規則で，初めての事態で消極的で，環境の変化にも慣れにくく，反応が強く，機嫌が悪いという特徴があり，約10％があてはまりました。寝つきが悪くたびたび目を覚ましたり，ちょっとした環境の変化でぐずったりするので，養育者は育児をやっかいなことと感じる傾向があります。③時間がかかる子どもは，約15％があてはまり，初めての事態では消

▷1 Thomas, A., & Chess, S. 1977 *Temperament and development.* New York : Brunner/Mazel.

▷2 Buss, A. H., & Plomin, R. 1984 *Temperament : Early developing personality traits.* Hillsdale, NJ : Erlbaum.

▷3 Kagan, J. 1984 *The nature of the child.* New York : Basic Books.

▷4 Rothbart M. K., & Derryberry, D. 1981 Development individual differences in temperament. In M. E. Lamb & L. Brown (Eds.), *Advances in developmental psychology,* Vol. 1. Hillsdale, NJ : Erlbaum, pp. 37-86.

極的で，環境の変化にも慣れにくいという点では難しい子に似ていますが，周期性があり，反応がおだやかなのが特徴です。養育者が，子どものペースに合わせて，時間をかけて関わる必要があります。

2 その他の気質理論

気質に対するその他のアプローチには，遺伝的規定性を重視するものや，神経・生理学的システムの関与を想定するものなどがあります。遺伝的規定性を重視したバス (Buss, A. H.) とプロミン (Plomin, R.) は，気質を「生後早期（乳児期）に出現する，遺伝的に規定されたパーソナリティ特性」と定義し，情動性，活動性，社交性の3つの次元を挙げ，尺度の開発

表8.2.1 気質的特徴のカテゴリー

カテゴリー	意味	判定
活動水準	子どもの行動における運動の量や速さ。運動面での活発さの程度。	活動的 ↕ 活動的でない
周期性	食事・排泄・睡眠―覚醒などの生理的機能の周期の規則性の程度。	規則的 ↕ 不規則
接近性	初めての事態（刺激）に対する反応の性質。初めての人，場所，玩具，食べものなどに積極的に近づいていったり，さわったり，食べたりするか，しりごみをしたり，いやがったりするか。	接近（積極的）↕ 回避（消極的）
順応性	環境が変化したときの慣れやすさ。	順応的（慣れやすい）↕ 順応的でない（慣れにくい）
反応の強さ	反応を強く，はっきりと表わすか，おだやかに表わすか。	強い ↕ おだやか
気分の質	うれしそうな，楽しそうな，友好的な行動と，泣いたり，ぐずったり，つまらなそうな行動との割合。	機嫌よい ↕ 機嫌悪い
敏感性	感受性の程度	敏感（過敏）↕ 敏感でない
気の散りやすさ	していることを妨げる環境刺激の効果。外的な刺激によって，していることを妨害されやすいかどうか。	気が散りやすい ↕ 気が散りにくい
注意の範囲と持続性	この二つのカテゴリーは関連している。注意の範囲は，ある特定の活動にたずさわる時間の長さ。持続性は，妨害がはいったあと，それまでしていた活動に戻れるか，別の活動に移ってしまうかということ。	注意の範囲長い（あるいは持続的）↕ 注意の範囲短い（あるいは持続的でない）

（トマスとチェスによる）

出所：庄司順一 1988 気質の評価 前川喜平・三宅和夫（編）発達検査と発達援助 別冊発達8 ミネルヴァ書房 pp.127-136.

を行っています。ケーガン (Kagan, J.) は行動抑制傾向に関する縦断研究を行い，行動抑制傾向には大脳生理学的特徴が関与しており，明確な発達的連続性が見られることを示しています。ロスバート (Rothbart, M. K.) らも大脳神経学的知見に依拠しながら，気質を「反応性と自己制御の個人差で，遺伝，成熟，経験によって影響を受ける比較的永続的な生理学的性質の個人差」と定義しています。また乳幼児期から成人期までを対象とした気質の尺度を開発しており，乳幼児期については高潮性 (surgency)，否定的情動性 (negative emotionality)，エフォートフルコントロール (effortful control) の3つの因子を抽出しています。

（佐久間路子）

▷5 Rothbart, M. K., & Bates, J. E. 2006 Temperament. In W. Damon & R. Lerner (Series. Eds), & N. Eisenberg (Vol. Ed.), *Handbook of child psychology*, Vol. 3. 6th ed. New York : Wiley. pp. 99-166.

参考文献

遠藤利彦 2003 パーソナリティ発達研究の現況と課題 日本児童研究所（編）児童心理学の進歩 2003年版 金子書房 pp. 2-32.

Ⅷ 情動と気質・パーソナリティ

3 気質と環境の"適合のよさ（goodness of fit）"

1 環境との相互作用

　気質は，発達初期より出現する行動上の個人差です。ではこの初期に表れた個性は，その後の発達過程において連続性をもちうるのでしょうか。Ⅷ-2 に挙げたトマス（Thomas, A.）とチェス（Chess, S.）の研究では，乳児期の気質は，乳幼児期の間は一定の連続性が見られるものの，成人期の行動特徴との関連は非常に弱いことが明らかになっています。このことから，気質は発達に伴い変化しないのではなく，個体のおかれる環境によって影響を受けて変化すると考えられます。またこの影響は環境から行動への一方向的なものではなく，気質から環境への影響という方向も考慮する必要があります。トマスとチェスは行動特徴と環境との関係を相互作用的視点で捉え，「適合のよさ（goodness of fit）」という概念を提唱し，「環境からの期待や要求が子どもの気質と調和したときは，子どもの発達は望ましい方向に発展するが，環境からの要求が子どもの特性と適合しないときには，子どもに必要以上のストレスがかかって，不適応な行動が起こり，望ましい発達が妨げられてしまう」と述べています。以下では行動特徴と環境との「適合のよさ」について，社会文化的環境と養育者の態度という点から具体例を挙げて説明しましょう。

▷1 Thomas, A., & Chess, S. 1977 *Temperament and development.* New York : Brunner/Mazel.

▷2 チェス, S.・トマス, A. 林雅次（監訳）1981 子供の気質と心理的発達 星和書店

2 社会的文脈からの要求

　気質の一つの特徴である，睡眠覚醒サイクルの規則性（周期性）の低さは，子どもの育つ環境によって，どう受け入れられるのかに違いがあることがわかっています。ニューヨーク縦断研究の被験者のうち，プエルトリコ人の親たちは，子どもが望む時間に寝ることを許し，起きる時間も子どもの望むようにさせていました。親は子どもの予定にあわせるようにしていたので，周期性について適合の問題は生じませんでした。そのためこのサンプルでは，乳児期も，その後の5年間も不規則な行動が続きましたが，子どもの心理的な適応とは無関係でした。しかし中流階級の白人の家庭では，規則的な睡眠パターンが厳しく要求されたため，子どもの不規則性は親の要請に適合せず，乳児期でも，その後の5年間でも，行動の不規則さは問題行動の重要な前兆となりました。ただし中流階級のサンプルの親は，子どもの不規則な睡眠パターンを変化させるための手段を講じ，子どももそれに適応したため，不規則な睡眠パターンが続

くことはなく，児童期以降では問題の前兆となりませんでした。しかしプエルトリコ人の場合，子どもが小学校に入学したあとに，不規則な睡眠パターンが不適応の指標となってしまいました。小学校に通うという規則的な行動が要請されたために，それまでに形成された不規則な睡眠パターンでは十分な睡眠が得られず，遅刻の原因となってしまったのです。このようにたんに気質が扱いやすいかそうでないかの問題だけでなく，子どもが生活をしている社会的文脈との適合性が，その後の発達に多大な影響を及ぼすと言えます。

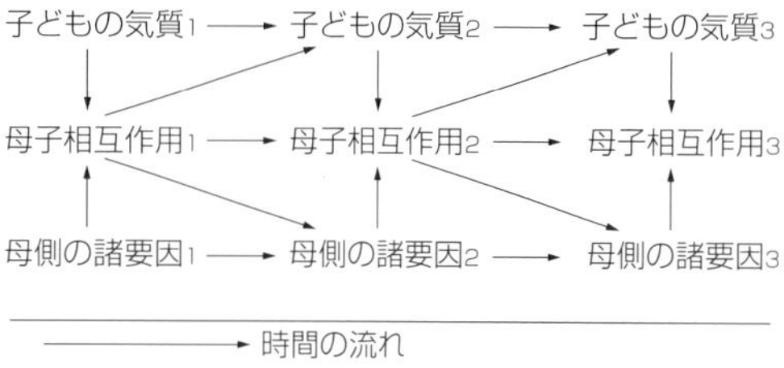

図8.3.1 母子相互作用の時間的な流れ

出所：三宅和夫 1990 子どもの個性——生後2年間を中心に 東京大学出版会

3 養育者との組み合わせ

適合性に影響を及ぼすのは，社会文脈的要因だけではありません。同じ文化の中でも，神経質なほどに子どもの行動を気にかける親もいれば，おおらかに見守る親もいるでしょう。また初めての子育てに対して不安がいっぱいの親もいれば，あまり不安を感じていない親もいるでしょう。このような養育者側の要因も，子どもに及ぼす影響だけでなく，子どもから養育者へ与える影響も考慮して，両方向的なものと考えなければなりません。適合の悪さの例として，初めての育児に不安を強く感じつつ，子どもに過度な関心を払っている母親に，寝つきが悪くぐずることが多いというような気質的にみて扱いが難しい子どもが生まれた場合を考えてみます。母親には当初抱いていた不安に加え，子どもとの関わりを通じて，育児に対する負担や子どもの育ちについての不安が高まり，子どもに対してより扱いにくい子どもであるという見方を強めてしまうでしょう。その見方は，さらに子どもとの関わりを困難なものにしていき，子どもが受ける養育の質が低下してしまう可能性があります。一方，母親の不安が高くても，気質的に扱いやすい子どもが生まれた場合は，育児の負担は少なく，不安も軽減され，子育てが楽しく感じ，適合の悪さは生じないのです。

ザメロフ（Sameroff, A. J.）とチャンドラー（Chandler, M. J.）は相乗的相互作用モデル（transactional model）を提唱し，養育者側の諸要因と子どもの側の諸要因が双方向的に影響し合い，時間の経過の中で相互に作用し合う過程を図8.3.1のように示しています。とくに否定的な要因が相互に影響し合っている（たとえば母の健康状態がよくなく，子どもの気質が扱いにくい）場合，母子相互作用はうまくいかず，負の方向へ変化し，発達的悪循環に陥ることを指摘しています。一方で，リスク要因を持って生まれた子どもすべてが，将来，発達的問題を引き起こすわけではなく，養育者やその他の環境要因との相互作用的な関係の中で，リスクが軽減される可能性もあるのです。

（佐久間路子）

▶3 Sameroff, A. J., & Chandler, M. J. 1975 Reproductive risk and the continuum of caretaking causality. In F. D. Horovitz, M. Hetherington, S. Scarr Salapatek & G. Siegel (Eds.), *Review of child development research*, Vol. 4. The University of Chicago Press.

Ⅷ 情動と気質・パーソナリティ

4 気質とパーソナリティ

1 気質と問題行動との関連

乳児期の気質とその後のパーソナリティや行動特徴との関連については，乳児期の気質がその後の適応上問題となるような行動特徴にどのように影響を及ぼすのかという観点から研究が進められてきています。

トマス（Thomas, A.）とチェス（Chess, S.）[1]は，乳児期に「扱いやすい子」と分類された子どものうち，青年期に行動上の問題が見られたのは18％でしたが，「扱いにくい子」では70％，「時間がかかる子」では40％に問題が見られたことを報告しています。

ニュージーランドの大規模な縦断研究でも[2]，行動観察で測定された3歳時点と5歳時点での気質的特徴のうち「（衝動的行動の）コントロール欠如性」と15歳時点でのexternalizing（外在的）な問題行動との有意な関連が認められました。

さらに日本で行われた菅原らの長期縦断調査によると（図8.4.1）[3]，注意欠陥，および攻撃的・反抗的な行動傾向（これをまとめてExternalizing（外在的）な問題行動と呼びます）の発達プロセスには，生後6ヶ月時点の外在的な問題行動の初期傾向が関わっていることが示されています。そして生後6ヶ月時点での外

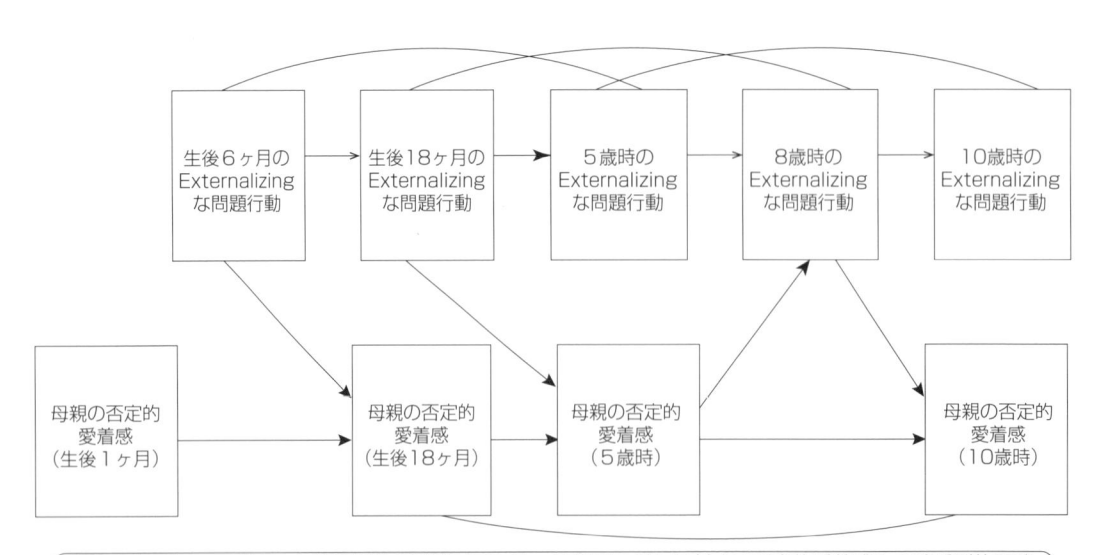

▷1 Thomas, A., & Chess, S. 1977 *Temperament and development.* New York : Brunner/Mazel.

▷2 Capsi, A., Henry, B., McGee, R. O. Moffitt, T. E., & Silva, P. A. 1995 Temperamental origins of child and adolescent behavior problems : From age three to age fifteen. *Child Development,* **66**, 55-68.

▷3 菅原ますみ・北村役則・戸田まり・島悟・佐藤達哉・向井隆代 1999 子どもの問題行動の発達——Externalizingな問題傾向に関する生後11年間の縦断研究から 発達心理学研究, **10**, 32-45.

図8.4.1 Externalizingな問題行動の発達プロセス：母親の子どもに対する否定的愛着感との時系列的関連

出所：菅原ほか，1999（一部改変）

在的な問題行動には，生後6ヶ月時点での気質的特徴のうち，フラストレーション耐性，体内リズムの不規則さ，見知らぬ人・場所への恐れの強さが関連をもつことも認められました。

このように多くの研究で，発達初期の気質的傾向や問題行動傾向が，後の問題行動の発達プロセスに関わっていることが明らかになっているのです。

2 リスク要因としての気質的特徴

乳幼児期の気質と児童期・青年期の問題行動との関連から導き出されることは，気質が問題行動を引き起こすリスク要因の一つとして想定されるということでしょう。ただし忘れてはならないのは，あくまでもリスク要因の一つにすぎないということです。乳児期にネガティヴな気質的特徴を持つ子ども，たとえば見知らぬ場所への恐れが強いとか，フラストレーション耐性が弱いとかの特徴を持ち，「扱いにくい子」に分類された子どもは，児童期や青年期に必ず問題を起こすというわけではないのです。トマスらの研究でも，扱いにくい子の30％は，青年期に不適応な問題が生じていません。つまり気質は，後の発達に対して必ずしも絶対的な意味を持つのではなく，環境やその他の側面と関連の中ではじめて影響力を持つと考えられます。

3 環境との相互作用の中で

パーソナリティ形成に関わる要因は，気質だけではありません。遺伝的な要因に加え，社会経済的要因，物理的環境要因，さらに人的環境要因など様々な要因が複雑に絡み合っています。Ⅷ-3 で述べたように，養育者の養育態度も重要な要因の一つです。菅原らの研究でも，児童期の外在的問題行動の予測因子として，子ども自身の乳幼児期からの行動特徴のほかに，母親の子どもに対する否定的な愛着感（図8.4.1参照），家庭の社会経済的状況，親の養育態度など多くの要因が関連を持つことが明らかになっています。

また問題行動に対して，その発生を高めるようなリスク要因だけでなく，その発生を低減させるような防御因子の存在が明らかになっています。菅原らの研究では，問題行動の発達に関する防御因子として，父親の良好な養育態度や母親の父親に対する信頼感や愛情が重要であることがわかっています。この結果からは，外在的な問題行動の発達を防ぐためには，直接的に良好な父子関係を形成することが有効であると同時に，育てにくい子どもの育児に奮闘する母親をサポートする父親の間接的な役割も大切であることも読み取れるでしょう。

人間の発達は，単一の要因で説明できるほど簡単なものではありません。様々な要因が複雑に絡み合い，相互に影響し合っているものなのです。気質もあくまでもその有力な要因の一つと考えるべきでしょう。

（佐久間路子）

Ⅷ　情動と気質・パーソナリティ

5 情動とパーソナリティ

1　パーソナリティの捉え方

　人によって性格（パーソナリティ）は様々ですが，まったく異なるわけではなく，そこにはいくつかの共通性が見られます。その共通性に沿って，人をいくつかのタイプに分けて捉える方法を，類型論と言います。クレッチマー（Kretschmer, E.）の理論やユング（Jung, C. G.）の類型論が有名です。

　しかし人を2つか3つのタイプに分類するというのは，単純でわかりやすい反面，多種多様な性格を捉えるのは無理な話です。そこで数多くの視点（特性）から，その特性を持つ程度を考慮し，性格を把握しようとする方法が出てきました。これを特性論と言います。ロールプレイングゲームのキャラクターが，攻撃力，守備力，勇敢さ，逃げる速さなどによってそのキャラクターの強さが決まるように，人の性格も，ある特性をどの程度持っているかによって決まるという考え方です。

　特性論では，どういう特性から性格を捉えるのか，特性をいくつリストアップするのかが非常に重要です。多すぎても少なすぎても，適切に性格を捉えることが難しくなります。そこで因子分析などの統計的な手法を用いて，関連の強い特性を因子にまとめて記述する方法が考え出されました。これが因子論です。最近では性格は5つの因子で記述できるという5因子論（ビッグファイブ）に収束してきています。

病理的傾向	一般的特徴	名　称	一般的特徴	病理的傾向
無謀	積極的	①外向性－内向性	控えめ	臆病・気後れ
集団埋没	親和的	②愛着性－分離性	自主独立的	敵意・自閉
仕事中毒	目的合理的	③統制性－自然性	あるがまま	無為怠惰
神経症	敏感な	④情動性－非情動性	情緒の安定した	感情鈍麻
逸脱・妄想	遊び心のある	⑤遊戯性－現実性	堅実な	権威主義

図8.5.1　性格5因子（ビッグファイブ）の特徴（辻ら，1997）

出所：丹野，2003

2 性格は5因子だった

ビッグファイブには，図8.5.1にあげる5つの因子があります。第一の因子は，外向性（Extraversion）—内向性です。これは人との関係において積極的で活動的か，それとも控えめかという次元です。極端になると，外向性では無謀な側面が，内向性では臆病という面が強くなります。第二の因子は，愛着性—分離性です。協調性（Agreeableness）—敵対性とも言います。これは人との関係において，協調的か，それとも自主独立的かという次元です。これも極端な場合は，愛着性では集団の中に埋没し自己を失い，分離性では冷淡で自閉的になるという危険をはらんでいます。第三の因子は，統制性（Conscientiousness 誠実性，勤勉性）—自然性です。これは，物事に対して目的や意志を持って勤勉に取り組むか否かという次元です。第四の因子は，情動性—非情動性であり，情緒が不安定か安定しているかという次元です。情緒不安定性（Neuroticism）とも言います。情動性が強い人つまり情緒不安定な人は，ストレスに対して不安や緊張を持ちやすく，神経症に陥る可能性があると言われています。第五の因子は，遊戯性—現実性で，イメージや思考などが豊かか否かという次元です。経験への開放性（Openness-to-Experience）や，知性（Intellect）の次元とも言われます。この5因子理論に基づいて性格を捉える，5因子性格検査や主要5因子性格検査が開発されています。

3 情動とパーソナリティの密接な関連

私たちは日常的に人や自分のパーソナリティを語るとき，泣き虫，おしゃべり，落ち込みやすい，動じないなど，その人の情動的特質に言及することが多いでしょう。このように情動とパーソナリティは，密接な関連があるのです。ビッグファイブと情動との関連を，各因子それぞれについて見ていくと，外向性は喜び・快感情と，情動性（神経症傾向）は恐れと，分離性（敵対性）は怒りと，遊戯性は興味と，緊密な関連性があることがわかっています。なお統制性については，特定情動との関連は見出せておらず，ネガティヴな情動経験一般に対する防衛的対処という意味あいを持つ可能性があると言われています。これらの関連性は，たとえば外向的だから喜びを感じやすいというように，ある人格特性が特定の情動経験を生み出しやすいという因果関係を想定しがちです。しかし遠藤はその逆の因果関係，すなわち，ある種の情動経験の蓄積が，特異的なパーソナリティの形成を方向づけることを指摘し，情動がパーソナリティのオーガナイザーとしての役割をはたす可能性について考察しています。

（佐久間路子）

▷1 辻平治郎（編）1998 5因子性格検査の理論と実際——こころをはかる5つのものさし 北大路書房

▷2 村上宣寛・村上千恵子 2001 主要5因子性格検査ハンドブック——性格測定の基礎から主要5因子の世界へ 学芸図書

▷3 Magai, C. 1996 Personality theory: Birth, death, and transfiguration. In R. D. Kavanaugh, B. Zimmerberg & S. Fein (Eds.), *Emotion: Interdisciplinary perspectives*. Mahwah, NJ: Erlbaum. pp. 171-201.

▷4 遠藤利彦 2002 発達における情動と認知の絡み 高橋雅延・谷口高士（編著）感情と心理学——発達・生理・認知・社会・臨床の接点と新展開 北大路書房 pp.2-40.

▷5 詳細については Ⅷ-6 参照。

（参考文献）

丹野義彦 2003 性格の心理——ビッグファイブと臨床から見たパーソナリティ サイエンス社

Ⅷ 情動と気質・パーソナリティ

6 パーソナリティのオーガナイザーとしての情動

1 情動とパーソナリティの結びつき

　私たちが，日常，素朴に人のパーソナリティを語るとき，あの人はいつもすぐ怒るとか，滅多に笑わないとか，とても恐がりだとかいうように，その人の際立った情動上の特徴に言及することがきわめて多いように思います。そして，現に，私たち個々人が日々，経験し発する情動とパーソナリティ特性との間には密接な関連性があることが知られています。たとえば，ある研究者がパーソナリティの5因子モデルに従って概括しているところによれば，外向性は喜び・快感情と，神経症傾向（情動性）は恐れと，敵対性・分離性（協調性の欠落）は怒りと，経験への開放性・遊戯性（動機づけの高さおよび創造性等）は興味と，それぞれ緊密な関連性を有していると言います。

　このように，情動とパーソナリティの間には一定の結びつきが存在するわけですが，従来のその因果関係の捉え方は，あるパーソナリティ特性が特定の情動経験を生み出しやすくするというものでした。しかし，近年は，むしろその逆，すなわち，ある種の情動経験の蓄積が，その個人が経験する関係性の展開に影響を及ぼすことを通して，結果的にパーソナリティの形成を方向づけるという可能性も想定されるに至っているようです。

2 情動が関係性の展開に及ぼす影響

　それでは，いかにして情動はパーソナリティ発達に寄与すると言いうるのでしょうか。それを理解するためには，まず情動が関係性の展開をいかに左右するかを考える必要があると言えます。

　情動が関係性に影響を及ぼす第一の過程は，情動を経験し発動した本人が，そこで相互作用する他者および事象をあるバイアスをもって知覚・認知し，そして結果的にある特定の行動をとりやすくなるということです（情動を発動する側におけるバイアス）。ある種の情動状態は，他者が発した情動表出の知覚・認知に一定の選択性をもたらすことが知られています。たとえば，怒りやいらだちを感じている個人は，相対的に他者の怒りや不快といった表出に敏感になる一方で，ポジティヴな情動表出にはあまり注意を向けなくなる可能性があります。あるいは，現実には中性的であったり幾分ポジティヴな表出であっても，それをネガティヴな表出として歪曲した形で認知してしまう傾向があるとされ

▷1 Magai, C. 1996 Personality theory : Birth, death, and transfiguration. In R. D. Kavanaugh, B. Zimmerberg & S. Fein (Eds.), *Emotion : Interdisciplinary perspectives.* Mahwah, NJ : Erlbaum. pp. 171-201.

▷2 誠実性・勤勉性（統制性）については，特定の情動との特異的な関連性はないものの，ネガティヴな情動経験一般に対する制御や対処という性質を強く帯びている可能性があるらしい。

▷3 Magai, C., & Haviland-Jones, J. 2002 *The hidden genius of emotion : Lifespan transformations of personality.* Cambridge : Cambridge University Press.
　Magai, C., & McFadden, S. 1995 *The role of emotion in social and personality development : History, theory, and research.* New York : Plenum.

▷4 Malatesta, C. Z., & Wilson, A. 1988 Emotion cognition interaction in personality development : A discrete emotions, functionalist analysis. *British Journal of Social Psychology,* **27,** 91-112.

ています。つまり，怒りの情動経験が多くなると，他者の心的状態をネガティヴに捉えてしまいがちになり，結果的に，そこで非社会的および反社会的な行為をとりがちになってしまうと言えるのです。

　もう一つ想定しておくべき影響の道筋は，関係性の中で一方に，ある情動の表出が見られたときに，それを知覚・認知する側に，ある一定のバイアスがもたらされ，結果的にある特定の心的状態や行動が，その情動の発動主体に対して向けられやすくなるということです（情動を知覚・認知する側におけるバイアス）。すなわち，他者の情動表出や情動的行為は，それを見たり聞いたりした者に，その他者の内的状態などに関する情報を付与したり，それらに関する推論を促したりし，またそれと同様の，あるいは相補的な情動を惹起し，さらには，ある特異な行動パターンをその他者に対して向けさせることになると考えられます。たとえば，他者の怒りに接したときに，私たちはその他者が自分に対して向ける悪意や敵意などを感じるでしょう。そして，その人には近づかないようにするかも知れません。もし，日常，怒ってばかりいる人がいるとすれば，その人は周りの多くの人から避けられがちになり，結果的に孤立化し，十全な対人関係を享受できなくなってしまうかも知れません。

③ 恐れ情動の優位化と回避型愛着の形成

　上述したことを親子関係に当てはめてみれば，そこで多く経験されたり逆に経験されにくくなったりする情動が，その関係性の展開に少なからず影響を及ぼすことは確かであるように思います。その一例に，回避型の愛着形成を子どもの恐れの優位化と結びつけて考える見方があります。

　回避型の子どもの親は，少なくとも子どもが乳幼児期の早い段階では，相対的に子どもに対して過剰な刺激を与えやすく，また侵害的な態度をとることが多いと言われています。子どもの側からすれば，そうした親の関わりは怖いものであり，恐れの情動に駆り立てられる形で，親との相互作用から撤退するようになることが考えられます。また，子どもの情動表出は恐れなどのネガティヴな表出に偏りがちになり，逆に微笑などのポジティヴな情動表出は少なくなるわけですから，親は自分の子どもへの働きかけに対して喜びや自己効力感といった社会的報酬を受けられないことになります。そして，そうした中で，ときに親は，あまり笑わず自分に近づこうとしない子どもに対して，「気むずかしい子」「かわいくない子」といったラベリングをしてしまい，そうした思いこみの下で，養育態度を徐々に回避的・拒絶的な方向に硬直化させてしまう可能性が想定されます。

　つまり，恐れの優位化は，親子双方に，他方に対する回避的な行動傾向を生み出し，やがてパーソナリティの核となるであろう回避型の愛着パターンを子どもの中に深く根付かせてしまうことになるのです。

（遠藤利彦）

▷5　同上書
▷6　VI-6 参照。
▷7　同上書
▷8　Isabella, R. A., Belsky, J., & von Eye, A. 1989 Origins of infant-mother attachment : An examination of interactional synchrony during the infant's first year. *Developmental Psychology*, **25**, 12-21.
▷9　回避型の子どもの親は子どもの発達早期段階において，子どもの様子に応じて自らの行動を調整することが少なく自分中心に相互作用を展開することが多いと言われている。たとえば，顔を合わせた相互作用場面で，子どもの方が視線を逸らしてきても，持続的な注視行動をはじめとして，その働きかけを弱めるということをあまりしないため，子どもはそこで恐れの情動を経験し，回避的な行為傾向を多く見せることになる。
▷10　IX-3 参照。
▷11　Isabella, R. A. 1993 Origins of attachment : Maternal interactive behavior across the first year. *Child Development*, **64**, 605-621.

　この研究は，生後12ヶ月時に回避型と判定されることになる子どもの母親が，子どもの発達早期段階（生後1ヶ月時）から一貫して応答性が低くまた拒絶的だったわけではなく，時間軸上において，子どもとの相互作用が蓄積されていく中で，徐々にそうした傾向を強めていくことを明らかにしている。

コラム8

赤ちゃんと泣き

1　赤ちゃんが泣くこととは

　赤ちゃんにとって，泣くことは生活の一部です。赤ちゃんは，1日に平均で約1～2時間泣きます。とくに夕方から夜によく泣きます。泣く回数は，生後から徐々に増加し，6週から12週までのあいだにピークに達し，その後減っていきます。泣き声の大きさは平均で80デシベルと言われていますが，大きな声でよく泣く子もいれば，か細い声で泣く子も，あまり泣かない子もおり，個人差は非常に大きく，赤ちゃんによって様々です。この赤ちゃんの泣きには，大人の泣きとは異なる重要な意味があります。

2　愛着行動としての泣き

　赤ちゃんの泣きの最大の特徴は，親子の絆を確立し維持するための愛着行動であるということです。赤ちゃんが泣く直近の理由は，おなかが空いたことだったり，大きな音に驚いたことだったり，痛みや寒さだったりします。しかし根本的な理由は，養育者に抱き上げて欲しい，安定を取り戻すまで近くにいて欲しいということであり，「ここに来て，あなたが必要なの」というメッセージが含まれています。人間の赤ちゃんは，他の動物の赤ちゃんと違い，親が移動するときに自分の力でしがみついてくっついていくこと，つまり親との近接を維持することができません。赤ちゃんが生きていくためには，養育者がそばに来てくれなければならないのです。そのために人間は泣くのです。

　赤ちゃんが泣くと，親はすぐに反応し，赤ちゃんをなだめ，オムツを取り替えたり，おっぱいをあげたりします。そうすることで，赤ちゃんの苦痛はなくなり，安全や安心の感覚を作り上げていきます。赤ちゃんが泣き，そして親が対応するという経験，とくに身体的接触を繰り返し経験することで，親子の絆が形成され，維持されます。そして赤ちゃんの泣きと親の反応のサイクルは，嫌な気持ちを統制することの経験的な基礎となるのです。

　泣きは，愛着を形成するための原始的な相互作用行為の一つですが，他の愛着行動（たとえば，笑いかける，見つめるなど）とは異なる特徴を持ちます。第一に，生後6ヶ月までは養育者から離れたところで開始され，親が現れ，慰められることによって終わるということです。他の愛着行動は，親が目の前にいるときに行われるのに対して，泣きは親に近づいてもらうための発信行動であり，親がいないときに泣き始めるという特徴があります。第二に，泣きだけが，不快かつ嫌悪的な愛着行動であるということです。笑いかけたり，しがみついたりすることは，親子ともにポジティヴな情動を伴うのに対して，泣きだけがネガティヴな情動です。

3　泣きの発達

　自分の力で移動することができない赤ちゃんにとって，泣くことは「早く来て」と親を呼んでいるようなものです。実際に，赤ちゃんは親がいないときに泣き始め，親が近づくと泣きやむことが多いのです。そし

て6ヶ月までには，親や親しい人とそうでない人を区別し，親しい人が近づいてくると泣きやみ，見知らぬ人へは恐れを示すようになります。

さらに，ハイハイができるようになって，自ら移動できるようになると，泣く状況も変化していきます。親が自分のもとから離れていくと，後を追って泣くようになります。また一人でいるときよりも，養育者が近くにいるときの方がよく泣くようになります。親が近づいてくるのを待って，泣き出す子もいます。この時期に赤ちゃんの泣きが「早く近くに来て」というメッセージだけではなく，親に対して直接的に不快な状況を伝え，なぐさめて欲しいことを伝える泣きに変化すると考えられます。

4　赤ちゃんがあまり泣かない文化もある

日本では赤ちゃんが泣くことは当たり前のことですし，「泣く子は育つ」とも言われています。また子どもが泣けば，養育者が近寄り世話をします。しかしこれはあくまでも西欧や日本などの文化で当然のことに過ぎません。親が赤ちゃんとつねに一緒にいるわけではなく，1日にだいたい2，3時間しか子どもと身体的に接触しない文化では，子どもの泣きには同じようなパターンが見られます。しかし赤ちゃんが母親に抱かれて1日を過ごすような文化では，赤ちゃんはあまり泣きません。たとえばナイジェリアでは，赤ちゃんはつねに長いひもに巻かれて背負われていて，少しでも赤ちゃんの緊張が高まると，すぐにやさしく揺らして赤ちゃんをなだめるため，赤ちゃんの泣き声を聞くことはほとんどないそうです。このような文化では，赤ちゃんが泣くことは，危険な兆候（病気や体の痛み）と理解されています。また無視することで泣くのをやめさせる文化や，泣くことを脅してやめさせる文化もあるそうです。このように赤ちゃんの泣きには，養育方法や泣きの捉え方などの影響による文化による差異があるのです。

（佐久間路子）

▶1　Nelson, J. K. 2005 *Seeing through tears : Crying and attachment.* New York : Brunner-Routledge.（この コラム8 は，この文献を参考に執筆した。1と4は4章，2と3は2章を参考にした。）

参考文献

ルッツ，T.　別宮貞徳・藤田美砂子・栗山節子（訳）2003　人はなぜ泣き，なぜ泣きやむのか？――涙の百科事典　八坂書房

IX 発達病理・障害と情動発達

1 自閉症児における情動

▷1 DSM-5（Diagnostic and Statistical Manual of Mental Disorders, 5th edition）
「精神疾患の診断統計マニュアル第5版」。現在，さまざまな精神疾患の診断基準としてもっとも妥当性の高いものとされ広く用いられている。
American Psychiatric Association（編）髙橋三郎・大野裕（監訳）2014 DSM-5 精神疾患の診断・統計マニュアル 医学書院

▷2 MRI
核磁気共鳴画像法。核磁気共鳴現象を利用して生体の内部情報を画像にする方法。

▷3 ホブソン，R. P. 木下孝司（監訳）自閉症と心の発達——心の理論を超えて 学苑社

▷4 Rieffe, C., Terwogt, M. M., Stockmann, L. 2000 Understanding atypical emotions among children with autism. *Journal of Autism and Developmental Disorders*, **30**(3), 195-203.

▷5 Yirmiya, N., Kasari, C., Sigman, M., & Mundy, P. 1989 Facial expressions of affect in autistic, mentally retarded and normal children. *Journal of Child Psychology and Psychiatry*, **30**, 725-735.

▷6 Macdonald, H., Rutter, M., Howlin, P., Rios, P.,

1 自閉症とは

　自閉症とは，①社会的コミュニケーションの障害，②常同行動などの反復的な行動や限定された興味・活動の範囲，を主症状とする発達障害の一つです。2013年に発行されたアメリカ精神医学会が定めた新しい診断基準 DSM-5 では「自閉症スペクトラム障害（自閉スペクトラム症）（Autism Spectrum Disorders：ASD）」と名称が変更になりました。これは従来，自閉性障害やアスペルガー障害，あるいは特定不能の広汎性発達障害とそれぞれで呼ばれていた障害を統合し，一つの大きな連続体（スペクトラム）としての障害であると考えられるようになったためです。全人口の約1％が自閉症スペクトラム障害に該当するといわれています。

　自閉症の原因は，脳の中枢神経系における微細な機能不全にあります。とくに社会的な対人関係能力に関わる脳内ネットワークの形成が通常とは異なることが，MRI などを用いた多くの脳科学研究から明らかになりつつあります。

2 自閉症児の情動障害

○他者の表情を理解するのが困難

　自閉症は情動発達に大きな障害をもたらします。自閉症児が示す情動障害の一つとして，他者の表情を理解するのが難しいという特徴があります。ホブソン（Hobson, R. P.）は一連の研究によって自閉症児が表情理解に困難をもつことを見出しました。たとえば年齢や IQ を揃えた自閉症児と非自閉症の知的障害児に対し，見本の写真と「一緒だと思う」別の人の写真を分類する課題を行ったところ，非自閉症児の多くは表情で分類することを優先したのにもかかわらず，自閉症児は大部分が帽子や性別など表情以外の基準で分類することを優先しました。また，様々な表情写真6枚を提示して，テープに録音した情動表出の声を組み合わせる課題でも，自閉症児の成績は有意に低いことがわかりました。さらに顔の一部を空白にした顔写真を分類する課題を行ったところ，自閉症児の成績は空白が増えるに従って急激に低下していきました。ところが顔写真を逆さまに提示した場合，通常は成績が低下するのですが，自閉症児は成績が低下しませんでした（図9.1.1）。このことから，自閉症児は私たちが行っているような通常の表情知覚の仕方をしておらず，顔の一部分の形態に強

く依存した代償的な方略を用いていると考えられます。

また，自閉症児は周りの状況から他者の情動を推測することにも困難を持つようです。たとえば物語の主人公がどのように感じるのかを推測させる課題でも自閉症児の成績は低く，その理由づけも極端なものが多いことが示されています。結果としてこれらの問題は対人関係に大きな影響をもたらしてしまい，友だちとの間で様々なトラブルを引き起こしてしまうことが多いようです。

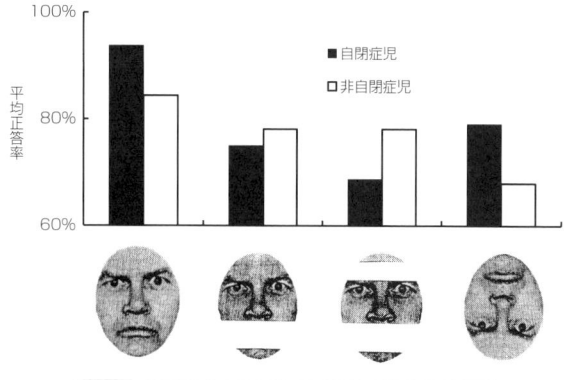

図9.1.1 自閉症児における表情認知の特徴

(注) 自閉症児は空白が多くなるにしたがって急激に正答率が下がる。しかし逆さまに表情が呈示された場合は正答率が高くなる
出所：Hobson, P., Ouston, J., & Lee, A. 1988 What's in a face? The case of autism. *British Journal of Psychology*, 79, 441-453. を改変

○情動表出に困難を持つ

他者の情動を理解することが困難なだけでなく，自閉症児自身の情動表出にも特異性のあることがわかっています。大人との遊び場面をビデオに記録し，自閉症児の情動表出を分析したところ，自閉症児は統制群よりも平板な情動表出で，ポジティヴなものかネガティヴなものかわかりにくい，という特徴がありました。また高機能自閉症児本人に，意図的に嬉しそうな表情や悲しそうな表情を作ってもらっても，その表情はかなり通常とは異なり，他の人にはわかりにくいことが示されています。

表情以外の側面でも自閉症児の情動表出の困難は示されています。たとえば幼児期の自閉症児の遊び場面を分析した場合，自閉症児は要求の指さしはよく行いますが，叙述の指さしはほとんど行いません。つまり自分の要求を満たすために指さしを用いることはしますが，自分の興味や関心を伝えて，他者と情動を共有しようとはほとんどしないようです。

○自閉症児の情動発達を促すために

自閉症児は他者の情動を理解したり，自分の情動を表出したりすることがうまくできないようです。したがって自閉症児に対する療育は，様々なコミュニケーション場面で適切な情動理解や情動表出を行うことができるようにすることが目標の一つになります。具体的には，個別や集団によるプレイセラピーやソーシャル・スキル・トレーニング（SST），また心理劇や動作法などが行われています。

（菊池哲平）

LeCounteur, A., Everd, C., & Folstein, S. 1989 Recognition and expression of emotional cues by autistic and normal adults. *Journal of Child Psychology and Psychiatry*, 30, 865-877.

▷7 要求の指さし
自分の手の届かないところにある玩具を取って欲しいときに子どもが行う指さしのこと。

▷8 叙述の指さし
自分が興味のあるものを養育者に見てもらいたいときに子どもが行う指さしのこと。

▷9 Mundy, P., Sigman, M., & Kasari, C. 1994 Joint attention, developmental level, and symptom presentation in autism. *Development and Psychopathology*, 6 (3), 389-401.

▷10 プレイセラピー
遊びや遊具などを介して受容的な雰囲気を作り，その中で他者との関係作りや発語をはじめとするコミュニケーションを育む方法。

▷11 ソーシャル・スキル・トレーニング（SST）
ロールプレイなどの訓練を通し，自閉症児の行動パターンを適応的なパターンへと変えていく方法。

▷12 心理劇
即興的に役割を演じることで個人の持つ自発性と創造性を高め自分を見つめなおし，他者への理解を深める心理療法の一つ。

▷13 動作法
特定の動作をセラピストからの課題として提示し，それを遂行する体験を重ねることで他者に対する関わり方を変容させることを狙う心理療法の一つ。

IX 発達病理・障害と情動発達

2 ダウン症児における情動

1 ダウン症とは

　人の身体は約60兆個の細胞からできています。その細胞の中には染色体があり，様々な遺伝情報を伝える遺伝子を含んでいます。通常，染色体は2本ずつの対になっており，人間の場合，23対で合計46本の染色体が存在します。このうち一番小さい21番目の染色体が1本多く3本あり（21トリソミー），合計47本の染色体をもつ人たちがダウン症と呼ばれています（図9.2.1）。

　ダウン症の出生頻度は約1,000人に1人とけっして少なくありません。ダウン症は，精子もしくは卵子ができるときの減数分裂の際に，不分離が起こることが主な原因です。先天性の心疾患をはじめとする様々な合併症や，筋緊張の低下，目じりが上がっているなどの身体的特徴を示すことが多く，運動面や知的面の発達が全般的に遅れます。

2 ダウン症児・者の情動発達

○愛想がいい，人懐っこい子が多い

　ダウン症児は一般にとても愛想がよく，人懐っこい子が多いと言われます。ダウン症の子どもと接した多くの人が，とても朗らかで良い子，という印象をもちます。健常な子どもと比較しても，ダウン症の子どもは周りの人の顔に注意をよく払い，他者とやりとりをするときにはポジティブな情動をよく表出することが示されています。また「うれしい」や「かなしい」，「怒っている」「びっくりする」などの表情の理解は，発達年齢3歳の時点で健常な子どもと差がないことが示されています。全般的な発達はゆっくりですが，情動面の発達は比較的良好であると言えます。

　しかし，ダウン症児の情動発達を丁寧に見ると，通常の発達と違いが見られることもあります。たとえば乳児期においては「泣き」や「笑い」の表出が通常よりも少ないことが報告されています。個人差も大きいのですが，ダウン症の赤ちゃんの反応は比較的ゆっくりなことが多く，お母さんの笑いかけに対する反応もゆっくりしていることが多いようです。したがって赤ちゃんの反応が小さくても，積極的に笑いかけてあげることが大切です。

○情動を周りの状況に結びつけることが苦手

　ダウン症児は他者の情動表出にとても敏感であると言われます。苦痛を示し

▷1　21トリソミー
染色体の数が過剰となり合計3本の染色体があることをトリソミーと呼ぶ。21トリソミーとは21番目の染色体が3本あることを示す。ほかに有名なトリソミーとしては18番染色体が過剰となる18トリソミーがある。

▷2　Kasari, C., & Sigman, M. 1996 Expression and understanding of emotion in atypical development: Autism and Down syndrome. In M. Lewis & M. Sullivan (Eds.), *Emotions in atypical development*. Hillsdale, NJ: Erlbaum. pp.109-130.

▷3　Kasari, C., Freeman, S., Mundy, P., & Hughes, M. 2001 Emotion recognition by children with Down syndrome. *American Journal on Mental Retardation*, **106**, 59-72.

▷4　Carvajal, F., & Iglesias, J. 1997 Mother and infant smiling exchanges during face-to-face interaction in infants with and without Down syndrome. *Developmental Psychobiology*, **31**(4), 277-286.

ている人に近づいていき，その人をなぐさめようとするなどの行為は，他の知的障害の子どもや健常の子どもよりも多く見られることが報告されています。

その反面，ダウン症児は他者の情動表出を自分の周りの状況と結びつけて理解することには，少し遅れが示されるようです。たとえば，赤ちゃんがお母さんと遊んでいる部屋に，何か興味を引かれる新しいおもちゃ（ロボット）が隣の部屋から登場します。赤ちゃんはそれまで見たことがないロボットに対してどのように反応したらよいかわからず，とりあえずお母さんの顔を見ます。このとき，お母さんが笑っていれば赤ちゃんはロボットに近づき，反対にお母さんが怒った顔をしていればロボットには近づきません。お母さんの表情からロボットが安全なものか危険なものかを判断するのです。ところがダウン症の子どもは，お母さんの表情をいったんは見るのですが，そのあとの判断はまちまちで，ロボットに近づいたり回避したりと様々な反応を示します。つまり，お母さんの表情と新しいおもちゃの意味を結びつけて判断することが難しいようです。

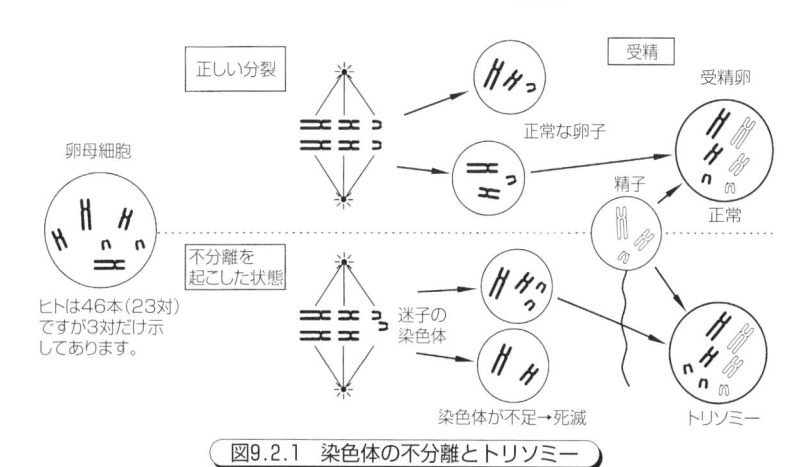

◯成人期の急激退行

近年，ダウン症者の一部に，思春期から成人期にかけて（だいたい20歳前後），急激に生活能力や適応行動の落ち込みを見せる人がいることがわかってきました。これを急激退行と呼びます。初期にはうつ病のような引きこもりにはじまり，続いて情動の易興奮性や不安定性が見られるようになります。中には，コミュニケーションがほとんど取れなくなり，非言語的な情動のやりとりが困難となることもあります。原因としては，心身の衰えがはじまる成人期という年齢段階になること，さらに環境の変化といった心理的ストレスが加わることがきっかけになっていると考えられています。

◯まだまだ解明されていないダウン症児・者の情動発達

ダウン症児・者の情動発達には，まだまだ未解明なことが多いのです。これまでの研究では，ダウン症児・者は自閉症児との比較対象として研究がなされてくることがほとんどで，ダウン症児・者の情動発達は通常の発達と大きな違いはない，と考えられていました。最近になってダウン症児・者の情動発達の特徴が詳しく調べられるようになり，今後，さらにダウン症児・者の特徴が具体的に明らかになってくるものと思われます。

（菊池哲平）

図9.2.1 染色体の不分離とトリソミー
（注）第2減数分裂を省略
出所：藤田弘子 2000 ダウン症児の赤ちゃん体操 メディカ出版

▶5 Kasari, C., Freeman, S., & Bass, W. 2003 Empathy and response to distress in children with Down syndrome. *Journal of Child Psychology and Psychiatry*, 44(3), 424-431.

▶6 社会的参照という。Ⅶ-4 参照。

▶7 Kasari, C., Freeman, S., Mundy, P., & Sigman, M. 1995 Attention regulation by children with Down syndrome: Coordinated joint attention and social referencing looks. *American Journal on Mental Retardation*, 100, 128-136.

▶8 菅野敦・池田由紀江（編著）1998 ダウン症者の豊かな生活──成人期の理解と支援のために 福村出版

IX 発達病理・障害と情動発達

3 ADHD児における情動

1 落ち着きのない子ども―ADHD（注意欠陥・多動性障害）

そもそも子どもとは落ち着きのないもので，とくに乳幼児期においてはおとなしくて静かな子どもよりも，活発に動いて元気に遊びまわっている子どもの方が安心されます。しかし，遊びのときに限らず，食事のときや，乗り物に乗るとき，集団で行動するときなど，どんな状況でも異常に動き回る子どもがいます。ある程度の年齢に達してもまったく落ち着きなく，まわりの人が困ってしまうほどの多動状態を示す子どもをADHD（Attention-Deficit / Hyperactive Disorders：注意欠陥・多動性障害（注意欠如・多動症））と呼びます。

ADHDの中心症状は「多動性」，「衝動性」，「不注意」の3つですが，これら3つの症状が全て同じように出てくるわけではありません。多動性・衝動性の症状がとくに目立つ場合や，多動や衝動性はあまり目立たず不注意の症状が目立つ場合もあります。DSM-5によると，これらの症状は7歳以前に発症し，集団や家庭の中で不適応を起こしてしまうほど著しい症状がみられるかどうかで診断されます。ADHDの直接的な原因は未解明ですが，前頭前野や基底核を中心とした中枢神経機能の障害が背景にあると推測されています。親の育て方やしつけの悪さだけで起こるものではけっしてありません。

ADHDの治療には，応用行動分析（ABA）などの心理学的治療のほか，コンサータやストラテラという薬を用いた薬物治療があります。これらの薬はADHD児の多動性や衝動性を抑え，注意の持続時間を増す効果があります。これらの効果により衝動を抑える能力が高まるため，結果的に様々な問題が解決されていきます。しかし，これらの効果は一時的なものなので，最終的にはADHD児本人が衝動を抑えたり注意を集中させる能力を身につけるようにすることが望ましいのです。

2 ADHD児の情動

○情動を制御することが苦手

ADHD児は高い衝動性をもつため，自分の情動を抑えたり隠したり制御することがとても苦手です。たとえばトランプやテレビゲームなど友だちとの競争場面では，ADHD児は情動表出を多く行います。そして作戦のために自分の情動を抑えて相手から自分の本音を隠そうとしても，情動表出を抑えきれず

▶1 IX-1 参照。

▶2 **コンサータ**（商品名）
メチルフェニデート（MPH）の徐放製剤。MPHについてはかつて短時間作用型のリタリンが頻用されたが，成人での依存，乱用が社会問題化し，2007年よりADHDへの処方が禁止。代わってコンサータの処方が可能になっている。

▶3 **ストラテラ**（商品名）
薬品名はアトモキセチン（ATX）。2009年に市販された第二のADHD治療薬。コンサータと異なり数ヶ月かけてゆっくり効果が発現する。

▶4 Walcott, C. M., & Landau, S. 2004 The relation between disinhibition and emotion regulation in boys with Attention Deficit Hyperactivity Disorder. *Journal of Clini-*

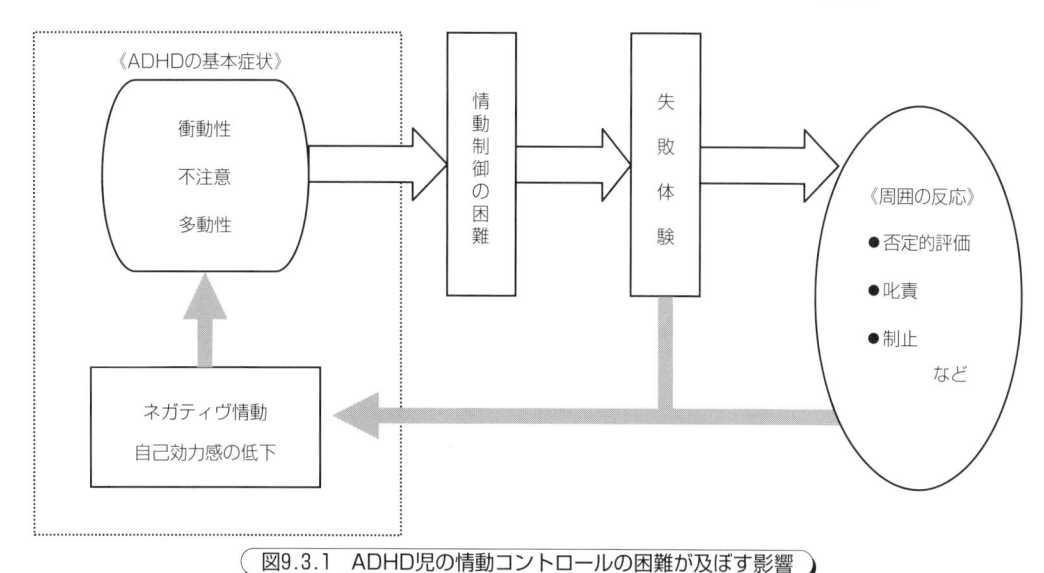

図9.3.1 ADHD児の情動コントロールの困難が及ぼす影響

出所：井上とも子　1999　注意欠陥・多動性障害への教育的アプローチ　発達障害研究，21(3)，192-201.を改変

に失敗してしまうことが多いのです。結果として，ゲームや競争に負けてしまうことが続き，「自分はダメな子だ」「自分には能力がない」といった自己効力感（self-efficacy）の低下がみられることがあります。

◯薬物療法と心理療法の効果

ADHD児に対してリタリン等の薬物を処方すると，衝動性が一時的に治まるため，情動のコントロールがうまく働くようになります。しかしながら，薬物療法だけでは日常的に情動コントロールを安定させていくことはできません。薬物療法と同時にカウンセリングやソーシャル・スキル・トレーニング（SST）を並行して実施することで情動のコントロール力がよく伸びることが示されています。

◯成人期のADHD

ADHDは乳幼児・児童期の問題として捉えられることが多いですが，近年，大人になったADHD者の中にも数多く様々な問題を抱えている人が多いことがわかってきました。成人になると不注意や衝動性といった症状は以前より目立たなくなるものの，それでも仕事や生活で不注意のためにケアレス・ミスをして失敗することが多く，そのためにネガティヴな情動を示すことが多いようです。中には，うつ病と診断されるほどの情動の落ち込みを示すこともあります。家族や同僚など周囲の理解を得ながら治療を進めていく必要がありますが，「怠けている」とか「だらしない」と誤解されることが多いのも実情です。

（菊池哲平）

cal Child and Adolescent Psychology, 33 (4), 772-782.

▷5　自己効力感（self-efficacy）
バンデューラ（Bandura, A.）によって提唱された概念。「自己に対する有能感・信頼感」のことを指す。すなわち実際にその行動を生起することができるどうかに対する自信のこと。

▷6　IX-1 参照。

▷7　Hechtman, L., Abikoff, H., Klein, R. G., Weiss, G., Respitz, C., Kouri, J., Blum, C., Greenfield, B., Etcovitch, J., Fleiss, K., & Pollack, S. 2004 Academic achievement and emotional status of children with ADHD treated with long-term methylphenidate and multimodal psychosocial treatment. Journal of the American Academy of Child & Adolescent Psychiatry, 43(7), 812-819.

Ⅸ　発達病理・障害と情動発達

4　自閉症スペクトラム障害児における愛着

1　自閉症スペクトラム障害児における愛着の様相

　自閉症スペクトラム障害（以下ASD）児の愛着については，その形成が困難かつ希薄であることが長く，半ば自明視されてきたと言えるかも知れません。現に，たとえば1980年代におけるDSM-Ⅲなどにおいては，自閉症の診断基準の中に直接的に愛着行動の発達不全が盛り込まれていました。しかし，近年，そうした見方はずいぶんと変わってきているようです。そして，その背景には，自閉症の子どもを対象にした体系的な愛着研究，とくにストレンジ・シチュエーション法を駆使した研究の蓄積があると考えられます。

　すべての研究で必ずしも一貫した知見が得られているわけではないのですが，ラジャー（Rutgers, A. H.）という研究者らは，それまでに行われた16の実証研究を包括的にレビューし，ASDの域にある子どもでも（総じて見るとストレンジ・シチュエーション法における安定型の比率は自閉症を伴わない障害群や一般定型群などのそれ―65％に比して幾分低いものの―53％），その養育者との間に，十分に安定した愛着を築きうることを明らかにしています。

　もっとも，ASD児が養育者との間で，安定した愛着を築きうるとは言っても，少なくとも早い段階における，その表面的な見え方は定型児のそれとはかなり違ったものになると考えられます。たしかに，自分が養育者等から一人取り残されそうになるような，いわゆる危機的な状況では養育者等にしがみついたり後追いをしたりすることは多いようなのですが，その一方で，自分の方から何の不安もなく平気な様子で養育者等から離れてしまうようなことも少なくはないようです。また，ASD児における愛着は，あくまでも自分の中に生じたネガティヴな感情を低減するための手段を特定の他者に求めて近接するという意味合いが強く，定型の子どもに一般的に認められるような特定他者との双方向的な情動的やりとりや心理的絆という性質は相対的に稀薄なのかも知れません。そうした意味で，彼らは，養育者等を，自分の心の拠り所としての心理的安全基地というよりも，自分の要求実現のための道具的安全基地として利用する傾向が相対的に高いと言えるのでしょう。

2　発達水準と愛着

　じつのところ，前節で見たラジャーらのメタ分析にはその先があります。彼

▷1　Ⅸ-1 参照。

▷2　Ⅵ-6 参照。

▷3　Rutgers, A. H., Bakermans-Kranenburg, M. J., Van IJzendoorn, M. H., & Van Berckelaer-Onnes, I. A. 2004 Autism and attachment: A meta-analytic review. *Journal of Child Psychology and Psychiatry*, 45, 1123-1134.

▷4　杉山登志郎　2000　発達障害の豊かな世界　日本評論社

▷5　別府哲　2007　障害を持つ子どもにおけるアタッチメント――視覚障害，聴覚障害，肢体不自由，ダウン症，自閉症　数井みゆき・遠藤利彦（編著）アタッチメントと臨床領域　ミネルヴァ書房　pp.59-78.

▷6　伊藤英夫　2002　自閉症児のアタッチメントの発達過程　児童精神医学とその周辺領域, 43, 1-18.

らは，ASD児の暦年齢や知的程度をも考慮に入れ，それらの要因が，愛着の安定性とどのような連関を有しているかについても検討しています。それによれば，両要因とも愛着の安定性に一定の影響をもたらしていたのですが，とくに強い関与が認められたのは知的レベルの高さでした。彼らは精神年齢／暦年齢の比率.70を境に知的レベルを2群に分け，それが低い群における愛着安定型の割合が有意に低くなるのに対して，それが高い群における同割合は，比較対照群とほぼ変わりがなくなることを見出しています。

また，共同注意の成否や言語能力など，より詳細に種々の認知的コンピテンスと愛着の安定性との関連性を検討した研究においても，総じて知的レベルの高さが，安定した愛着形成に促進的に作用することを明らかにしています。こうした一連の知見は，自閉症状に顕著な知的遅滞が伴う場合にのみ愛着上の問題が生じやすく，逆にASDの中でも認知・言語能力にすぐれるアスペルガー症候群の子どもなどにおいては，安定した愛着形成が比較的容易に進行しうることを，一見，示唆するかに見えます。

しかしながら，ラジャーらのその後の研究では，知的遅滞を伴わないASD児においても，それを伴う自閉症児と同様に，非臨床群はもとより，知的遅滞児や学習障害児よりも，有意に安定した愛着が形成されにくいということが明らかにされています。こうしたことから，あまり知的レベル・発達レベルにかかわらず，自閉症特有の症状の重篤度が，愛着の安定性により深く関与するのではないかという見方も一部には生じてきているようです。

こうした知見も踏まえると，発達レベルが一定水準以上にあり，とくに認知・言語能力が相対的に高いASD児において，定型発達児と同様の，安定した愛着が形成されやすいとは一概には言えないのかも知れません。高機能自閉症やアスペルガー症候群においても，自閉症特有の症状，とくに社会性の問題が前面に現れるような場合には，養育者等との間に不安定な愛着（とくに回避型の行動傾向）が形成されてしまうリスクが高いと考えておくべきでしょう。

3 養育者の敏感性と愛着

愛着理論において愛着の個人差のもっとも重要な規定因とされているのは養育者の敏感性（sensitivity）です。それは，養育者がいかに子どもが置かれた状況やそこでの子どもの心的状態を的確に読み取り，またそれに基づいて適切に応答するかの程度を問題にした概念であるわけですが，ASD児の愛着形成にもこうした養育者側の要因は深く関与していると言えるのでしょうか。

結論から言えば，これに関わる研究結果は一貫していません。養育者の敏感性が愛着の安定性と関係しているという知見もあれば，そうでないという知見もあります。ただ，一つ，確実に言えそうなことは，ASD児の愛着の安定性に関しては，養育者側の要因よりも，子ども自身の要因，すなわち前節でふれ

▷7 Rutgers et al. 前掲書

▷8 Ⅶ-3 参照。

▷9 Capps, L., Sigman, M., & Mundy, P. 1994 Attachment security in children with autism. *Development and Psychopathology*, **6**, 249-261.

▷10 Rutgers, A. H., Van IJzendoorn, M. H., Bakermans-Kranenburg, M. J., Swinkels, S. H. N., van Daalen, Dietz, C., Naber, F. B. A., Buitelaar, J. K., & van Engeland, H. 2007 Autism, attachment and parenting : A comparison of children with autism spectrum disorder, mental retardation, language disorder, and non-clinical children. *Journal of Abnormal Child Psychology*, **35**, 859-870.

▷11 Van IJzendoorn, M. H., Rutgers, A. H., Bakermans-Kranenburg, M. J., Swinkels, S. H. N., van Daalen, E., Dietz, C., Naber, F. B. A., Buitelaar, J. K., & van Engeland, H. 2007 Parental sensitivity and attachment in children with autism spectrum disorder : Comparison with children with mental retardation, with language delays, and with typical development. *Child Development*, **78**, 597-608.

たことにも関連するのですが，社会性の特異性をはじめ，自閉症特有の特徴における重篤度が関与する可能性が大きいということです[12]。じつのところ，養育者の敏感性と子どもの愛着との間に関連性を見出している研究者も，その因果関係は，定型発達児の場合などとは異なり，むしろ子どもの行動上の特徴が，養育者側の敏感性に影響している可能性を指摘しています[13]。

養育者側から見れば，ASD 児の特有の行動パターンは，彼らに，子どもの振る舞いや子どもとの相互作用を，自分ではなかなかコントロールできないという感覚を与え，結果的に強度のストレスをもたらすことが想定されます。とくに子どもの社会性の特異性の程度が高いほど，養育者の抱えるストレスも高じる傾向があることが知られており[14]，そうした中で，養育者は，ややもすると子どもの行動に翻弄されがちになってしまう可能性があることは否めません。つまり，たとえ，養育者が元来，潜在的には高い敏感性を備えていても，それが子どもとの相互作用にあまり活かされることがなく，ひいては，子ども自身の社会性の低さに起因して，その愛着が不安定なものになってしまう危険性があるということです。

これに関連して記しておくべきことは，子どもの社会性の低さ，とくに人という社会的刺激に対する忌避傾向は，しばしば養育者にも及ぶということです。ときに一部の ASD の子どもにとっては，養育者との身体接触や養育者からの抱擁などが，きわめて嫌悪的な刺激になることさえもあるようです。小林は，ASD の域にある子どもが，何らかの危機に際して愛着欲求を活性化され，養育者との近接を希求しながらも，養育者との接触に対する恐れや不安のためにそれができずに安全の感覚を満たされないままになってしまうという悪循環を抱えており，そうした中で，さらに警戒の構えを増強させていく結果，特定事象への極端な没入やときに破壊的とも言える暴発的行動に走ってしまう危険性があることを指摘しています[15]。こうした状況は，まさに愛着が不安定である様を物語っているわけであり，その意味からすれば，養育者の関わり方よりは，むしろ，子ども自身の養育者に対する過敏な知覚・情動反応が，愛着の質を左右するところが大きいと言えるのかも知れません。

このように，ASD 児の愛着形成に関しては子ども側の要因の影響が大きく，逆に養育者側の寄与が小さいと言えそうなわけですが，このことと，養育者の敏感性を高める介入が意味をなさないということとは明らかに別次元のことと言えます。現にこれまでの実践研究などによれば，たとえ，子どもの特異な行動パターンに養育者が翻弄され，そこに不安定な愛着が生じやすい傾向があるにしても，専門的な介入や支援の下に，養育者の子どもの行動パターンやその意図などについての理解が促されれば，養育者と子どもの愛着関係は十分にポジティヴな方向に修正可能であると言えるようです[16]。

▷12 同上書

▷13 Capps et al. 前掲書

▷14 Kasari, C., & Sigman, M. 1997 Linking parental perceptions to interactions in young children with autism. *Journal of Autism and Developmental Disorders*, 27, 39–57.

▷15 小林隆児 2007 ストレンジ・シチュエーション法から見た幼児期自閉症の対人関係障碍と関係発達支援 数井みゆき・遠藤利彦（編著）アタッチメントと臨床領域 ミネルヴァ書房 pp.166-185.

▷16 Oppenheim, D., Dolev, S., Koren-Karie, N., Sher-Censor, E. Yirmiya, N., & Salomon, S. 2007 Parental resolution of the child's diagnosis and the parent-child relationship: Insights from the reaction to diagnosis interview. In D. Oppenheim & D. F. Goldsmith (Eds.), *Attachment theory in clinical work with children: Bridging the gap between research and practice.* New York: Guilford Press. pp.109-136.

4 自閉症スペクトラム児における「心の理論」と新たな愛着上の課題

　一般的に，愛着は，物理的近接（身体的な近接の維持・回復）から表象的近接（心理的な近接の維持・回復）へと，徐々に形を変えながら生涯存続するものと考えられています[17]。しかし，現今のASD児の愛着研究は，その大半がせいぜい児童期前期までで，彼らのその後の愛着がどのように変じていくのかを示すものはほとんどありません。換言すれば，これまでの研究は専ら，養育者に身体的にくっつくことを通して安全の感覚を回復するという，いわば物理的レベルでの愛着に関してであって，自他の心的状態の理解やそのやりとりが絡む表象レベルの愛着についてふれるものではなかったのです。

　もちろん，重篤な知的障害や発達全般の遅滞を伴うASD児については，後年に至っても依然，その愛着上の課題は，物理的な近接関係ということになるでしょう。しかし，アスペルガー症候群のように高い認知・言語能力を有するに至るASD児に関しては，いわゆる「心の理論」を部分的に獲得した後の愛着が新たな発達上の課題になります。そして，彼らにおいては，発達早期の物理的な愛着以上に，こうした後年における表象的な愛着にこそ，ときに彼ら特有の難しい問題がより顕著に現れてくるものと考えられるのです。

　たしかに，「心の理論」の発達は，多少とも，他者の心的状態に注意を向けさせ，その結果として，それまでは理解できずに困惑していた社会的世界のルールの少なくともその一端を理解させることにつながることがあるようです。たとえば，杉山は，こうした変化に呼応して，小学校高学年くらいに，アスペルガー症候群の子どもたちが，それまでの問題行動を幾分，減少させ，むしろ養育者に従順に甘えるようなケースが多くなることを指摘しています[18]。

　しかし，ことに，養育者などのごく身近な対象以外の，たとえば学校の友だちのような他者との関わりに関して言えば，「心の理論」はまさに両刃の剣と言えるのかも知れません。それというのは，他者が何を考え何を感じているかというところに関心が向かうようになる分，その他者の自分に対する感情や評価に敏感になり，しかも，それを歪めて受け取るようなことが少なくはないからです[19]。現に，アスペルガー症候群の子どもなどにおいては，誤って他者から自分に対する悪意などを読み取り，極端な被害者意識を持ってしまうようなケースも少なからずあると言われています[20]。そして，そうした中で，劣等感や情緒的混乱，ときには抑うつ的な感情が強まり，いわば二次的に不登校や対人的トラブルなどの社会的不適応が生じてしまうようなこともあるようです[21]。その意味で，こうした子どもに対する発達支援に関して言えば，表面的に見える言行上の特異性ばかりではなく，彼らの内面にも踏み込み，そこにやや歪曲し硬直化した他者に対する社会的認知を見て取ったとすれば，それを適宜，修正していくような地道な試みも必要になると言えるでしょう。

（遠藤利彦）

▷17　遠藤利彦　2007　アタッチメント理論とその実証研究を俯瞰する　数井みゆき・遠藤利彦（編著）アタッチメントと臨床領域　ミネルヴァ書房　pp.1-58. Ⅵ-9も参照。

▷18　杉山登志郎　2007　発達障害の子どもたち　講談社

▷19　辻井正次　2004　広汎性発達障害の子どもたち──高機能自閉症・アスペルガー症候群を知るために　ブレーン出版
▷20　杉山　2007　前掲書
▷21　播磨俊子　2008　発達障害児の発達とその臨床心理学的知見　鶴光代（編）発達障害児への心理的援助　金剛出版　pp.68-77.

IX 発達病理・障害と情動発達

5 口唇裂・口蓋裂児における情動

▷1 茅野修史・菅野貴世史・鈴木洋一・山田敦・松原洋一 2005 唇裂・口蓋裂の原因遺伝子 小児科, 46(1), 105-110.

▷2 **可視的変形**（visible difference）
顔や身体の見た目の変形のこと。従来こうした変形は、醜形（disfigurement）と呼ばれたが、そこに含まれるネガティヴな意味を嫌って最近はこの術語が用いられている。

口唇裂・口蓋裂は、大きく上唇の部分に裂け目がある口唇裂と上あごの硬口蓋の部分に裂け目がある口蓋裂とに分けられる。両者がともに発生する場合（口唇口蓋裂）もある。従来の魅力についての研究では、身体外表に傷のある口唇裂のほうが口蓋裂よりも魅力が低いと評定される。

▷3 近年は出生前診断技術の向上により、妊娠中に口唇裂・口蓋裂の可能性が告知されることがある。その場合には妊娠期から母親の母子表象の形成や母親の心理的状態に影響を与えることが指摘されている。

Jones, M. C. 2002 Prenatal diagnosis of cleft lip and palate : Detection rates, accuracy of ultrasonography, associated anomalies, and strategies for counseling. *The Cleft palate-craniofacial journal : Official publication of the Ameri-*

1 口唇裂・口蓋裂とその心理社会的問題

○口唇裂・口蓋裂とは何か

口唇裂・口蓋裂は生まれつき、唇や口蓋が癒合しない状態で生まれ、出生直後から成人に至るまで継続的に治療を行う必要がある疾患であり、日本人の場合600人に1人ほどの発生率と考えられています。症状が重度である場合には咀嚼機能や発話機能など機能的な障害を伴うとともに、こうした機能的障害と可視的変形（visible difference）は出生直後からの顔の部分、とくに鼻や口の形に可視的な変形を有することとなります。母子関係や仲間関係をはじめとした様々な人間関係に大きな影響を及ぼし、その結果として患児の心理面にも何らかの影響を与えるのではないかと考えられています。近年、こうした研究は、先天性の可視的な変形が及ぼす心理社会的影響についての研究として高い関心が払われています。

○口唇裂・口蓋裂にみられる心理社会的問題

このような口唇裂・口蓋裂に関する心理社会的問題を情動の観点からみてみると、母子関係における表情の表出や大人側による表情の解読という点、仲間関係において仲間の情動制御に与える影響、さらには他者の否定的な反応に影響されて本人が特異な表情認知をする可能性が指摘できます。また一方で、顔に変形を有することで対人魅力も損なわれる可能性があり、ここから魅力の低下に伴う問題も想定できます。ここでは、以上、対人相互作用と魅力という2つの観点から口唇裂・口蓋裂が情動にどのような影響をもたらしている可能性があるか、とくに乳幼児期の研究に絞って紹介します。

2 口唇裂・口蓋裂が情動発達に及ぼす影響

○口唇裂・口蓋裂が乳幼児期の母子関係に与える影響

通常赤ちゃんは、赤ちゃんに固有の容姿である幼児図式（baby schema）（Ⅵ-4 参照）によって自然と大人の養育行動を引き出すと考えられています。ところが、口唇裂・口蓋裂があることで、こうした養育行動が十分に引き出されないのではないかという疑念が沸いてきます。実際フィールド（Field, T.）とベガ・ラー（Vega-Lahr, N.）の研究では、生後3ヶ月の口唇裂・口蓋裂乳児とその母親との相互作用場面の観察から対照群の母子と比べて有意に母親の笑

顔や発声などの頻度が少ないこと，また乳児も母親を見る時間が有意に少ないことが指摘されました。この疑問を愛着の観点から調査したスペルツ（Speltz, M. L.）らやコイ（Coy, K.）らは，1歳前後の口唇裂・口蓋裂児とその母親との愛着の測定や相互作用場面の観察を行いましたが，健常児と比較して愛着の有意差は見られませんでした。また口唇裂・口蓋裂など様々な種類の顔の変形を持つ乳児の表情が大人に判別可能かどうか調べたオスター（Oster, H.）は，口唇裂・口蓋裂児群，血管腫児群，顔面神経麻痺児群と健常児群を比較し，顔面神経麻痺群以外では何ら他群との表情判別における有意差がみられないことを明らかにしました。どのような可視的変形であっても，大人は基本的に乳児の表情（すなわち情動）を瞬時に判別することが可能であることを示しています。

こうした結果から，口唇裂・口蓋裂乳児とその母親との間の相互作用においては，口唇裂・口蓋裂がない場合に比べ不利な状況にある可能性が指摘できるものの，実際には口唇裂・口蓋裂児の表情表出と大人によるその表情の読み取り，愛着などの種々な要因においては何ら問題が見いだされていないのが現状です。

○口唇裂・口蓋裂が魅力に与える影響

では，表情機能や愛着などについては問題がないにもかかわらず実際の親子相互作用で問題が生じる要因は何に求められるでしょうか。一つの可能性は，やはり乳児の魅力に求められるかも知れません。先に紹介したオスターは，実験の折に各乳児の魅力度も評定しています。その結果として，顔に何らかの変形がある乳児は，健常群と比べて有意に魅力が低いと評定されています。また，コイらの実験では，じつは口唇裂・口蓋裂の種類を口唇口蓋裂群と口蓋裂群の2群とにわけて愛着のタイプと魅力度の関連を評価しています。外見上，傷の見えない口蓋裂のみ群では，一目で傷が見える口唇口蓋裂群よりも魅力が高く評定されています。一方で愛着の質は，健常群，口唇口蓋裂群，口蓋裂群の順に不安定になっています。つまり魅力の程度と愛着の不安定度でねじれが生じています。コイらはこのねじれについて，障害児の場合に，より重度の障害を有する場合の方が親の養育欲求が高まることをふまえて，口唇裂・口蓋裂においても，外見上変形の程度が強いほうが，親の養育欲求を結果的に高めているためではないかと論じています。つまり，口唇裂・口蓋裂児においては，外見上比較的軽度の変形を有する者が，より養育の質について問題を抱えがちであり，これが愛着の安定度の差に反映しているのかも知れません。このため，近年では，こうした養育者のショックを和らげるために，出生直後からの様々な心理的サポートが求められています。

（松本　学）

▶ can Cleft Palate-Craniofacial Association, 39 (2), 169-73.
▶ 4 Rumsey, N., & Harcourt, D. 2005 The psychology of appearance. Berkshire, England：Open University Press.
▶ 5 Field, T., & Vega-Lahr, N. 1984 Early interactions between infants with craio-facial anomalies and their mothers. Infant Behavior and Development, 7, 527-530.
▶ 6 Speltz, M. L., Endriga, M. C., Fisher, P. A., & Mason, C. A. 1997 Early predictors of attachment in infants with cleft lip and/or palate. Child Development, 68, 12-25.
▶ 7 Coy, K., Speltz, M. L., & Jones, K. 2002 Facial appearance and attachment in infants with orofacial clefts：A replication. The Cleft Palate-Craniofacial Journal, 39, 66-72.
▶ 8 Oster, H. 2003 Emotion in the infant's face：Insights from the study of infants with facial anomalies. Annals of the New York Academy of Sciences, 1000, 197-204.
▶ 9 同上書
▶10 Coy et al. 前掲書
▶11 Cocquyt, M., Mommaerts, M., Nadjmi, N., Zink, I., & Roeyers, H. 2006 Prevention and early detection of communication problems in children with cleft lip and palate (up to 5 years). International Conference on Infant Studies, Kyoto, Japan, Symposium Session.

IX 発達病理・障害と情動発達

6 被虐待児における情動

1 児童虐待がもたらす悲劇

　児童虐待が，子どもの心身全般の発達に甚大なダメージを及ぼすことは言うまでもありません。そうした不遇な経験を幼少期に強いられた子どもを追跡した研究が世界各地で行われていますが，それらによれば，こうした子どもの多くが，生涯にわたって，容易には消しがたい傷を，発達上の障害・病気，精神病理，自殺，薬物依存，非行・犯罪など，じつに様々な形をとって抱えてしまうことになるそうです[*1]。その意味で，児童虐待をいかに予防し，また早期に発見し適切な介入をなしうるかということは，どのような形であれ子どもに関わる立場の者にとって，もっとも重要な問いの一つと言えるでしょう。

2 被虐待児の社会情動的特徴

　虐待に対する典型的な反応に「否認」と「侵入的想起」（フラッシュバック）があることはよく知られるところです[*2]。被虐待児の多くが，頑なに虐待の事実はなかったと言い張ったり，それに伴っていたはずの恐れや怒りなどの情動を否定したり，あるいはそのときのことを全然思い出さなかったりするのです（否認）。しかし，それでいながら，突発的に，被虐待にまつわる忌まわしい記憶が，リアルな映像や音あるいは悪夢として意識の中に蘇り，再び強度の恐怖反応や情動的混乱をきたしてしまうことも多々あるようです（侵入的想起）。

　また，虐待が日常的に生じ，一回一回のその行為が度を超して恐怖をもたらすような場合には，より重篤な発達病理が随伴することも明らかになっています。たとえば，被虐待児の中には，自己や他者についてきわめて否定的なイメージを作り上げ，まるでそのイメージを確認・強化するかのように，自己破壊や再被害化といった特異な行動を示すケースも少なからずあるようです。虐待の犠牲者であった自分をさらに自らの手で痛めつけ，あるいは他者が自身に対して虐待的な振る舞いを向けるよう，他者を挑発したり誘惑したりして，その中で結果的に再び虐待の犠牲者となってしまうことがあるのです[*3]。

　こうしたことにも絡むことですが，被虐待児には他者情動の認知にも特異性があるようです[*4]。被虐待児は一般的に，日常のとくに何の情動も絡まない場面や，むしろ他者に悲しみの情動が生起しているような場面でも，そこから自らの過去の怒りに関連したエピソードを想起しやすく，また他者の必ずしも不快

▷1 Judd, P. H., & McGlashan, T. 2003 *A developmental model of borderline personality disorder : Understanding variations in course and outcome.* Washington, DC : American Psychiatric Publishing Inc.

▷2 西澤哲 1999 トラウマの臨床心理学 金剛出版

▷3 同上書

▷4 被虐待児は他者の情動認知のみならず，自身の情動を含めた心的状態に対しても適切な覚知および理解が相対的に困難であるという指摘もある。

▷5 Pollak, S., & Tolley-Schell, S. 2003 Selective attention to facial emotion in physically abused children. *Journal of Abnormal Psychology,* **112**, 323-328.

▷6 Davidson, L. M., Inslicht, S. S., & Baum, A. 2000 Traumatic stress and posttraumatic stress disorder among children and adolescents. In A. J. Sameroff, M. Lewis & S. M. Miller (Eds.), *Handbook of developmental psychopathology,* 2nd ed. New Yrok · Kluwer academic/Plenum.

▷7 西澤 前掲書

▷8 Howe, D. 2005 *Child abuse and neglect : Attachment, development and intervention.* New

の表出ではない表情からも怒りの情動や自身に対する悪意などを誤って読み取ってしまう傾向が強いことが知られています。

③ 情動の制御不全と解離反応

さらに，情動の制御不全も被虐待児の深刻な問題として認識されています。被虐待児のほとんどは，養育者によって適切に情動が制御されず，またいつ虐待を受けるかも知れないという不安から，相対的にいつもかなり高い覚醒状態に置かれています。この高覚醒状態は，些細なことでもネガティヴな情動が生起しやすい状態と言え，被虐待児はときに衝動的に激しい怒りに駆られ，無謀・無慈悲な攻撃行動に走ることがあり，しかもそうした状態にひとたび陥ると自分自身では制御困難となってしまう特徴を有していると考えられます。

先にふれた他者情動の読み取りの問題やこの情動制御不全という特徴から推察されることは，被虐待児が日常，頻繁に，養育者以外の大人や仲間などとの間でも，様々な対人的トラブルを引き起こしてしまいがちだということです。現に，他児の泣きに対する反応に焦点を当てた研究は，被虐待児が，そうでない子どもに比して，他児を慰めるなどの思いやりをほとんど示さない一方で，自身が情動的に混乱してしまい，かえって他児の泣きを増幅させてしまうような不適切な行動を多く示すことを明らかにしています。

もっとも，情動に関してそうした激しい側面がある一方で，被虐待児には情動状態の麻痺や鈍磨といった特徴が認められるという指摘もあります。これは，ある意味，自分が被害者であるという意識を切り離してしまい，まったく別の存在になり代わって，外側からその虐待を受けている自らの様子を寡黙に冷ややかに眺めているというような心理状態であると理解することができます。また，虐待を受けているときの記憶が完全に欠落してしまったり，さらに極端な場合にはいわゆる多重人格のような症状に発展する場合もあると言います。これらは，一般的に解離性の障害と総称されるものであり，先に見た否認がより重くマイナス方向に進展した形態であると解釈できるかと思います。

④ ネグレクトによる情動の歪み

ここまでは主に身体的虐待にさらされた子どもを念頭に記述を行ってきたのですが，ネグレクト（養育怠慢・放棄）にさらされた子どもの情動反応は攻撃性などよりも，むしろ虚ろさや表情のなさが際立ったものであるようです。また仲間や大人との相互作用には概して消極的で，仮に周りの者から働きかけがあっても，その応じ方はきわめて受け身的だと言われています。これらの特徴は言ってみれば非応答的で非保護的な養育者の下で，彼らが環境に対してどんなに働きかけを行っても無駄だという非常に根深い無力感を形成していることの現れと見なすことができるかと思います。

（遠藤利彦）

York : Palgrave.
▷9 Main, M., & George, C. 1985 Responses of abused and disadvantaged toddler to distress in agemates : A study in the daycare setting. *Developmental Psychology*, 21(3), 407-412.
 Klimes-Dougan B., & Kistner J. 1990 Physically abused preschoolers' responses to peers' distress. *Developmental Psychology*, 26, 599-602.
▷10 Putnam, F. W. 2000 Dissociative disorders. In A. J. Sameroff, M. Lewis & S. M. Miller (Eds.), *Handbook of developmental psychopathology*, 2nd ed. New York : Kluwer Academic/Plenum.
▷11 被虐待児の約8割がDタイプ（無秩序・無方向型）の愛着（Ⅵ-6 参照）を示すことが知られているが，このタイプの典型的特徴とされる，不可解な行動停止やすくみ，あるいはうつろさなどは一種の解離状態の現れと理解できる。
▷12 Music, G. 2011 *Nurturing natures : Attachment and children's emotional, sociocultural and brain development.* New York : Psychology Press.
▷13 Ⅳ-11 参照。
▷14 養育者からのネグレクトにさらされて育った子どもは，その，情動表出が乏しく，また対人的に受け身的であるという特徴から，施設や学校などにおいても，他者からの注意を引きにくく，結果的にそこでも，さらなるネグレクトを経験してしまいやすいということが指摘されている。

Ⅸ　発達病理・障害と情動発達

7 早産児・低出生体重児における情動

1　早産児・低出生体重児とは

　1975年，世界保健機構（WHO）は，出生体重が2,500g未満の者を低出生体重児（low birth weight infant）と総称し，そのうち，在胎期間37週未満で生まれたものに限って未熟児（premature infant）と呼ぶことを勧告しました。現在では，早産児（preterm infant）も未熟児と同義のものとして考えられています。また，出生体重が1,500g未満の場合，極低出生体重児と呼び，1,000g未満の場合，超低出生体重児と呼びます。これらの子どもたちは，従来，生存不可能である場合が多かったのですが，新生児医療の進歩に伴い，その救命率は飛躍的に上昇しました。一方で，出生後すぐに母子分離をして，生命維持のためにNICU（新生児集中治療室）への入院を余儀なくされるケースが多く，濃厚な医療的ケアの中で生後の数ヶ月を送ることとなります。

　このような経緯から，これまでは，出生後の生存率や症例検討といった医学的観点からの研究が多く行われてきました。しかし最近になり，早期に低体重で出生した子どもたちがどのような発達的経過をたどるのか，また早期の母子分離によって，母子関係にどのような影響が生じるのかなど心理学的観点からの検討も行われ始めています。

2　情動発達と"NICU"

　十分な酸素と栄養が提供され，暖かく，適度な光と音に包まれた環境，子宮内は，胎児にとって快適なものです。ところが，早期・低体重で出生し，NICUに入院することで，その環境は激変することになります。室内を照射するまばゆい光，機械類が発する音，医療的ケアに伴う身体への刺激，そのどれもが一般家庭の赤ちゃんが経験するよりも強い刺激であるとされています。このことからも，彼らが，相対的に強い身体的・心理的ストレスにさらされ，生後の数ヶ月を送っていることが考えられます。

　エッカーマン（Eckerman, C. O.）らは極低出生体重児と満期出産児の情動表出を比較した実験で，退院後4ヶ月時点で母親や見知らぬ成人女性と対面した際に低出生児は満期出産児よりもポジティヴな情動（微笑みなど）を見せることが明らかに少なかったことを指摘しました。この結果の解釈については様々な議論がありますが，一つの可能性として，生命維持に重点が置かれた環境下

▷1　米国の統計的データでは，年間390万人の出生のうち，約7.3％が出生体重2,500g未満で在胎期間37週未満の出生であり，約1.3％は1,500g未満で出生する。
▷2　出生体重が750〜1,000g（在胎期間24〜26週程度）の乳児も現在では50％以上の生存率を期待できる。ちなみに出生体重が1,000〜1,250g（在胎期間28〜32週程度）であれば95％以上が生存する（ただし，周産期関連病院のケアを必要とする）。
　Guyer, B., Strobino, D. M., Ventura, S. J., & Singh, G. K. 1995 Annual summary of vital statistics — 1994. *Pediatrics*, **96**, 1029-1039.
▷3　Lawson, K. W., Daum, C., & Turkewitz, G. 1977 Environmental characteristics of a neonatal intensive-care unit. *Child Development*, **48**, 1633-1639.
▷4　Eckerman, C. O., Oehler, J. M., Hsu, H-C., Molitor, A., Gill, K., & Leung, E. 1996 Infants positive affect during en face exchanges: Effects of premature birth, race, and social partner. *Infant Behavior and Development*, **19**, 435.

において，乳児たちは情動発達を促進させるような刺激（養育者から抱かれること，微笑みかけてもらうことなど）と十分に接触できなかったからかも知れません。

3 早産児・低出生体重児の情動をはぐくむ

早産児・低出生体重児の発達過程に注目が集まる中で，最近では，NICU内の物理的環境（光，騒音など）を環境工学の観点から見直そうとする動きもあります。加えて，マッサージ療法やカンガルーケア[5]（図9.7.1参照）といった発達的ケアを導入することで乳児たちの発達的リスクを低減しようとする試みもなされるようになってきました。このような試みの背景には，出生してすぐに我が子と離れなければならない母親たちの問題が含まれています。極低出生体重児を持つ母親のほとんどが，急に陣痛が起きたり，破水したりといった予期できない事態から出産に至ることから，出産の達成感が得られにくく，また出生後の初めての我が子との対面において描いていた我が子とのギャップからショック状態に陥ることがあるとされ，この状態[6]が，子どもの退院後も継続する場合，母子間の情緒的結びつきが希薄になる可能性があります。そのため，早期介入として上述した発達的ケアが浸透しつつあります。その効果として，乳児のストレス行動の低減や自律神経の安定といった情動に関連した側面の変化や養育者の心理的安定などの報告が増えてきています。

4 早産児・低出生体重児をめぐる現状の課題

早産児・低出生体重児のほとんどは，体重等の身体面や知能面において，5歳くらいまでに定型発達児に追いつくとされています。ところが，最近になり，一部の子どもたちに共通する行動的特徴が報告されてきています。具体的には，情動・衝動のコントロールが苦手なこと，情動表出が乏しいこと，友だち関係を作ることに苦労することなどが挙げられ，後に，学校適応への困難さを示すケースが増えているようです。このことから，今後は，長期間にわたり，より細やかな視点で，彼らの発達過程を明らかにしていく必要があると考えられます。

また，医療の進歩により，「救える命」が飛躍的に増加しました。今後は「育てる命」に向けた発達支援（ディベロプメンタルケア）[7]のあり方について進歩が期待されています。

（船橋篤彦）

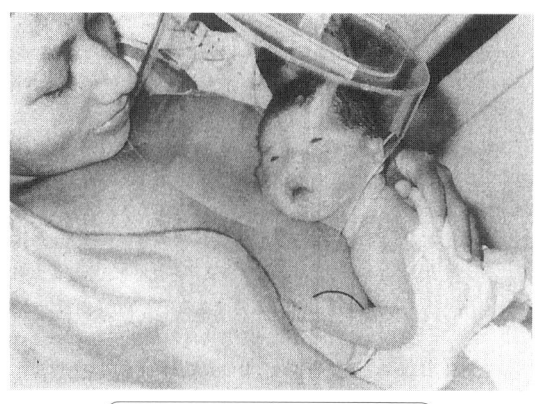

図9.7.1 カンガルーケアの様子

出所：Ludington-Hoe, S. M., Anderson, G. C., Simpson, S., Hollingsead, A., Rey, H., Argote, L. A., & Hosseini, B. 1993 Skin-to-skin contact beginning in the delivery room for Colombian mothers and their preterm infants. *Journal of Human Lactation*, 9, 241-242.

▷5 **カンガルーケア**
名前のとおり有袋類（ゆうたい）が子どもを育てる方法に着想を得て，母親との身体接触を通して，母の温かさ，母乳，愛情を伝達するものとして確立された。適用に際しては，乳児に酸素吸入等を行う場合もあるが，誕生から可能な限り早く，母親との身体接触の機会を提供することで母子間の愛着形成の一助となり得ているのかも知れない。

▷6 瀬戸日登美 1995 極小未熟児を持つ母親の心理過程 日本心理臨床学会第14回大会発表論文集，388-389．

▷7 ゴールドソン，E.（編）山川孔（訳）2005 未熟児をはぐくむディベロプメンタルケア 医学書院

IX 発達病理・障害と情動発達

8 子どもにおけるPTSDと情動

▷1 つらい体験がよみがえるなど。
▷2 つらい体験の記憶, 思考, 感情を避けようとするなど。
▷3 1ヶ月以内のものについては急性ストレス障害（ASD）という診断名があてはめられる。
▷4 VI-3 参照。
▷5 Newman, C. J. 1976 Children of disaster : Clinical observation at Buffalo Creek. *American Journal of Psychiatry*, 133, 306-312.
▷6 Terr, L. C. 1979 Children of Chowchilla : A study of psychic trauma. *Psychoanalytic Study of the Child*, 34, 552-623.
▷7 広常秀人 2003 PTSD 横井公一・前田志壽代・豊永公司（編）児童青年精神医学の現在 別冊発達27 ミネルヴァ書房 pp.101-123.
▷8 ZERO TO THREE (National Center for Infants, Toddlers, and Families)（編）本城秀次・奥野光（訳）2000 精神保健と発達障害の診断基準——0歳から3歳まで ミネルヴァ書房
この診断基準では, たとえば子どもの再体験症状の現れとして, ポスト・トラウマティックプレイ（外傷後のプレイ）の特徴や例が記述されている。

1 PTSDとは

心的外傷後ストレス障害（PTSD）とは, 心的外傷体験を契機として発症する精神障害です。アメリカでは主にベトナム戦争の帰還兵の多くが示した戦争神経症を背景に, 1980年のDSM-IIIで初めて公式の診断名とされました。日本では, 災害やサリン事件などで広く知られるようになりました。

DSM-5では, 6歳を超える子どもから成人に適用されるPTSDの診断基準として, 実際にまたは危うく死ぬ, 重症を負う, 性的暴力を受ける出来事に暴露され, その出来事の後に, その出来事に関連した, 侵入症状, 持続的回避, 認知と気分の陰性の変化, 覚醒度と反応性の著しい変化が, 1ヶ月以上続き, 強い苦痛や社会生活上の機能障害をきたしていることが挙げられています。

2 子どものPTSD

子どもが受けるトラウマについては, 精神医学において, 子ども虐待とその影響が19世紀から取り上げられています。ジャネ（Janet, P.）やフロイト（Freud, S.）は, 子ども時代のトラウマがヒステリーなど大人の精神症状に与える影響を唱えましたが, 当時フロイトは, 大人の患者が想起する過去のトラウマは, 実際の経験ではなく, 幼児期の性的欲動が抑圧され歪められた記憶であると考えました。しかし, その後の精神分析では, たとえばボウルビィ（Bowlby, J.）が唱えたマターナル・デプリベーションなど, 実際の悲惨な体験が子どもに与える影響を指摘するものとなりました。さらに, 現代のPTSD研究に重要な貢献をしたのは, 1972年に起きたバッファロークリークのダム崩壊事故の長期的影響についての報告と, 1976年に起きたアメリカのチョウチラにおけるスクールバスジャック事件の被害者についての研究とされています。

一方, 子どものPTSDは大人の場合と比べて, 次のような違いがあります。まず, 子どもの場合, PTSDの3症状（再体験, 回避と麻痺, 覚醒亢進）が大人のようにはっきりとした言葉ではなかなか表現されません。年齢が幼いほど, 漠然とした不安, 退行, 身体症状, 問題行動といった形で現れやすいとされています。DSM-IV-TRでは, トラウマの定義やその後の再体験症状の子どもの場合の現れ方について説明が加えられていますが, より直接的に子どもの身体化・行動化に言及した診断基準も提案されています。DSM-5では, 6歳以

下のPTSDの診断基準が新たに設けられました。トラウマと発達の関係は複雑で，幼い時期のトラウマは心身の発達に大きな影響を与え，そうした心身の状態がトラウマへの反応の現れ方に影響するなど，両者は影響し合いながら発達段階に応じた複雑な反応を作り出します。アメリカ児童思春期精神医学会は，子どもには発達段階に合わせたPTSD診断基準が必要であり，症状を過小評価することのないように子ども自身から直接丁寧に話を聞き，たとえDSMの診断基準を満たさなくても臨床的に考慮すべきPTSD症状があるなら治療を行うべきであると述べています。[9]

3 虐待によるトラウマが情動発達に及ぼす影響

アメリカでの大規模調査の結果，生涯で一度はトラウマ的な出来事を経験する割合は男性で60％，女性で50％と言われています。一方，生涯でPTSDを発症するのは男性で5％，女性で10％とのことです。さらにPTSD発症後，慢性的な症状をもつ障害にいたるのはそのうちの半数であろうとのことです。[10]

その後の研究により，様々なトラウマの中でも虐待というトラウマが子どもの心身の発達や機能に及ぼす影響の重大さが明らかになってきました。[11] 家庭の中で繰り返される虐待は，信頼する人から危害を受けるという理不尽さを伴う関係性トラウマです。依存と恐怖の相反する複雑な感情を経験することにより，世界観や自己像・対象像が混乱し，感情的な能力までも影響を受けます。被害を受ける子ども自身が罪悪感を抱いたり，耐えられない苦痛を切り離す「解離」という対処機制が用いられたりします。実際，虐待と関連の深い無秩序・無方向型愛着が[12]，後の解離性障害と関連することが示されています。[13]

虐待によるトラウマは心理的発達を阻害するだけでなく，生理学的にも持続的な影響を与えることが明らかになってきました。脳は環境依存性であり，安心で心地よい環境では健やかに発達し構造化されやすいのですが，ネグレクトや虐待による過剰覚醒や過少刺激など，情動制御に深刻な問題を経験すると，右脳にあるストレスに対応する神経システムの発達が影響を受けます。たとえば，交感神経が過剰に優勢に働くようになると，衝動統制の悪い情動爆発型の行動系が発達し，多動やパニック障害につながります。副交感神経が過剰に優勢になると，外界刺激を遮断し，心を閉ざし閉じこもるサイレント・ベイビーといった問題につながりやすいと考えられています。また，トラウマを引き起こす養育環境によって前頭葉辺縁領域の組織化が阻害されると，この領域がつかさどる愛着や共感性や情動制御機能が影響を受け，情動制御障害を引き起こすのです。実際，被虐待児には前頭側頭葉の脳波異常が認められています。[14]

発達の早期に，母子の間で適切に情動的コミュニケーションをできるように介入することが，情動制御システムの発達障害やPTSDの世代間伝達を防ぐために必要だと言われています。[15]

（北川 恵）

▶9 小西聖子 2001 トラウマ，PTSD概念と子どもの虐待 臨床心理学，1(6)，731-737．

▶10 Schore, A. N. 2002 Dysregulation of the right brain : A fundamental mechanism of traumatic attachment and the psychopathogenesis of post-traumatic stress disorder. *Australian and New Zealand Journal of Psychiatry*, 36, 9-30.

▶11 Ⅸ-6 も参照。
▶12 Ⅵ-6 参照。
▶13 Carlson, E. A. 1998 A Prospective longitudinal study of attachment disorganization/disorientation. *Child Development*, 69, 1107-1128.

▶14 渡辺久子 2003 児童虐待と心的外傷 臨床心理学，3(6)，819-825．

▶15 Schore 前掲書

IX 発達病理・障害と情動発達

9 子どもの不安・抑うつ障害

1 子どもにおける2種類の問題行動の表れ方

子どもの心理的不適応や問題行動は多様な表れ方をしますが，「内在性次元の問題」と「外在性次元の問題」とに大別できます。前者は，不安や抑うつ，引きこもりなど，不安や苦痛という自己内部の問題そのものを症状とする表れ方で，神経症的傾向とも言えます。後者は，攻撃性と反社会性など，不安や苦痛といった自己内部の問題が知的・観念的な悩みとならずに行動上の問題となる表れ方で，行動化傾向と言えます。ここでは内在性次元の問題について取り上げ，外在性次元の問題については IX-10 で述べます。

2 子どもの情緒障害の特徴と診断図式

多くの健常児は，軽度で一過性の情緒障害を経験すると言われています。たとえば分離不安を示したり，暗がりを怖がったり，イライラと不機嫌であったり，強迫的で儀式的な行動をとったりすることは，子どもにおいてある程度普通のことです。過度な不安が持続し情緒障害と診断される場合でも，子どもの予後は比較的良好で，大人の神経症への持続性は低いと言われています。

○子どもの不安障害

乳児期後半の子どもが人見知りをする8ヶ月不安は，正常な発達過程において，特定の養育者と見知らぬ人物とを区別できるようになったために生じる分離不安と言えます。子どもは危機を感じると養育者との接近を求める愛着行動を示し，養育者との関係で安心感を回復すると，自らの関心にしたがって探索行動を取ることが可能になります。ところが，養育者との関係によって安心感が得られないような不安定な愛着関係においては，処理されない不安が子どもの生活を制限する不安障害となります。ボウルビィ（Bowlby, J.）は子どもが示す過剰な分離不安の背後に，養育者との不安定な愛着関係があると考えました。学校恐怖や広場恐怖も分離不安の表れであり，たとえば，子どもと養育者との間で親子の役割が逆転していたり，養育者が子どもに愛着対象を失う恐れを抱かせたり罪悪感を与えたりする場合，子どもは自由に自分の行動や関係を広げる探索行動ができなくなると考えました。不安の原因としては，こうした親子の関係性要因だけでなく，遺伝的要因，身体的な病気や障害，周囲の大人からの学習などの観点も含めて包括的に理解することが必要です。

▷1 英語ではそれぞれ，internalizing と externalizing であり，日本語では，内在性次元と外在性次元，あるいは，内向的と外向的と訳されたり，英語のままの表記で記載されたりしている。

▷2 たとえば舗道の割れ目を踏まないように歩いたりする行動である。こうした儀式はゲーム感覚であり，背後にある過度な不安を処理するためにその行為に縛られて生活に支障をきたすといった精神症状とは異なる。

▷3 愛着不安定型については，VI-6 参照。

▷4 ボウルビィ，J. 作田勉（監訳）1981 ボウルビィ母子関係入門 星和書店

▷5 遺伝の役割はまだ十分に確立されていないが，慢性チック，トゥレット症候群，強迫性障害などには遺伝的関連を認めた研究もある。

▷6 たとえば死の恐怖を体験させられる喘息発作は子ども自身を不安にするし，親も心配や過保護になるかも知れない。

▷7 大人の恐怖感に子どもは影響を受ける。災害時のパニックなどは極度の恐怖感の伝播と言える。

○子どもの抑うつ

子どもに抑うつが起こるのか，子どもの抑うつと大人の抑うつの違いをどう考えるのかといった問題については専門家の間でも統一した見解が得られていません[8]。心因性の抑うつは小さな子どもにも存在します。スピッツ（Spitz, R. A.）は，密接な人間関係の破綻が生後6ヶ月の低年齢においても抑うつを招くことを示しました。生後6ヶ月を超えた乳児が愛着対象から引き離されると，周囲に関心を示さなくなり，不眠，食欲低下，体重減少などを示すこと，3ヶ月もすると子どもはうつろな目つきで無表情，無反応になっていくことを観察し，このような反応を依存抑うつ（アナクリティック抑うつ）と名づけました。こうした反応は，愛着対象との再会によって徐々に回復します。一方，成人が呈する内因性（心理因でも身体因でもなく，遺伝的素因などが想定される場合）の重篤なうつ病は子どもには起こらないという考えや，自責感や罪悪感を形成する超自我の発達が不十分な子どもに大人と同様のうつ病は起こりにくいという考えが，子どものうつ病に否定的な立場の理由でした。子どもの抑うつが注目されるようになったのは，大人の軽症うつ病の増加，それに伴って子どもにも無気力などの訴えが増加したことや，DSMに代表されるような，原因論ではなく症候学的な臨床記述による操作的診断基準が広まったことによります[9]。子ども特有の特徴としては，双極性障害[10]は思春期以前には稀であること，子どもの抑うつは特定の状況と結びつきやすく一過性のものが多いこと，身体的訴えやイライラ感や行動の抑制として現れやすいことがわかっています。

○診断図式

子どもの情緒障害について，DSM-5では，発達およびライフステージに関連する順序で，精神疾患群ならびに各群での診断項目が配置されています。抑うつ障害群では，「重篤気分調節症」（慢性で激しい持続的な易怒性）が，不安症群では「分離不安症」（家または愛着対象からの分離に関する，過剰な恐怖または不安）が，もっとも幼少期の発達経過と関連すると位置づけられています。一方，ICD-10では，子どもの情緒障害の特徴（質的に異常というより正常な発達傾向が誇張されたものであり，予後が良い）を強調して，子どもの情緒障害を成人と区別して記載しています（表9.9.1）。

（北川　恵）

表9.9.1　DSM-5とICD-10における不安・抑うつ障害に関わる診断分類

<DSM-5>
診断は発達に関連する順に配置されており，小児期に関わる診断として，
抑うつ障害群では，**重篤気分調節症**
不安症群では，**分離不安症，選択性緘黙，限局性恐怖症**

<ICD-10>
小児期に特異的に発症する情緒障害として，
小児期の分離不安障害，小児期の恐怖性不安障害，小児期の社会不安障害，同胞葛藤症，他の小児期の情緒障害，特定不能の小児期の情緒障害
成人の診断項目として，**気分障害，神経症性障害，ストレス関連障害および身体表現性障害**

出所：American Psychiatric Association（編）　髙橋三郎・大野裕（監訳）　2014　DSM-5　精神疾患の診断・統計マニュアル　医学書院
World Health Organization（編）　融道男ほか（監訳）　2005　ICD-10　精神および行動の障害——臨床記述と診断ガイドライン　新訂版　医学書院

▶8　本城秀次　1994　児童期の気分障害　精神科治療学，9, 721-727．

▶9　村田豊久　1996　児童期の感情障害　本城秀次（編）　今日の児童精神科治療　金剛出版　pp.214-224．

▶10　双極性障害
うつ状態だけでなく，異常な興奮や気分の高揚などの躁状態という病相も呈する精神病性（内因性）の感情障害。

参考文献

ラター, M.　久保紘章・門眞一郎（監訳）　1983　子どもの精神医学　ルガール社

バーカー, P.　山中康裕・岸本寛史（監訳）　1999　児童精神医学の基礎　金剛出版

IX 発達病理・障害と情動発達

10 子どもの反社会性・攻撃性障害

▷1 IX-9 参照。
▷2 シャファー, H. R. 無藤隆・佐藤恵理子（訳） 2001 子どもの養育に心理学がいえること 新曜社
▷3 ラター, M. 久保紘章・門眞一郎（監訳） 1983 子どもの精神医学 ルガール社
▷4 行為障害と読字障害の併発の高さについては，共通の要因（どちらにとってもリスクとなるような気質的・環境的特徴など）が両方の問題に影響していると考えられる。
▷5 反社会的な外在性次元の問題が社会的孤立を招き，抑うつという内在性次元の問題に至るという可能性が指摘されている（菅原ますみ・眞榮城和美・酒井厚 2002 子どもの発達と家族関係に関する縦断的研究(1)——子どもの問題行動の発達：internalizing problems に関して 日本教育心理学会発表論文集 p. 588）。ICD-10ではこれらが随伴した場合「抑うつ性行為障害」と診断される（表9.10.1）。このように，内在性次元と外在性次元との混合性障害があることは，発達途上にありかつ様々な要因が絡み合いながら症状が形成される子どもの問題が，明確にかつ容易にカテゴリー化できるものではないことを示している。
▷6 バーカー, P. 山中

1 反社会的な問題行動について

○定義・特徴・分類

外在性次元の問題行動である反社会的行動は様々なかたちをとりますが，定義上，社会の適切な機能にとって破壊的で，他者の幸せを妨げる行為を言います。社会に与える影響が大きいため，問題を適切に理解し，問題発現に関わる要因を明らかにして有効な予防策を講じようと努力がなされてきました。

特徴として次のようなことが明らかになりました。まず，罹患率は男性に多く，とくに非行は性差が顕著です。また，1920年代アメリカでの追跡研究の結果，子ども時代の反社会的な問題は，大人になってからの犯罪，夫婦間の問題，職業・経済上の問題，アルコール依存症，身体健康上の問題，精神疾患と関連しやすいなど，持続性や予後の悪さが示されました。予後については，家庭の中だけで生じるものや一度きりの問題行動は予後が良く，幼い子ども時代から発現し，頻繁に家庭外でも反社会的行動をとる場合は予後が悪いということです。

こうした知見をふまえて，DSM-5では，素行症（行為障害）を，発症年齢に基づいて下位分類しています。また，注意欠陥・多動性障害は，DSM-Ⅳ-TR では行為障害と同一カテゴリーにありましたが，DSM-5では，神経発達症群に区分されました。ICD-10では，多動性障害と行為障害は別カテゴリーにありますが，重複率が高いため多動性行為障害という下位診断があります。他に随伴しやすい障害として，読字の障害，抑うつがあります（表9.10.1）。

○関連する要因

行為障害の発現には，生物学的・心理的・社会的なすべての要因が内包されると考えられています。生物学的要因としては，出生後に起こる脳への物理的損傷がリスクとなるという報告などがありますが，この分野の研究はまだ始まったばかりです。環境的要因として，学校や地域などの家庭外の要因（たとえば行為障害の罹患率は地方より都市で高いなど）のほかに，家庭内の要因があります。非行に特徴的な家族過程の研究から，厳しく気まぐれなしつけ，監督の不行き届き，親から子への愛着の弱さが特徴的であることがわかりました。一方，子ども自身の特徴である気質的要因として，衝動的行動をコントロールしにくいという気質が外向性次元の問題行動と関連することが示されています。子ども自身の扱いにくい気質が，親の養育行動に影響している可能性も考えら

表9.10.1　DSM-5とICD-10における行為障害に関わる診断分類

```
<DSM-5>
神経発達症群
    注意欠如・多動症
秩序破壊的・衝動制御・素行症群
    反抗挑戦症
    間欠爆発症
    素行症（小児期発症型，青年期発症型，特定不能の発症年齢）
    反社会性パーソナリティ障害
    放火症
    窃盗症
    他の特定される秩序破壊的・衝動制御・素行症群
    特定不能の秩序破壊的・衝動制御・素行症群
<ICD-10>
多動性障害
行為障害
    家庭限局性行為障害
    個人行動型行為障害
    集団行動型行為障害
    反抗挑戦性障害
    他の行為障害
    行為障害，特定不能のもの
行為および情緒の混合性障害
    抑うつ性行為障害
    他の行為および情緒の混合性障害
    行為および情緒の混合性障害，特定不能のもの
```

出所：American Psychiatric Association（編）　髙橋三郎・大野裕（監訳）　2014
　　　DSM-5　精神疾患の診断・統計マニュアル　医学書院
　　　World Health Organization（編）　融道男ほか（監訳）　2005　ICD-10
　　　精神および行動の障害　臨床記述と診断ガイドライン　新訂版　医学書院

れます。また，家庭の社会経済的要因は，子どもの問題行動発現に直接影響したり，親の精神的健康や養育行動を媒介して子どもに間接的に影響したりすると言われています[7]。

2　発達的な問題形成メカニズム

菅原ら[8]は，日本の子どもたちにおける外在性次元の問題行動の発達起源や発達プロセスを，胎児期からの縦断的追跡によって研究しています。その結果，生後6ヶ月の乳児においても外在性次元の問題行動の萌芽的形態（衝動コントロールの脆弱さ，情動表出の激しさ，注意の欠陥性）が確認できました。乳児期のこのような特徴は，10歳時の注意欠陥・反抗的で攻撃的な行動傾向と有意な相関があり，問題行動の持続性が示されました。10歳時の外向性次元の問題行動には，母親が子どもに向ける感情や養育態度がもっとも重要な危険因子でした。時系列的関連をたどると，生後6ヶ月での問題行動萌芽形態には，子どもの気質と家庭の経済状況が関連していること，そして，そのような育てにくい子どもとの生活史が深まる中で母親には徐々に子どもへの否定的な感情が芽生え，温かさに欠ける養育行動となり，それが幼児期以降子どもに直接影響するという相互関連が示されました。一方，父親の良好な養育態度や母親の父親に対する信頼感など，父親の役割が防御因子として有効であるということです。　（北川　恵）

康裕・岸本寛史（監訳）1999　児童精神医学の基礎　金剛出版
▷7　菅原ますみ・北村俊則・戸田まり・島悟・佐藤達哉・向井隆代　1999　子どもの問題行動の発達――Externalizing な問題行動に関する生後11年間の縦断研究から　発達心理学研究,10(1),32-45.
▷8　同上書

IX 発達病理・障害と情動発達

11 愛着の病理・障害

1 愛着の質と精神病理との関係

　乳児期に養育者との間で形成する愛着の質は，成長後の精神病理とどのように関連するのでしょうか。

　乳児がストレンジ・シチュエーションで示す愛着パターンのうち，不安定型である回避型やアンビヴァレント型は，それぞれ，応答性の低い養育者との接近を可能にするための「二次的方略（secondary strategy）」と理解できます。つまり，子どもが泣いてしがみつくといった愛着行動を示すほど養育者が拒絶して離れていくとしたら，愛着行動を発信しないことによって養育者との接近を維持しようとするのが回避型であり，これは「最小化方略」と言えます。また，養育者の応答に一貫性がないため，子どもが最大限に愛着行動を発信し続けることによって養育者との接近を維持しようとするのがアンビヴァレント型であり，これは「最大化方略」と言えます。こうした方略はその養育者との関係では必要な防衛なのですが，ストレスや不安を感じたときに他者との関係を有効に利用できないことになりやすく，柔軟に問題解決できないために精神病理のリスクを高めると考えられています。また，被虐待児に多い，愛着の無秩序・無方向型は，養育者と接近して安心感を得るための方略が組織化されていない状態であり，後の解離性障害などへのリスク要因と考えられています。

　ただし，精神病理へのリスク要因は愛着が不安定であること以外にもありますし（たとえば神経生理的要因，環境ストレス要因），逆に，安定した愛着が精神病理に陥るリスクを低める防御要因の一つにもなりますので，これらの関連は広い文脈で理解することが必要です。

2 愛着障害の定義と診断

○愛着不安定型と愛着障害との違い

　ストレンジ・シチュエーションで測定する愛着型は，乳幼児と特定の養育者における愛着行動の個人差や問題を扱っています。愛着不安定型が成長後の精神病理へのリスクとなることは上記の通りですが，それよりも，乳幼児期においてすでに介入が必要なほど極端に逸脱した愛着を示している場合，愛着障害として考える必要があります。

▷1　VI-6 参照。

▷2　VI-6 参照。

▷3　具体的には，心理的苦痛や愛着欲求から注意をそらせる最小化方略が優勢であると，不安や苦痛などが行動上の問題に置き換わって現れやすい「外在性次元の問題（反社会性障害など）」（IX-10 参照）と関連しやすく，また，心理的苦痛や愛着欲求に強い注意が向けられる最大化方略が優勢であると，圧倒的な不安や苦悩そのものを症状とする「内在性次元の問題（不安障害など）」（IX-9 参照）と関連しやすいことが，実証研究である程度確認されている（Dozier, M., Stovall, K. C., & Albus, K. E. 1999 Attachment and psychopathology in adulthood. In J. Cassidy & P. Shaver (Eds.), *Handbook of attachment*. New York : Guilford. pp.469-496.）。

▷4　VI-6 参照。

▷5　IX-6 参照。

▷6　Carlson, E. A. 1998 A prospective longitudinal study of disorganized/disoriented attachment. *Child Development*, **69**, 1107-1128.

○愛着障害とは

そもそもボウルビィ（Bowlby, J.）が特定の対象との情緒的絆（愛着）の重要性を主張したのは，それが得られなかった場合の悪影響を目の当たりにしたからです。施設で暮らす戦災孤児などが，乳幼児期に母親的人物からの愛情に満ちた養育を受ける機会を奪われて育つこと（マターナル・デプリベーション）によって，心身の発達に遅れやつまずきを被ることが明らかにされました。このような問題につながりうる剥奪状況として，(1)乳幼児期に親密な愛着を形成しなかったこと，(2)応答性の歪んだ世話や虐待を受けること，(3)形成された愛着関係を喪失すること，といった3通りのケースをボウルビィは想定しました。

その後，愛着関係の障害や欠如による悪影響が診断学的に認識されるようになったのは，1980年以降，DSM-Ⅲに「反応性愛着障害（reactive attachment disorder）」という記載が登場してからになります。DSM-5において愛着障害は，心的外傷およびストレス因関連障害群に区分され，「反応性アタッチメント（愛着）障害」（養育者に対する抑制され情緒的に引きこもった行動の一貫した様式など。自閉スペクトラム症の診断基準を満たさない）と「脱抑制型対人交流障害」（見慣れない大人に積極的に近づき交流する子どもの行動様式など。発達年齢は9ヶ月以上）の2種類の診断があり，不十分な養育の極端な様式（基本的な情動欲求の充足が持続的に欠落する社会的ネグレクト，主たる養育者の頻回な変更，選択的アタッチメント（愛着）を形成する機会の極端な制限）が原因とみなされることなどが診断基準になっています。ICD-10でも同様に，愛着障害は「反応性」と「脱抑制性」の2種類に分別されています。

○新たな診断基準の提言

ジーナー（Zeanah, C. H.）らは，現在の診断学の不十分さを補う新たな診断基準を提唱しています。たとえば，対人的相互作用のほとんどにわたる障害でなくても，特定の対象との関係のみが著しく不健康な場合や，必ずしも病的な養育を受けていなくても，形成された愛着関係が不健康な場合も愛着障害の病型に加えました。ボウルビィが提唱した3通りの剥奪状況に対応する3病型と下位分類は表9.11.1の通りです。

愛着障害については，診断基準の妥当性を高めることや，乳幼児期の愛着障害がたどる発達のプロセスを検証することなどが今後の研究課題です。

（北川 恵）

表9.11.1 ジーナーらによる愛着障害の分類

(1)愛着未成立障害…精神年齢10ヶ月を超えて認知能力が備わりながらも特定の愛着対象を識別しない。
・情緒的に退却した状態
・人見知りなく慰めを求める状態

(2)安心の基地行動の歪曲…特定の愛着対象を識別しながらも，その対象との関係が不健康である。
・安心の基地を省みずに探索し，危険な行動をとる状態
・探索をせず不安でしがみついている状態
・養育者の不機嫌を恐れるように従順で迎合的な状態
・情緒的な支持や保護などの役割が親子で逆転している状態

(3)混乱性（崩壊性）愛着障害…愛着対象を突然喪失した子どもに適用する。

出所：Zeanah et al., 1993

▶7 愛着の重要性やマターナル・デプリベーションについては，Ⅵを参照。

▶8 e.g. Zeanah, C. H., Mammen, O., & Lieberman, A. 1993 Disorders of attachment. In C. H. Zeanah (Ed.), Handbook of infant mental health. New York: Guilford. pp.322-349.

▶9 Greenberg, M. T. 1999 Attachment and psychopathology in childhood. In J. Cassidy & P. Shaver (Eds.), Handbook of attachment. New York: Guilford. pp.469-496.

IX　発達病理・障害と情動発達

12　心身症とアレキシサイミア（失感情言語化症）

1　ストレスや悩みを子どもはどう表現するか

　ストレスや悩みを感じた子どもは，ストレスを増大させて精神的に表現する心理化・神経症傾向（内在性次元の障害），あるいは，ストレスを行動で表現する行動化傾向（外在性次元の障害）といった方法で表現することはIX-9で述べました。厳密にはこれらの次元は明確に区別できるものではなく，たとえば反社会的問題と抑うつが併発する抑うつ性行為障害（ICD-10）がありますし，子どもの場合は不安を内的な苦痛として語るよりも行動で表現することがよくあります（親にしがみつく，泣き叫ぶ，立ちすくむ，引きこもるなど）。

　ほかには，身体で表現するという身体化傾向があります。子どもは心身未分化なため，ストレスや悩みの身体化はよく起こります。実際には，心理化，行動化，身体化を明確に区別することは難しく，摂食障害や不登校はこれら3つをほぼ同時に呈するものと言えます。たとえば，不登校は，学校に行かないという行動化，腹痛や頭痛といった身体化，不安や抑うつ感などの心理化を併せ持つことがよくあります。

▶1　富田和巳　2003　小児心身医学の臨床　診断と治療社

2　心身症とは

　心身症とは，ストレスや悩みが身体化されたものであり，日本心身医学会では「身体疾患のうち，その発症と経過に心理社会的因子が密接に関与し，器質的ないし機能的障害の認められる病態を呈するもの。ただし，神経症，うつ病などの精神障害に伴う身体症状は除外される」と定義されています。「心身症」という特定の病気が存在するのではなく，ある身体疾患があったとき，その発症や経過に心理社会的要因が大きく影響していると考えられる場合に心身症と呼ばれるのです。

▶2　宮本信也　2005　子どもの不安と心身の問題　久保木富房／不安・抑うつ臨床研究会（編）子どもの不安症――小児の不安障害と心身症の医学　日本評論社　pp.1-14.

　そもそもすべての疾患には身体的（器質的）要因と情緒的（心理的）要因との両方が関与していると言えます。慢性疾患や深刻な疾患は精神や感情に大きな影響を与えますし，心の持ちようが身体疾患の経過に影響します。心配や不安といった心の状態は，睡眠や食欲，あるいは排泄といった身体面に影響を及ぼします。このような心と身体の関連性は心身相関と呼ばれています。あらゆる疾患は心身相関的であるため，病気の要因を身体的・情緒的要因に二分するのではなく，相対的重要度で考えたほうが有効と言えます。たとえば，小児科で

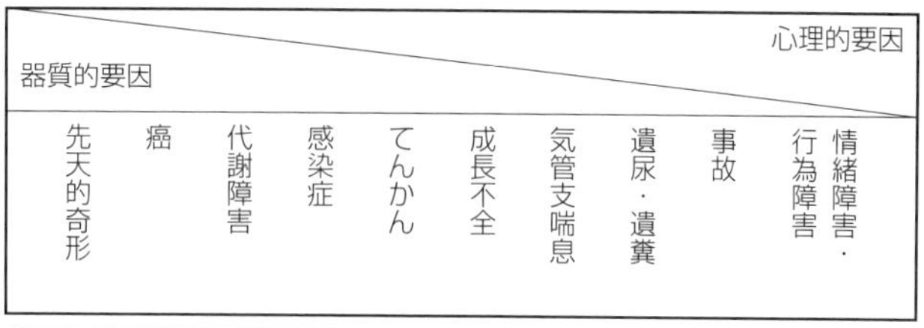

IX-12 心身症とアレキシサイミア（失感情言語化症）

器質的要因　　　　　　　　　　　　　　　　　　　　　　心理的要因
先天的奇形　癌　代謝障害　感染症　てんかん　成長不全　気管支喘息　遺尿・遺糞　事故　行為障害　情緒障害・

図9.12.1　小児疾患の心理的要因と器質的要因の相対的重要度による配列

出所：バーカー／山中・岸本（訳），1999に基づいて筆者が作成

扱う病気を，心理的な要因の重要度が低い順に並べると図9.12.1のような配列を仮定できます。現実には，要因の相対的重要度は，子どもによって，病気の経過によって異なってきます。子どもにおける心身症の発症年齢による分類を表9.12.1に示しますが，これらには心理的要因より器質的要因の重要度を高く考えたほうが良い場合も含まれています。

表9.12.1　子どもにおける心身症と周辺疾患の初発時期による分類

乳児期	嘔吐・下痢など消化器系，発熱，円形脱毛症，愛情遮断症候群や被虐待児における発育障害，アトピー性皮膚炎
幼児期	周期性嘔吐症，吃音，チック，気管支喘息，泌尿器系の疾患，指しゃぶり，性器いじりなどの習癖，登園拒否
学童期	消化器系の様々な症状，不登校（登校拒否）が代表であるが，すべて乳幼児期に芽生えたものである
前思春期	起立性調節障害，摂食障害
思春期	過敏性腸症候群（これまでの消化器症状の固定化），過喚起症候群

出所：富田，2003

3　アレキシサイミアとは

　心身症においては，身体症状を訴えるものの，精神的な苦痛に無自覚であったり，言葉で表現できなかったりすることが典型的です。精神的苦痛が適切に自覚・表現されないために，周りも気づきにくく，本人は過剰適応を示し，鬱積した精神的苦痛が身体臓器を通して表現されると考えられます。こうした特徴はアレキシサイミア（失感情言語化症）と呼ばれています。言語化する能力が未熟な子どもは発達段階としてアレキシサイミアの特徴をもつと言えます。そのため子どもには身体化表現が多いのですが，心身症に至る子どもは，身体感覚に基づく情動体験（たとえば，空腹を感じて泣くと養育者の適切な対応により満腹快感を体験する）が希薄であり，身体を土台としてその上に感覚，情動，知がバランスよく育まれていないのではないかという考えがあります。心身症の治療には，心身両面への治療が必要ですが，身体感覚を味わうことで感覚と情動の結びつきを確認し，心身状態の健全な発達を回復していくことの必要性や，描画などの非言語的手段によって感情を表現し，自分や周囲がそれに気づいていくことの有効性が言われています。

（北川　恵）

▶3　バーカー，P.　山中康裕・岸本寛史（監訳）1999　児童精神医学の基礎　金剛出版
▶4　富田　前掲書
▶5　富田　前掲書
▶6　富田　前掲書
▶7　村山隆志　1995　小児科の特殊性からみた心身症治療の考え方　心身医学, 35(1), 42-46.

コラム 9

「キレる」心のメカニズム

1 キレるという現象

「最近の子どもはキレやすい」や，ちょっとしたことですぐ「キレる」という表現は，日常的によく使用されています。この言葉が使われ始めたのは，1980年代末から90年代初めごろのことです。そのため，キレるという言葉が意味すること，つまりキレるという現象の定義は，あまり明確ではありません。東京都の報告では，「何かのきっかけで頭の中が真っ白になり，前後の出来事を覚えていない通常ではありえない行動に移ってしまう状態」と定義されています。

キレるという現象を整理してみると，①何らかのひきがねがあって，②衝動性が抑えきれなくなり，③攻撃的行動をおこすという3段階が含まれていると言えます。これをフォーペル（Faupel, A.）らは，ダイナマイトにたとえてわかりやすく説明しています（図C9.1参照）。「マッチ」はひきがねとなる状況や要因で，導火線に火をつけます。「導火線」は心の反応で，思考や感情のことです。この段階で火を消すことができれば（衝動を抑えられれば），攻撃的行動をおこさずにすみます。「ダイナマイト」は体の反応で，それによって怒りが表現されるのです。

2 キレのメカニズム

キレるという現象が生じるメカニズムについては，いろいろな状況や要因が混ざり合っているため，個別の原因を見つけることはとても難しいことです。ここでは，とくに人の認知情報処理過程に焦点を当て，怒りをどう認知し，どのように処理するかというプロセスに見られる個人差から，キレのメカニズムについて考えてみましょう。

社会的情報処理理論を提唱したダッジ（Dodge, K. A.）は，社会における様々な刺激をどのように解釈するかが，攻撃行動に強く影響すると述べています。人は刺激に対して，個人特有の思考パターンやもともともっている偏見や先入観などの様々な認知機能を通して，それを整理するためのコード化を行います。様々な場面で刺激のコード化とそれに対する反応を繰り返すことで，認知―行動上の法則として取り入れられ，その後の行動選択の際に活用されやすくなります。

キレる青少年の一部には，養育上の問題や気質など何らかの理由によって，相手からの敵意の意図を過剰に認知する傾向が強い可能性があります。そして過剰に認知された相手の敵意に対して，敵意で応じるという反応パターンが選択され

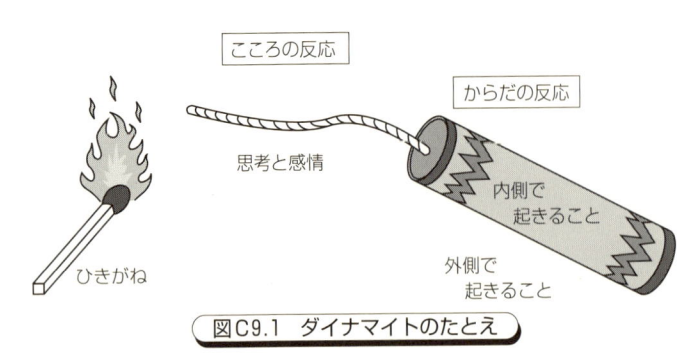

図C9.1 ダイナマイトのたとえ

出所：フォーペルほか，2003

やすくなり，明確な攻撃行動として表されてしまうのです。様々な場面で，いつも攻撃的行動を選んでしまうような子どもは，このような認知—行動パターンが形成されてしまっていると考えられます。

その他の要因としては，行為障害やADHDと攻撃的行動の関連性から，キレという現象と生理的な要因との関連性も考えられるでしょう。ただし，ADHDと攻撃行動に直接的な関連が見られるというよりも，多動や学業不振に対する周囲からの叱責や非難を浴びた結果，適切で良好な人間関係の構築が阻まれ，自己効力感が低下し，無力感が形成され，結局は周囲に対して怒りを向けるようになるという二次的な影響が強く考えられます。

3　キレへの対処法

先ほどの「ダイナマイトのたとえ」をもとにすると，キレへの対処法は，以下の3点にまとめられます。第一にひきがね（人，状況，時間，言葉など）を遠ざけること，第二に自分たちの考え方や捉え方を変えることでひきがねの影響を少なくすること，第三に爆発してしまう前に導火線を長くしたり，導火線の火を消したりすることです。もし何らかのきっかけでキレそうになってしまったときに，その怒りを抑制し，気持ちを落ち着かせるための対処法，すなわち導火線の火を消す具体的な方法を表C9.1に挙げます。

ただし子どもの怒りに対して，快適な代替策でなだめることは，子どもの受け入れがたい行動を強化してしまう可能性があります。重要なのは，子ども自身が爆発のひきがねを理解し，脅かされたり戸惑ったりしたときに異なった選択肢を選べるようになることです。そして，ひきがねとなるきっかけを十分に理解した上で，ソーシャル・スキル・トレーニングを行うことが

表C9.1　導火線の火を消す方法

①気をまぎらわすもの（お気に入りのおもちゃで遊ぶことで，こだわっていたことから注意をそらす）
②居場所を変えること（その場から子どもを移動させる，大事な用事を頼む，頭を冷やす時間を与える）
③違うことをすること（学習内容を変える）
④身体的な接近（視線を合わす，最低限の身体接触をする，ただしこの方策は脅威や不安を増すことがあるので，よく知らない子どもへの対応においては避けるべき）
⑤ユーモアを使うこと（笑いは効果的な怒りの解毒剤，ただし自分が軽んじられたと誤解してしまうこともあるので慎重に用いるべき）
⑥傾聴（子どもの言い分をしっかり聞くこと，自分の意見が尊重されていると感じることが重要）
⑦リラクセーション（深呼吸，筋肉の緊張—弛緩運動などは怒りの初期の兆候が生じたときに行うのが有効，サッカーボールを蹴るような運動や音楽を演奏したり聞いたりすることもよい）

出所：フォーペルほか，2003

有効でしょう。

（佐久間路子）

▶1　東京都（編）1999　キレる——親，教師，研究者，そして子どもたちの報告　ブレーン出版
▶2　フォーペル，A.・ヘリック，E.・シャープ，P. 戸田有一（訳）2003　子どもをキレさせないおとなが逆ギレしない対処法——「キレ」の予防と危機介入の実践ガイド　北大路書房
▶3　河野荘子　2002　「キレ」のメカニズム　宮下一博・大野久　2002　キレる青少年の心——発達臨床心理学的考察　北大路書房　pp. 42-58.
▶4　Dodge, K. A. 1991 The structure and function of reactive and proactive aggression. In D. J. Peple & K. H. Rubin (Eds.) The development and treatment of childhood aggression. Hillsdale, NJ : Lawrence Erlbaum Associates. pp. 201-218.
▶5　フォーペルほか　前掲書
▶6　ソーシャル・スキル・トレーニング（SST）
怒りに関するソーシャル・スキル・トレーニングの例としては，適切な視線の合わせかたなど非言語的なスキルの上手な使用や，意見，感情，アイディアを適切に表現することなどがある。

人名索引

あ行

アイゼンバーグ（Eisenberg [-Berg], N.） 118, 120
アリストテレス（Aristotle） 4
アルバート坊や 31
イザード（Izard, C.E.） 33, 41
ウィニコット（Winnicott, D.W.） 84, 85
ウェンツェル（Wentzel, K.R.） 99
ウォルターズ（Walters, P.A.） 100
ウッドワース（Woodworth, R.S.） 21
エイデン（Eiden, R.D.） 167
エインズワース（Ainsworth, M.D.S.） 138, 140
エヴァンズ（Evans, D.） 17
エクマン（Ekman, P.） 10, 11, 21, 33, 34, 36
エッカーマン（Eckerman, C.O.） 200
エムディ（Emde, R.N.） 118, 158, 159
オートリー（Oatley, K.） 68
オーマン（Öhman, A.） 36
オスター（Oster, H.） 197

か行

ガードナー（Gardner, H.） 70
カント（Kant, E.） 4
北山忍（Kitayama, S.） 33
キャノン（Cannon, W.） 22
キャンポス（Campos, J.J.） 43, 53
グスタフソン（Gustafson, G.E.） 53
クレッチマー（Kretschmer, E.） 180
ケーガン（Kagan, J.） 44, 175
ゲージ（Gage, P.） 8, 9
コイ（Coy, K.） 197
ゴールマン（Goleman, D.） 70, 76
コップ（Kopp, C.B.） 98

さ行

ザメロフ（Sameroff, A.J.） 177
サロヴェイ（Salovey, P.） 70
ジーナー（Zeanah, C.H.） 209
ジェームズ（James, W.） 22
シャクター（Schachter, S.） 23
ジャネ（Janet, P.） 202
シャファー（Schaffer, H.R.） 166
ジョンストン（Johnston, V.S.） 7
シンガー（Singer, J.） 23
スキナー（Skinner, B.） 5
スタンバーグ（Sternberg, R.J.） 70
スティペック（Stipek, D.J.） 46, 47, 96, 98
ステイントン（Stainton, M.C.） 148
スピッツ（Spitz, R.A.） 205
スペルツ（Speltz, M.L.） 197
スミス（Smith, A.） 4
スルーフ（Sroufe, A.） 40
セリエ（Selye, H.） 90
セリグマン（Seligman, M.E.P.） 101
セルマン（Selman, R.L.） 116
ソース（Sorce, J.F.） 158
ソーンダイク（Thorndike, E.L.） 70
ソロモン（Solomon, J.） 139

た行

ダーウィン（Darwin, C.R.） 5, 10, 32, 40, 41
ダッジ（Dodge, K.A.） 212
ダマシオ（Damasio, A.R.） 8, 9, 30
ダン（Dunn, J.） 59, 86
チェス（Chess, S.） 172-174, 176, 178
チャロキー（Ciarrochi, J.） 74
チャンドラー（Chandler, M.J.） 177
デイヴィス（Davis, M.H.） 113
テーレン（Thelen, E.） 54
デシ（Deci, E.L.） 93
土居健郎 35, 62, 65

ドゥエック（Dweck, C.S.） 101
ド・シャーム（deCharms, R.） 93
戸田正直 32, 68
トマス（Thomas, A.） 172-174, 176, 178, 179
トレヴァーセン（Trevarthen, C.） 152

な行

ナイサー（Neisser, U.） 48
ネルソン（Nelson, L.G.） 149

は行

ハーター（Harter, S.） 110, 111
バード（Bard, P.） 23
ハーロウ（Harlow, H.F.） 131
バス（Buss, A.H.） 175
バターワース（Butterworth, G.E.） 153
バトソン（Batson, C.D.） 112
ハリス（Harris, P.L.） 102
ハンセン（Hansen, C.H.） 36
ハンセン（Hansen, R.D.） 36
バンデューラ（Bandura, A.） 95
ビショフ-ケーラー（Bischof-Köhler, D.） 45
ビリンゲン（Biringen, Z.） 159
フィールド（Field, T.） 164, 165, 196
フェスティンガー（Festinger, L.） 64
フォーペル（Faupel, A.） 212
フォルクマン（Folkman, S.） 90
プラトン（Plato） 4
ブリッジズ（Bridges, K.M.B.） 40
ブレザートン（Bretherton, L.） 87
フレドリクソン（Fredrickson, B.L.） 15
フロイト（Freud, S.） 202
プロミン（Plomin, R.） 175
ベガ・ラー（Vega-Lahr, N.） 196
ボウルビィ（Bowlby, J.） 128-130, 132, 133, 136, 140, 142, 144, 145, 162, 202, 204, 209

人名索引

ま行

- ホブソン（Hobson, R.P.） 186
- ホフマン（Hoffman, M.L.） 114, 118
- ホワイト（White, R.W.） 92
- マーカス（Markus, H.） 33
- マーラー（Mahler, M.S.） 158
- マインズ（Meins, E.） 157
- マツモト（Matsumoto, D.） 34
- マラテスタ（Malatesta, C.Z.） 41
- マンドラー（Mandler, G.） 41
- メイヤー（Mayer, P.） 70-72
- メイン（Main, M.） 139

や・ら行

- モーリス（Maurice, E.） 76
- ユング（Jung, C.G.） 180
- ライアン（Ryan, R.M.） 93
- ラザラス（Lazarus, R.S.） 28, 90
- ラジャー（Rutgers, A.H.） 192
- ラター（Rutter, M.） 133
- ラッセル（Russell, J.） 34, 35
- ランゲ（Lange, C.） 22
- ルイス（Lewis, M.） 41, 42, 44-47
- ルドゥー（LeDoux, J.） 27
- レヴェンソン（Levenson, R.） 19
- レッパー（Lepper, M.R.） 92
- レッパネン（Leppänen, J.M.） 36
- ローレンツ（Lorenz, K.） 130
- ロスバート（Rothbart, M.K.） 175
- ロッター（Rotter, J.B.） 95
- ロビンソン（Robinson, J.L.） 159
- ロビンソン（Robinson, M.D.） 69

わ行

- ワイナー（Weiner, B.） 93
- ワトソン（Watson, J.B.） 31, 40, 41

事項索引

あ行

アージ理論　32
アイオア・ギャンブル課題　9
愛情（あたたかさ）　129
愛情欠損的性格（Affectionless）　132
愛着（アタッチメント）　58, 117, 127-129, 131, 133, 136-145, 167, 183, 184, 192-195, 197, 203, 204, 208, 209
　——軽視型　145
　——行動　184, 208
　——障害　208
　——性—分離性　181
　——の個人差　138, 141
　——の生涯発達　144
　——の発達プロセス　136, 137
　——の連続性　143
　——理論　133, 140, 144, 193
足場かけ（scaffolding）　157
アスペルガー症候群（障害）　186, 193, 195
遊び　58
扱いが難しい（扱いにくい）子ども（difficult child）　174, 178, 179
扱いが楽な（扱いやすい）子ども（easy child）　174, 178
扱いにくい（difficult）気質　141
扱いやすい（easy）気質　141
アドレナリン　23
アパシー・シンドローム　100
甘え　62, 63, 129
アメリカ児童思春期精神医学会　203
アメリカ精神医学会　186
アルコール依存症　166, 167, 206
アレキシサイミア（失感情言語化症）　211
安心感（felt security）　129, 142, 144, 145, 184, 204
安心の基地（secure base）　129, 131, 144
安全な避難所（safe haven）　129, 144, 145

アンダーマイニング現象　92, 93
安定型（Bタイプ）　139, 140, 143, 145, 193
アンビヴァレント型（Cタイプ）　139, 140, 143, 145, 208
いい気味　78
怒り（anger）　36, 37, 39, 42, 43, 49, 53, 57, 182, 183
怒り顔に対する敏感性　36
育児不安　160, 161
移行対象　84, 85
いざこざ　109
意思決定　8, 30, 31
いじめ　65, 127
いじわるな心の理論（theory of "nasty" mind）　126
依存　129
　——抑うつ（アナクリティック抑うつ）　205
一次的情動（primary emotions）　41, 42
一次的評価　28
遺伝　140, 175
　——子　23
意味次元説　21
イメージ　83
いやいや（negativism）　60, 61
イライラ感　205
入り混じった情動（mixed emotions）　110
　——の理解　110, 111
因子分析　180
インターネット　170
インプリンティング　130, 131
ウェル・ビーイング　29
氏か育ちか　140, 141
氏も育ちも　141
うつ病　164, 189, 191, 205, 210
エア・クリブ（air crib）　5
笑顔　37
エフォートフルコントロール（effortful control）　175
絵本アプリ　171
エモーショナルアヴェイラビリティ（emotional availability：EA）　158, 159
応急措置的デフォルト処理機能　6
応答性　164
応用行動分析（ABA）　190
恐れ（fear）　24, 25, 36, 37, 39, 43, 56, 57, 89, 183
　——モジュール　36
驚き（surprise）　43
思いやり　119, 120
親子の葛藤経験　61
オリジン（指し手）　93
音声　104-106

か行

快　18
外見上の自己中心的共感的苦痛（quasi-egocentric empathic distress）　115
外向性　182
　——（Extraversion）—内向性　181
　——次元の問題　204
　——次元の問題行動　206, 207
外在的な問題行動　173, 178
外的統制　95
概念的自己（conceptual self）　48, 49
外発的動機づけ　92, 93
外発的微笑　50
回避型（Aタイプ）　139, 140, 143, 145, 183, 193, 208
回避と麻痺　202
快—不快（次元）　21, 34, 104
海馬　31
解離　199, 203
　——性障害　199, 203, 208
カウンセリング　191
顔　25
カオス理論　54
学習　39
　——障害　193
　——性無力感　101, 164
　——促進機能　7

事項索引

――動機 93
――目標 101
覚醒亢進 202
覚醒状態 199
覚醒―睡眠次元 21
覚醒―眠り 104
拡張・構築機能 15, 69
可視的変形（visible difference） 196, 197
家族機能 167
――不全 166
家族システム 166, 167
勝ち負けの理解 97
学校 76
――恐怖 204
活動水準 174
活動性 175
カテゴリ知覚説 21
悲しみ（sadness） 42
（神の）見えざる手 5
カンガルーケア 201
環境 140
感謝 12, 13
かんしゃく 83
感情価（affective valence） 3
感情人（Home Emoticus） 13
記憶力 82, 83
幾何学的共同注意 153
危険因子 165
気質（temperament） 85, 88, 117, 141, 172-179, 207, 212
基底核 190
気の散りやすさ 174
気分（mood） 3, 23
――の質 174
義憤 13
基本情動 21, 26, 32, 33, 56
――理論 11, 21, 32, 34, 40, 41, 56
基本表情 21
虐待 160, 162, 166, 198, 199, 203
キャノン・バード説（中枢説） 22, 23
急激退行 189
教育 76, 77
協応力動 55
強化 95
共感（性）（empathy） 44-46, 66, 86, 112-120, 124-126, 151,

203
――性の測定法 113
――性の発達段階 114
――的苦痛 78, 79
――的配慮（empathic concern） 112, 113
――的喜び 78, 79
――の過剰喚起（empathic overarousal） 112, 113
きょうだい 65
――への妬みと嫉妬 64
協調性（Agreeableness）―敵対性 181
共同注意（joint attention） 152-154, 193
恐怖条件づけ 31
恐怖反応 31
興味（interest） 41
共鳴動作（co-action） 150, 151
キレのメカニズム 212
キレる 212
空間表象的共同注意 153
苦痛（distress） 41
――を感じている集団の共感性（empathy for distressed groups） 115
クルーバー・ビュシー（Klüver-Bucy）症候群 24
経験への開放性（Openness-to-Experience） 181
――・遊戯性 182
経済人（Home Economicus） 12, 13
結果期待 95
原因帰属 94
嫌悪（disgust） 42
けんか 109
言語能力 193
言語発達 48, 153
原始歩行 54
コア・アフェクト 34
語彙の獲得 153
5因子論（ビッグファイブ） 180-182
行為傾向（action tendency） 2
行為障害 126, 206, 213
口蓋裂 196, 197
交感神経 203
高機能自閉症 187, 193

攻撃性 204
攻撃（的）行動 199, 212, 213
向社会的行動（prosocial behavior） 112, 113, 117, 120, 126
向社会的道徳判断 118, 119
恒常性（ホメオスタシス） 6, 14, 19
口唇裂 196, 197
公正感 13
構成主義の理論 40
高潮性（surgency） 175
行動経済学 5
行動主義 5, 40
後頭葉 27
行動抑制傾向 175
後脳 26
広汎性発達障害 186
興奮 23
合理性 16, 17, 68
効力期待 95
コーピング（coping：対処） 90, 91
極低出生体重児 200, 201
互恵性 13, 15
心の理論（theory of mind） 124-127, 153, 155, 157, 195
個人的苦痛（personal distress） 112, 113
誤信念 124-127
ごっこ遊び 59
個別感情 33
コミュニケーション 38, 122, 146, 148-150, 152, 156, 161, 189
――機能 10, 20
混合モデル（mixed model） 71, 74
コンピテンス（有能さ） 92
混乱仮説 74

さ行

罪悪感（guilt） 12, 13, 46, 47, 66, 118
再会場面 138
最後通牒ゲーム 12
最小化方略 208
最大化方略 208
再体験 202
再被害化 198

事項索引

サイレント・ベイビー 203
サリーとアンの課題 124
三項関係 154, 155, 157
　　──コミュニケーション 152
　　──情動 78
産後うつ病 164, 165
ジェームズ・ランゲ説（末梢説） 22
ジェスチャー 146
自我 83, 87, 91
視覚的断崖（visual cliff） 43, 56
時間がかかる子ども（slow-to-warm-up child） 174, 178
しぐさ 106
次元 21
自己 48
　　──意識 41, 44, 45, 48, 49, 60, 89
　　──意識的情動 66
　　──犠牲 13
　　──決定（自律性）への欲求 93
　　──原因性 93
　　──効力感（self-efficacy） 95, 183, 191, 213
　　──主張 60
　　──制御 173, 175
　　──組織化 55
　　──中心的共感的苦痛（egocentric empathic distress） 115
　　──の発達 48
　　──破壊 198
　　──評価 44, 46, 47, 96-99
　　──報告式の質問紙 74
自殺 198
視床下部 88
視線 11, 151, 154, 155
自尊心 74
しつけ 117, 164
嫉妬（jealousy） 13, 64, 65
視点取得（social perspective taking） 113, 114, 116
シナプス 23
自発性 100, 101
自発的微笑 50, 56
自分を確実に守ってくれるという信頼感（confidence in protection） 129
自閉症スペクトラム障害（自閉スペクトラム症）（Autism Spectrum Disorders：ASD） 186, 187, 189, 192-195
シャーデンフロイデ（shadenfreude） 78, 79
社会化 66, 67
社会規範 118
社会性の特異性 194
社会の共振性 135
社会的経験規則 34
社会的参照（social referencing） 11, 12, 82, 105, 154, 155, 159
社会的承認 97
社会的情報処理理論 212
社会的知能 70
社会的注視 134
社会的適応 74
社会的発信 134
社会的比較 64, 65, 79
社会的微笑 50, 51, 56
社会的表示規則 34
社交性 175
周期性 174-176
充足（contentment） 41
縦断研究 173, 175, 178
「集団の中の顔」パラダイム（Face in the crowd paradigm） 36
主観的情感 7, 18, 19, 21-23
主張 61
出産 201
受容体（レセプター） 23
狩猟採集 13
　　──民 6
順応性 174
情感（feeling） 2, 6, 35
状況手がかり 106
状況を越えた共感的苦痛（empathic distress beyond the situation） 115
条件づけ 31, 114
上側頭溝 24-26
象徴能力 89
情緒不安定性（Neuroticism） 181
情動 2
　　──観 4, 68
　　──性 175, 182
　　──性─非情動性 181
　　──制御 55, 80, 82, 84, 85, 129, 173, 191, 196, 203
　　──制御不全 199
　　──中心のコーピング 90, 91
　　──調整 80-84, 87, 88, 151, 159
　　──調律（affect attunement） 151
　　──的コミュニケーション 48, 49, 59
　　──的障害（emotional disorder） 3
　　──的態度（emotional attitude） 3
　　──的知性（emotional intelligence） 70-72, 74, 76, 77
　　──的知性テスト（MSCEIT） 72, 73
　　──的知性の教育 77
　　──的特性（emotional trait） 3
　　──伝染（emotional contagion） 150, 151
　　──と認知 28
　　──に関する言葉 86, 87
　　──二要因説 23
　　──による思考の推進 72
　　──の管理 73
　　──の系統発生的起源 26
　　──の合理性・非合理性 16
　　──の個人「間」機能 10
　　──の個人「内」機能 6
　　──の社会的構成主義 34
　　──の主観性 108
　　──の知覚 72
　　──の利用可能性 158
　　──発達 38, 52, 53, 55
　　──発達における性差 66
　　──発達モデル 40, 41
　　──表出 52, 53, 66, 67, 122, 123, 155, 183, 187-190, 200, 201
　　──抑制 67
　　──理解 73, 86, 108, 109, 124, 125
　　──を知覚・認知する側におけるバイアス 183
　　──を発動する側におけるバイ

アス　182
衝動性　190, 191, 212
衝動統制　98
情報探索行動　155
情報通信技術（Information and Communication Technology：ICT）　169
職業満足度　163
叙述の指さし　187
自律型　145
自律神経系　69
進化　26, 32
　　──心理学　13, 36
　　──的適応環境（EEA）　32
　　──論　32
新奇な人やものに対する恐れ　173
神経症　204, 210
　　──傾向　69, 182
神経生理的システム　88, 89
神経伝達物質　22, 23
神経・文化モデル　34
心疾患　188
真実の共感性（veridical empathy）　115
心身症　210, 211
新生児　48, 49, 54
身体運動発達　52, 53
身体化　210
身体状態　21, 22
身体的訴え　205
身体的虐待　160
心的外傷後ストレス障害（Post Traumatic Stress Disorder：PTSD）　31, 202
心的外傷体験　202
心的モジュール　32
侵入的想起　198
心拍数　43, 57
信頼感　15
心理劇　187
心理的安全基地　192
心理療法　191
遂行目標　101
随伴性　95, 101
睡眠　176
救える命　201
スチューデントアパシー　100
ストア哲学　4

ストレス　28, 29, 31, 90, 91, 210
ストレッサー　90
ストレンジ・シチュエーション（法）（新奇場面法）（Strange Situation Procedure：SSP）　138, 139, 141, 145, 192, 208
スマートフォン　169, 171
成人愛着面接（Adult Attachment Interview：AAI）　145
精神疾患　164-166, 206
精神病理　208
精神分析　202
精神盲　24
生態学的共同注意　153
生態学的自己（ecological self）　48
性役割観　67
性役割ステレオタイプ　66, 67
生理的覚醒度　34
生理的微笑　42
生理的変化　19, 22, 33
世界保健機構（WHO）　132, 200
脊椎動物　26
世代間伝達　144, 145, 203
接近性　174
摂食障害　210
セルフ・ハンディキャッピング　99
セロトニン　23
先行事象　16
染色体　188, 189
戦争神経症　202
全体的共感的苦痛（global empathic distress）　115
前頭前野　190
前頭葉　8, 9, 27, 88, 203
前脳　26
羨望（envy）　44-46
添い寝　85
躁　3
双極性障害　205
相互依存的社会志向性　28
相互協調的自己の文化　34
相互主観性（intersubjectivity）　152
相互同期性（interactional synchrony）　150
相互独立的自己の文化　34
相互独立的社会志向性　28

早産児（preterm infant）　50, 200, 201
相乗的相互作用モデル（transactional model）　177
想像　102
ソーシャル・スキル・トレーニング（SST）　187, 191, 213
側頭葉　27
育てる命　201
ソマティック・マーカー仮説　9, 30

た行

第一次相互主観性（primary intersubjectivity）　152
（第一次）反抗期　60
退却神経症　100
退行　202
胎児　148, 149
対処　28, 29
対人的自己（interpersonal self）　48, 49
胎動　148, 149
体内リズムの不規則さ　179
ダイナミック・システム・セオリー（DST）　54, 55
第二次相互主観性（secondary intersubjectivity）　152
大脳新皮質　24, 26, 27
大脳皮質　54
大脳辺縁系　26, 27, 31, 89
代理的情動反応　112
ダウン症　188, 189
他者情動の理解　106
他者をなぐさめる行動　108
多重知能理論　70
達成動機　96
脱抑制型対人交流障害　209
多動性　190, 191
タヒチ人　34
タブレットPC　169-171
探索　55, 58, 59, 131, 139, 204
チェオン（Chewong）族　34
知性（Intellect）　181
知的障害　195
知的遅滞　193
知能　70
　　──指数（Intelligence Quotient：IQ）　8, 71, 76, 186
　　──の鼎立理論　70

219

事項索引

チャウシェスク政権 133
注意欠陥 164, 178, 207
注意欠陥・多動性障害（注意欠如・多動症）(Attention-Deficit/Hyperactive Disorders) 190, 191, 206, 207, 213
注意の集中性 173
注意の範囲と持続性 174
中枢神経機能 190
中脳 26
長期的な利害バランス調整機能 13
聴衆効果 (audience effect) 20
超低出生体重児 200
直接的連合 114
直感的育児 (intuitive parenting) 135
低出生体重児 (low birth weight infant) 200, 201
敵意 212
適応的堅実性仮説 17
適合のよさ (goodness of fit) 176, 177
敵対性・分離性（協調性の欠落） 182
デジタル絵本 171
デジタル教科書 169
デジタル教材 169, 170
デジタルメディア 169, 170
デフォルト処理機構 9, 32
てれ (embarrassment) 44, 46
テレビ 168
　——ゲーム 168
電子黒板 169
電子メディア 171
動機づけ 6, 18, 30, 65, 92, 94, 96, 98, 99
道具的安全基地 192
統合失調症 164
動作法 187
動作模倣 114
同情 (sympathy) 66, 112
統制性 (Conscientiousness)（誠実性, 勤勉性）—自然性 181
統制の位置 (locus of control) 94, 95
頭頂葉 27
『道徳感情論』 4
道徳性 118, 119

な行

盗癖 132
読字障害 206
特性論 180
トラウマ 202, 203
とらわれ型 145

内在性次元の問題 204
内在的な問題行動 173
内的作業モデル (internal working model) 142, 143, 145
内的統制 95
内発的動機づけ 92, 93
泣き 184
　——の発達 184
二項関係コミュニケーション 152
二次的情動 41, 44, 46, 49
二次的動因説 130, 131
二次的評価 29
21トリソミー 188
日本心身医学会 210
乳児 38
ニューヨーク縦断研究 174, 176
妊娠 149
　——期 148, 149
　——期の喫煙 149
認知的能力 88, 89
（認知的）評価 (appraisal) 2, 28, 36, 41, 90, 91, 155
認知的評価理論 28
ネガティヴ情動 18, 19, 24
ネグレクト（養育怠慢・放棄） 127, 160, 199, 203
妬み (envy) 64, 65, 78, 79
熱情 4
脳 24
　——損傷 8
　——波 25
能力モデル 71, 75

は行

パーソナリティ 178-180, 182
　——特性 71
ハイハイ 43, 51-53, 185
剥奪 209
恥 (shame) 46, 47, 118
8ヶ月不安 204
発声 151
発達精神病理学 (developmental psychopathology) 164

反抗 61
　——的で攻撃的な行動傾向 207
犯罪 198
反社会性 204
反社会的行動 132, 206
反社会的問題 210
反応性アタッチメント（愛着）障害 209
反応の強さ 174
引きこもり 165, 189, 204
被虐待児 198, 199, 203, 208
ピクチャー・ストーリー法 113
非行 165, 198
非合理性 16, 17
微笑 50, 51, 53, 183
悲嘆 13
否定的情動性 (negative emotionality) 175
ビデオ 168
人見知り 57, 204
否認 198, 199
表出 20, 21
　——的手がかり 106
表情 2, 10, 11, 20, 21, 24, 35, 37, 48, 49, 66, 104-106, 114, 119, 151
　——認識 33, 36
　——の区別 104
　——模倣 151
　——理解 186, 188
表象機能 60
表象の近接 137, 144, 195
表象能力 82
広場恐怖 204
敏感性 (sensitivity) 141, 174, 193, 194
不安 23, 204, 210
　——障害 204
不安定型 143, 208
フィードバック効果 39
夫婦関係 160, 165, 167
夫婦の不和 166
4枝（フォーブランチ）モデル (four branches model) 72
フォレ (Fore) 族 10, 11
不快 18
副交感神経 88, 203
不公平感 13

事項索引

不注意　190, 191
復旧・回復機能　14
物理的近接　137, 144, 195
不登校　100, 195, 210
フラストレーション　42
　　──耐性　173, 179
フラッシュバック　31
プランニング　8, 9, 30
プレイセラピー　187
プロテクト・ファクター　131
分離場面　138
分離不安　164, 204
ベトナム戦争　202
ベビーサイン（baby sign）　146
扁桃体　24, 26, 27
防御因子（要因）　165, 179, 208
暴力番組の視聴　168
ボーン（コマ）　93
歩行　43, 51
誇り（pride）　46, 47
母子コミュニケーション　148
ポジティヴ情動　14, 15, 19
　　──の機能　14
ポジティヴ心理学　14
母子同室／別室制　162
ホスピタリズム（hospitalism）
　　132, 133
母性　162
　　──愛　162, 163
　　「──愛」信奉傾向　162, 163
母乳　162
哺乳行動　150
ホルモン　22, 69

ま行
マインド・マインデッドネス
　　（mind-mindedness）　156,
　　157
マキャベリアニズム　126, 127
マキャベリ的知性　126

魔術的万能感　84
マターナル・デプリベーション
　　（maternal deprivation）
　　132, 133, 202, 209
マタニティブルー　164
マッサージ療法　201
マルチメディア　168
　　──絵本　171
満期出産児　200
満足の遅延　98
未解決型　145
未熟児（premature infant）　200
見知らぬ人・場所への恐れの強さ
　　179
魅力　196, 197
無気力　100, 101
無条件刺激　31
難しい子　175
無秩序・無方向型（Dタイプ）
　　138-140, 145, 208
　　──愛着　203
無力感　94, 100, 164, 165, 199,
　　213
メタ分析　74, 124
メディア　169
　　──接触　168
　　──・リテラシー　169
目標理論　101
モデリング　117
モノトロピー（monotoropy）
　　133
模倣　48, 104, 135, 151
問題行動　164-166, 176, 178, 179,
　　195
問題中心のコーピング　90, 91

や行
薬物依存　198
薬物治療　190
薬物療法　191

役割取得　116
有能感　99
有能さ（コンピテンス）への欲求
　　93, 96
誘惑への抵抗　98
指しゃぶり　80, 85, 88
養育者の働きかけ　88, 89
養育態度　179, 183
要求の指さし　187
幼児図式（baby schema）　135,
　　196
抑うつ　3, 13, 23, 149, 164, 165,
　　167, 195, 204, 205, 210
　　──性行為障害　210
喜び　49, 56

ら行
ライナスの毛布　84
リスク要因（ファクター）　131,
　　177, 179, 208
理性（reason）　4
両刃の剣としての情動　16, 68
類型論　180
ルイスの情動発達モデル　42, 44
ルージュ課題　44
ルーティング反射　48
ルーマニアの孤児　133
霊長類　12
劣等感　195

欧文
DSM-5（Diagnostic and Statistical Manual of Mental Disorders, 5th edition）　186,
　　190, 202, 205-207, 209
EQ（Emotional Intelligence Quotient）　70, 76
ICD-10　205-207, 209, 210
MRI　186
NICU（新生児集中治療室）　200,
　　201

執筆者紹介（★編者）

★遠藤利彦（えんどう　としひこ）東京大学大学院教育学研究科　教授
★石井佑可子（いしい　ゆかこ）藤女子大学文学部　准教授
★佐久間路子（さくま　みちこ）白梅学園大学子ども学部　教授
　伊藤忠弘（いとう　ただひろ）学習院大学文学部　教授
　江上園子（えがみ　そのこ）白梅学園大学子ども学部　准教授
　金丸智美（かなまる　ともみ）淑徳大学総合福祉学部　准教授
　菊池哲平（きくち　てっぺい）熊本大学大学院教育学研究科　准教授
　北川　恵（きたがわ　めぐみ）甲南大学文学部　教授
　北村琴美（きたむら　ことみ）前・大阪人間科学大学人間科学部　准教授
　駒谷真美（こまや　まみ）実践女子大学人間社会学部　教授
　篠原郁子（しのはら　いくこ）国立教育政策研究所生徒指導・進路指導研究センター／幼児教育センター　主任研究官
　中尾達馬（なかお　たつま）琉球大学教育学部　准教授
　野田淳子（のだ　じゅんこ）東京経済大学経営学部　准教授
　久崎孝浩（ひさざき　たかひろ）九州ルーテル学院大学人文学部　准教授
　平林秀美（ひらばやし　ひでみ）東京女子大学現代教養学部　准教授
　船橋篤彦（ふなばし　あつひこ）広島大学大学院教育学研究科　専任講師
　松本　学（まつもと　まなぶ）共愛学園前橋国際大学国際社会学部　准教授
　光藤崇子（みつどう　たかこ）九州大学大学院医学研究院精神病態医学分野　日本学術振興会特別研究員（RPD）
　本島優子（もとしま　ゆうこ）山形大学学術研究院　准教授
　山本良子（やまもと　りょうこ）白梅学園大学子ども学部　非常勤講師

やわらかアカデミズム・〈わかる〉シリーズ
よくわかる情動発達

| 2014年10月10日 | 初版第1刷発行 | 〈検印省略〉 |
| 2020年12月30日 | 初版第4刷発行 | |

定価はカバーに
表示しています

編著者	遠藤 利彦
	石井 佑可子
	佐久間 路子
発行者	杉田 啓三
印刷者	藤森 英夫

発行所 株式会社 ミネルヴァ書房
607-8494 京都市山科区日ノ岡堤谷町1
電話代表（075）581-5191
振替口座 01020-0-8076

©遠藤・石井・佐久間他, 2014　　亜細亜印刷・新生製本

ISBN978-4-623-06344-4
Printed in Japan

やわらかアカデミズム・〈わかる〉シリーズ

教育・保育

よくわかる学びの技法
田中共子編　本体 2200円

よくわかる卒論の書き方
白井利明・高橋一郎著　本体 2500円

よくわかる教育評価
田中耕治編　本体 2600円

よくわかる授業論
田中耕治編　本体 2600円

よくわかる教育課程
田中耕治編　本体 2600円

よくわかる教育原理
汐見稔幸・伊藤　毅・髙田文子・東　宏行・増田修治編著　本体 2800円

新版　よくわかる教育学原論
安彦忠彦・藤井千春・田中博之編著　本体 2800円

よくわかる生徒指導・キャリア教育
小泉令三編著　本体 2400円

よくわかる教育相談
春日井敏之・伊藤美奈子編　本体 2400円

よくわかる障害児教育
石部元雄・上田征三・高橋　実・柳本雄次編　本体 2400円

よくわかる特別支援教育
湯浅恭正編　本体 2500円

よくわかるインクルーシブ教育
湯浅恭正・新井英靖・吉田茂孝編著　本体 2500円

よくわかる肢体不自由教育
安藤隆男・藤田継道編著　本体 2500円

よくわかる障害児保育
尾崎康子・小林　真・水内豊和・阿部美穂子編　本体 2500円

よくわかるインクルーシブ保育
尾崎康子・阿部美穂子・水内豊和編著　本体 2500円

よくわかる保育原理
子どもと保育総合研究所
森上史朗・大豆生田啓友編　本体 2200円

よくわかる家庭支援論
橋本真紀・山縣文治編　本体 2400円

よくわかる社会的養護
山縣文治・林　浩康編　本体 2500円

よくわかる社会的養護内容
小木曽宏・宮本秀樹・鈴木崇之編　本体 2400円

新版　よくわかる子どもの保健
丸尾良浩・竹内義博編著　本体 2200円

よくわかる子どもの健康と安全
丸尾良浩・竹内義博編著　本体 2200円

よくわかる発達障害
小野次朗・上野一彦・藤田継道編　本体 2200円

よくわかる子どもの精神保健
本城秀次編　本体 2400円

よくわかる環境教育
水山光春編著　本体 2800円

福祉

よくわかる社会保障
坂口正之・岡田忠克編　本体 2600円

よくわかる社会福祉
山縣文治・岡田忠克編　本体 2500円

よくわかる社会福祉の歴史
清水教惠・朴　光駿編著　本体 2600円

新版　よくわかる子ども家庭福祉
吉田幸恵・山縣文治編著　本体 2400円

新版　よくわかる地域福祉
上野谷加代子・松端克文・永田祐編　本体 2400円

よくわかる家族福祉
畠中宗一編　本体 2200円

よくわかるスクールソーシャルワーク
山野則子・野田正人・半羽利美佳編著　本体 2800円

よくわかる高齢者福祉
直井道子・中野いく子編　本体 2500円

よくわかる障害者福祉
小澤　温編　本体 2500円

よくわかるリハビリテーション
江藤文夫編　本体 2500円

よくわかる障害学
小川喜道・杉野昭博編著　本体 2400円

心理

よくわかる心理学実験実習
村上香奈・山崎浩一編著　本体 2400円

よくわかる心理学
無藤　隆・森　敏昭・池上知子・福丸由佳編　本体 3000円

よくわかる心理統計
山田剛史・村井潤一郎著　本体 2800円

よくわかる保育心理学
鯨岡　峻・鯨岡和子著　本体 2400円

よくわかる臨床心理学　改訂新版
下山晴彦編　本体 3000円

よくわかる臨床発達心理学
麻生　武・浜田寿美男編　本体 2800円

よくわかるコミュニティ心理学
植村勝彦・高畠克子・箕口雅博・原　裕視・久田　満編　本体 2500円

よくわかる発達心理学
無藤　隆・岡本祐子・大坪治彦編　本体 2500円

よくわかる乳幼児心理学
内田伸子編　本体 2400円

よくわかる青年心理学
白井利明編　本体 2500円

よくわかる高齢者心理学
佐藤眞一・権藤恭之編著　本体 2500円

よくわかるパーソナリティ心理学
吉川眞理編著　本体 2600円

よくわかる教育心理学
中澤　潤編　本体 2500円

よくわかる学校教育心理学
森　敏昭・青木多寿子・淵上克義編　本体 2600円

よくわかる学校心理学
水野治久・石隈利紀・田村節子・田村修一・飯田順子編著　本体 2400円

よくわかる社会心理学
山田一成・北村英哉・結城雅樹編著　本体 2500円

よくわかる家族心理学
柏木惠子編著　本体 2600円

よくわかる言語発達　改訂新版
岩立志津夫・小椋たみ子編　本体 2400円

よくわかる認知科学
乾　敏郎・吉川左紀子・川口　潤編　本体 2500円

よくわかる認知発達とその支援
子安増生編　本体 2400円

よくわかる情動発達
遠藤利彦・石井佑可子・佐久間路子編著　本体 2500円

よくわかる産業・組織心理学
山口裕幸・金井篤子編　本体 2600円

よくわかるスポーツ心理学
中込四郎・伊藤豊彦・山本裕二編著　本体 2400円

よくわかる健康心理学
森和代・石川利江・茂木俊彦編　本体 2400円

―― ミネルヴァ書房 ――
https://www.minervashobo.co.jp/